内容简介

教育统计学是运用数理统计的原理和方法对教育现象进行数量化研究的一门学科，也是数理统计学与教育学的一门交叉学科。本书集教育统计方法与SPSS统计分析软件应用于一体，不仅介绍了参数假设检验、方差分析等推断统计方法，还介绍了线性回归分析、路径分析、探索性因子分析、验证性因子分析、聚类分析、判别分析等多元统计分析方法。本书没有深奥烦琐的数学证明和公式推导，主要在于揭示各种统计方法在教育研究领域的应用，让读者通过例题理解它们的实际意义，进一步加深方法应用方面的思考。修订版不仅呈现了前沿研究成果，而且增加了与新时代课程改革相关的统计方法案例。本教材可满足设有教育系、心理系等的社科院校的研究生、本科生、专科生以及其他教育研究者学习教育统计学的需要，以帮助他们掌握统计分析方法和统计软件包的操作方法。

作者简介

胡咏梅 北京师范大学教育学部教授、博士生导师，教育部“新世纪优秀人才支持计划”人选，中国教育学会教育经济学分会常务理事，《教育经济评论》杂志副主编。1993年起留校任教，承担“教育统计学”“应用多元统计”“教育定量研究设计及方法”等本科、研究生阶段的课程教学工作。研究领域集中在教育财政、学生发展影响因素、教师薪酬等方面。曾获得全国教育科学研究优秀成果奖一等奖、北京市哲学社会科学优秀成果奖二等奖等多个省部级奖项。在《教育研究》《北京大学教育评论》等学术期刊发表论文百余篇，其中多篇文章被《新华文摘》、人大复印报刊资料等转载，出版中英文专著五部、教材两部（《教育统计学与SPSS软件应用》《计量经济学基础与STATA应用》）。近几年主持完成国家社科基金教育学重大项目1项，国家自然科学基金面上项目2项。

新编21世纪教育学系列教材

教育统计学

第二版

胡咏梅 编著

中国人民大学出版社
·北京·

第二版前言

全面提高人才自主培养质量，着力造就拔尖创新人才，是党的二十大报告对高校提出的新要求。人文社会科学专业学生创新能力的培养需要加强统计学等数理学科的课程教材建设，以助力他们适应大数据和信息化时代对社会科学后备人才所提出的处理信息和数据能力的要求。

本书是一本集教育统计方法与 SPSS（Statistical Product and Service Solutions）统计分析软件应用为一体的教材。内容既包括常用的描述统计方法，也包括参数假设检验、方差分析等推断统计方法，还详细阐释了线性回归分析、路径分析、探索性因子分析、验证性因子分析、聚类分析、判别分析等多元统计分析方法在教育研究中的应用。此外，各种统计方法的 SPSS 软件包使用介绍也是本教材的重要内容。

本书没有深奥复杂的数学证明和公式推导，而主要在于揭示各种统计方法在教育研究领域的应用，让读者按照例题情况理解它们的实际意义，并进一步加深对方法应用方面的思考，将这些方法应用于自己的研究工作之中，从而提升其从事教育定量研究的能力。[本书的例题和习题的数据文件，还有各类附表，都作为电子资源放在中国人民大学出版社网站（www. crup. com. cn）上供读者下载使用。]

本书的第一版出版后反响良好，读者肯定了该教材在统计方法与教育领域研究问题相结合上所做出的努力，认为教材内容丰富，且深浅适当。为拓展统计方法在教育领域更广泛的应用，以及反映定量研究方法应用的趋势，第二版教材新增了线性回归分析、路径分析、验证性因子分析等方法，为开展教育领域中影响因素和运行机制分析，以及量表工具的质量评估等研究提供适宜的统计分析方法。此外，还对第一版部分章节的内容进行了修改和删减，并对部分示例、思考题等进行了修改和补充。

本教材的大部分内容都经过了教学实践的检验。作者曾给北京师范大学的本科生开设过“概率论与数理统计”“统计学导论”“教育统计学”等课程，给硕博士生开设过“应用多元统计”“教育定量研究设计及方法”等课程，积累了丰富的课件和讲义资料。

本教材可满足设有教育系、心理系等的社科院校的研究生、本科生、专科生以及其他教育研究者学习教育统计学的需要，以帮助他们掌握统计分析方法和统计软件包的操作方法。

北京师范大学的2018级博士生李佳哲参与了此教材第一版的资料整理与编写工作，2021级博士生赵平参与了此教材第二版第十二、十四章的编写工作，2021级硕士生刘雅楠参与了习题答案的编写和PPT的制作工作，在此对她们的付出表示衷心的感谢！此外，此教材的出版得到了中国人民大学出版社的大力支持，以及王雪颖编辑的诸多帮助和孟庆晓、邢玲珑责编的仔细审校，亦在此一并致谢！

在编写过程中，作者参考了国内外的有关书籍和文献，并引用了其中的一些材料和数据，在此，谨向各书的编著者和出版社表示诚挚的谢意。由于本人水平有限，书中难免存在一些不当甚至错漏之处，由衷地希望得到读者和同行的批评指正。

胡咏梅

2023年3月30日

目录

第九章 相关分析及其应用

第十章 方差分析及其应用

第十一章 线性回归分析及其应用

第十二章 路径分析及其应用

第十三章 探索性因子分析及其应用

第一章
教育统计学概述

本章提要

本章从教育统计学的定义及基本性质出发，进而介绍教育统计学的几个基本概念，再梳理教育统计学的基本内容和数据来源及数据类型，最后阐述教育统计学的作用、数理统计学和教育统计学的发展概况。

第一节　教育统计学的定义及基本性质

一、什么是统计学和数理统计学

统计学是关于认识客观现象总体数量特征和数量关系的科学。它是通过搜集、整理、分析数据资料，认识客观现象数量规律性的方法论科学。统计学（statistics）是一门很古老的科学，一般认为其学理研究始于古希腊的亚里士多德时代，迄今已有两千多年的历史。它起源于研究社会经济问题，在两千多年的发展过程中，统计学至少经历了“城邦政情”①（matters of state）、“政治算术”②（political arithmetic）和“统计分析科学”③（science of statistical analysis）三个发展阶段。目前统计学已经成为包括教育学、心理学、经济学在内的社会科学研究必不可少的数据分析工具。

---

① “城邦政情”阶段始于古希腊的亚里士多德撰写《城邦政情》或《城邦纪要》。其内容包括各城邦的历史、行政、科学、艺术、人口、资源和财富等社会和经济情况的比较、分析，具有社会科学特点。“城邦政情”式的统计研究延续了一两千年，直至17世纪中叶才逐渐被“政治算术”这个名词所替代，并且很快被演化为“统计学”。但统计学依然保留了“城邦”（state）这个词根。

② 与“城邦政情”阶段没有很明显的分界点，本质的差别也不大。“政治算术”的特点是统计方法与数学计算和推理方法开始结合，分析社会经济问题的方式更加注重运用定量分析方法。一般以1690年英国威廉·配第的《政治算术》一书的出版作为这个阶段的起始标志。威廉·配第用对社会经济现象进行统计调查和经验观察得到的数据将社会经济现象数量化的方法是近代统计学的重要特征。因此，威廉·配第的《政治算术》被后来的学者评价为近代统计学的来源，威廉·配第本人也被誉为近代统计学之父。

③ 在“政治算术”阶段出现的统计与数学的结合趋势逐渐发展形成了“统计分析科学”。19世纪末，欧洲大学开设的“国情纪要”或“政治算术”等课程名称逐渐消失，代之而起的是“统计分析科学”课程。当时的“统计分析科学”课程的内容仍然是分析研究社会经济问题。“统计分析科学”课程的出现是现代统计学发展阶段的开端。现代统计学的理论基础是概率论。

所谓“数理统计”，并非独立于统计学的新学科，确切地说，它是统计学在第三个发展阶段所形成的所有收集和分析数据的统计方法的一个综合术语。概率论是数理统计方法的理论基础，但是它不属于统计学的范畴，而是属于数学的范畴。数理统计学是以随机现象为研究对象的数学学科①。所谓随机现象，是指在特定条件下不能事先预知结果，但是在大量重复试验或观察中各个结果的出现又具有频率稳定性的现象。数理统计学就是通过大量表征随机现象特征的数据的收集、整理、分析和推断，来发现随机现象的统计规律的一门数学学科。简言之，数理统计学是关于数据资料的搜集、整理、分析和推断的一门科学。

二、什么是教育统计学

教育研究领域包含着大量的随机现象。例如，某应届高中生能否考上某“双一流”建设高校，在考试分数和录取分数线出来之前具有不确定性；某高校明年的本科毕业生就业率也具有不确定性，因为它涉及劳动力市场需求、毕业生就业能力、区域选择偏好等随机因素，因而我们无法事先确定明年该校本科毕业生就业率的具体数值。但是，我们可以根据该校往年本科毕业生就业率的数据资料对明年的就业率做一个预测，即给出明年本科毕业生就业率的一个预测值。这就是数理统计学中回归分析所能解决的问题。所以，借助数理统计学的某些原理和方法来探索教育规律，因而产生了应用数理统计学中的若干原理和方法来对教育现象进行数量化研究的学科——教育统计学。

三、教育统计学的基本性质

教育统计学是数理统计学与教育学的一门交叉学科。它是应用数理统计学的原理和方法对教育现象进行数量化研究的一门学科。它将数理统计学的理论和方法应用于教育实际工作和各种调查、教育实验等科学研究中，通过对所获得的数据进行整理和统计分析，达到更为准确地掌握情况、探索规律、制订方案、作出决策和预测等目的，从而为教育研究提供了科学的定量分析方法。

但是，教育统计学不等于数理统计学。因为，首先，数理统计学是数学的一个分支，是一门纯理论的学科，它研究的是抽象的总体及其分布规律，而不管客观世界各个领域特有的属性。所以，数理统计学在研究随机事件出现的概率时，是离开事件从属于客观世界某一领域的特殊性的，它着重于统计原理的研究，因而属于理论统计学范畴。教育统计学则是把数理统计学的原理和方法作为一种工具引入对教育现象的研究中，至于用哪些原理、用什么方法，则要以所研究的教育现象的特点为转移。所以，教育统计学着重于数理统计学的原理和方法在教育科学中的应用研究，属于应用统计学范畴。其次，

---

① 2011 年，国务院学位委员会、教育部颁布了《学位授予和人才培养学科目录（2011 年）》，设置 13 大学科门类，统计学与数学同属理学大类下的一级学科，不再是与概率论一起属于数学学科下的二级学科（原来概率论与数理统计学隶属于数学的二级学科）。尽管根据目前的学科门类划分，数理统计学已经是统计学下的二级学科，但考虑到它还是以概率论为理论基础，而概率论属于数学学科，所以此处笔者仍将数理统计学归为数学学科。

教育统计学在吸收和引进数理统计学原理和方法的同时，也在创制和开发教育统计学特有的方法，即引进的统计原理和方法，一经在教育领域中应用，也就同时具有了教育领域的特殊性，所以，我们也把教育统计学视为教育科学的一个分支，即视为教育科学研究方法的组成部分。

无论是从应用统计的角度还是从教育科学的研究方法的角度来看，教育统计学都是一门工具性的学科。所以，教育统计学只应用而不详细研究和阐释数理统计的原理和公式，因为后者是属于数学科学的内容。教育统计学只作为一种发现教育现象的统计规律的有效工具供研究者使用，至于研究什么教育现象，研究时提出的假设是否合理，结论是否正确等类问题，不应由作为工具的教育统计学来回答，而应由教育科学本身和教育实践来解答。总之，教育统计学按其性质而言，属于方法学的范畴，不是实质性的学科领域。

第二节　教育统计学中的几个基本概念

厘清教育统计学中涉及的基本概念，是学习教育统计学过程中必不可少的环节。本节将对随机现象、总体、样本、个体、参数、统计量等基本概念进行阐述。

一、随机现象和随机变量

（一）随机现象

1. 什么是随机现象

如果一个试验满足以下条件：（1）试验可以在相同条件下重复进行；（2）试验的所有可能结果是明确可知的，并且不止一个；（3）每一次试验总是恰好出现这些可能结果中的一个，但是在一次试验之前却不能确定这次试验会出现哪一个结果。我们称这样的试验是一个随机试验。为方便起见，也简称为试验。由此定义可以看出随机试验具有三个特点：随机性、可重复性、可观察性。

就一次试验而言，我们看不出其结果的出现有什么规律。但是，如果“大数次”地重复这种试验，其结果又遵循某种规律，这种规律称为“统计规律”。这种随机试验所代表的现象称为随机现象。

2. 随机现象的特点

由上述定义可以得出随机现象具有以下特点：（1）随机现象的可能结果至少有两个，（2）事先并不知道出现哪一个可能结果，（3）大数次重复试验中各个结果的出现均具有频率稳定性。

在教育领域，随机现象是非常普遍的。例如高校的本科毕业生就业率、中学的升学率、某班学生的物理成绩、农村小学女生占比、城市普通初中拥有本科及以上学历的教师人数等。这些随机现象的结果往往以数量的形式表现出来。例如，某班学生的物理成绩可以用 0 至 100 分之间的数值来表示，就业率、升学率用百分数来表示，城市普通初中拥有本科及以上学历的教师人数可能是 0 个、1 个、2 个……，等等。

（二）随机变量

1. 什么是随机变量

随机现象具有多种可能结果，而每一结果又往往表现为数量，因而我们会想到用变量（variable）来描述随机现象。变量在每个个体上的取值称为该变量的观测值。比如，我们用变量 x 来表示小学生的睡眠时间（小时），则“$x=8$”就表示“该生睡眠时间为 8 小时”，“$x=6$”就表示“该生睡眠时间为 6 小时”，等等。这样，变量每取一个值就表示随机现象的一种结果。我们把这种能表示随机现象各种结果的变量叫作随机变量。随机变量具有不确定性取值的事物属性，一般用 X，Y，Z 等英文大写字母来表示，而随机变量所取的值常用小写字母 x，y，z 等表示。

但是，有些随机现象的结果并不表现为数量性质。例如，学生的体育成绩可以分为达标、不达标，身体情况可以分为健康、较健康、一般、较差和非常差，考研的结果可能是考上与没考上，等等。为了用随机变量表示出这些结果，可以进行数量化处理。例如，对于学生的体育成绩，可以用“$x=0$”表示“未达标”，“$x=1$”表示“达标”。对于身体情况，可以用“$x=1$”表示“非常差”，“$x=2$”表示“较差”，“$x=3$”表示“一般”，“$x=4$”表示“较健康”，“$x=5$”表示“健康”。这样处理的结果就使得任何一个随机现象都能用随机变量来表示，随机变量每取一个值就表示随机现象的一种结果出现，随机变量取不同的值就表示不同的结果产生。

2. 自变量和因变量

在教育学和心理学研究中，将变量划分为自变量（independent variable）和因变量（dependent variable）较为普遍。所谓自变量，指在心理学或教育学实验中，由研究者选择和控制的变量，又称刺激变量，它决定着被试行为或心理的变化。而因变量则为被试对实验干预或刺激的反应变量，它是自变量造成的结果，是研究者观察或测量被试行为或心理的变量。

自变量和因变量相互依存，没有自变量，就没有因变量，反之亦然。例如，考察中学生学业成绩的影响因素，可能包含学习时间、学习方法等变量，学习时间、学习方法为自变量，学生的学业成绩为因变量。

二、总体、样本、个体

（一）总体与个体

统计学中将研究对象的全体称为总体（population）。构成总体的每个基本单元称为个体（individual）。例如，我们要考察某班学生的数学成绩，则该班所有学生的数学成绩组成一个总体，而其中每个学生的数学成绩就是一个个体。又如，要观测某位学生一年内的体重增长情况，每个月测量一次，则所有测得的数据构成一个总体，而每次测量数据为一个个体。显然，总体是所要研究的具有某一特征的一类事物的对象全体，因而总体有大有小，随所研究的对象而变。而且构成总体的个体不限于人或物，也可指个性特征、心理活动、推理能力、学习方法、反应时间等。

（二）总体与样本

总体的性质由组成总体的每一个个体的性质构成，所以要了解总体的性质，必须对每一个个体进行观测。但是，限于人力、物力、财力等各种因素，我们通常按一定的规则只从总体中抽取一部分个体进行观测研究。从总体中抽取的这部分个体，称为总体的一个样本（sample）。因而，样本是总体的一个子集。利用统计学中的原理和方法对样本数据进行分析、处理，进而对总体的性质、特征进行统计推断。组成样本的个体数量，称为样本量（sample size），一般用 n 表示。例如，某样本包含 50 个个体，可记为 $n=50$。

样本有大小之分，研究者可以根据研究和试验的条件与要求决定采取大样本或小样本。大样本与小样本没有严格的数量界限。一般将样本量小于 30 的样本称为小样本，样本量大于 30 的样本称为大样本。但也有统计学家主张以样本量为 50 或 100 作为区分大小样本的界限。样本越大，从中提取的信息就越多，它对于总体的代表性就越强。但有时，根据所研究问题的需要或者限于各种条件（如人力、经费等），也抽取小样本进行研究。一般来说，样本越小，对总体的推断结论的可靠程度就越低。在教育统计中，常用样本统计量来对总体进行估计、推断。要想使抽取的样本很好地反映总体的特性，抽样的方法必须遵循随机化原则。关于抽样的方法，本书后续章节将有详细介绍。

（三）总体与个体、样本的相对性

总体与个体具有相对性。例如，研究某市某区高考“双一流”建设高校录取率情况，该区所有高中的高考“双一流”建设高校录取率构成总体，每所高中的高考“双一流”建设高校录取率为个体。但是，如果要研究该市高考“双一流”建设高校录取率情况，则某区的高考“双一流”建设高校录取率就可以作为个体。

同时，总体与样本也具有相对性。例如，调查某市中学生家庭作业时间，那么该市所有中学生家庭作业时间可以看成一个总体，但假如要研究我国中学生家庭作业时间，则该市中学生家庭作业时间可以看成是从全国中学生家庭作业时间总体中抽出来的一个样本了。

三、参数与统计量

反映总体数据特征的量数统称为总体参数，简称参数。例如，总体平均数、总体方差、总体标准差、总体相关系数等，它们分别用符号 μ，σ^2，σ，ρ 表示。总体参数是常数，但大多数情况下它们是未知数。统计量是指不依赖于任何未知参数的样本的函数，即直接从样本数据计算出的各种量数。例如，样本平均数、样本方差、样本标准差、样本相关系数等，它们分别用 $\overline{X}$，S^2，S，r 表示。统计量不是未知数，它随样本的不同而取不同的值。值得注意的是，统计量不能含有未知参数，如对于 μ 未知的正态总体来说，$\frac{1}{n}\sum_{i=1}^{n}(x_i-\mu)^2$ 不是统计量。

第三节　教育统计学的基本内容

随着数理统计学和教育科学的发展，教育统计学的内容也在不断地更新和丰富。但就其基本内容来说，教育统计学主要包括描述统计学（descriptive statistics）和推断统计学（inferential statistics）两大部分。

一、描述统计学

描述统计学主要是对观测数据进行简缩、汇总，以概括观测数据反映的特征。对数据“分布”的描述包括对数据集中趋势的描述、对数据离散程度的描述以及对数据之间相互关系的描述。具体需要对所收集的大量观测数据用恰当的统计方法进行简缩，通过计算这些数据的有代表性的参数，来刻画数据特征（characterize data）。例如，通过计算平均数、中位数、众数等集中量数来反映观测数据的集中趋势；通过计算标准差、方差等离散量数来反映观测数据的离散程度；通过计算积差相关系数、等级相关系数、点列相关系数等相关系数来反映观测数据之间的相互关系。同时，还可以将这些数据归类，用相应的表格或图形把观测数据的主要特征呈现出来。因而，描述统计学主要是描述事物的典型性、波动性以及相互关系，揭示事物的内部规律。

二、推断统计学

推断统计学主要是研究如何利用数据去做出决策的方法。教育领域的研究与实验，涉及面非常广，往往我们只能抽取部分有代表性的样本进行研究或实验，而推断统计学则是一种依据随机样本数据，从局部推断总体，即利用从总体中的样本获得的信息对总体的某些特征进行推断、估计和预测。

推断统计学主要包括参数估计（parameter estimation）、假设检验（hypothesis testing）和统计分析（statistical analysis）三部分。其中，参数估计可分为点估计和区间估计，假设检验分为参数假设检验与非参数假设检验，统计分析包括方差分析、回归分析、路径分析、因子分析、聚类分析、判别分析等。这些推断统计方法尤其是多元统计分析方法在计算上是十分繁杂的，如果不借助统计分析软件包，是难以进行的。这也是多元统计方法如多元回归分析、因子分析、聚类分析、判别分析等的应用在教育统计学的发展进程中长期受到一定限制的主要原因。直到 1976 年统计分析系统（Statistical Analysis System，SAS）软件面市，计算上的困难才迎刃而解，这些多元统计方法才逐渐在教育领域的研究与实验中真正得到应用。1984 年社会科学统计包（Statistical Package for the

Social Sciences，SPSS）的 PC 机版本 SPSS/PC+被推出。从此，多元统计分析方法的应用领域更加广泛，越来越多的教育学、心理学、社会学、经济学等社会科学的研究人员开始使用这一统计软件包来对所研究的问题进行定量分析，从而提高他们从事的研究与实验的可靠性和科学性，使他们的研究结论更具说服力。目前，SPSS 的 PC 机版本已经更新到 29.0 版本，基本上包含了各种常用的统计分析方法，而且它的操作简便，计算迅速、准确，是当今社会科学研究者进行数据分析的常用软件系统。本书中的例题均是采用 SPSS 统计分析软件做出的结果。

第四节　数据来源及数据类型

一、数据来源

教育研究与实验数据可以分为直接来源数据和间接来源数据两个部分。直接来源数据包括通过实验、观察、问卷调查获得的数据，而间接来源数据则包括从《教育事业统计公报》《教育经费执行情况统计公报》《人力资源和社会保障事业发展公报》《中国教育年鉴》《中国教育统计年鉴》《中国教育经费统计年鉴》《中国劳动统计年鉴》等出版物上以及从中国调查与数据中心（http：//nsrc. ruc. edu. cn/）等网上数据库可以获得的数据。

二、数据类型

教育研究与实验数据包括属性数据和数值数据。属性数据为定性数据，如“你喜欢哪种教学方式”，答案可以是“1. 完全由教师讲授”，也可以是“2. 教师引导，学生小组合作学习”。这类数据不具有真正的数值含义，仅是对研究对象选择的教学方式的分类。数值数据包括离散型数据和连续型数据。二者都是定量数据，但离散型数据如“本月内买过几本书”是可以数出来的，而连续型数据如“你从家到学校的距离是多少”是需要测出来的。

和数据类型对应，随机变量根据其取值是否连续，也可以分为离散型随机变量和连续型随机变量。所谓离散型随机变量，是指它的取值为有限个或者可数个实数（能按一定次序一一列举出来）；所谓连续型随机变量，是指它的可能取值能连续充满数轴上的某一区间。例如，表示学生本月买书的数量这一随机变量是离散型随机变量，因为它的取值是可数个自然数：0，1，2，3，…；表示学生性别的随机变量也是离散型随机变量，因为它的可能取值只有两个：1，2。而表示学生身高、体重、学科成绩等的随机变量则是连续型的随机变量。如学生从家到学校的距离的可能取值是［0，100］（单位：千米）内的任一数值；学生体重的可能取值是［0，150］（单位：千克）内的任一数值，因而它们都是连续型的随机变量。

通常，按照数据的不同测度水平，即随机变量取值的测量水平，我们将随机变量分为定类变量、定序变量、定距变量、定比变量四种类型。这与教育测量学中的四种量表

(scale)——称名量表、顺序量表、等距量表、比率量表相对应。

定类变量又称称名变量（nominal variable），它用数字表示事物在属性上的不同或类别上的差异，无等级次序排列，只是用来划分事物的不同类别。如女生用1表示，男生用0表示；汉族用1表示，少数民族用0表示；等等。这里的0和1并不能说明事物与事物之间差异的大小，实际上只是分类的符号。对这类数据不能进行加、减、乘、除运算。

定序变量又称顺序变量（ordinal variable），根据事物的某一属性的多少或大小按次序将各事物加以排列，并用数字作为次序的标志。对事物的喜爱程度、品质等级、能力等级等均属于此类变量。例如，高校教师职称按次序排列，依次为教授、副教授、讲师、助教，分别赋值1，2，3，4，即定序变量的取值。定序变量不具有相等的单位也无绝对零点，因此，对这类数据进行统计处理时，不能采用加、减、乘、除运算。

定距变量又称等距变量（interval variable），是具有相对参照点、相等单位但没有绝对零点的变量，如温度、能力测验分数等。对这类变量值进行统计处理时，只能用加、减法，而不能用乘、除法。例如，在比较温度时，只能说今天的温度比昨天的温度高多少度或低多少度，而不能说今天的温度是昨天的温度的多少倍。因为温度是无绝对零点的，温度计中的零度，是人为规定的相对零点。又如某种能力测验，甲得100分，乙得50分，由于这类数据具有相等的单位，在比较时，我们可以说甲比乙多得50分，或乙比甲少得50分，但能力是没有绝对零点的，因此，不能说甲的能力是乙的两倍，或乙的能力是甲的0.5倍。即使是某科成绩得零分的学生，我们也不能认为他在这方面的知识、能力为零。因为这类数据不是从绝对零点计算起的，它仅在某个区间里具有相等的单位，而各个个体观测值的单位数，并不能代表区间内外统一观测时可能采用的等距单位数量之间的比例关系，算不出对此等距单位的比率。因而比较时，只能用加、减法，不能用乘、除法。所以，我们不能说甲是乙的能力的多少倍。

定比变量又称比率变量（ratio variable），是既有相等单位又有绝对零点的变量，如身高、体重、教育经费等。对这类变量值进行统计处理时，既可运用加、减法，也可运用乘、除法。例如，甲体重是50千克，乙体重是80千克，比较时可以用减法，得出甲比乙轻30千克的结论，也可以用除法，即由80/50＝1.6，得知乙体重是甲体重的1.6倍。

总之，定类变量和定序变量用于属性数据，信息量相对较低且不能进行加减乘除运算；定距变量和定比变量用于数值数据，信息量相对较高且定距变量可以进行加减运算，定比变量还可以进行乘除运算。四种类型的变量按照数据测度水平的信息含量由低到高排列依次为：定类变量、定序变量、定距变量、定比变量。

第五节　教育统计学的作用

教育工作者无论是从事教育科学的研究，还是从事教育行政管理工作，都会接触到数量的问题，收集到许多数据资料。例如，学生成绩、教师考评表、毕业生的升学率等。

这些数据只有经过统计整理、分析和推断，才能反映出有价值的信息，作为教育决策的依据，并帮助我们发现有关的教育现象的规律。利用教育统计学的方法对教育调查、教育实验、教育测验或测量的数据进行分析和处理，进而探索教育规律、制订教育方案、做出教育决策。具体来说，教育统计学的作用主要有以下几个方面。

一、描述教育现象的特征

在教育调查、教育实验、教育测验或测量研究中，常常收集具有数量性质的数据，并利用统计量或统计图表描述教育现象的特征。例如，用标准差、平均值描述某一年级学生的数学水平和数学成绩离散程度，用分段成绩的圆饼图刻画数学成绩的分布情况等。

二、探讨教育现象间的关系

各种教育现象间都是相互联系、相互制约的，如学校的组织氛围与教师的合作水平有关，家长对子女的教育期望与学生的学业压力有关，学生的物理成绩与数学成绩有关，等等。教育统计学中的相关分析，可以帮助我们从各种教育现象的数量方面去探讨这些现象间具有什么样的关系以及关系是否密切。而因子分析可以帮助我们找出各种教育现象之间的内在本质联系，用反映这一本质联系的少数几个公共因子来揭示多种教育现象潜在的特征或特性。例如，我们在调查研究教师工作满意度时，涉及教师对学校领导的待人公平度、领导的亲和力和人格魅力、与领导的交往相处、学校的教师评价、学校现有的教学规章制度、学校教学设施的配置、校园文化的氛围、学校的发展前景、工资收入、工作强度、福利、教师工作的奖励制度、工作成就、专业发展机会、自身工作获得学生的认可度、学校后勤人员的工作态度、与学校教师的相处、与学生的关系等 18 个方面的满意度，对所收集的数据做探索性因子分析，得出影响教师工作满意度的 5 个公共因子，即对领导与管理的满意度、对发展环境的满意度、对付出-回报合理性的满意度、对自我实现的满意度、对人际关系的满意度，从而帮助我们认清教师工作满意度的结构特性，更好地做好教师管理与发展工作。

三、比较两种教育现象间的差异

教育现象之间的差异，可以从数量方面来考察，但是数量上的差异是否有意义，必须通过统计检验才能确定。例如，在两个按随机抽人原则组成的实验班里，分别使用两种教学法进行阅读教学。假设教师的教学水平、学生的学习基础和学习条件等除教学法之外的诸条件都尽量保持一致，一年后，用相同的试题对两个班的学生进行测验。甲班学生的平均分为 90 分，乙班学生的平均分为 80 分。我们是否就可以认为两个班的平均分的差异真有意义呢？也就是说，据此就能得出甲班的成绩比乙班的好，或者说是甲班的教学法确实优于乙班的吗？对于这个问题，应当这样来考虑：甲班学生的平均成绩比乙班的高 10 分，可能有两种原因，一种是甲班学生接受的教学法确实比乙班的好，另一种是在按随机抽人原则组成两个实验班时，由于偶然的因素，甲班多抽到几个阅读能力强的学生，或是乙班多抽到几个阅读能力差的学生。这两个班学生成绩上的差异由哪种原因造成的可能性大，不能只靠直观辨别，而需要采用 t 检验等统计检验才能判明。

四、分析影响教育现象变化的因素

一种教育现象的变化，常常受到多种因素的影响。例如，学生学业表现与学校的办学水平、教师的教学水平、班级规模、学生家庭的社会经济地位、学生同伴的学业表现、学生自身的能力水平等因素都有关系。但是，这些因素中哪个因素对学生的成绩影响最大，哪个次之，哪个因素影响最小，以及哪些因素的交互作用对学生的成绩有较大的影响等等，这些都是难以凭主观想象去做出判断的。我们可以采用多元回归分析来探究这一问题。

五、由局部样本的数据去推测总体的特性

任何一种事物或现象，其总体的特性或多或少会在其局部中表现出来。因而我们常采用考察随机抽出的由若干名同龄学生组成的样本的某种特性，去了解所有有关的同龄学生该种特性的情况。但是，是否可以根据这个样本的某种特性去推测总体也具有这种特性呢？推测的准确性又有多大呢？例如，我们从某学校随机抽取 100 名初二年级的中学生，测得他们的平均体重为 50 千克，标准差为 5 千克。我们想知道，该校初二年级中学生的平均体重至少不会低于多少千克？假设我们取置信度为 0.95，即以 95%的把握来考察全校初二年级的中学生的平均体重应在多大范围。这类问题需要采用参数估计如区间估计的方法来解决，才能得出正确的结论。

六、设计最优抽样方案

在教育调查和教育实验中，通常不可能将所要研究的教育现象中的每一个个体都作为调查或实验对象。例如，我们要考察全国中学生网络成瘾现象，如果调查对象过多，研究的费用会很高。因而，我们通常只是从总体中抽出一部分个体组成样本作为研究对象。但是，我们应当采用什么方法抽取个体呢？抽出多少个体最为适宜？若要把调查或实验的精确性提高到一个新的高度，样本中包含的个体数要增加多少？对于这些问题我们可以根据统计学中的抽样理论加以解决。

从教育统计学的上述作用来看，教育统计学的确是教育科研、教育管理以及其他教育工作的有力工具。但是，在利用这一工具时，一定要注意各种统计方法的适用前提和条件，不可随意套用各种统计方法。一定要针对具体问题，具体分析，慎重考虑应当采用何种统计方法来解决。此外，我们要知道，教育统计学并非万能的工具，它只能帮助我们发现事物的规律，绝不能改变事物的本来面目，把不存在的“规律”创造出来。要反对为了掩盖调查和实验的缺陷，滥用统计检验来粉饰论文。我们必须以实事求是的科

学态度来利用教育统计学的方法，才能使它成为我们从事教育科学研究和教育管理工作时的得力工具。

第六节 数理统计学和教育统计学的发展概况

教育统计学的原理和方法源于数理统计学，因而它是基于数理统计学发展起来的。17 世纪，为适应欧洲资本主义迅速发展的需要，在英国出现了政治算术派，其代表人物是威廉·配第（W. Petty）。他在《政治算术》一书中第一次提出运用统计和数学方法来研究经济现象。他宣称："我不采用比较级或最高级的词语进行思辩式的议论，相反采用了这样的方法……即用数学、重量和尺度来表达自己想说的问题……"恩格斯说，配第创造了"'政治算术'，即一般所说的统计"。马克思也在《资本论》中指出，配第"在某种程度上也可以说是统计学的创始人"。18 世纪 70 年代以前，统计学在英国即称为"政治算术"。1787 年，英国的齐默尔曼（Dr. E. A. Zimmerman）把德语"Statistik"译为英语"Statistics"，"统计学"才代替了"政治算术"一词。17 世纪中叶，法国数学家帕斯卡（B. Pascal）与费马（P. Fermat）始创概率论，德国数学家高斯（K. F. Gauss）在研究观测值的误差理论时找到了正态曲线的函数形式，为统计学的发展奠定了坚实的基础。1867 年，德国的韦特斯坦（T. Wittstein）首先提出"数理统计"一词。19 世纪中叶，比利时统计学家、数学家和物理学家凯特勒（L. A. J. Quételet）把概率论引入统计学的研究之中，使概率论与统计学相结合，成为数理统计学派的奠基人，欧美统计学界尊称他为"近代统计学之父"。

19 世纪末到 20 世纪 20 年代，描述统计学在数理统计学中占主导地位。其代表人物是英国的生物学家和心理学家高尔顿（F. Galton）以及英国的统计学家皮尔逊（K. Pearson）。他们把数理统计应用于生物学的研究。高尔顿努力探索数据的简缩方法，他提出了中位数、四分位数、百分位数、相关与回归等概念。皮尔逊对描述统计学的主要贡献则在于提出一系列频数曲线，推导出 χ^2 分布，把复相关和回归理论扩展到许多领域，并为大样本理论奠定了基础。20 世纪 20 年代以后，推断统计学产生并获得迅速发展。数理统计学开始成为一门独立的学科，并形成数理统计学派，把统计学逐渐演变为通用的方法论科学。这其中的代表人物是戈塞特（W. S. Gosset）和费希尔（R. A. Fisher）。戈塞特于 1908 年以"学生"（student）为笔名发表了《平均数的概差》一文，他提出了 t 分布（又称为学生分布），即小样本理论。从此，有了在小样本条件下进行统计推断的新方法。可是，这种理论直至 1923 年经过费希尔的数理论证，指出其重要性及应用范围后，才得到社会的广泛认可和应用。此外，戈塞特还研究过相关系数的抽样分布和标准误差的计算方法。由于在小样本理论上的建树，他被公认为推断统计学的先驱。费希尔的主要贡献之一是对 t 分布给出数理论证。他还最先提出了 F 分布理论，首倡"实验设计"和随机化理论，建立点估计和区间估计理论，确立了通过随机样本的统计量推断总体特征的统计方法论。费希尔在推断统计学理论方面的不朽功绩，使他成为数理统计学派的创始人。

在教育和心理领域首先应用数理统计方法的先驱是高尔顿。他最先应用数理统计方法于心理学研究，把高斯的误差理论应用于人类行为研究，为个体差异的测量提供了理论基础。而后，皮尔逊把 χ^2 统计量以及线性相关系数应用于教育心理统计，取得了诸多成就。英国心理学家查尔斯·爱德华·斯皮尔曼（C. E. Spearman）给出了小样本的等级相关系数公式，他还把因子分析方法应用于心理研究，这使得数理统计学在教育、心理科学研究中有了更广泛的应用，并逐渐形成了一门新兴的应用统计学科——教育统计学。

教育领域最先应用的是描述统计，如对教育现象的调查统计、分类整理、汇总、绘制统计图表、计算相关系数等。后来，推断统计引入教育统计中，才在教育领域兴起抽样调查，采用随机样本的数据，计算统计量来估计总体参数，进行假设检验，等等。从此，教育统计学才从原有统计方法的局限中解放出来，进入一个崭新的应用阶段。

20 世纪初，美国、德国、英国等发达国家的高等院校就已经开设了教育统计学或教育与心理统计学方面的课程。1904 年，美国的桑代克（E. L. Thorndike）撰写了《心理与社会测量导论》，它是世界上第一本有关教育与心理统计学的专著。随后，不少学者也相继出版了教育与心理统计学方面的专著和教材。例如，美国哥伦比亚大学的麦考尔（W. A. Mecall）的《教育实验法》（1925 年）、瑟斯顿（L. L. Thurstone）的《统计学纲要》（1925 年）、加勒特（H. E. Garrett）的《心理学与教育学中的统计方法》（1926 年）等。我国当时在大学教育系和中等师范学校把教育统计学作为必修课程，也有不少学者讲授这门课程并撰写专著和教材。例如，薛鸿志的《教育统计法》（1925 年）、周调阳的《教育统计学》（1925 年）、朱君毅的《教育统计学》（1930 年）、王书林的《教育测验与统计》（1935 年）等。但是这一时期的教材与专著的内容大都属于描述统计。

进入 20 世纪 40 年代以后，应用数理统计方法研究教育问题得到了较为普遍的推广。教育统计学进入了以推断统计为主要内容的阶段，这时的教育统计学包括小样本理论、参数估计、统计检验等内容，使得教育统计学的内容更为充实、丰富，使用范围更为广泛。这一时期的主要代表著作有《教育研究中的统计分析》（E. F. Lindquist，1940 年）、《教育统计学——应用与说明》（W. J. Popham and K. A. Sirotinik，1967 年）等。在国内，则有沈有乾的《教育统计学讲话》（1946 年）、《实验设计与统计方法》（1947 年）等。20 世纪 40 年代至 70 年代期间，国外的教育统计学随着推断统计学内容的不断丰富而得以迅速发展，而我国的教育统计学虽然也得到了一定程度的普及和发展，但由于历史原因而停滞 20 多年，致使我国的教育统计学的研究与应用远远落后于世界先进水平。

进入 20 世纪 70 年代以后，计算机技术迅猛发展，以前由于计算复杂而应用受到限制的诸多统计方法，随着计算工具的现代化也应用开来。这使得数理统计学的原理和方法在教育统计学的应用范围更加广泛，内容更为丰富。而且，越来越多的教育研究人员和教育行政干部都可以利用计算机中的统计软件来处理数据、分析问题，并做出决策。80 年代以后，我国学者在教育统计学的研究与教材编写方面，取得了显著成绩。例如，出版了叶佩华主编的《教育统计学》（1982 年）、张厚粲主编的《心理与教育统计》（1988 年）、程书肖等编著的《教育统计方法》（1988 年）、张敏强主编的《教育与心理统计学》（1993 年）等非常有影响的著作。这些著作的不断出版，各种应用成果的大量涌现，促进了学术上的交流与提高。而且，自 80 年代以来，教育统计学的教学工作在各高校也相继恢复，教育统计学已成为大学教育系、心理系的必修或选修课程。掌握教育统计学的原理和方法以及相应的统计软件包的使用方法是现代教育工作者的必备知识与技能。

现代统计分析方法最突出的发展是结构方程的发展与应用、多层分析的理论和方法以及对追踪数据和发展模型的处理。20 世纪 80 年代，结构方程的数据分析系统与相应软件系统已经成熟，逐渐为社会科学研究人员所接受和使用。结构方程的路径分析思想拓展了社会科学研究的思路，很多学科的量化研究亦由只研究单变量转变为研究多变量，由分析主效应到同时分析交互效应，由对单指标和直接观测变量进行研究到对多指标和潜变量进行研究，方法技术的改进推动了社会科学领域揭示和研究复杂现象和问题的进程。多层和嵌套分析的思想由来已久，但直到 20 世纪 90 年代才发展成为一套完整而系统的理论和方法，并逐渐为教育、心理等社会学科研究人员所接受。在教育、管理、社会学、心理学等领域的研究中，取样往往呈现嵌套结构，例如学生嵌套于班级，班级嵌套于学校，学校又嵌套于社区，这种嵌套型的样本数据用传统的普通最小二乘法（ordinary least square method，OLS）分析会导致估计误差。多层分析方法不仅可以减少这种统计误差，而且可以避免由人为选择分析单位而出现的错误。在多层分析中各层样本均可以作为分析单位，而且还可以研究它们之间的交互作用。现代统计分析方法的发展还体现在对追踪数据和发展模型的处理上。这一进展的主要特点是借助和延伸已有的方法，建构一套处理重复测量数据的具体步骤。目前使用最为广泛的是基于结构方程的追踪数据分析方法和基于多层分析技术的发展模型方法。这些方法通过对结构方程与多层分析的应用，各自形成了一套独立的分析系统。对于追踪数据分析方法的学习，建议读者参阅刘红云、张雷所著的《追踪数据分析方法及其应用》（教育科学出版社，2005 年出版）。

本章小结

教育统计学是数理统计学与教育学的一门交叉学科。它是应用数理统计学的原理和方法对教育现象进行数量化研究的一门学科。

总体与个体、总体与样本具有相对性。反映总体数据特征的量数统称为总体参数，总体参数是常数，但大多数情况下它们是未知数。统计量是指不依赖于任何未知参数的样本的函数，即直接从样本数据计算出的各种量数。

教育统计学主要包括描述统计学和推断统计学两大部分。对数据“分布”的描述包括对数据集中趋势的描述、对数据离散程度的描述以及对数据之间相互关系的描述。推断统计学利用从总体中的样本获得的信息对总体的某些特征进行推断、估计和预测，包括参数估计、假设检验和统计分析三部分。

教育研究与实验数据包括属性数据和数值数据。按照数据的不同测度水平，随机变量可以分为定类变量、定序变量、定距变量、定比变量四种类型。

现代统计分析方法最突出的发展是结构方程的发展与应用、多层分析的理论和方法以及对追踪数据和发展模型的处理。

思考题

1. 什么是教育统计学？

2. 总体、样本、个体的区别是什么？

3. 以下数据是属性数据还是数值数据？是离散的还是连续的？属于哪一种测度变量？

（1）汽车速度（km/h）：120，60，30。

（2）温度（℃）：78，64，85。

（3）兄弟姐妹个数（人）：0，1，2，3，4。

（4）成绩（等级）：A，B，C，D。

（5）数学成绩（分）：85，67，90，54。

第二章
教育统计资料的来源与调查问卷的设计

本章提要

教育统计工作一般分为三个环节：搜集数据资料、整理数据资料和分析数据。这三个环节是密切关联的，前一个环节是后一个环节的基础，任何一个环节出差错，都会影响整个研究结果的准确性。本章主要围绕教育统计资料的来源、调查问卷的结构和设计展开陈述。下一章将阐述如何进行数据资料的整理与初步分析，尤其是针对问卷数据建立数据文件，并进行初步统计分析。

第一节 教育统计资料的来源

搜集数据资料是教育统计工作的第一个阶段，也是全部统计工作的基础。如果所搜集的原始数据资料不完整或不准确，这种数据资料就会降低甚至失去研究的价值，而且据此进行的统计整理与分析，有可能导致错误的结论。因此，搜集数据资料是教育统计工作中的重要环节。

教育统计资料的来源按照搜集时点的不同可以分为经常性资料和一时性资料。

（1）经常性资料：包括日常教育教学和管理工作记录、统计报表、统计年鉴等经常性或周期性可以获得的用于统计分析的数据资料。例如，某班或某年级学生每学期的各科成绩表、学生体能测试记录、教师培训情况记录、教师工资表、学校年度经费收支表、《教育事业统计公报》、《教育经费执行情况统计公报》、《中国教育统计年鉴》、《中国教育经费统计年鉴》等。

（2）一时性资料：主要是指为了研究某一问题或做某项调查而专门搜集的数据资料。例如，为了了解“三孩”政策实施后我国适龄儿童的入园人数的变化，采用随机抽样入户调查方式来获取在某个时段内出生的婴儿数量，为估计未来五年内所需新增托儿所和幼儿园数提供可靠的研究数据。

经常性资料比较容易获得，因为教育行政人员、教师、教育研究者在日常工作中经常涉及这样的资料。而且随着互联网和教育信息技术的日益普及和发展，获取经常性资料的方式更加多样化，也更加便捷。比如，利用家校通平台可获取学生在学校或家中的学习时间、作业时间等方面的数据资料，利用学校教育教学信息系统可获取课程、教师教学评价、学生成绩等方面的数据资料。而一时性资料通常是为了用于分析、解决某些专门的问题即开展某项专题研究或进行某项教育实验所搜集的，所以它的针对性、探索性很强，搜集这种资料一般采用实验、考试或测量、问卷调查、观察、访谈等方式。

第二节 调查问卷的概念、作用与类型

在专题调查研究中，问卷经常是必不可少的搜集研究所需数据资料的工具。设计调查问卷，是整个专题调研工作中重要的一环。

一、什么是问卷调查与调查问卷

现代问卷调查始于 1936 年美国总统选举预测调查。美国新闻学博士盖洛普（George Gallup）和《文学文摘》（*Literary Digest*）杂志均进行了美国总统选举预测调查。盖洛普运用比较科学的“分层配额”抽样技术，共发放选票 3 000 张，并力求使调查对象在州、市、镇、村的分布以及在年龄、性别、社会阶层、人种等方面的分布能够较为准确地代表美国的所有选民。例如，美国二十几岁的选民占全体选民的比例是 27%，那么在 3 000 个调查对象中二十几岁的人也应占 27%，即 810 人。盖洛普的调查结果显示，54%的美国选举人支持罗斯福成为总统。而《文学文摘》是根据杂志订阅名单、电话姓名地址以及汽车登记记录，给 1 000 万个选举人邮寄了问卷调查表，返回的问卷调查表共有 237 万份。《文学文摘》的调查结果显示，有 57%的选举人支持兰登。1936 年美国总统选举的最终结果是罗斯福以 60.2%的支持率获胜，验证了盖洛普的预测调查结果。

问卷调查一般指调查者运用事先设计好的问卷向被调查者了解情况或征询意见，这是一种书面调查方法。问卷调查研究包括如下工作：首先要明确调查研究目的、确定抽样方法、选择调查对象，然后设计问卷、预测问卷并根据数据分析结果修缮问卷，再同调查对象联系并寄发正式问卷，最后分析问卷数据资料、撰写调查研究报告。

调查问卷（questionnaire）是指对所有的抽样调查对象提出若干个同样问题的书面调查材料。它是教育研究中常用的一种调查工具。

二、调查问卷的作用

作为调查研究的重要工具，问卷将调查者所需的信息编写成被调查者可以回答并且愿意回答的一系列具体的问答题。因此调查问卷的基本作用是帮助调查者获取所需要的信息资料，通常包括以下几方面：

（1）问卷可以帮助研究者了解研究对象的基本情况。例如，性别、年龄、种族、户籍、婚姻状态、受教育程度、职业、收入等。

（2）问卷可以帮助研究者了解研究对象的行为方式。例如，利用四分量表“每天、

经常、偶尔、从不”测量研究对象对某项活动的参加程度。

（3）问卷可以帮助研究者了解人们的态度倾向。例如，利用五分量表“完全赞同、比较赞同、既不赞同也不反对、不太赞同、完全不赞同”测量研究对象对某个观点的看法。

除此之外，问卷也可以测查被调查者的心理特质，以便确定其属于哪种类型或测量被调查者在某个领域的知识或能力等，如 PISA 项目采用问卷测量 15 岁中学生的全球胜任力、OECD 于 2021 年推出测评 10 岁和 15 岁学生的社会情感能力的 SSES（Study on Social and Emotional Skills）项目问卷。

三、调查问卷的类型

调查问卷有多种分类方法，例如，按调查方式来分，有“自填式问卷”和“访问式问卷”两种；按结构来分，有“无结构型问卷”和“结构型问卷”两种；按回答问题的形式来分，有“开放式问卷”和“封闭式问卷”两种。

（一）自填式问卷与访问式问卷

自填式问卷是通过面访或邮寄，将问卷交到被调查者的手中，或者被调查者通过网络平台获取问卷，由被调查者自行填写；访问式问卷是在面访或电话调查中由调查员念给被调查者听，再由调查员根据被调查者的回答填写问卷。这两者都是向被调查者发问，只是在形式上有些不同。自填式问卷的内容要尽可能简单明了，但问卷封面或开头的指导语和有关填写说明应该详细些。目前教育类的调查多采用被调查者自填问卷的调查方式。访问式问卷一般是在调查对象为文盲或半文盲，或者大型入户调查使用复杂问卷时采用。

（二）无结构型问卷与结构型问卷

无结构型问卷指的是对问卷中所提的问题没有在组织结构上加以严格的设计和安排，只是围绕着研究目的设计一些问题。因此，从问题的回答形式上来说，一般都是开放式的。问卷中没有规定答案的选择范围，被调查者可以按照自己的意愿自由地发挥。例如，关于教师工作满意度方面的问题可以是下面的形式：

您认为贵校教师对学校哪些方面不满意？
您认为多数教师工作满意度不高的主要原因是什么？
您认为提高教师工作满意度可能采取的有效举措有哪些？

而结构型问卷是根据研究目的和主题精心设计具体结构的问卷。例如，在关于某市教师工作满意度的调查问卷中，既包括教师人口统计学信息的题项，如性别、民族、年龄、婚姻状况等，也包括从“教师对工作环境的满意度”“教师对当前职业的满意度”两个方面来测量教师工作满意度的题项。表 2－1 为经合组织的 TALIS 数据库对教师工作满意度的测量维度与题项。

表 2-1　TALIS 教师工作满意度问卷测量维度及题项

维度	题项
教师对工作环境的满意度	如果可能的话，我想换所学校
	我享受在这所学校工作
	我会向他人推荐我的学校，这里是工作的好地方
	我对这所学校的各个方面都满意
教师对当前职业的满意度	作为教师利大于弊
	如果可以再抉择一次，我还是选择做教师
	我后悔成为教师
	我想知道是否选择另一个职业会更好

（三）封闭式问卷与开放式问卷

封闭式问卷对问题的内容和可供选择的答案做了精心的设计，被调查者只能在所规定的答案范围内进行选择，一般只需在选中的号码上打钩或画圈就可以了。封闭式问卷既便于被调查者回答，又便于资料的统计处理。例如，TALIS 教师工作满意度问卷中的题项都是四分李克特量表（Likert scale），被调查者仅需根据实际情况从 4 个选项中勾选一个即可（见表 2-2）。

表 2-2　TALIS 教师工作满意度问卷中题项的四分李克特量表

题项	完全同意	同意	不同意	完全不同意
如果可能的话，我想换所学校	1	2	3	4
我享受在这所学校工作	1	2	3	4
我会向他人推荐我的学校，这里是工作的好地方	1	2	3	4
我对这所学校的各个方面都满意	1	2	3	4
作为教师利大于弊	1	2	3	4
如果可以再抉择一次，我还是选择做教师	1	2	3	4
我后悔成为教师	1	2	3	4
我想知道是否选择另一个职业会更好	1	2	3	4

开放式问卷则不限制回答范围，由被调查者自由回答。开放式问卷大多用于征询专家或同行的意见、建议的专题研究型调查之中。目前，专题调查中常用的问卷是封闭式的，但在问卷的结尾处加上几个开放式的问题，用于收集一些封闭式问题不能包含在内的更加具体、生动和形象的资料。例如，在关于初中生同伴关系情况调查问卷的结尾部分设计一个开放式的问题：

您认为造成同伴关系不和谐的主要原因有哪些？

除了按调查的方式、问卷的结构、回答问题的形式进行问卷种类的划分，还有其他的分类方法。若按发放方式来分，问卷包括“报刊式问卷”“送发式问卷”“访问式问卷”

"电话式问卷""网络在线问卷"等形式。其中"报刊式问卷"是随报刊的传递发放问卷；"访问式问卷"是由专人送达并回收，访问式问卷往往回收率较高；而目前使用较为普遍的是"网络在线问卷"，例如利用"问卷星"网站发布问卷采集数据等。

第三节 调查问卷的结构

调查问卷一般由卷首语、正文和结尾三部分组成。

一、调查问卷的卷首语

卷首语是问卷作答的启动阶段，会影响答卷人对所要发生事情的期望。调查问卷的卷首语通常包括导语、填写说明等内容。其中导语部分一般包括研究者或研究团队的自我介绍、调查目的、调查内容、填写态度与所需时间、被调查者合作与帮助的重要性、保密、致谢等内容。首先，研究者或研究团队的自我介绍要说明调查的主办单位和个人的身份。然后说明调查的目的、内容、填写方法和所需的时间，并说明被调查者合作和帮助的重要性。如果问卷中存在涉及被调查者隐私方面的问题，最后还要保证替被调查者保守秘密，并表示真诚的感谢（或说明将赠送小礼品）。

问卷的卷首语是十分重要的。专题调查通常十分依赖于被调查者的自愿合作。如果导语的介绍和引入很恰当，回收率将会提高。否则，拒答和不答的现象将会造成数据收集时间的延长以及费用的增加，也会降低数据的可靠性和样本的代表性。因此，问卷导语的语气应是亲切、诚恳和礼貌的，既要交代清楚又要简洁。问卷的卷首语有时还包括问卷填写说明。如果问卷都是单选题，可以在导语中简要说明填答方式；如果问卷中的题型较多，可以在导语下方增加填写说明，详细介绍各种题型的填答方式。在问卷正文中，对于填答容易出错的问题，根据需要也可附加填写说明，例如，在题目表述之后，给出"限选一项"或"可选多项"等字样。

二、调查问卷的正文

调查问卷的正文部分按照调查主题分解，可以分为若干部分。一般分为以下三部分：

正文的第一部分包括向被调查者了解的个体人口统计学特征方面的问题。例如性别、年龄、居住地、家庭情况、职业等被调查者基本情况方面的问题。这一部分只应包括那些适用于所有被调查者的能够很快很容易回答的问题。在这一部分尽量不包含任何难答或敏感的问题。

正文的第二部分是问卷的主要部分。它包括涉及调查主题的内容和细节的大量问题。这一部分的结构安排要符合逻辑性并且对被调查者来说应是有意义的。从一个主题到另一个主题的转化要平稳自然，不要发生突变或大跳跃使被调查者难以接受。

正文的第三部分一般是敏感性的或复杂的问题，以及测量被调查者的态度或特性的问题。

总之，问卷的正文部分通常遵循基本信息、调查主题的封闭型问题及开放型问题这样的次序安排。问卷设计者要注意正文部分的结构，以及不同部分之间的逻辑联系，合理安排问卷各部分的先后顺序。通常可以从一般性的问题开始提问，按照对被调查者来说是合乎逻辑的顺序来安排题项，确保问卷的正文部分平衡自然地从一个主题过渡到另一个主题。将敏感性或有威胁性的问题放在正文靠后部分。

三、调查问卷的结尾

问卷的结尾一般可以加上1～2道开放式的问题，给被调查者一个自由发表意见和提出建议的机会。另外，还可以加上征询与被调查者保持进一步联系的通信方式的问题，并再次致谢。例如：

为了进一步求得您对此项研究工作的帮助与指导，在您同意的情况下，我们希望有机会与您继续联系：

E-mail：______

手机号：______

对您的支持与合作再次表示衷心的感谢！

下面是一份完整的调查问卷示例，它包括卷首语（导语和填写说明）、正文和结尾三部分。

××大学本科生对学校教育教学服务和校园内部环境满意度的调查问卷

亲爱的同学：

您好！

我们是××大学本科生教育研究小组，正在进行一项关于××大学本科生对学校教育教学服务和校园内部环境满意度的调查。我们希望通过问卷调查，来了解同学们对学校教育教学服务和内部环境的满意度，以便有针对性地提出改进意见。请您仔细阅读下面的每一语句，参照您在大多数时间的生活状况及真实想法和感受作答。本调查为匿名调查，您的回答不会影响学校、老师和同学们对您的评价，请您不必有任何顾虑。问卷内容较多，需要花费您15分钟左右的时间，请您耐心认真填答。

衷心感谢您的配合！

××大学××学院

2018年4月

填写说明：

1. 若无特殊说明，请每题只勾选一个备选项。

2. 量表中的数字1～5分别代表“非常不满意”“不满意”“一般”“满意”“非常满意”。请在符合您情况的选项上画“√”。

3. 在填写本问卷时，如果问题的后面是“________”，请按照实际情况填写。

A. 基本信息

A1 您的性别：①男　②女

A2 您所在的院系是：________

A3 您所在的年级是：①2017 级　②2016 级　③2015 级　④2014 级

A4 您的生源地是：________省/直辖市

A5 您父亲的文化程度：

①小学及以下　②初中/技校　③高中/中专　④大专　⑤本科及以上

A6 您母亲的文化程度：

①小学及以下　②初中/技校　③高中/中专　④大专　⑤本科及以上

B. 学校提供的教育教学服务

	非常不满意	不满意	一般	满意	非常满意
B1 您对老师整体的教学水平的满意程度	1	2	3	4	5
B2 您对老师整体的科研水平的满意程度	1	2	3	4	5
B3 您对老师整体的师德水平的满意程度	1	2	3	4	5
B4 您对老师平时布置的作业数量的满意程度	1	2	3	4	5
B5 您对老师平时布置的作业质量的满意程度	1	2	3	4	5

B6 请将以下因素在决定对老师整体满意度上的重要程度进行排序（最重要的请赋值 1，第二重要的请赋值 2，第三重要的请赋值 3）

a. 教学水平　（　）

b. 科研水平　（　）

c. 师德水平　（　）

	非常不满意	不满意	一般	满意	非常满意
B7 您对课程开设的数量的满意程度	1	2	3	4	5
B8 您对课程的难易程度的满意程度	1	2	3	4	5
B9 您对选课系统的满意程度	1	2	3	4	5
B10 您对您的专业培养方案的满意程度	1	2	3	4	5
B11 您对期末考试难度的满意程度	1	2	3	4	5

B12 您认为你们专业的本科生培养方案的哪些方面有待改进？（可多选）

①专业所要修读的总学分　②理论与实践课程的学分比例　③所修学分在各学期的分布情况　④单一导师制　⑤具体实施与培养方案的一致性　⑥其他

B13 您还希望开设什么样的课程？________________________________

	非常不满意	不满意	一般	满意	非常满意
B14 您对本校的学术活动（讲座、竞赛等）的满意程度	1	2	3	4	5
B15 您对本校出国交流机制的满意程度	1	2	3	4	5
B16 您对老师对平时作业的反馈的满意程度	1	2	3	4	5
B17 您对老师普遍的课程考评判分情况的满意程度	1	2	3	4	5
B18 您对本校奖学金制度的满意程度	1	2	3	4	5
B19 您对本校助学金制度的满意程度	1	2	3	4	5

B20 请您提出关于课程评分方面的建议：______________________________

	非常不满意	不满意	一般	满意	非常满意
B21 您对班主任的工作的满意程度	1	2	3	4	5
B22 您对教务处的工作的满意程度	1	2	3	4	5
B23 您对本科生工作处的工作的满意程度	1	2	3	4	5

	非常不满意	不满意	一般	满意	非常满意
B24 您对本校官方网站的整体情况的满意程度	1	2	3	4	5
B25 您对教学楼的内部设施的满意程度	1	2	3	4	5
B26 您对本校图书馆的整体情况的满意程度	1	2	3	4	5

B27 请您选出教学楼内部设施需要改进的地方（限选三项）：

①卫生间 ②电梯 ③饮水处 ④多媒体 ⑤桌椅 ⑥灯光 ⑦黑板 ⑧其他

B28 请您选出图书馆需要改进的地方（限选三项）：

①馆藏图书数量 ②馆内指示标语 ③自习座位数量 ④图书检索系统
⑤选座系统 ⑥借阅服务 ⑦工作人员 ⑧电梯 ⑨其他

B29—B31 题为选答题，请您根据您的实际经历和感受填答。

	非常不满意	不满意	一般	满意	非常满意
B29 您对本校的实验室的满意程度	1	2	3	4	5
B30 您对本校的心理咨询中心的满意程度	1	2	3	4	5
B31 您对本校的就业指导中心的满意程度	1	2	3	4	5

C. 校园内部环境

	非常不满意	不满意	一般	满意	非常满意
C1 您对食堂位置的满意程度	1	2	3	4	5
C2 您对食堂容量（可容纳人数）的满意程度	1	2	3	4	5

C3 您对食堂卫生的满意程度	1	2	3	4	5
C4 您对食堂饭菜味道的满意程度	1	2	3	4	5
C5 您对食堂饭菜价格的满意程度	1	2	3	4	5
C6 您对食堂菜品种类的满意程度	1	2	3	4	5
C7 您对食堂工作人员的服务态度的满意程度	1	2	3	4	5
C8 您对食堂分餐效率的满意程度	1	2	3	4	5
C9 您对宿舍面积的满意程度	1	2	3	4	5
C10 您对宿舍人数的满意程度	1	2	3	4	5
C11 您对宿舍空调的满意程度	1	2	3	4	5
C12 您对宿舍暖气的满意程度	1	2	3	4	5
C13 您对宿舍洗衣机的满意程度	1	2	3	4	5
C14 您对宿舍保洁的满意程度	1	2	3	4	5
C15 您对宿舍安全的满意程度	1	2	3	4	5
C16 您对宿舍楼自习室的满意程度	1	2	3	4	5
C17 您对学校自然景观的满意程度	1	2	3	4	5
C18 您对学校人文景观的满意程度	1	2	3	4	5
C19 您对学校道路状况的满意程度	1	2	3	4	5
C20 您对校园清洁状况的满意程度	1	2	3	4	5
C21 您对校园安全的满意程度	1	2	3	4	5
C22 您对校园照明设施的满意程度	1	2	3	4	5
C23 您对校园宣传栏的满意程度	1	2	3	4	5
C24 您对校园网的满意程度	1	2	3	4	5
C25 您对学校快递服务的满意程度	1	2	3	4	5
C26 您对学校浴室的满意程度	1	2	3	4	5
C27 您对校医院医疗水平的满意程度	1	2	3	4	5
C28 您对校医院医疗人员服务态度的满意程度	1	2	3	4	5
C29 您对校医院报销制度的满意程度	1	2	3	4	5
C30 您对运动场地的满意程度	1	2	3	4	5
C31 您对运动设施的满意程度	1	2	3	4	5
C32 您对学校超市数量的满意程度	1	2	3	4	5
C33 您对学校超市地理位置的满意程度	1	2	3	4	5
C34 您对学校超市工作人员工作态度的满意程度	1	2	3	4	5
C35 您对学校超市物品种类的满意程度	1	2	3	4	5
C36 您对学校超市物价的满意程度	1	2	3	4	5
C37 您对学校打印店数量的满意程度	1	2	3	4	5
C38 您对学校打印店地理位置的满意程度	1	2	3	4	5
C39 您对学校打印店服务效率的满意程度	1	2	3	4	5
C40 您对学校打印店价格的满意程度	1	2	3	4	5

为了进一步求得您对此项研究工作的帮助与指导，在您同意的情况下，我们希望有机会与您继续联系：

微信号：__________________

手机号：__________________

E-mail：__________________

对您的认真填答与合作再次表示衷心的感谢！

第四节　问卷设计的基本步骤

问卷设计是问卷调查研究的重要环节。问卷调查研究虽然便于做定量分析、较为简便易行且具有较好的统一性和匿名性，但问卷设计的最大挑战在于缺乏理论支持。没有什么科学统一的原则来保证得到一份最佳的或理想的问卷。因此，问卷设计是一种需要经验和智慧的技术。与其说问卷设计是一门科学，还不如说是一门艺术。虽然也有一些规则可以遵循以避免错误，但好的问卷设计主要源自调研人员对调查主题的深入理解以及其创造性。问卷的设计必须与调查的目的和主题以及调查的方式相适应。同时，问卷设计也要遵循一系列基本步骤。问卷设计的基本步骤可以用图 2－1 直观地给出。在实践中这 8 个步骤是相互联系的，在设计问卷的过程中有些步骤可能需要重复或循环。下面对每一步骤做简要说明（见图 2－1）。

明确所需的信息，确定问卷的结构

↓

规定调查方式的类型

↓

确定问答题的内容

↓

确定问答题的形式

↓

确定问答题的表述方式

↓

选择题项的措辞

↓

设计问卷的版式

↓

预测试问卷并消除缺陷

图 2－1　问卷设计的基本步骤

第一步：明确所需的信息，确定问卷的结构

问卷设计的第一步是明确所需的信息，确定问卷的结构。这也是调查研究方案设计

的第一步，亦是非常重要的一步。为此需要认真讨论并确定调查目的、主题和所要论证的理论假设。

然后，再根据研究目的，分解研究主题，从不同视角考察研究主题，并基于访谈和查阅相关资料确定问卷结构。例如，关于我国西部农村中小学寄宿制的调查研究，其研究目的在于揭示西部农村中小学寄宿制的现状及存在的突出问题。根据研究目的，分解其研究主题，则需要调查研究如下几个方面的问题：（1）寄宿生及其家长对寄宿制的态度如何？学校管理者、教师对寄宿制的态度又是怎样的？（2）寄宿给学生及家庭带来的额外经济负担有多大？寄宿学校与非寄宿学校的运行成本差异多大？（3）目前寄宿制学校的设施、管理方式以及给学生提供的心理、情感支持等状况如何？（4）寄宿对少数民族学生在民族传统文化、风俗、技艺传承方面的影响如何？（5）学生对寄宿制学校学习生活的适应性如何？寄宿对学生学习成绩的影响如何？为了回答以上五个方面的研究问题，需要在针对学校、教师和学生及其家长的调查问卷中涉及五个方面的信息：（1）寄宿制学校的寄宿现状，包括寄宿设施、安全与卫生状况、管理方式、对学生的心理与情感支持。（2）寄宿制利益相关者对寄宿制的态度（学生及其家长、学校管理者、教师）。（3）寄宿对学生（尤其是少数民族学生）学习和生活方面的影响。从寄宿生的视角，寄宿对其身体状况、独立学习能力、学习时间、学习成绩、学校适应性、民族文化传承、课余生活的丰富性、与家长的联系等方面的影响；从寄宿生家长的视角，寄宿学习生活的优缺点、对孩子成长的影响。（4）寄宿学校的额外成本、寄宿生家庭成本及负担、寄宿补助情况。（5）寄宿生获得的社会心理支持情况、寄宿生对寄宿条件和寄宿生活的评价（寄宿生对食堂和宿舍条件、卫生与安全、同伴关系、自理生活能力、对学习的影响等方面的满意度）。这五个方面的信息决定针对不同群体的调查问卷的结构和内容。

总之，依据研究目的分解主题，根据主题确定问卷结构，按照主题内容设置项目，依据项目编写题项，以及该项目需要回答的研究问题或假设。问卷初稿编写好后需要核查各项目下面的题项是否能够回答所设立的研究问题或假设。基于以上信息制作一个问卷设计表是非常必要的，不仅可以使你厘清研究所需要的各种信息，而且使得问卷题项设计得严谨、不会出现多余题项，增加被调查者的填答负担。此外，也有助于后续开展数据分析时找到所需变量。具体示例参见如下北京师范大学与联合国儿童基金会对西部农村中小学寄宿制情况的一项大型调查问卷的设计（该项目设计的学生问卷参见本章附录）。

中小学生寄宿情况的调查问卷设计

问卷涉及学生个人及家庭背景信息，民族传统文化、风俗、技艺的传承，学校适应性、寄宿条件与管理、寄宿成本以及寄宿生对寄宿生活的态度和评价等方面的内容。

中小学生寄宿情况的调查问卷设计

维度	项目	题项①	研究问题
学生个人及学校情况（A）	性别、年龄、民族、户籍	A1，A2，A3，A4	考察寄宿生人口统计学特征分布情况
	身体状况（身高、体重、健康状态）	A5，A6，A7	寄宿学生与非寄宿学生的身体状况是否存在显著性差异
	独立学习能力（是否独立完成作业）	A8，A9	考察寄宿生与非寄宿生的独立学习能力是否相同（隐含假设：寄宿可能促使学生提高独立学习能力）
	心理与情感支持（心理咨询）	A10，A11	当有心情不好、与同学矛盾难以处理等情况的时候向心理咨询老师咨询或求助过的寄宿生比例有多大，有心理咨询室的学校的寄宿生与没有心理咨询室的学校的寄宿生在处理同学矛盾或自己心情不好时的解决办法是否不同
	学校学习环境与条件（图书室、教室采光、使用语言）、处理学习困难的方式	A12—A16	寄宿制学校的学习条件如何，与非寄宿制学校相比，是否存在差异；寄宿学校与非寄宿学校的少数民族学生在学校的交流语言是否不同；寄宿生与非寄宿生在遇到学习问题时的处理方式是否存在差异
	住宿地点、生活补助	A17	寄宿生比例是多少，寄宿生获得生活补助的比例有多大，补助金额是多少
	就餐情况（就餐方式、所需费用）	A18	比较不同的就餐方式（食堂、自己做、校外买吃）的费用是否存在差异
	非寄宿生与寄宿生的回家方式、生活费用	A19—A21（非寄宿生填答）E28，E29，E31，E32（寄宿生填答）	寄宿生与非寄宿生的回家方式、生活费用是否存在差异
家庭情况（B）	家周围环境（山区、公路）	B1，B2	考察寄宿生中来自山区、交通不便的地方的比例有多大
	家庭交流语言	B3	考察寄宿生与非寄宿生的家庭交流语言、家庭经济状况等是否存在差异，接受寄宿补助的学生的家庭经济状况是否较差，父母职业是否会对学生接受寄宿补助有影响
	父母职业	B4，B5	
	家庭经济状况	B6—B14	

① 注意此表中的题项编号是在问卷中所有题项内容编写好和题项顺序编排好之后补充到此列中的。

续表

<table>
<tr><th>维度</th><th>项目</th><th>题项</th><th>研究问题</th></tr>
<tr><td rowspan="6">民族传统文化、风俗、技艺（C）</td><td>民族服装的穿戴</td><td>C1</td><td rowspan="6">考察是否因为寄宿而减弱了少数民族学生对民族文化的传承（隐含的假设：寄宿会减弱少数民族学生对本民族文化的传承）</td></tr>
<tr><td>对民族节日的了解</td><td>C2，C3</td></tr>
<tr><td>对文化、风俗、技艺的了解和掌握程度、途径</td><td>C4—C6</td></tr>
<tr><td>对文化、风俗、技艺的学习意愿</td><td>C7</td></tr>
<tr><td>学校有无开设民族文化等方面的课程</td><td>C8</td></tr>
<tr><td>学校是否举办民族节日庆祝活动</td><td>C9</td></tr>
<tr><td rowspan="9">学校适应性（D）</td><td>学校态度</td><td>D1—D4</td><td rowspan="9">考察寄宿生与非寄宿生的学校适应性是否存在差异</td></tr>
<tr><td>自尊</td><td>D5—D7</td></tr>
<tr><td>数学自我概念</td><td>D8—D10</td></tr>
<tr><td>语文自我概念</td><td>D11—D13</td></tr>
<tr><td>与数学老师关系</td><td>D14—D16</td></tr>
<tr><td>与语文老师关系</td><td>D17—D19</td></tr>
<tr><td>问题行为</td><td>D20—D24</td></tr>
<tr><td>同学关系</td><td>D25—D26</td></tr>
<tr><td>学习计划、学习习惯、学习策略</td><td>D27—D37（小学生填答）
D27—D44（初中生填答）</td></tr>
<tr><td rowspan="4">寄宿条件、管理、成本以及学生对寄宿生活的评价（E）</td><td>学生对寄宿生活的评价（寄宿生对食堂和宿舍条件、卫生与安全、同伴关系的满意度，寄宿对生活自理能力、学习等方面的影响）</td><td>E1—E11</td><td>有多大比例的寄宿学生对寄宿生活满意，有多大比例的寄宿学生对食堂、卫生、安全、同伴关系满意，有多大比例的寄宿学生生活自理能力较强</td></tr>
<tr><td>住宿条件（床位、浴室）</td><td>E12—E15</td><td>多大比例的寄宿生能够获得单独的床位，多大比例的寄宿学校有供学生使用的浴室</td></tr>
<tr><td>寄宿生的管理（早操、早自习、晚自习、课余生活）</td><td>E16—E21</td><td>寄宿生的学习生活状况是怎样的，有无早、晚自习，早、晚自习的学习是如何安排的，学校有无安排寄宿生出早操</td></tr>
<tr><td>对寄宿的优点的感知</td><td>E22，E23</td><td>寄宿生认为寄宿生活的好处有哪些</td></tr>
</table>

续表

维度	项目	题项	研究问题
寄宿条件、管理、成本以及学生对寄宿生活的评价（E）	对寄宿过程中的困难、寄宿缺点的感知	E24—E26	寄宿生普遍感到住宿遇到的最困难的事情是什么，寄宿生活有哪些缺点，低年级寄宿生想家的比例是否显著高于高年级寄宿生
	回家的频次与方式、与家长联系的方式	E27—E30	寄宿生回家的频次平均是多少，不同年龄的学生回家频次是否有差异，寄宿生普遍采用的与家长联系的方式是什么
	寄宿成本（伙食费、路费、住宿用品费、住宿费、水电费等）	E31—E35	寄宿生每月的平均生活费是多少，寄宿比不寄宿每月要增加多少家庭开支

此外，需要把握目标总体的特征。调查对象群体的特征对问卷设计也有很大的影响。适用于大学生的问题不一定适合中学生回答，适合大、中城市学校管理者的问卷未必适合乡镇和小城市中的学校管理人员。对目标总体的理解主要涉及调查对象的社会背景、知识结构以及年龄、性别等特征。调查对象群体的差异越大，就越难设计一个适合整个群体的问卷。在这种情况下，我们通常在问卷中设置一些针对不同的群体回答不同题号的问题。

第二步：规定调查方式的类型

各类型调查方式有其自身特点和优势，不同类型的调查方式对问卷设计是有影响的。面谈的方式可以使调查者与被调查者之间展开对话，因此，可以询问较长的、复杂的和各种类型的问题。电话访问的方式也可以进行调查者与被调查者之间的对话，但是看不到问卷，而且由于时间的限制，一般要求对话简洁明确，因此这种方式只能限于问一些短的和比较简单的问题。总之，用于人员面访和电话访问的问卷要以对话的风格来设计。而邮寄问卷的方式，是由被调查者自己独立回答问题，因此，通常需要使用书面语言并在问卷中提供详细的指导语，问题表述也应简单些。网络调查一般也要求使用书面语言，可以实现跳答和随机化安排问题以减少由于顺序造成的偏差。

第三步：确定问答题的内容

一旦明确了所需调查的信息，决定了调查方式，下一步就是要确定每个问答题的内容。确定每个问答题内容的过程中，首先要问的是：这个问答题有出现的必要吗？问卷中的每一个问答题都应对所需要调查的信息有所贡献，或服务于某些特定的目的。如果从一个问答题得不到可以满意地使用的数据，那么这个问答题就应该取消。不过在一些情况中，还可能问一些与所需信息没有直接联系的问答题。例如，有时候在问卷的开头问一些中性的问答题也是有用的，目的是使被调查者介入并建立友善关系，特别是对于问卷的主题是敏感性的或有争议的情况。

其次要问的是：需要设计多个问答题还是只需要一个就行了？我们一旦确定某个问答题的设计是必要的，还必须肯定这个问答题对获取所需的信息是充分的。有时候为了明确地获取所需的信息，需要同时设立几个问答题。例如，对于“您认为同伴关系和师生关系是影响您对学校的认同感的主要因素吗?”如果回答是肯定的，那么答案是清楚的。但是，如果答案是否定的，那么被调查者的意思就可能是“同伴关系是影响我对学校的认同感的主要因素”，“师生关系是影响我对学校的认同感的主要因素”或“同伴关系和师生关系都不是影响我对学校的认同感的主要因素”。这样的问答题称为“双管问答题”，因为它将两个问题合二为一了。在这种情况下，为了保证能充分地获取需要的信息，应当设计两个不同的问答题——“您认为同伴关系是影响您对学校的认同感的主要因素吗?”和“您认为师生关系是影响您对学校的认同感的主要因素吗?”另外，为了评价问卷的信度，一些问答题可能要采用正向题、逆向题各问一次，或问两个内容极为相似的问题的方式。

最后，在确定问答题的内容时，还要考虑到被调查者的社会背景、知识储备、心理特征等，注意防止“不能答”和“不愿意作答”的问答题出现。有时候，被调查者可能会对某些调查内容不了解，因而会出现“不能答”的情形。例如，教师可能就对学校经费的使用情况不大清楚，因而发放给教师的问卷中就要避免设置涉及这方面内容的问题。另外，也有这样的情形，被调查者即使能够回答某个特定的问答题，但也不一定愿意回答，原因可能是太麻烦了，或者所需信息是敏感的。大多数被调查者都不愿意花较多的时间来回答问题。例如在询问被调查者经常阅读什么报纸时，可以请他们列出报纸的名单，但是最好的做法是调查者提供一个名单，然后让被调查者来挑选，这样被调查者就只需用较少的时间答题了。被调查者一般不愿意回答敏感问题。如果被迫回答，特别是在面访的情况下，答案将会是严重带偏差的。收入、婚姻生活、政治和宗教信仰、青少年早恋、与事故或犯罪的牵连等都是敏感问题。对此有一些专门的技术来调查处理。下面提供的方法也可以增加获取此类信息的可能性。

(1) 将敏感问题放在问卷的最后。此时被调查者最初的不信任感已经克服，与调查者的友善关系已经建立，且设置此敏感问题的合理性也很明显，这时被调查者可能会更愿意提供信息。

(2) 给问答题加上一个“序言”，说明所感兴趣的行为是共同的。例如，在关于课外补习的调查中给相应问答题增加序言：“最近的研究表明，课外补习现象在我国是较为普遍的”。这样的序言会增加被调查者回答有关课外补习问题的情愿程度。

(3) 用第三者技术来提出问题，即似乎问题涉及的是其他人而不是被调查者本人。例如，关于中学生早恋的调查问卷中，设置一些假设的早恋案例，让被调查者去分析、判断，从而了解被调查者对此类问题的真实态度和看法。

(4) 将敏感问题“隐藏”在一组被调查者愿意回答的其他问题中。如果是访问式的调查，这一组问答题可以提问得快一些。

(5) 让被调查者提供分类数据而不是具体的数字。例如，不直接问“您的月收入是多少?”，而是让他们从几个收入的范围中选择适当的一项：

①1 000 元及以下 ②1 001～2 000 元 ③2 001～3 000 元 ④3 001～5 000 元 ⑤5 001～8 000 元 ⑥8 000 元以上

第四步：确定问答题的形式

问卷中常见的问答题包括封闭式、开放式、混合式等形式。

（一）封闭式问答题

封闭式问答题需要提供一系列答案供受访者选择，回答格式也固定。这种问答题对被调查者来说，较容易回答；对研究者来说，较容易进行统计分析。但是，调查的深度和广度受到限制，选择的答案不一定是答题者的真实想法。封闭式问答题通常包括选择式、排序式、等级式、条件式等类型。

1. 选择式

选择式，即有两种或两种以上的答案供自由选择。包括单选题和多选题两种形式。例如：

上学期，请问你每天（周末和节假日除外）花多长时间完成校内老师布置的作业？(单选题)

(1) 几乎没有　　(2) 1 小时以内【不含 1 小时】
(3) 1～2 小时【不含 2 小时】　　(4) 2～3 小时【不含 3 小时】
(5) 3～4 小时【不含 4 小时】　　(6) 4 小时及以上

下列哪些活动占用你的时间过多，导致你的睡眠时间少？(多选题)

(1) 学校老师布置的学习任务
(2) 家长安排的作业、家教补习或兴趣班
(3) 看电视电影、玩手机或网络游戏等消遣活动
(4) 自主安排的与学习、运动、兴趣爱好等相关的活动
(5) 家校距离远，回家所需时间长
(6) 其他

2. 排序式

排序式，即列出若干答案，由被调查者填写答案的先后顺序，分为全排序和选择排序两种。一般排序题的备选项不要超过 5 个，对于小学生来说，不要超过 3 个，否则被调查者难以区分。例如：

请将以下因素按照你选择接受高等教育的重要程度进行排序（最重要的请赋值 1，第二重要的请赋值 2，以此类推）

（ ）a. 喜欢学习，过更丰富的精神生活
（ ）b. 希望有一技之长
（ ）c. 获得更好的就业机会与工作

（ ）d. 获得更多的收入
（ ）e. 在社会上有更高的地位
（ ）f. 更好地服务社会
（ ）g. 父母的期望
（ ）h. 老师的期望

3. 等级式

等级式，即将答案按照强度或程度分成若干等级依次排列，由被调查者选择其中一种。常用的等级词汇有“同意”“赞成”“喜欢”“经常”等。例如：

你对下列举措的看法如何？	完全赞成	赞成	中立	不赞成	完全不赞成
实行高中选课走班教学					
按中考成绩高低分班					
高考日期改到6月上旬					

4. 条件式

条件式，即对问题的回答以某种条件为前提。条件式问题只能由一部分被调查者回答。例如：

你平时和谁住在一起？【此题仅限不在学校住校的学生回答】
(1) 只和父母住在一起（含只和父亲住或只和母亲住）
(2) 只和（外）祖父母住
(3) 和父母以及（外）祖父母一起住
(4) 其他

总之，对于封闭式的问答题，无论何种形式，可供选择的答案要包括所有可能情形，防止出现被调查者找不到适合自己答案的情况；对于单选题，可供选择的答案不能有重叠的部分，防止出现被调查者认为有不止一个答案适合自己的情况，即可选择的答案既应当是穷尽的，又必须是互斥的。

此外，可供选择的答案如果在程度、范围或分量上有顺序大小，最好让对应的代码大小和顺序相一致，以便将来统计分析时按定序变量处理。例如，下面的设计：

你对兴趣班的喜爱程度是：
①很不喜欢　②不喜欢　③喜欢　④很喜欢

是比较合理的。但如果改为：

你对兴趣班的喜爱程度是：
①很不喜欢　②不喜欢　③很喜欢　④喜欢

就会给统计分析带来一些麻烦，在数据分析时需要将此题对应的变量取值重新编码。涉及量表设计时，常常是以李克特量表的形式给出许多陈述句，让被调查者表示他们同意或不同意的态度。以往的研究表明，被调查者的回答会受到陈述句表述方式的影响。因此，最好使用对偶陈述，即一部分题项采用正向陈述，另一部分题项采用逆向陈述。

（二）开放式问答题

开放式问答题是无结构的，也叫自由回答题，指的是由受访者提供自己的答案，用他们自己的语言来回答问题。例如：

谁是你目前最喜爱的教师？为什么？

开放式问答题通过被调查者自由发表意见，得到的信息往往是比较丰富的，在探索性的研究中是很有用的。但它的缺点是面访时调查员的记录熟练与否会影响调查结果。另外，在编码和处理信息时也是十分费事和困难的。因此，在调查对象较少的探索性研究中开放式的问答题常被使用，但是在大规模的抽样调查中，它的缺点可能盖过了它的优点，因而并不常被使用。

（三）混合式问答题

混合式问答题，也称半封闭型问答题，是指在采用封闭型回答方式的同时，最后加上一项“其他，________”。例如：

上学期，你参加过什么类型的补习？

（1）学校统一组织的补习　　（2）一对一的校外辅导

（3）非一对一的校外辅导班　　（4）其他，请补充________

第五步：确定问答题的表述方式

问答题的表述方式大体上可以分为简单询问法、简单陈述法、释疑法、假定法、转移法、情景法，其中，情景法属于间接表述法，其他方法属于直接表述法。

（一）简单询问法

简单询问法是最为常见的一种表述方式，是将调查内容用一句简短的疑问句直接表述出来。例如：

你认为影响学习成绩的最重要的因素是什么？（单选）

（1）个人智力　（2）教师教学水平　（3）家庭环境　（4）个人学习习惯

（5）个人努力程度　（6）个人学习方法　（7）其他，请补充________

（二）简单陈述法

简单陈述法也是一种常见的表述方式，是将调查内容用一句简短的陈述句表述出来。例如：

请您阅读下列陈述句，根据你的真实想法做出判断（画“√”）。

1. 完全同意　2. 基本同意　3. 一般　4. 基本不同意　5. 完全不同意

(1) 信息化手段对提高学生学习兴趣有很大的帮助	1　2　3　4　5
(2) 中小学国家课程教材应当全国统一	1　2　3　4　5
(3) 优质课件应当在全国范围共享	1　2　3　4　5

(三) 释疑法

释疑法，即在问题的主题之前加上一段解释性的文字，以便对问题中某些词句（如专业术语）进行解释，或消除应答者的顾虑。例如：

宪法规定："中华人民共和国公民对于任何国家机关和国家工作人员，有提出批评和建议的权利"。请问您对您所在地方的政府机关主要负责人有何评价和看法？

(四) 假定法

假定法，即用一个假言判断作为问题的前提，然后再询问被调查者的看法。例如：

如果有以下几项工作，您将会选择哪一种？

(1) 月薪 24 000 元，每天工作 12 小时

(2) 月薪 12 500 元，每天工作 8 小时

(3) 月薪 5 800 元，每天工作 5 小时

(五) 转移法

转移法，即由他人直接回答问题，然后再请被调查者对他人的回答做出评价，这样可以降低问题的敏感性和威胁性。例如：

对于中学生谈恋爱，有些同学认为不应该，有些同学认为无所谓，你同意哪种看法？

(1) 同意前一种看法　　　　(2) 同意后一种看法

(六) 情景法

情景法，即设计一个情景，让应答者设身处地地表露自己的看法或意向。例如，我们想了解社会上是否存在性别歧视，是多大程度上歧视，可以采取情景法：

某女教师在单位实行的优化组合中失去了工作。您猜测是什么原因使她失去了工作？

(1) 人际关系不好　　　　(2) 工作不努力

(3) 教学水平不高　　　　(4) 身体不好，常请病假

(5) 没有什么特殊原因，只是因为她是女性　　　　(6) 其他原因，请补充________

第六步：选择题项的措辞

审慎选择问答题的措辞指的是将问题内容和结构转化为被调查者容易理解的含义清

楚、简单明了的句子。如果措辞不当，被调查者可能会不答（拒答），或不能正确地回答。不答将会增加数据分析的复杂性，错答将会导致回答误差。除非被调查者和调研者对问答题的理解完全相同，否则结果会产生严重的偏差。为了避免这些问题出现，在选择问答题措辞时要遵循如下几个要领。

（一）使用明确的词汇

一个问答题应该清楚地定义要问的内容。每个问答题应该遵循 5W（谁、什么、何时、何地、为什么）原则。例如，考虑下面的问答题：

谁是你喜欢的老师？

表面看来，这似乎是定义得很好的问答题。但如果对照 5W 原则，就发现问得并不很清楚。“谁”指的是被调查者，“什么”指的是喜欢的老师，但如果喜欢的老师不止一位怎么办？“何时”也不清楚，如果被调查者是高中学生，喜欢的老师是指他（她）小学时、初中时，还是高中时的老师？至于“何地”，同样也不清楚。这个问题较好的表述应当是：

在你目前所在的学校，你喜欢哪些老师？请一一列举出来。

或者：

在你目前所在的学校，你最喜欢哪位老师？

除了清晰地界定问答题的内容，问卷中也应当使用适合于被调查者语言水平的词汇。在选用词汇时，应考虑到被调查者的平均文化水平，尤其是在进行专题型的调研中，要考虑到使用的专业性或技术性的词汇被调查者是否都能理解，如果大多数被调查者不能正确理解，就会导致错答或不答，从而使数据分析的结果产生严重的偏差。

此外，问卷中使用的词汇对被调查者来说应当具有唯一的意义。有些似乎是明确的词汇，实际上对不同的人是有不同意义的。例如“通常”“正常地”“频繁地”“经常”“偶尔”“有时”等。考虑下面的问答题：

您经常浏览网页吗？
（1）从不浏览　（2）偶尔浏览　（3）有时浏览
（4）经常浏览　（5）几乎天天浏览

对上述问题的回答不可能是明确的，因为对不同的被调查者来说，这 5 个类别的含义可能是不同的。例如，对于一周浏览网页两天的三个人来说，他们可能分别选“偶尔浏览”“有时浏览”“经常浏览”三种不同的类别。因此，对这个问题较好的措辞是类似下面的表述：

您经常浏览网页吗？
（1）从不浏览　（2）每周少于 2 天　（3）每周 2～3 天
（4）每周 4～5 天　（5）每周 6～7 天

这样措辞的题项，回答的类别得到了客观的定义，被调查者就不会随意地选择答案了。

总之，设计的问答题要明确、客观，不能有含糊的措辞，也不能有带刺激性的语言。如果是面访或电话采访，使用的语言要符合人们口头交谈和提问的习惯，避免书面化和文人腔。总之，要从被调查者的角度来考虑问答题的表述。

（二）避免隐含的假定

隐含的假定指的是问答题中没有表述清楚的假定。例如：

您赞成在我国采取高收入的政策吗？

如果提高工资和提高物价是同步的话，您赞成在我国采取高收入的政策吗？

第一种问法中，工资和物价同步增长的假定是隐含的，因此，将导致过高估计的"赞成"比例。在这种情况下，采用第二种问法是较可取的。

（三）避免诱导性的或有倾向性的表述

诱导性的问题表述暗示被调查者应当选择什么样的答案。例如：

您认为在高等教育已经步入大众化阶段，大学生就业难问题日渐凸显的情况下，家庭贫困的中学生还应当选择考大学吗？

（1）应当考大学　　（2）不应当考大学　　（3）不知道

这样的问题表述将引导被调查者选择"不应当考大学"，因此无法帮助我们了解人们对家庭贫困的中学生考大学这一问题的真正想法。

第七步：设计问卷的版式

问卷的格式、问答题的摆放位置、题与题之间的距离等都可能会对调查结果有影响，特别是对自填式的问卷，排版就显得更为重要。有关的实验结果表明，放在每页顶部位置的问答题一般比放在底部位置的问答题更容易受到关注。排版、空间安排以及印刷等都会使问卷富于吸引力。例如，采用彩色和适宜的图片可使你的问卷更具吸引力。

最终呈现问卷时，最好将问卷分成几部分，这样条理清楚，便于被调查者回答。例如，在《××大学本科生对学校教育教学服务和校园内部环境满意度的调查问卷》中，我们将所需的信息分成三部分，每一部分中的多个问答题都编上号码，这些号码将与数据处理时的变量编码相对应。这三部分的内容分别是按以下方式表述的：

第一部分：基本信息

第二部分：学校提供的教育教学服务

第三部分：校园内部环境

有时候，问卷还要编上顺序号以便实施编码分析。但是，也可能会引起被调查者的怀疑，认为这些号码是用于辨认身份的。因此，在需要保密不记名的调查中，最好不要给问卷编号以免影响被调查者的合作或造成回答偏差。

版式设计的一般要求包括问题和答案的字号与字体的差别，问题与问题的间距，以及答案标记，用英文字母、阿拉伯数字、各种括号（如（ ）[ ] □等）、"√"的位置。

以条件式问答题设计的版式为例：

1. 用文字说明

你认为女生应具备哪些品质？（限男生回答）____________________

2. 分层次排列

Q：您的性别？

□（1）男生，你认为女生应具备哪些品质？____________________

□（2）女生，你认为男生应具备哪些品质？____________________

3. 设置跳答题

Q1："双减"政策实施后，您认为您的孩子学业负担是否明显减轻？

（1）是　　　　　　　　　　（2）否

Q11. 如果您选择了"（1）是"，请问您的孩子每晚作业时间大约减少了多少分钟？________分钟

第八步：预测试问卷并消除缺陷

预测试问卷指的是在一个小样本中检验问卷，通过试填写，可以发现和消灭一些潜在的问题。即使是最好的问卷通过预测试也还是可以改进的。一般情况下，没有经过充分预测试和修订的问卷不应当用于大规模的正式调查。用于预测试的样本也应取自实际需要调查的总体。即使正式的调查将采用邮寄或电话调查的方式，预测试问卷也最好采用面访的形式，因为这样可以观察到被调查者的反应和态度。进行必要的修改之后，如果实际调查将采用邮寄或电话调查方法，还可以用这些方式再进行一次预测试。问卷设计者和主要调研人员应该参与一些预测试的面访。最初的预测试一般有 15～30 个调查对象就可以了。稳妥的预测试应当包括几个步骤。预测试一次是最起码的，应继续预测试直至不需要再改动问卷为止。预测试得到的数据也应进行编码和统计分析，对结构化量表的数据需要做信度、效度评估，以保证量表工具的质量。

第五节　问卷质量评价

对于所设计问卷的初稿，除了要抽取少量样本进行预访和分析之外，对于意见、态度或评价式的量表，还要进行信度和效度分析，剔除不合适的项目，反复修改，才有可能获得高质量的问卷。高质量的问卷设计至少要达到以下三个基本要求：

（1）将所需的信息编写成被调查者可以回答并且愿意回答的一系列具体的问答题。要设计被调查者可以回答并且愿意回答的能够生成所需信息的问答题，一般来说比较困难，这是一项富有挑战性的工作。

（2）问卷必须促进、激发并鼓励被调查者参与、合作并完成调查。没有全部完成的

问卷其作用是有限的。在设计问卷时，调研者应当努力使被调查者的疲劳、厌倦减至最小，使不完全答卷和不答卷的情况尽可能少。

（3）问卷设计应使回答误差减至最小。问卷中题目和备选答案的表述是形成回答误差的主要根源，问题表述的方式以及准确性、备选答案的完备性会直接影响回答误差的大小，使这种误差减至最小是问卷设计工作的重点。

总之，若要获得高质量的问卷调查结果，要尽量使填写人认识到填写的意义和重要性以增加返回率。问卷不可太长，要做到问题少而精。避免脱离研究主题乱提问题，可要可不要的问题要删除掉，还要避免出现几乎无人选择的项目。为了配合整个研究，在问卷设计时要明确研究涉及哪些变量，围绕每个变量设计一个或多个问题。针对成人如高校教师的调查，需要在导语部分写清调查目的和意义。导语要简洁明了，填写说明用醒目的字体或彩色凸显。问卷题项的安排具有逻辑顺序。将一些有趣和被调查对象感兴趣的问题放在正文的开始部分。把威胁性或涉及隐私的题目放在正文的后半部分。尽量避免令人生气或者令人尴尬的问题。重要的问题不要放在较长问卷的末尾。对于被调查者难以填答的题目要给予填答示例。不要使用调查对象有可能不理解的术语、行话或复杂的措辞。避免使用“几个”“大多”“通常”“很少”这样意思不明确的词语。

问卷设计是一门科学，更是一门艺术，需要研究者在实践中不断积累设计经验，不断完善问卷。

本章小结

调查问卷是指对所有的抽样调查对象提出若干个同样问题的书面调查材料。

调查问卷的基本作用是帮助调查者获取所需要的信息资料。

调查问卷一般由卷首语、正文和结尾三部分组成。

问卷设计的基本步骤包括：明确所需的信息，确定问卷的结构；规定调查方式的类型；确定问答题的内容；确定问答题的形式；确定问答题的表述方式；选择题项的措辞；设计问卷的版式；预测试问卷并消除缺陷。

问答题的表述方式包括简单询问法、简单陈述法、释疑法、假定法、转移法、情景法等。

在选择问卷题项措辞的过程中要使用明确的词汇，避免隐含的假定并避免诱导性的或有倾向性的表述。

高质量的问卷设计至少要达到以下三个基本要求：(1) 将所需的信息编写成被调查者可以回答并且愿意回答的一系列具体的问答题。(2) 问卷必须促进、激发并鼓励被调查者参与、合作并完成调查。(3) 问卷设计应使回答误差减至最小。

思考题

1. 问卷的基本构成包括哪几个部分？
2. 试说明问卷设计需要遵循的基本步骤。

3. 高质量问卷需要达到的基本要求是什么？

附录

学生调查问卷

（适用小学四、六年级）

亲爱的同学：

您好！

这份问卷主要想了解您的学习及家庭有关情况。完成问卷大约需要40分钟。请您逐项认真填答。谢谢合作！

“北京师范大学-联合国儿童基金会”课题组

2011年9月

填写说明：

1. 请先在本问卷上填写您的姓名、学校、班级。

2. 请在家长问卷上也填写上您的姓名、学校、班级。

3. 在填写本问卷时，如果问题的后面是“________”，请按照实际情况填写；如果问题后面是选项，请在合适的选项上画“√”，如无特殊说明，请每题只选择一个选项。

姓名：______

学校：______

班级：________年级________班

A. 首先，我们想了解一些您自己和学校的情况

A1. 您的性别：①男　②女

A2. 您的出生年月：________年 ________月

A3. 请问您的民族是：①汉族　②少数民族

如果是少数民族，请填写具体是哪个民族______

（注意：请根据您家户口本上的记录填写。）

A4. 请问您的户口属于：

①城镇　②农村

A5. 您的身高是________厘米。

A6. 您的体重是________斤[①]。

A7. 您是否会感觉到没有力气、劳累、头晕或容易生病等？

①经常　②很少　③从来没有

① 1斤=0.5千克。

A8. 您每天能独立完成数学作业吗？

①完全能独立完成 ②基本上能独立完成 ③有时需要别人帮助

④常常需要别人帮助

A9. 您每天能独立完成语文作业吗？

①完全能独立完成 ②基本上能独立完成 ③有时需要别人帮助

④常常需要别人帮助

A10. 当您有心情不好、与同学矛盾难以处理等情况的时候通常怎么办？

①找班主任或任课老师 ②找专门的心理咨询老师 ③ 找同学

④跟父母联系 ⑤不解决 ⑥ 其他，请填写________

A11. 学校有心理咨询室或心理咨询老师吗？①有 ②没有 ③不清楚

A11.1. 如果有，当您有心情不好、与同学矛盾难以处理等情况的时候向心理咨询老师咨询或求助过吗？

①经常去 ②偶尔会去 ③从来没去过

如果您接受过心理咨询老师的帮助，您感觉他（她）能够解决您的问题吗？

①能 ②不能

A12. 学校是否有图书室？①有 ②没有

A12.1. 如果有，学校允许从图书室借阅图书吗？①允许 ②不允许

A12.2. 如果允许，您每周从学校图书室借多少本图书？________本。（没借过，请填“0”。）

A12.3. 如果有图书室，您每周去学校图书室多少次？______次。（没去过，请填“0”。）

A13. 您觉得教室里的采光和照明条件能够让您看清黑板吗？

①能看清 ②看不清

A14. 您平时上课主要使用什么语言？

①汉语普通话 ②汉语地方话 ③少数民族语言（请具体填写）______

A15. 您在学校课余时间与同学交流主要使用什么语言？

①汉语普通话 ②汉语地方话 ③少数民族语言（请具体填写）______

A16. 当您在学习上遇到问题或困难时，通常会

①自己独立解决 ②向同学请教 ③问父母 ④问老师

⑤不管它 ⑥没有问题 ⑦其他，请填写______

A17. 本学期上学期间，您住在哪里？

①一直住在学校宿舍 ②租住在学校周围 ③住在自己家里

④借住在亲友家里 ⑤其他，请填写______

A17.1. 如果您是住在学校宿舍，请问您是从几年级开始在学校住宿的？

①一年级 ②二年级 ③三年级 ④四年级 ⑤五年级 ⑥六年级

A17.2. 如果您是住在学校宿舍，请问您这学期是否获得了寄宿生生活补助？

①有生活补助，每月________元　②没有生活补助

A18. 您每天吃饭的情况是

A18.1. 早饭：①吃　②不吃

A18.1.1. 在哪里吃：①学校食堂　②在学校自己做　③在家里吃　④校外买着吃　⑤其他，请填写______

A18.1.2. 每顿早饭大约花费多少钱？①________元　②不知道

A18.2. 午饭：①吃　②不吃

A18.2.1. 在哪里吃：①学校食堂　②在学校自己做　③在家里吃　④校外买着吃　⑤其他，请填写______

A18.2.2. 每顿午饭大约花费多少钱？①________元　②不知道

A18.3. 晚饭：①吃　②不吃

A18.3.1. 在哪里吃：①学校食堂　②在学校自己做　③在家里吃　④校外买着吃　⑤其他，请填写______

A18.3.2. 每顿晚饭大约花费多少钱？①________元　②不知道

如果您上学期间每天都回家，请您继续填写，其他学生不用填答 A19—A21 题：

A19. 您通常如何回家？

①自己回家　②家长接送　③学校接送　④其他，请填写______

A20. 您回家的交通方式？

①步行　②骑自行车　③坐车　④其他，请填写______

A20.1. 按照您选择的方式，回到家里通常需要多长时间？

①15 分钟以内　②15 分钟到 30 分钟　③ 30 分钟到 1 小时

④1 小时到 2 小时　⑤2 小时到 3 小时　⑥ 3 小时及以上

A21. 请问上学期间，您父母每个月给您________元生活费。

（生活费包括伙食费、交通费、零花钱等日常生活费用。）

A21.1. 其中，每个月伙食费是________元；每个月往返学校和家里所花路费大约为________元。

（如果没有，请填“0”。）

B. 在这部分，请您告诉我们一些关于您家庭的情况

B1. 您家是否住在山区？①是　②否

B2. 您家所在地通公路吗？①通　②不通

B3. 您在家里跟家人通常用何种语言交流？

①汉语普通话　②汉语地方话　③少数民族语言（请具体填写）______

B4. 您父亲通常是做什么工作的？（可多选）

①政府机关工作　②在学校工作　③个体经商　④打工

⑤耕种自家土地　⑥在部队当兵　⑦其他，请填写______

B5. 您母亲通常是做什么工作的？（可多选）

①机关工作　②学校工作　③个体经商　④打工

⑤耕种自家土地 ⑥在部队当兵 ⑦其他，请填写______

B6. 您家里有彩色电视机吗？①有 ②没有

B7. 您家里有固定电话吗？①有 ②没有

B8. 您家里有手机吗？①有 ②没有

B9. 您家里有电动自行车或摩托车吗？①有 ②没有

B10. 您家里有汽车吗？①有 ②没有

B11. 您家里有电脑吗？①有 ②没有

B11.1 如果有，电脑能上网吗？①能 ②不能

B12. 您家的房子是土坯房吗？①是 ②不是

B13. 您家里有自来水吗？①有 ②没有

B14. 您家里有厕所吗？①有旱厕 ②有水厕 ③没有

C. 在这部分，我们想知道您对本民族传统文化、风俗、技艺的了解情况

C1. 学校是否要求在校期间每天都穿校服？①要求 ②不要求

C1.1. 如果不要求，您在学校穿民族服装、佩戴民族饰品吗？

①经常穿戴 ②有时穿戴 ③偶尔穿戴 ④从不穿戴

C2. 您是否知道本民族传统节日的日期？

①全部知道 ②部分知道 ③不知道

C3. 您是否知道本民族传统节日中要举行的重要活动？

①全部知道 ②部分知道 ③不知道

C4. 您是否知道本民族的宗教、文化和风俗？

①全部知道 ②部分知道 ③不知道

C5. 您是否会本民族的传统技艺（如民族歌舞、宗教仪式等）？

①全部会 ②部分会 ③不会

C6. 您主要通过哪些途径了解本民族的文化、风俗、技艺？（可多选）

①父母或长辈 ②学校开设的相关课程 ③民族节日或民族活动

④周围的同伴 ⑤其他，请填写________ ⑥ 不了解

C7. 您是否愿意学习本民族的传统文化、风俗、技艺？

①愿意 ②不愿意 ③看情况 ④无所谓

C7.1. 如果愿意，您觉得通过哪些途径来学习会更好？（可多选）

①父母或长辈 ②学校开设相关的课程 ③民族节日或民族活动

④周围的同伴 ⑤其他，请填写______

C8. 学校有没有开设和您的民族文化、习俗、技艺相关的课程？①有 ②没有

C9. 在您的民族节日里，学校有没有举办相应的庆祝活动？①有 ②没有

C9.1. 如果举办，您是否参与了这些活动？

①总是积极参与 ②有时参与 ③偶尔参与 ④从不参与

D. 在这部分我们想了解您这学期的学习情况或您现在的感受

（针对以下每个题目，请您在合适的选项数字上打“√”。）

题号	题目	选项				
		完全同意	基本同意	一般	基本不同意	完全不同意
D1	我愿意上学	1	2	3	4	5
D2	我喜欢自己的学校	1	2	3	4	5
D3	我在学校非常开心	1	2	3	4	5
D4	我总觉得自己的学校不好	1	2	3	4	5
D5	我觉得我有许多优点	1	2	3	4	5
D6	我觉得自己是个差学生	1	2	3	4	5
D7	我觉得自己很棒	1	2	3	4	5
D8	在学习数学时，我经常遇到困难	1	2	3	4	5
D9	我很喜欢学数学	1	2	3	4	5
D10	我的数学考试成绩总是不好	1	2	3	4	5
D11	在学习语文时，我经常遇到困难	1	2	3	4	5
D12	我很想上语文课	1	2	3	4	5
D13	我的语文考试成绩很好	1	2	3	4	5
D14	我很喜欢数学老师	1	2	3	4	5
D15	数学老师经常批评我	1	2	3	4	5
D16	数学老师很关心我	1	2	3	4	5
D17	我很喜欢语文老师	1	2	3	4	5
D18	语文老师很关心我	1	2	3	4	5
D19	语文老师经常批评我	1	2	3	4	5
D20	我经常破坏班级东西	1	2	3	4	5
D21	我总是感到很害怕	1	2	3	4	5
D22	我经常说谎	1	2	3	4	5
D23	我害怕与别人说话	1	2	3	4	5
D24	我经常打同学	1	2	3	4	5
D25	在学校里，我有许多朋友	1	2	3	4	5
D26	班里的同学都喜欢我	1	2	3	4	5
D27	我能计划好什么时间学习什么功课	1	2	3	4	5
D28	我经常总结自己学习方法的优缺点	1	2	3	4	5
D29	我会提前预习	1	2	3	4	5
D30	学习时，我经常先准备好必要的用品，中间不再花时间去寻找	1	2	3	4	5
D31	上课时，我经常注意力不集中，或随便讲话做小动作，不听老师讲课	1	2	3	4	5
D32	在做练习题时，我经常像真的考试一样给自己规定好时间	1	2	3	4	5

续表

题号	题目	选项				
		完全同意	基本同意	一般	基本不同意	完全不同意
D33	看不懂教科书和参考书时，我经常查字典或请教别人	1	2	3	4	5
D34	在记住必须记住的知识时，我经常会再思考一下它的重点是什么	1	2	3	4	5
D35	我经常尝试利用课本和参考书的目录，来检查自己学会了多少	1	2	3	4	5
D36	解题时，我会回忆和使用以前学过的知识	1	2	3	4	5
D37	遇到不会做的题目时，我会努力寻找各种解题方法	1	2	3	4	5

如果您不在学校住宿，问卷填答至此结束。如果您在学校住宿，请继续填答问卷 E 部分。

E. 在这部分，请告诉我们您在学校住宿的一些情况

(针对以下每个题目，请您在右边符合您这学期情况或是您现在感受的选项数字上打“√”。)

题号	题目	选项				
		完全同意	基本同意	一般	基本不同意	完全不同意
E1	学校的住宿条件很好	1	2	3	4	5
E2	我在宿舍会被别的同学欺负	1	2	3	4	5
E3	宿舍很吵，没人管，影响我的休息	1	2	3	4	5
E4	在宿舍会丢钱物	1	2	3	4	5
E5	我不喜欢住宿舍	1	2	3	4	5
E6	在学校住宿有助于提高我的学习成绩	1	2	3	4	5
E7	我能够照顾好自己	1	2	3	4	5
E8	我住在学校很开心	1	2	3	4	5
如果学校没有食堂，直接跳至 E12 题填答						
E9	学校食堂的饭菜很好吃	1	2	3	4	5
E10	学校食堂的饭菜不贵，我能接受	1	2	3	4	5
E11	学校食堂的卫生条件很好，干净整洁	1	2	3	4	5

E12. 您的宿舍一共住了几个人？________人。

E13. 您的宿舍是否每个人都有自己单独的床位？①有　②没有

E13.1. 如果没有，通常每个床位住几个人？

①1个　②2个　③3个　④通铺　⑤其他，请填写______

E14. 学校是否有澡堂或浴室？①有　②没有

E15. 您在学校洗澡是否方便？

①方便　②一般　③不方便　④没去洗过

E16.（如果一直住校，不用填答此题）在您没有住校之前，当您在学习上遇到问题或困难时，通常会

①自己独立解决　②向同学请教　③问父母　④问老师　⑤不管它

⑥没有问题　⑦其他，请填写______

E17. 学校是否要求住校生出早操（早锻炼）？①要求　②不要求

E17. 1. 如果要求，早操（早锻炼）通常有多长时间？________分钟

E18. 您在学校有早自习吗？①有　②没有（如果选择“没有”，请直接跳至E19题）

E18. 1. 上早自习时有老师辅导功课或者维持纪律吗？①有　②没有

E18. 2. 早自习通常有多长时间？________分钟

E18. 3. 早自习您自己通常做什么？（可多选）

①阅读或背诵语文课文　②阅读或背诵英语　③阅读或背诵课外文学作品

④按老师的要求学习　⑤自由活动　⑥写前一天的作业

⑦ 其他，请填写______

E19. 您在学校有晚自习吗？①有　②没有（如果选择“没有”，请直接跳至E20题）

E19. 1. 上晚自习时有老师辅导功课或者维持纪律吗？①有　②没有

E19. 2. 晚自习通常有多长时间？________分钟

E19. 3. 晚自习您通常做什么？（可多选）

①完成当天的作业　②复习学过的功课　③预习第二天的功课

④看课外书籍或做课外习题　⑤按老师的要求学习　⑥自由活动

⑦其他，请填写______

E20. 您在学校放学后的时间主要（最多可以选三项）

①做作业或复习功课　②看课外书　③看电视　④参加学校组织的活动

⑤上网玩游戏或聊天　⑥和同学或朋友玩　⑦ 睡觉　⑧其他，请填写______

E21. 总的来说，您觉得在学校放学后的时间过得怎么样？

①很无聊　②有点无聊　③一般　④比较开心　⑤很开心

E22. 您觉得学校哪些方面比家里好？（可多选）

①学习条件　②住宿条件　③伙食条件　④课余生活　⑤都不如家里好

⑥其他，请填写______

E23. 您觉得在学校住宿有哪些好处？（可多选）

①学校比家里好　②我能养成好的卫生习惯　③我能养成好的学习习惯

④我照顾自己的能力提高了　⑤我有更多的时间学习　⑥我不用每天花很长时间

回家

⑦我住在学校不用花家里的钱　⑧我在学校住，能接受更好的教育

⑨其他，请填写______

E24. 您在学校住宿遇到的主要困难是（可多选）

①不会洗衣服　②没有地方洗衣服　③没有地方洗澡　④没有开水喝

⑤伙食不好　⑥住宿条件不好　⑦想家　⑧生病没人照顾　⑨课外生活单调

⑩其他，请填写______

E25. 您是否经常想家？①是　②否

E25.1. 如果选择“是”，当您想家时，通常会

①偷跑回家　②编理由请假回家　③和父母联系　④自己忍着

⑤向老师倾诉　⑥向知心同学倾诉　⑦找些其他事情做

⑧其他，请填写______

E26. 您觉得在学校住宿有哪些不好的地方？（可多选）

①学校没有家里好　②在学校吃饭、住宿要花很多钱　③我不能照顾自己

④我经常想家　⑤我不能帮家里干活了　⑥我在学校经常被同学欺负

⑦我觉得在学校住不安全　⑧没有不好的地方　⑨其他，请填写______

E27. 您平时多长时间回一次家？

①一周回去两次及以上　②一周回去一次　③两周回去一次　④三周回去一次

⑤四周回去一次　⑥ 两个月回去一次　⑦一学期回去一次

⑧其他，请填写______

E28. 您通常如何回家？

①自己回家　②家长接送　③学校接送　④ 其他，请填写______

E29. 您回家的交通方式？

①步行　②骑自行车　③坐车　④其他，请填写______

E29.1. 按照您选择的方式，您通常需要多长时间才能到家？

①30 分钟以内　②30 分钟到 1 小时　③1 小时到 2 小时

④2 小时到 3 小时　⑤3 小时到 4 小时　⑥4 小时及以上

E30. 您平时如何与家长联系？

①回家见面　②打电话　③写信　④发短信　⑤家长到学校来看您

⑥其他，请填写______

E31. 请问在校期间，您父母每个月给您________元生活费。

（生活费包括伙食费、路费、零花钱等日常生活费用。）

E31.1. 其中，每个月伙食费是________元；每个月往返学校和家里的路费大约______元。

E32.（如果一直住校，不用填答此题）没有住校之前，您父母每个月给您________元生活费。

E32.1. 其中，每个月伙食费是______元；每个月往返学校和家里的路费大

约______元。

E33. 在学校住宿所需的床垫、被褥等物品通常

①从家里自己带 ②在学校购买 ③学校免费提供 ④在校外购买

⑤其他，请填写______

E33.1 如果从学校或校外购买，大约花了多少钱？①________元 ②不知道

E34. 在学校住宿需要交住宿费吗？①需要 ②不需要 ③不知道

E34.1. 如果需要，您每学期交多少钱？①________元 ②不知道

E35. 在学校住宿您是否还需要交纳水电费等其他费用？

①需要 ②不需要 ③不知道

E35.1. 如果需要，您每学期交多少钱？①________元 ②不知道

再次感谢您的认真填答！

第三章

数据文件的建立、编辑与初步统计分析

本章提要

本章首先对 SPSS 软件进行简单介绍，力求使读者对 SPSS 软件的基本功能有一定的了解。在此基础上，对如何将问卷数据进行编码并录入 SPSS 软件进行说明。在读者掌握建立数据文件的基本操作后，我们简要介绍缺失值的处理、数据的统计预处理以及数据文件的基本编辑。最后，阐释如何制订问卷数据初步分析方案，并按照此方案展开基本的统计分析。

第一节　SPSS 简介

一、什么是 SPSS

SPSS 曾是“Statistical Package for the Social Science”（社会科学统计包）的简称。早在 1968 年，美国斯坦福大学诺曼・H. 奈（Norman H. Nie）等三位研究生就开发了世界上最早的 SPSS 统计软件。他们于 1975 年在芝加哥组建了 SPSS 总部，距今已有 40 多年的成长史。随着 SPSS 的升级，SPSS 公司已决定将其全称改为统计产品与服务解决方案（Statistical Product and Service Solutions）。

目前，世界上最著名的数据统计分析软件包括 SAS 和 SPSS。SAS 一般针对专业统计分析人员设计，功能强大，灵活多样，为大多数专业人士所喜爱。而 SPSS 则是为广大的非专业人士设计的，是世界上最早采用图形菜单驱动界面的统计软件，操作界面极为友好，简单易学，且统计功能模块多，因而很受非专业人士的青睐。此外，比起 SAS 软件来，SPSS 主要针对社会科学研究领域开发，因而更适合应用于教育科学研究，是国内外教育科研人员必备的数据分析工具之一。

SPSS 具有完整的数据输入、编辑、统计分析、报表、图形制作等功能。SPSS 的统计分析过程包括描述性统计、均值比较、一般线性模型、相关分析、回归分析、对数线性模型、聚类分析、数据简化、生存分析、时间序列分析、多重响应等几大类，每大类又细分几个统计过程，比如回归分析中又分为线性回归分析、曲线估计、Logistic 回归、

Probit 回归、加权估计、两阶段最小二乘法、非线性回归等多个统计过程，而且每个过程中又允许用户选择不同的方法及参数。矩结构分析（Analysis of Moment Structure，AMOS）是 SPSS 软件包中的独立产品，是功能强大的结构方程建模（Structural Equation Modeling，SEM）工具。使用 AMOS 这一直观的拖放式绘图工具，用户可以快速地以路径图定制模型而无须编程。

二、SPSS 的安装

读者在获取 SPSS 软件包（如 20.0 版本）后，请点击“. msi”格式的 Windows Installer 程序包文件。

IBM SPSS Statistics 20

随即可以进入 SPSS 安装界面（见图 3－1），点击“下一步”，然后按照安装指示安装即可。

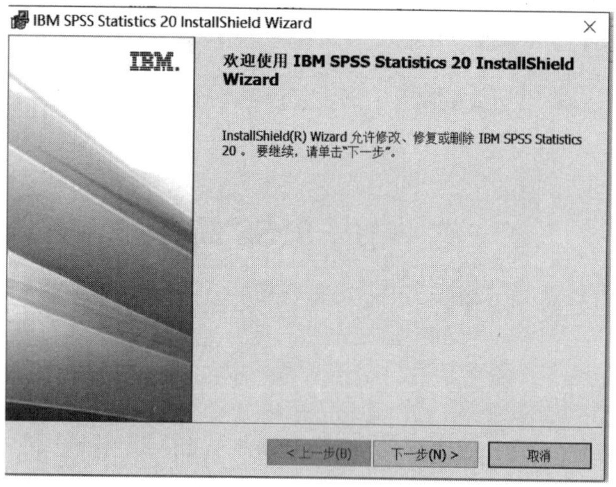

图 3－1　SPSS 安装界面

三、SPSS 的启动与退出

成功安装 SPSS 后，点击以下图标即可启动 SPSS 软件。

启动后的 SPSS 界面如图 3－2 所示。

图 3－2　启动后的 SPSS 界面

若要将 SPSS 中文界面改为英文界面，可以点击“编辑”最下方的“选项”，打开后将右侧的语言选项（上下两处）改为“英语”，再点击“应用”“确定”，即可将中文界面换成英文界面（见图 3－3）。

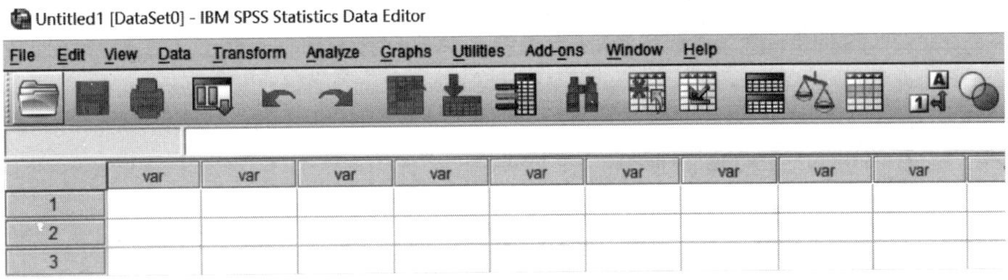

图 3－3　SPSS 英文界面

若要退出 SPSS，直接点击右上方“×”即可。

四、SPSS 的窗口介绍

SPSS 窗口包含数据编辑窗口、语法窗口和输出窗口三种类型。数据编辑窗口通常用来建立、读取、编辑数据文件，并进行统计分析。常用的数据编辑器包括标题栏、主菜单栏、工具栏、状态栏、数据输入栏、数据显示栏等。如图 3－4 所示，最上方为标题栏，其次为主菜单栏与工具栏。最下方“IBM SPSS Statistics Processor is ready”为状态栏；工具栏下方、变量栏上方“1.00”处为数据输入栏，变量栏下方白色主体部分则为数据显示栏。数据显示栏由不同观测量（case）组成。所谓观测量，指总体中的个体单位具有的特征。例如，学生的姓名、性别、成绩、专业等。在 SPSS 数据显示栏中，一个 case 对应着一个横行数据。

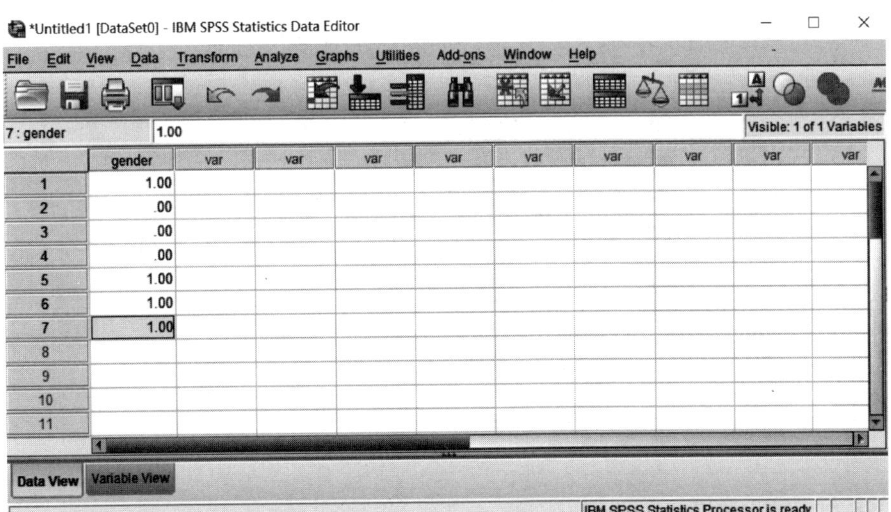

图 3－4　SPSS 数据编辑窗口

当给出数据处理命令，如点击 Analyze—Descriptive Statistics—Frequencies，SPSS

会自动弹出输出窗口，如图 3－5 所示。

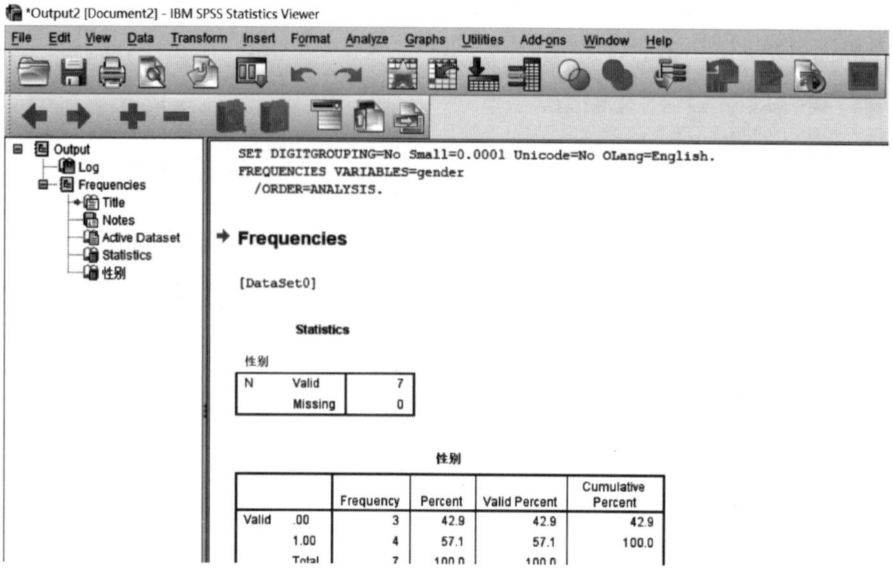

图 3－5　SPSS 数据输出窗口

通过点击 File—Open—Syntax 可以打开语法文件进入 SPSS 语法窗口（见图 3－6）。由于本书 SPSS 操作基于鼠标点击菜单栏完成，因此对语法窗口不进行深入介绍。

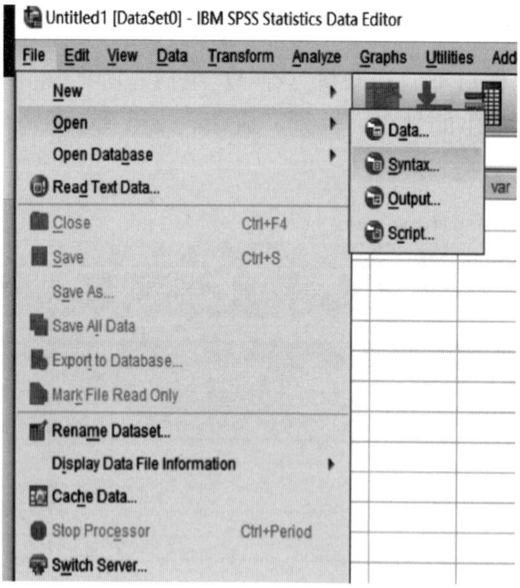

图 3－6　打开 SPSS 语法窗口

五、SPSS 的数据文件

SPSS 兼容性能良好，除其默认格式“.sav”，也可以直接打开 Excel，SAS，Stata 等软件相应输出格式的文件，不需要进行文件格式转化。打开数据文件需要点击 File—

Open Data，然后选择文件类型，选中相应文件即可（见图 3－7）。保存文件方式同 Word、Excel 等软件一致，可点击 File—Save。

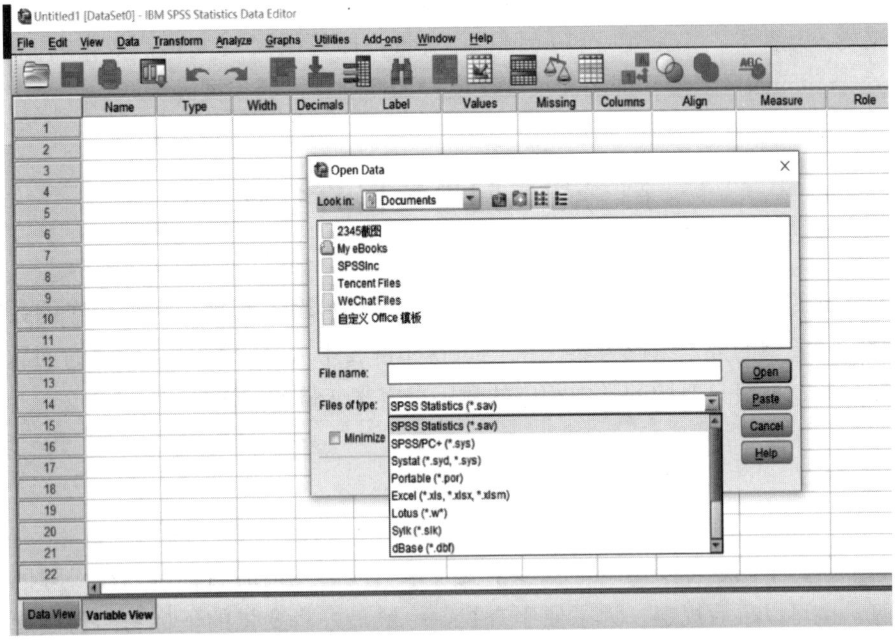

图 3－7　SPSS 数据编辑窗口变量视图及打开数据文件

六、SPSS 变量

SPSS 数据编辑窗口除数据视图，还包括变量视图（见图 3－7）。在 SPSS 中，变量（variable）通常由研究者自行命名，但变量名的字符通常不超过 8 个。此外，同一数据文件中不可以出现相同变量名，变量名不区分大小写。

如图 3－7 所示，变量视图除变量名（Name）外，还包括变量类型（Type）、变量宽度（Width）、小数位数（Decimals）、变量标签（Label）、变量值标签（Values）、缺失值（Missing）、单元格对齐方式（Align）、测度类型（Measure）等。

在 SPSS 中，常用变量为数值型、字符型、日期型变量，除此之外，还包括带逗点的数值型变量（Comma）、圆点数值型变量（Dot）、科学记数法变量（Scientific Notation）等。其中，数值型变量（Numeric）默认总长度为 8，小数位数为 2，如 2300.57；字符型变量（String）默认总长度为 8，如男、女等；日期型变量（Date）可以选择多种格式，如 dd-mm-yyyy，mm/dd/yyyy，mm/dd/yy 等。

变量标签是对变量名的附加说明。例如，GDPPC 可以设置标签为“人均国内生产总值”。而变量值标签是对变量可能取值进行附加说明。例如，EDU 可以添加值标签，1 表示研究生，2 表示本科，3 表示大专，4 表示中专或中职，5 表示高中，6 表示初中，7 表示小学，8 表示文盲或半文盲。

SPSS 系统默认数值型变量的缺失值为“.”，即跳过此单元格不填任何数据；字符型变量的缺失值为空格。此外，也可以将特殊值定义为缺失值，例如将身高 3.65 米、年龄 99 岁定义为缺失值。

SPSS 中变量测度包含三种类型：一是标度（scale）变量，包括等距、等比尺度变量，如成绩、经费等；二是定序（ordinal）变量，即等级尺度变量，如排名、职称等；三是定类（nominal）变量，即名义尺度变量，如性别、区域类型等。

第二节　问卷数据的编码

问卷数据的编码是指对应每个问题中的每种可能答案，都规定一个相应的数字来表示，即制定问卷中的数据编码方案。由于问卷和量表中大部分都是结构式的问题，因此编码比较方便，一般只要按问卷中相应的数字来定义变量和编码即可。

一、变量定义

问卷中的每个问题都要用一个或多个变量来对应。变量的名称可以在设计问卷时事先规定好，也可以事后规定。为了便于查找，一般最好将变量的下标与问卷的题号相对应。例如，在本书第二章提到的《××大学本科生对学校教育教学服务和校园内部环境满意度的调查问卷》第一部分“基本信息”的题号中，已经考虑了变量的名称。

A1 您的性别：①男　②女

A2 您所在的院系是：________

A3 您所在的年级是：①2017 级　②2016 级　③2015 级　④2014 级

A4 您的生源地是：________省/直辖市

A5 您父亲的文化程度：

①小学及以下　②初中/技校　③高中/中专　④大专　⑤本科及以上

A6 您母亲的文化程度：

①小学及以下　②初中/技校　③高中/中专　④大专　⑤本科及以上

显然，我们可以分别以 A1，A2，A3，A4，A5，A6 作为性别、院系、年级、生源地、父亲文化水平和母亲文化水平等变量的变量名。变量的取值（编码值）也就直接按照上述问题中的答案编号来规定，例如：

$$A1=\begin{cases}1,\text{男}\\2,\text{女}\end{cases}$$

$$A3=\begin{cases}1,2017\text{级}\\2,2016\text{级}\\3,2015\text{级}\\4,2014\text{级}\end{cases}$$

在定义变量名称的同时，还要定义变量的类型、变量的取值范围、变量的位数和小数点位数等。变量的类型通常采用字符型（String）和数值型（Numeric）两种。字符型的变量可以输入任何字符，不一定是数字。例如，性别 A1 可以是字符型的变量，它的两个取值分别是“男”和“女”。当然也可以输入“1”和“2”。不过规定其为字符型的变量，那么除了做频数统计以外不能再对其做数值性的计算，例如，加、减等都是不允许的。由于编码我们常常用数字，又可能在分析中做一些变换（用定量或数量化的方法来处理一些定性的资料），所以为方便起见，在规定变量时更多地使用数值型的变量。例如，对于性别 A1，规定其为数值型变量，取值为 1 和 2。将来在统计分析中可以将其变换为取 0 和 1 两个值的所谓哑变量，按数值型变量对待，可以采用多种统计方法进行分析。

变量的位数指的是输入数据时一个值最多占几位。小数点位数是指变量的取值包括小数时，允许的最大小数点位数。以 A1 为例，对应的位数是 1，由于取值都是整数，因此小数点的位数为 0。

二、多选题的编码

单选题指的是对可供选择的答案限选一项的情况，多选题指的是可选多个答案的情况。上述 A1，A3，A5，A6 都是单选题，只需分别设定一个变量就可以解决其编码问题。但多项选择题则不能在 SPSS 中直接存储。SPSS 中对多项选择题的处理通常需要将一个问题定义成几个变量，用这几个变量来描述该问题的几个可能被选择的答案。多项选择题的编码方式包括多选项二分法（multiple dichotomy method）和多选项分类法（multiple category method）两种。

（一）多选项二分法

多选项二分法适用于可多选的题目，将每个答案作为一个变量，每个变量只有两个取值：0 或 1。0 代表“未选中”，1 代表“选中”。我们以本书第二章提到的《××大学本科生对学校教育教学服务和校园内部环境满意度的调查问卷》第二部分“学校提供的教育教学服务”中的第 28 题为例进行说明。

B28 请您选出图书馆需要改进的地方（限选三项）：
①馆藏图书数量　②馆内指示标语　③自习座位数量　④图书检索系统
⑤选座系统　⑥借阅服务　⑦工作人员　⑧电梯　⑨其他

按照多选题编码的一般法则，即变量的个数等于可供选择的答案的个数。上述问题可用 9 个变量来定义，如表 3-1 所示。

表 3-1　多选题的多选项二分法编码

变量名	变量名标签	编码方案
B281	馆藏图书数量	1—选中，0—未选中
B282	馆内指示标语	1—选中，0—未选中
B283	自习座位数量	1—选中，0—未选中

续表

变量名	变量名标签	编码方案
B284	图书检索系统	1—选中，0—未选中
B285	选座系统	1—选中，0—未选中
B286	借阅服务	1—选中，0—未选中
B287	工作人员	1—选中，0—未选中
B288	电梯	1—选中，0—未选中
B289	其他	1—选中，0—未选中

（二）多选项分类法

针对非全排序题和全排序题，多选项分类法的编码方式有所不同。

1. 非全排序题

非全排序题即从 n 个备选答案中选择 m 个答案，并将这 m 个答案按重要程度排序（$m<n$）。对此类非全排序题按照多选项分类法编码，需要将排在第 1，2，3，…，m 位的，分列 m 个变量（第一选项变量、第二选项变量、第三选项变量……第 m 选项变量）。而这些变量的取值为这些备选答案的类别。例如：

P1：你认为哪些大学可以称得上是高质量的大学？（限选三项并按重要程度赋值 1，2，3。）

（1）北京大学______

（2）清华大学______

（3）中国科学技术大学______

（4）复旦大学______

（5）南京大学______

（6）北京师范大学______

按照多选项分类法编码，我们可以定义 3 个变量，即第一选项变量、第二选项变量、第三选项变量，这 3 个变量的取值为北京大学、清华大学、中国科学技术大学、复旦大学、南京大学、北京师范大学，如表 3－2 所示。

表 3－2　多选题中非全排序题的多选项分类法编码

变量名	变量名标签	编码方案
P11	第一选项	1—北京大学，2—清华大学，3—中国科学技术大学，4—复旦大学，5—南京大学，6—北京师范大学
P12	第二选项	1—北京大学，2—清华大学，3—中国科学技术大学，4—复旦大学，5—南京大学，6—北京师范大学
P13	第三选项	1—北京大学，2—清华大学，3—中国科学技术大学，4—复旦大学，5—南京大学，6—北京师范大学

2. 全排序题

全排序题即从 m 个备选答案中选择 m 个答案，并按重要程度排序。从 m 个备选答案中按重要程度排序，1，2，3，…，m 个备选答案分列 m 个变量，即每个备选答案为一个变量。这些变量的取值为这些备选答案被排列的重要次序。我们以本书第二章提到的《××大学本科生对学校教育教学服务和校园内部环境满意度的调查问卷》第二部分"学校提供的教育教学服务"中的第 6 题为例进行说明。

B6 请将以下因素在决定对老师整体满意度上的重要程度进行排序（最重要的请赋值 1，第二重要的请赋值 2，第三重要的请赋值 3）

a. 教学水平 （ ）

b. 科研水平 （ ）

c. 师德水平 （ ）

按照多选项分类法编码，我们可以定义 3 个变量，即教学水平变量、科研水平变量和师德水平变量，这 3 个变量的取值为最重要、第二重要和第三重要，如表 3-3 所示。

表 3-3 多选题中全排序题的多选项分类法编码

变量名	变量名标签	编码方案
B61	教学水平在决定对老师整体满意度上的重要程度	1—最重要，2—第二重要，3—第三重要
B62	科研水平在决定对老师整体满意度上的重要程度	1—最重要，2—第二重要，3—第三重要
B63	师德水平在决定对老师整体满意度上的重要程度	1—最重要，2—第二重要，3—第三重要

三、编码说明书

编码结果通常要以说明书或表格的形式呈现出来。编码说明书用于提供有关变量的定义、类型、标签等方面的内容。例如，表 3-4 是关于《××大学本科生对学校教育教学服务和校园内部环境满意度的调查问卷》的数据编码说明书的部分内容。

表 3-4 数据编码说明书

问卷题号	变量名	变量类型	变量名标签	编码方案
A1	A1	Numeric	性别	1—男，2—女
A2	A2	String	院系	
A3	A3	Numeric	年级	1—2017 级，2—2016 级，3—2015 级，4—2014 级
A4	A4	String	生源地	

续表

问卷题号	变量名	变量类型	变量名标签	编码方案
A5	A5	Numeric	父亲的文化程度	1—小学及以下，2—初中/技校，3—高中/中专，4—大专，5—本科及以上
A6	A6	Numeric	母亲的文化程度	1—小学及以下，2—初中/技校，3—高中/中专，4—大专，5—本科及以上
B1	B1	Numeric	您对老师整体的教学水平的满意程度	1—非常不满意，2—不满意，3——般，4—满意，5—非常满意
⋮	⋮	⋮	⋮	⋮
B5	B5	Numeric	您对老师平时布置的作业质量的满意程度	1—非常不满意，2—不满意，3——般，4—满意，5—非常满意
B6a	B61	Numeric	教学水平在决定对老师整体满意度上的重要程度	1—最重要，2—第二重要，3—第三重要
B6b	B62	Numeric	科研水平在决定对老师整体满意度上的重要程度	1—最重要，2—第二重要，3—第三重要
B6c	B63	Numeric	师德水平在决定对老师整体满意度上的重要程度	1—最重要，2—第二重要，3—第三重要
⋮	⋮	⋮	⋮	⋮

第三节　数据的录入

数据的录入并不是在任何情况下都有必要。如果数据是用计算机辅助电话调查系统（CATI）或计算机辅助面访系统（CAPI）收集的，就不需要再通过键盘来录入，只需对CATI和CAPI上的数据直接分析，或转换到其他软件系统中进一步分析。又如若数据是按某种可以通过扫描或光标阅读器直接读取的答案纸收集的（类似高考或一些标准化考试中用铅笔在答案纸上填涂答案），数据录入也无必要。但是，大部分的调查或试验数据都是通过键盘录入的。键盘录入的优点是清楚明了、便于查错；缺点是对于大规模调查或试验数据的录入，费时费力。而且当变量的个数成百上千时，通常需要分成几个数据文件并由不同组的人来录入，增加了组织和操作上的工作量。SPSS中的Data Editor即为数据编辑窗口，可以进行数据的录入。

录入数据的过程分成两个步骤：一是录入数据之前根据调查或试验设计的编码方案定义每个变量（见图3-8）；二是将每一个具体的变量值录入数据库单元格内（见图3-9）。

图 3-8 ××大学本科生对学校教育教学服务和校园内部环境满意度的调查问卷 SPSS 变量定义视图

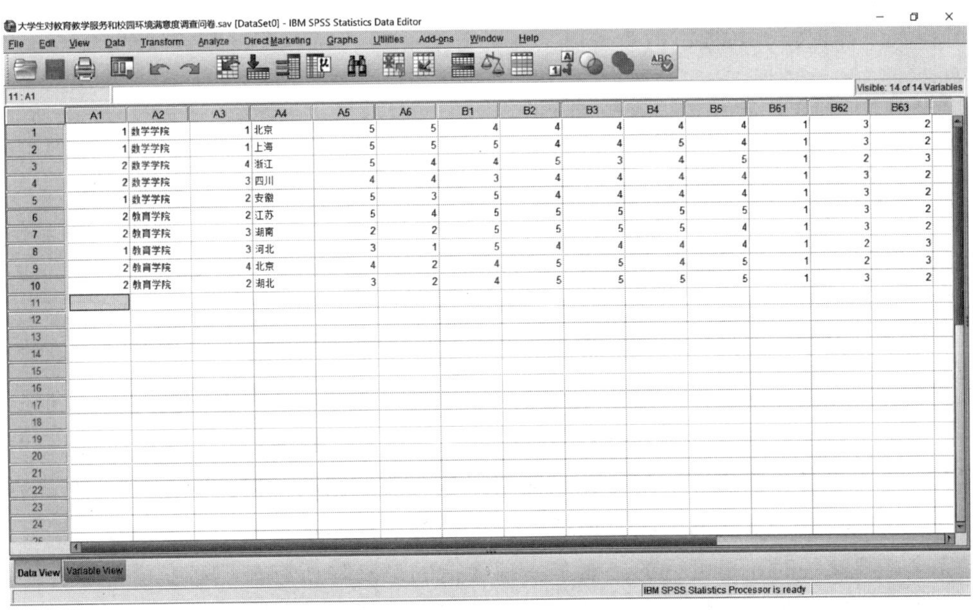

图 3-9 ××大学本科生对学校教育教学服务和校园内部环境满意度的调查问卷 SPSS 数据录入视图

第四节 缺失值处理

一、缺失值的定义及类型

缺失值指的是未知的变量值，可能是由于被调查者没有填写某些题项的答案，或没有给出明确的答案（如量表题中“不知道”或“不确定”），抑或调查员没有记录下或记错他们的答案。缺失值通常包含三种类型：完全随机缺失（missing completely at random，MCAR）、随机缺失（missing at random，MAR）和非随机缺失（missing at non-random，MANR）。

完全随机缺失是较为少见的一种缺失情况，即缺失完全是随机发生的，和自身或其他变量的取值没有关系。通常可以直接剔除或用有效样本的均值替代。随机缺失即缺失与其他变量的取值有关，如体重数据的缺失多为女性，女生倾向于拒绝填写体重数据，即体重数据的缺失概率依赖于性别变量。此时，直接删除或者采用均值替代均不合适，可利用 EM 或回归算法对缺失数据进行估计填补。而非随机缺失即缺失不仅和其他变量的取值有关，也和自身取值有关，比如进行收入调查时高收入者一般不愿意提供家庭收入值。非随机缺失通常很难处理，只能凭借经验做粗略估计。

SPSS 的缺失值分析（missing value analysis）主要针对完全随机缺失和随机缺失情况，非随机缺失基本上没有统计方法可以处理。

二、缺失值处理方法

SPSS 中处理缺失数据可以参考以下几种方法。

（一）用户缺失值定义和缺失值剔除

在 SPSS 软件中，用户可以自己定义变量的缺失值，一般我们可以规定用“0”“9”“99”“−1”等在问卷中不常出现的数字来代表缺失的或未答的情况。例如，将性别变量（男性为 0，女性为 1）的缺失值定义为 9，将年龄变量的缺失值定义为 99，然后让系统在进行各种计算时将它们视作缺失值来处理。

大多数情况下，我们选择直接将缺失值剔除。缺失值的剔除一般可以分为配对剔除和个案剔除。所谓配对剔除，指在分析过程中，当处理带有缺失值的变量时，剔除在该变量上取缺失值的样本，否则，不剔除。因此，在配对剔除中，并不剔除有缺失的所有个案，而是对参与分析的变量的计算只使用那些有效数据的个案。因此，在不同的统计分析中，可能会基于不同的个案数来进行。这种方法在样本量较小、缺失数据不太多而且是完全随机缺失时还是可行的。而个案剔除指的是剔除所有在任何变量上带有缺失值的样本。凡是有缺失数据的问卷都被剔除掉，不参加数据统计分析。由于许多被调查者可能都会有一些问题没有回答，因此这种方法可能会导致小样本。去掉大量的数据并不是我们所希望的，这会造成时间和财力上的浪费。而且如果剔除大量的个案，可能会使统计分析使用的样本与起初调查样本的分布不一致，导致统计结果产生严重的偏差。所以，个案剔除通常会在大样本，以及有缺失数据的个案并不多，且是完全随机缺失时使用。

（二）针对时序数据的缺失值替代

对于时序数据中存在缺失值的情形，可以在 SPSS 中，点击 Transform ，选择 Replace

Missing Values，在 Method 下拉菜单栏中会出现缺失值替代的几种方法。其中，Series mean 指的是用整个时序数据的均值作为替代值；Mean of nearby points 指的是利用邻近点的均值作为替代值；Median of nearby points 指的是利用邻近点的中位数作为替代值；Linear interpolation 代表线性插值法，表示用缺失值前后两个时点数据的线性组合进行填补；而 Linear trend at point 代表线性趋势值法，表示利用回归拟合线的拟合值作为替代值。

对于完全随机缺失情形下的时序数据缺失，通常可以选用一个时序数据的中间值，如常用该变量的样本平均值（series mean），去代替对应变量的某些缺失值。这样代替的结果是，该变量的平均值不会变化，其他统计量例如相关系数等也不会受到多大影响。这种方法虽然在统计意义上有一定的优点，但从现实逻辑上看还是有问题的，因为缺失值对应的调查对象如果给出了答案的话，可能会是高于或低于平均值的其他数值。

（三）缺失值估算替代

对缺失值进行估算，即利用调查对象对其他问答题的回答模式来估计或计算出适合于缺失问答题的答案。此时，调查者试图从现有的数据去推断答卷人可能会给出的答案。对缺失值进行估计，一般较为复杂，要利用一些统计方法，而且可能会造成一定的偏差。SPSS 软件可以利用 Missing Value Analysis 的 Estimate 功能，对所选变量计算均值、协方差矩阵、相关系数矩阵等，并进行缺失值的估算与填充。这里介绍常用的 Regression 和 EM（Expectation-maximization）估算方法。

1. Regression

让我们先打开数据文件“3－1. sav”，里面涉及被试的年龄（age）和基本工资（salary）信息。现在，我们拟利用“年龄”变量的数据信息，采用 Regression 算法对“基本工资”变量中的缺失数据进行估计并填充。需要点击 Analyze—Missing Value Analysis，打开 Missing Value Analysis，将“年龄”和“基本工资”变量选入 Quantitative Variables（待分析变量）一栏，将“职工号”选入 Case Labels（个案标签）一栏，Estimation（估计方法）选择 Regression（回归），并点击 Regression，进入图 3－10 右侧界面，将“年龄”和“基本工资”变量选入 Predictor Variables（预测变量）输入栏，将“基本工资”选入 Predicted Variables（被预测变量）输入栏，点击 Continue 即可。

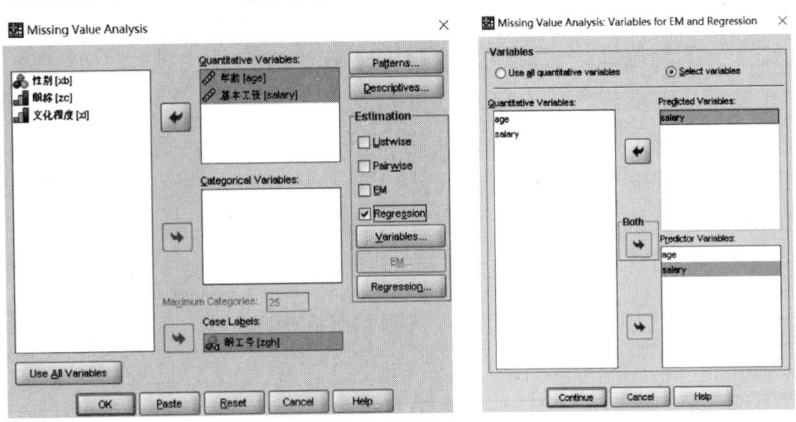

图 3－10　缺失值处理 Regression 估计填充方法

此外，SPSS 可允许在采用回归算法计算出的估计值的基础上，增加随机误差项并指定随机误差项的分布以调整估计值（见图 3-11）。

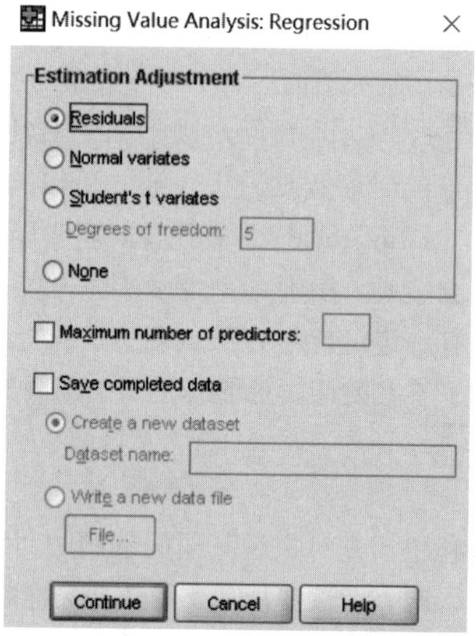

图 3-11 缺失值处理 Regression 估计调整方法

其中，Residuals 表示与回归的残差分布相同。Normal variates 表示随机误差项服从均值为 0，标准差为因变量的均值标准误差的平方根的正态分布。Student's t variates 表示随机误差项服从指定自由度的 t 分布，其余参数同上。None 则指的是不添加随机误差项，直接用方程估计值替换缺失值。

当数据缺失比较少、缺失机制也比较明确时，比如高收入组的人基本工资缺失比例较大，回归算法的效果尚可。但是当数据缺失较多，或者变量间的关系较为复杂，可能出现曲线关系时，显然使用线性回归算法不再合适。

2. EM

EM 算法指的是在指定分布（先验）的情况下，计算样本的均值和方差作为先验分布的参数。然后再计算在该先验分布下样本似然估计值。进而重新调整分布参数，并计算样本似然值。通过反复迭代至指定次数，得到最大似然值下的分布参数，并以均值作为缺失值的替代值。

在 SPSS 的具体操作中，将图 3-10 左侧界面估计方法由 Regression 改为 EM 即可。当数据缺失较多、不明确缺失机制时，使用 EM 算法进行缺失值填充效果更好。它也是目前统计学界最常用的缺失值填充技术。

上述几种处理缺失数据的方法得到的结果可能是不同的，特别是当缺失值不是随机地出现以及变量间的相关程度较强时。因此，应当设法使缺失的回答保持在最低的数量。在选择处理缺失数据的特定方法时，应认真考虑可能会出现的各种问题。

第五节 统计预处理

统计预处理并不是必需的，但是采用适当的预处理可以为后续统计分析做好数据准备工作，提高数据分析的效率和质量。统计预处理的方法主要有对变量取值进行加权、根据已有变量建立新变量、对变量取值重新定义等。

（一）对变量取值进行加权

加权是为了调整样本，使具有某些特征的被调查者被赋予较大的权重。例如，在询问有关某项改革措施的意见时，专家的意见比一般群众的意见可能更加重要，因此要赋予较大的权重。又例如在制定教育评价指标体系时，我们需要根据各个评价指标的重要程度，对它们分别赋予不同的权重。

需要注意的是，加权处理需要有足够的理由，并要慎重对待。如果决定采用加权处理，那么就要选用合适的加权方法，例如采用专家会议法、专家咨询法、专家排序法、对数加权法、两两比较法以及层次分析法等来确定权重系数。

我们以数据文件“3－2. sav”为例说明如何对变量取值进行加权。数据文件“3－2. sav”为某校五年级一班和二班学生的数学、英语和物理成绩，若我们想提高数学成绩的权重，需要点击 Transform—Compute Variable，从而进入如图 3－12 所示的界面。

在 Target Variable 处命名最新加权后变量为“数学成绩加权”，Numeric Expression（数学表达式）方框内选入“数学”变量，并输入“＊1.2”，即可得到加权后的数学成绩变量。

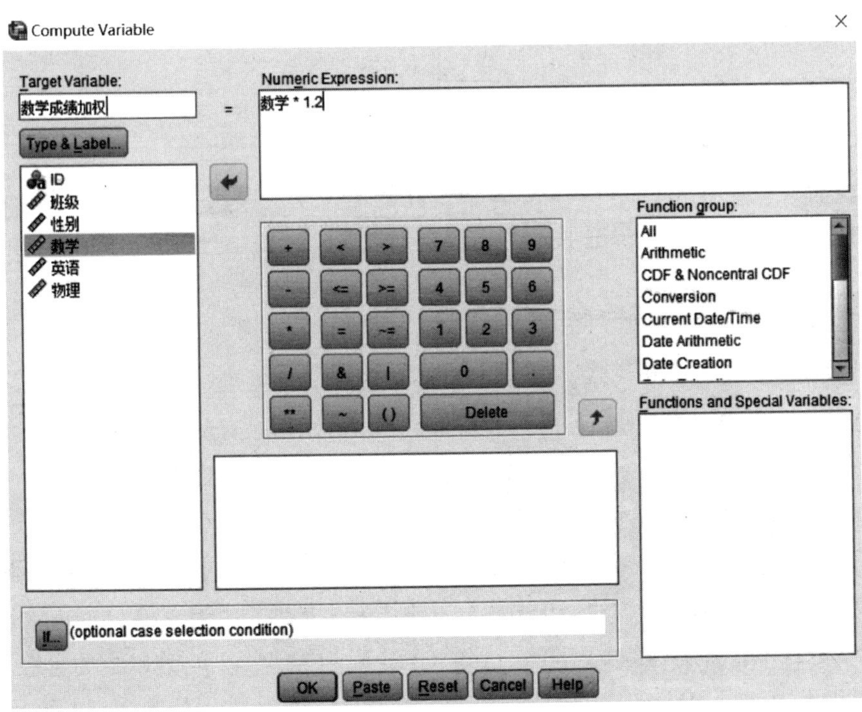

图 3－12　数据加权处理方法

（二）根据已有变量建立新变量

我们仍以数据文件“3－2. sav”为例说明如何根据已有变量建立新变量。若我们需要计算每名学生数学、英语和物理三科的总成绩，仍然点击 Transform—Compute Variable，从而进入如图 3－13 所示的界面。

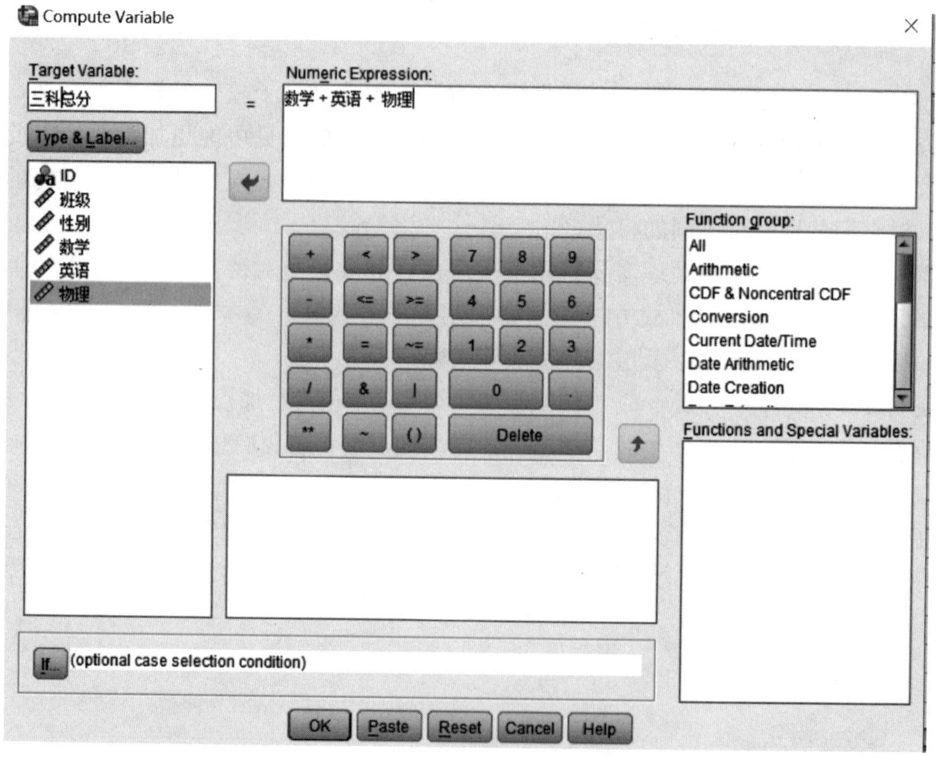

图 3－13　建立新变量处理方法

在 Target Variable 处命名新变量为“三科总分”，数学表达式方框内依次选入数学、英语、物理变量，并用“＋”连接，即可得到新变量“三科总分”。

（三）对变量取值重新定义

在对数据进行统计分析之前，除了可能要对现有的变量进行一定的修改或定义一些新的变量，还可能要对变量取值进行必要的转换。例如，原有的“月收入”变量是分成 7 类的，但实际的数据仅集中在某些收入段，因此可以将“月收入”变为分成 4 类的变量，使每类中都有足够的样本数以便进行统计分析。

我们仍以数据文件“3－2. sav”为例说明如何对变量取值重新定义。现在假设我们需要将数学成绩处理为 5 个等级，0～60 分（不含）为等级 1，60～70 分（不含）为等级 2，70～80 分（不含）为等级 3，80～90 分（不含）为等级 4，90 分以上为等级 5。我们需要点击 Transform—Recode into Different Variables，从而进入如图 3－14 所示的界面。

选中“数学”变量，并将 Output Variable 命名为“数学等级分数”，点击 Change。再点击 Old and New Values，进入如图 3－15 所示的界面。

在界面左侧填写相应的取值范围，在界面右侧上方填写新的赋值，并点击 Add，最后点击 Continue 即可完成变量重新赋值。

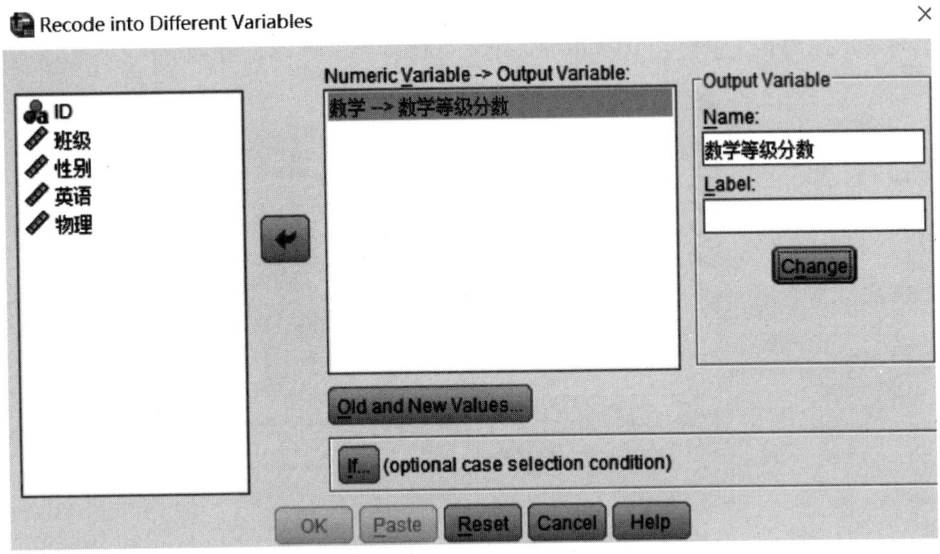

图 3-14　变量取值重新定义的处理方法步骤 1

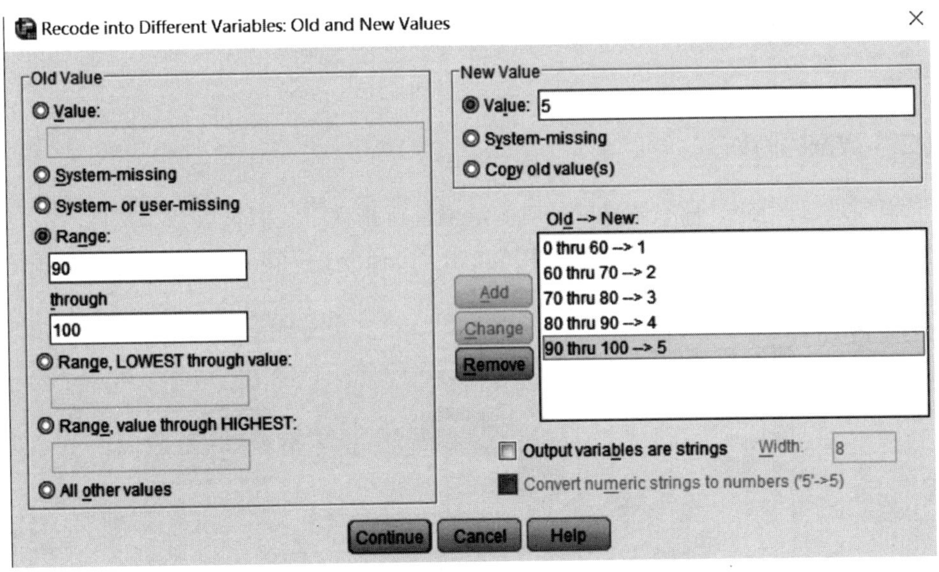

图 3-15　变量取值重新定义的处理方法步骤 2

第六节　数据文件的编辑

本节数据文件的编辑主要包括数据的排序、附秩、聚合以及数据文件的拆分和合并等内容。

(一) 数据的排序

数据的排序（sort cases）指的是对某一变量按照取值大小进行排序。我们仍以数据文件“3－2. sav”为例说明如何对数据进行排序。假设我们要按照学生英语成绩对学生排名，需要依次点击 Data—Sort Cases，进入如图 3－16 所示的界面。

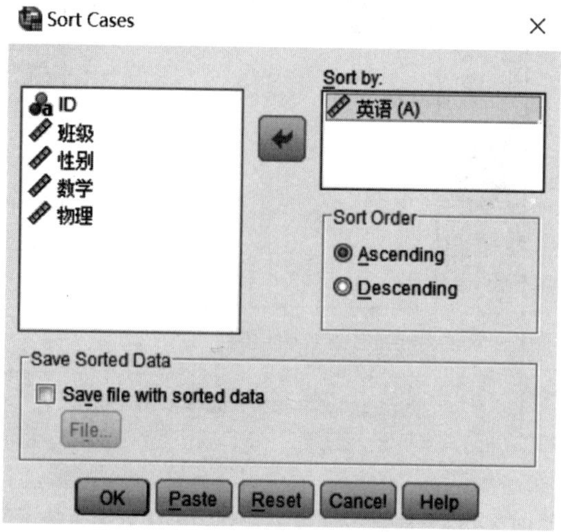

图 3－16　数据排序的处理方法

将“英语”变量选入 Sort by 输入框，选择 Ascending（升序）或者 Descending（降序）即可。

（二）数据的附秩

所谓“秩”即等级，那么附秩就是对变量值进行排秩。我们仍以数据文件“3－2. sav”为例说明如何对数据进行附秩。SPSS 中，点击 Transform—Rank Cases，进入数据附秩界面，如图 3－17 所示。

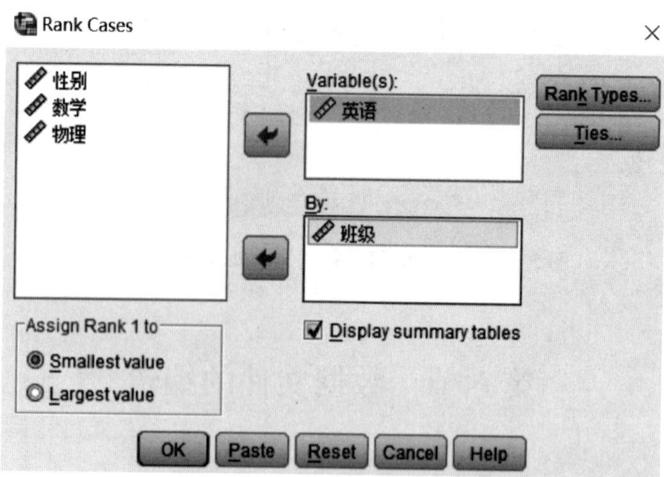

图 3－17　数据附秩的处理方法

如果要为各班同学的英语成绩排定次序号，我们将“英语”选入变量输入框，将“班级”选入 By 输入框。左下方 Assign Rank 1 to 是指将等级 1 界定为最大值或者最小值。点击 Ties，会出现 4 个选项，即 High、Low、Sequential ranks 和 Mean。我们以一组数据 95，94，93，91，91，90 为例，来说明 4 种附秩方式的不同。如果按照 High 方式附秩，该组数据附秩结果为 1，2，3，5，5，6，即两个 91 分全部附秩为 5。如果按照 Low 方式附秩，该组数据附秩结果为 1，2，3，4，4，6，即两个 91 分全部附秩为 4。如果按照 Sequential ranks 方式附秩，该组数据附秩结果为 1，2，3，4，4，5。但若按照 Mean 方式附秩，则取次序号的均值，即该组数据附秩结果为 1，2，3，4.5，4.5，6。

（三）数据的聚合

数据的聚合（aggregate）可以给出分类统计指标，以数据文件“3－2.sav”为例，通过数据聚合，可以给出不同班级学生在数学、英语、物理上的平均成绩，此时各班的三科平均成绩即为聚合变量。在 SPSS 中，点击 Data—Aggregate，进入数据聚合界面，如图 3－18 所示。

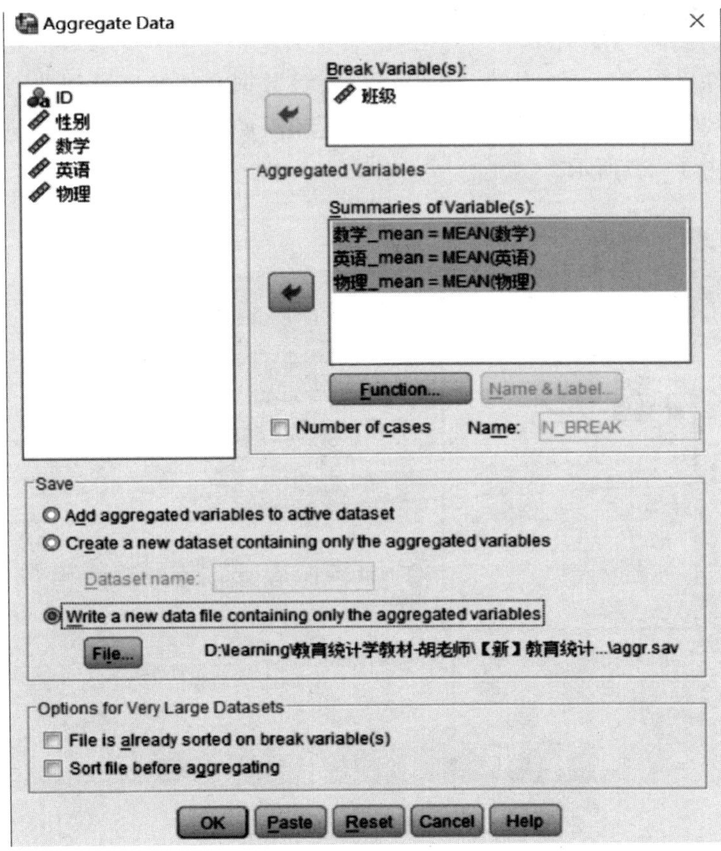

图 3－18 数据聚合的处理方法

将“班级”变量选入 Break Variable（s）输入框，将“数学”“英语”“物理”变量选入 Summaries of Variable（s），勾选 Write a new data file containing only the aggregated variables，即可获得包含班级层面各科平均成绩的三个聚合变量的新的数据文件，如图 3－19 所示。

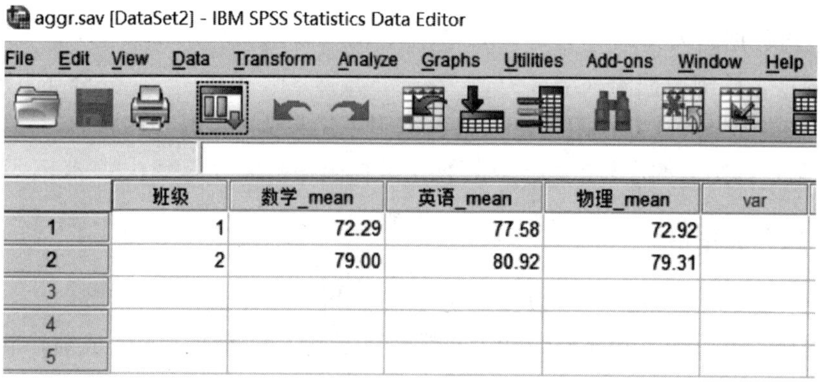

图 3-19　数据聚合结果

（四）数据文件的拆分

以数据文件“3-2.sav”为例，我们可以将该数据文件按班级和性别拆分，给出某班男生或女生数学、英语、物理成绩。SPSS 中点击 Data—Split File，可进入数据文件的拆分界面，如图 3-20 所示。

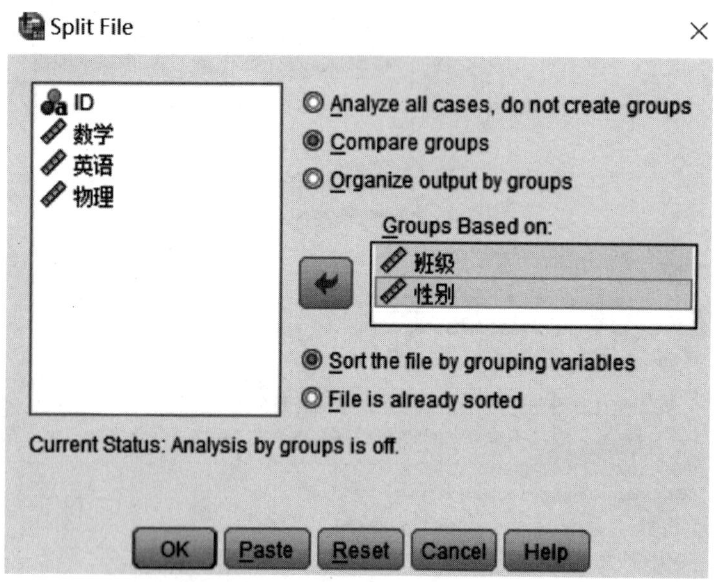

图 3-20　数据文件拆分的处理方法

选择 Compare groups，并将“班级”和“性别”选入输入框，即可将数据拆分（注意，这种拆分并不是出现几个数据文件，而是在同一数据文件中，只不过将 cases 顺序按照班级、性别重新排列）。数据拆分后的结果如图 3-21 所示。

依次点击 Analyze—Descriptive Statistics—Descriptives，可以得到不同班级不同性别学生数学、英语、物理的最低分、最高分、平均成绩、标准差等，输出结果如图 3-22 所示。

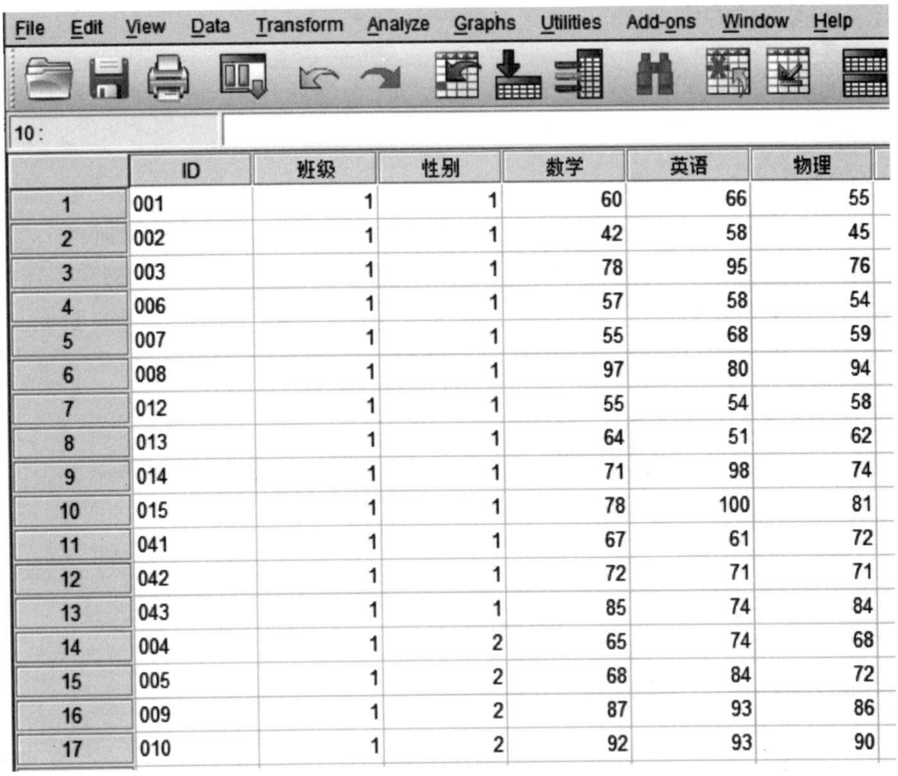

	ID	班级	性别	数学	英语	物理
1	001	1	1	60	66	55
2	002	1	1	42	58	45
3	003	1	1	78	95	76
4	006	1	1	57	58	54
5	007	1	1	55	68	59
6	008	1	1	97	80	94
7	012	1	1	55	54	58
8	013	1	1	64	51	62
9	014	1	1	71	98	74
10	015	1	1	78	100	81
11	041	1	1	67	61	72
12	042	1	1	72	71	71
13	043	1	1	85	74	84
14	004	1	2	65	74	68
15	005	1	2	68	84	72
16	009	1	2	87	93	86
17	010	1	2	92	93	90

图 3－21　数据拆分后的结果

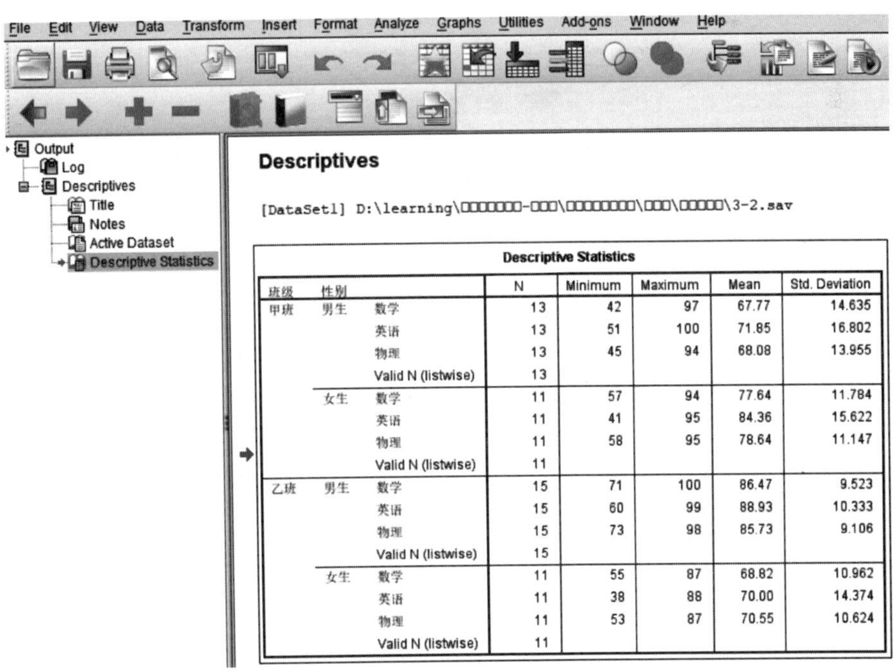

Descriptives

[DataSet1] D:\learning\[illegible]\3-2.sav

Descriptive Statistics

班级	性别		N	Minimum	Maximum	Mean	Std. Deviation
甲班	男生	数学	13	42	97	67.77	14.635
		英语	13	51	100	71.85	16.802
		物理	13	45	94	68.08	13.955
		Valid N (listwise)	13				
	女生	数学	11	57	94	77.64	11.784
		英语	11	41	95	84.36	15.622
		物理	11	58	95	78.64	11.147
		Valid N (listwise)	11				
乙班	男生	数学	15	71	100	86.47	9.523
		英语	15	60	99	88.93	10.333
		物理	15	73	98	85.73	9.106
		Valid N (listwise)	15				
	女生	数学	11	55	87	68.82	10.962
		英语	11	38	88	70.00	14.374
		物理	11	53	87	70.55	10.624
		Valid N (listwise)	11				

图 3－22　数据文件拆分后数据描述结果

（五）数据文件的合并

数据文件的合并通常可以分为两种情况：一种是将拥有相同变量的个案合并；另一种是将拥有相同个案的变量合并。

1. 个案合并

我们以数据文件“3－3. sav”和数据文件“3－4. sav”为例说明如何将个案进行合并。数据文件“3－3. sav”和数据文件“3－4. sav”分别表示某年级甲班和乙班的成绩。打开数据文件“3－3. sav”，点击 Data—Merge Files—Add Cases，进入如图 3－23 所示的界面。

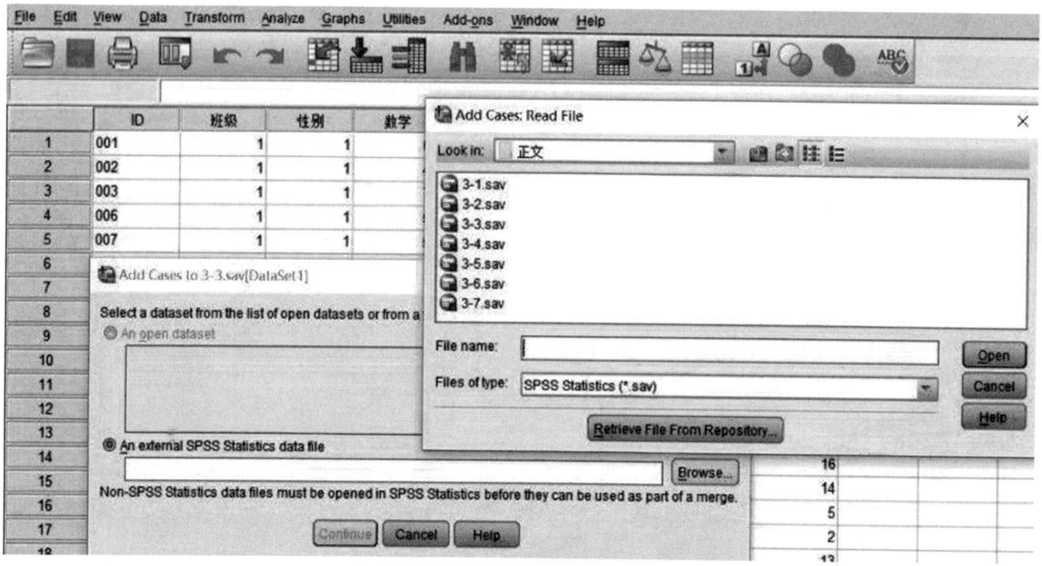

图 3－23　合并个案的处理方法

点击 Browse 并将数据文件“3－4. sav”选入输入框即可完成两个数据文件的个案合并。

2. 变量合并

我们以数据文件“3－5. sav”和数据文件“3－6. sav”为例说明如何将变量进行合并。数据文件“3－5. sav”和数据文件“3－6. sav”分别表示学生的数学成绩和语文成绩。打开数据文件“3－5. sav”和数据文件“3－6. sav”，并将数据按 id 升序或降序排列，在数据文件“3－5. sav”中点击 Data—Merge Files—Add Variables，选中打开的数据文件“3－6. sav”，进入如图 3－24 所示的界面。

选中 Match cases on key variables in sorted files，并将 id 选入 Key Variables 即可完成两个数据文件中不同变量的合并。

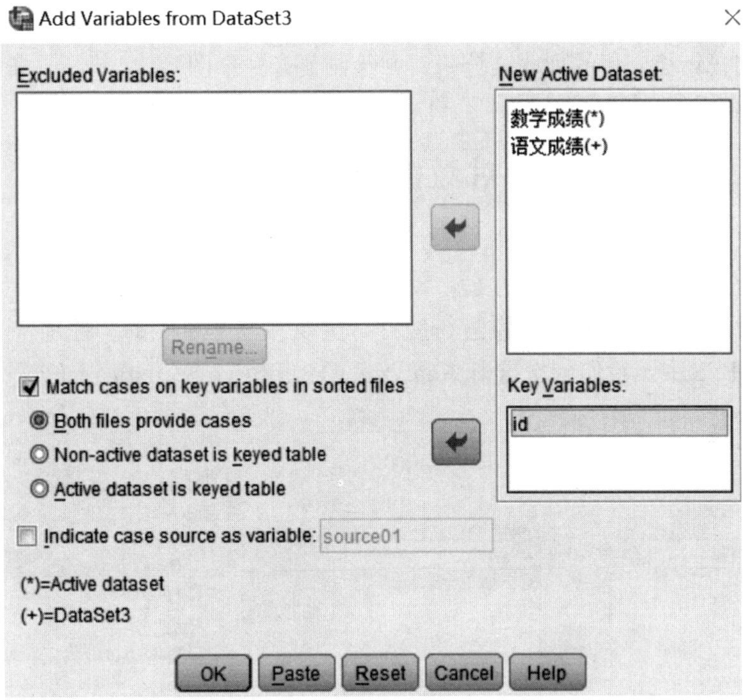

图 3-24　合并变量的处理方法

第七节　制订数据初步分析方案

数据分析的方案设想实际上应当从调研之初（明确定义问题、寻找处理问题的途径、设计调查问卷）就开始考虑。数据分析本身不是目的，数据分析的目的是获取能帮助处理问题、做出决策的信息。因此，数据分析的方案应当紧密地围绕研究的核心问题来设计。

以数据文件“3-7.sav”为例，在对某校本科生选修课程进行课程评价调查时，我们主要关注如下问题：

（1）课程是否达到了学生期望？

（2）课程对学生是否有用？

（3）学生对课程最不满意的原因是什么？

数据分析方案应该根据这些核心问题来具体制定，将这些目的或问题转化成可操作的统计分析方案。例如，针对某校本科生选修课程评价调查的数据可以设置如下的初步分析方案：

（1）调查对象的基本信息统计（基于样本学生个体特征变量的描述统计）；

（2）课程达到不同性别、不同年级学生期望程度的统计分析（课程期望程度与性别、年级变量的列联表分析）；

（3）课程对不同性别、不同年级学生有用程度的统计分析（课程有用程度与性别、年级变量的列联表分析）；

（4）不同性别、不同年级学生对课程最不满意的原因的统计分析（对课程最不满意的原因与性别、年级变量的列联表分析，并绘制复合柱形图）。

第八节　对数据文件进行统计分析

依据第七节制订的数据分析方案，我们可以展开如下统计分析。

首先，对调查对象的基本信息进行统计，主要涉及本科生的“性别”与“年级”两个变量。在 SPSS 中，我们依次点击 Analyze—Descriptive Statistics—Frequencies 进入如图 3－25 所示的界面。

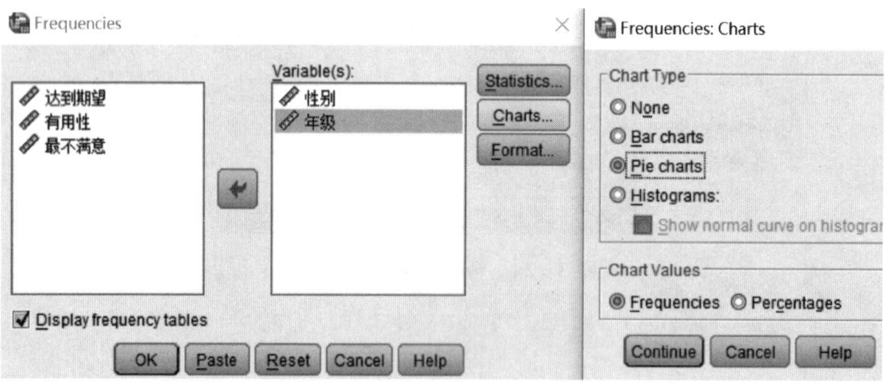

图 3－25　调查对象的基本信息统计

将“性别”与“年级”变量选入 Variable(s) 输入框，点击 Charts（图表），进入其对话框，可选择图表类型，这里我们选择 Pie charts（饼图），可以获得“性别”与“年级”两个基本信息变量的频数描述图表，如图 3－26 所示。

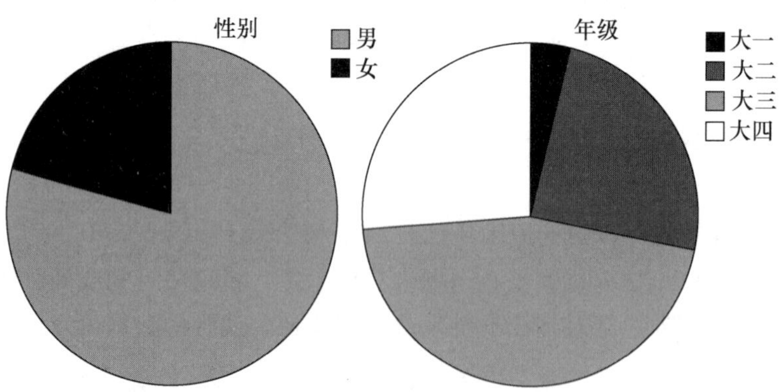

图 3－26　调查对象性别、年级分布饼图

我们要解决的第二个问题，是对不同类型学生课程是否达到其期望程度进行统计分析。我们以“年级”变量为例，在 SPSS 中，我们依次选择 Analyze—Descriptive Statistics—Crosstabs，将“达到期望”变量选入 Row(s)（行）输入框，“年级”变量选入 Column(s)（列）输入框（行列可以互换），点击 Cells，可以选中 Percentages（百分比）

下方选项，如图 3－27 所示。

最终，我们可以获得图 3－28 呈现的结果。

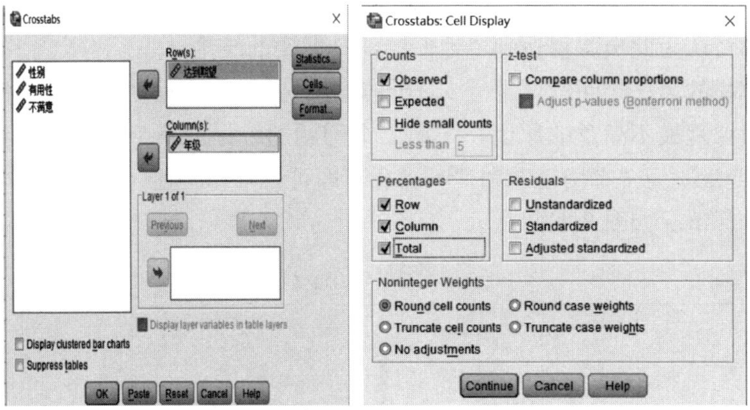

图 3－27 不同年级学生对课程达到其期望程度的统计分析操作

达到期望 * 年级 Crosstabulation

			年级				Total
			大一	大二	大三	大四	
达到期望	完全达到	Count	0	1	0	1	2
		% within 达到期望	0.0%	50.0%	0.0%	50.0%	100.0%
		% within 年级	0.0%	7.7%	0.0%	7.1%	3.8%
		% of Total	0.0%	1.9%	0.0%	1.9%	3.8%
	大部分达到	Count	0	7	16	4	27
		% within 达到期望	0.0%	25.9%	59.3%	14.8%	100.0%
		% within 年级	0.0%	53.8%	66.7%	28.6%	50.9%
		% of Total	0.0%	13.2%	30.2%	7.5%	50.9%
	达到一半	Count	1	3	5	2	11
		% within 达到期望	9.1%	27.3%	45.5%	18.2%	100.0%
		% within 年级	50.0%	23.1%	20.8%	14.3%	20.8%
		% of Total	1.9%	5.7%	9.4%	3.8%	20.8%
	达到小部分	Count	1	2	2	7	12
		% within 达到期望	8.3%	16.7%	16.7%	58.3%	100.0%
		% within 年级	50.0%	15.4%	8.3%	50.0%	22.6%
		% of Total	1.9%	3.8%	3.8%	13.2%	22.6%
	完全没有达到	Count	0	0	1	0	1
		% within 达到期望	0.0%	0.0%	100.0%	0.0%	100.0%
		% within 年级	0.0%	0.0%	4.2%	0.0%	1.9%
		% of Total	0.0%	0.0%	1.9%	0.0%	1.9%
Total		Count	2	13	24	14	53
		% within 达到期望	3.8%	24.5%	45.3%	26.4%	100.0%
		% within 年级	100.0%	100.0%	100.0%	100.0%	100.0%
		% of Total	3.8%	24.5%	45.3%	26.4%	100.0%

图 3－28 不同年级学生对课程达到其期望程度的列联表分析结果

由图 3－28 可知，有 3.8%的学员认为此次教学完全达到了他们的期望，有 50.9%的学员认为大部分达到了他们的期望，有 20.8%的学员认为期望达到一半，有 22.6%的学员认为达到小部分期望，有 1.9%的学员认为完全没有达到期望。因此，我们可以得出绝大多数学员认为此次课程达到了他们的部分期望的结论。

我们要解决的第三个问题“课程对不同类型学生的有用程度”以及第四个问题“不同类型学生对课程最不满意的原因”与第二个问题的统计分析方法基本一致，只需要将“达到期望”变量改为“有用性”和“不满意”即可，不再赘述。不同年级学生对课程不满意原因的选择情况如图 3－29 所示。

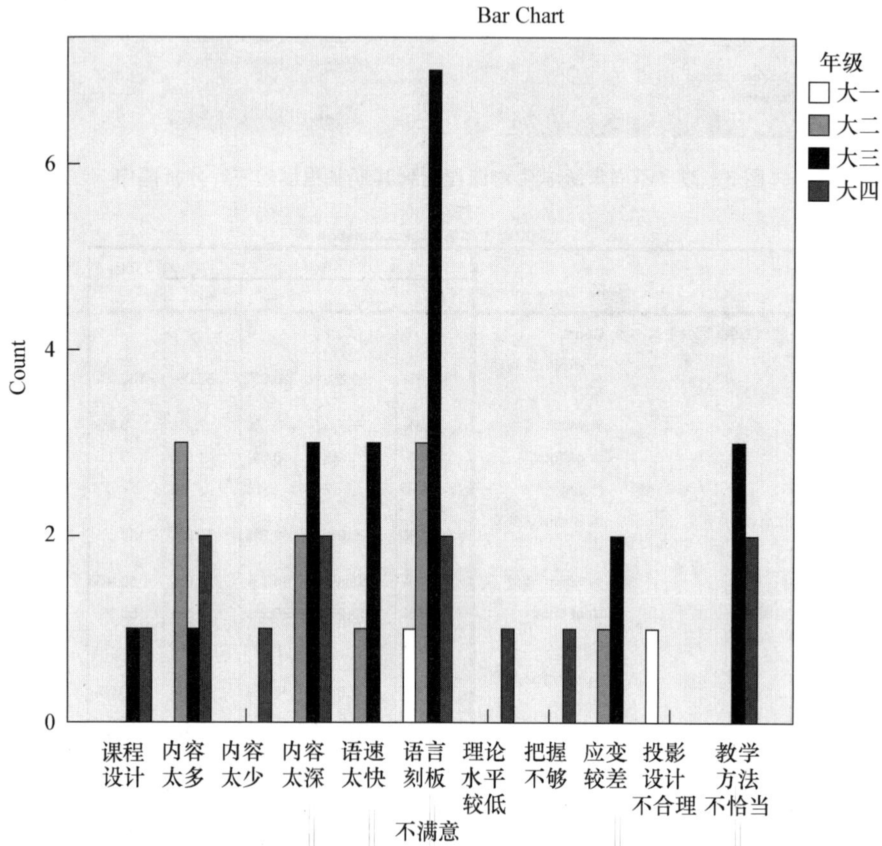

图 3－29 不同年级学生对课程不满意的原因的复合柱形图

本章小结

在 SPSS 中，变量的类型通常采用字符型和数值型两种。字符型的变量可以输入任何字符，不一定是数字，除了做频数统计以外不能再对其做数值性的计算。为方便起见，在规定变量时更多地使用数值型的变量。

在 SPSS 中，对多项选择题的处理通常需要将一个问题定义成几个变量，用这几个变量来描述该问题的几个可能被选择的答案。多选题的编码方式包括多选项二分法和多选项分类法两种。

SPSS 的缺失值分析主要针对完全随机缺失和随机缺失情况，非随机缺失基本上没有统计方法可以处理。常见对缺失值的处理方法包括缺失值的剔除、均值替代与估算替代。

采用适当的预处理可以提高数据分析的效率和质量。常见的统计预处理包括对变量取值进行加权、根据已有变量建立新变量、对变量取值重新定义等。

数据文件的编辑主要包括数据的排序、附秩、聚合以及数据文件的拆分和合并等内容。

数据分析本身不是目的，数据分析的目的是获取能帮助处理问题、做出决策的信息。因此，数据分析的方案应当紧密地围绕研究的核心问题来设计。根据制定的数据初步分析方案，我们可以采用恰当的统计分析方法解决问题。

思考题

1. 在 SPSS 中，多选项二分法和多选项分类法有何不同?

2. 什么是编码说明书? 编码说明书通常包含哪些内容?

3. 请利用数据文件“exe3－1. sav”，对“职称”“文化程度”变量，分别采用缺失值剔除、缺失值均值替代、缺失值估算替代等方法对两个变量中的缺失值进行处理。

4. 请利用数据文件“exe3－2. sav”，计算三科成绩的平均分，并按照“平均分”变量进行升序排序然后附秩。

5. 请利用数据文件“exe3－2. sav”，重新定义三科成绩的取值，分别采用 0，1 计分，60 以下赋值为“0”，表示“不合格”，60 及 60 分以上赋值为“1”，表示“合格”，并将数据文件按照“班级”拆分为两个数据文件。

第四章

数据的统计描述与数据的表示

本章提要

本章我们首先概述数据的描述统计的原理，包括数据的描述统计的基本概念，各种集中量数、差异量数的辨析等。其次，在此基础上，我们介绍如何利用统计表、统计图来呈现数据，并阐明数据表示中的注意事项或易犯错误。最后，我们结合示例说明如何运用 SPSS 软件进行单选题、复选题、排序题及量表题等不同类型数据的描述统计分析。通过本章学习，我们希望读者可以在掌握获取并录入数据的基本操作后，能够对数据进行简单的描述统计分析，并对统计结果进行恰当的呈现。

第一节 描述统计的原理

描述统计是对观测数据的简缩、汇总，以概括观测数据反映的特征。简单来讲，描述统计的目的在于概括、描述数值数据的特征。如果只对单一变量进行描述统计，需要解释数值数据的一般特征，包括其集中趋势、变异程度或离散程度、分布形状等；如果涉及对两个及以上变量关系进行统计，则需要进行相关分析。下面将对上述内容进行具体介绍。

一、什么是描述统计

描述统计是通过图表或统计量对数据进行整理、分析，以对数据分布形态、数字特征和随机变量之间的关系进行估计和描述的方法。其特点在于以简单明了的统计量或统计图表来描述庞大的数据特征。一般来说，描述统计包括集中趋势分析、离散趋势分析和相关分析[①]三部分。

集中趋势分析是对数据集中趋势的描述，包括计算平均数、中位数、众数等，以这些参数或统计量来反映观测数据的集中趋势。

---

① 相关分析的方法将在第十章介绍。

离散趋势分析是对数据离散程度的描述，包括计算标准差、方差、极差、变异系数等，以这些参数或统计量来反映观测数据的离散程度。

相关分析是对数据之间相互关系的描述，包括计算积差相关系数、等级相关系数、点列相关系数等，以这些参数或统计量来反映观测数据之间的相互关系。

通常研究者对直接获得的杂乱无章的数据首先进行归类，依次采用合适的集中量数、离散量数来反映观测数据的集中趋势、离散程度，然后再利用相关系数计量数据之间相互关联的程度。因而，描述统计主要是描述观测数据的典型性、波动性以及相互关系，揭示其内部规律。

二、集中量数

对所收集的大量观测数据计算平均数、中位数、众数等，以这些参数（或统计量）来反映观测数据的集中趋势，这些参数（或统计量）被称为集中量数，它们能反映频数分布中大量数据向某一点集中的情况。例如，要比较某年级 4 个班的期末数学考试成绩，我们可以通过比较各班的平均成绩来判断哪一个班的成绩最好，而不必将各班中每个学生的成绩一一列举出来进行比较。

（一）平均数

平均数（mean），又称算术平均数，它是反映变量取值平均状况的一种数字指标，是取某一变量的所有数值的总和除以数据个数所得到的值，它的作用是度量频数分布的集中趋势。

如果一个总体有 N 个数据，其观测数据为 x_1，x_2，…，x_N，则该总体的算术平均数为：

$$\mu=\frac{x_1+x_2+\cdots+x_N}{N}=\frac{1}{N}\sum_{i=1}^{N}x_i \tag{4.1}$$

设有一个容量为 n 的样本，其观测数据为 $x_1,x_2,\cdots,x_n$，则该样本的算术平均数为：

$$\overline{X}=\frac{x_1+x_2+\cdots+x_n}{n}=\frac{1}{n}\sum_{i=1}^{n}x_i \tag{4.2}$$

算术平均数具有计算简单的特点，它是应用最普遍的一种集中量数。在统计实践中，如果一组数据准确可靠且较为同质，需要每一个数据都加入计算，同时还要进行进一步的代数运算，一般使用算术平均数表示集中趋势。但是，算术平均数易受极端数据（也称奇异值）的影响，而且存在不同质数据时无法计算，这应当引起注意。

（二）中位数

中位数（median），又称中数，是指按数值的大小顺序排列在一起的一组数据中居于中间位置的数，记作 Mdn。

在求取一组数据的中位数时，首先要将一组数据从小到大依次排列，设为：

$$X_{(1)}\leqslant X_{(2)}\leqslant\cdots\leqslant X_{(n)}$$

若数据的个数 n 为奇数，中位数为位于这列数据 $(n+1)/2$ 位置上的数，即

$$Mdn = X_{\left(\frac{n+1}{2}\right)} \tag{4.3}$$

若数据的个数 n 为偶数，中位数为位于这列数据第 $n/2$ 位置和第 $n/2+1$ 位置上的两个数值的平均数，即

$$Mdn = \frac{X_{\left(\frac{n}{2}\right)} + X_{\left(\frac{n}{2}+1\right)}}{2} \tag{4.4}$$

中位数是集中量数的一种，它具有计算简单、不受极端数据影响的特点，因而在统计实践中，当一组观测数据中出现极端数据时，不能用算术平均数来作为这组数据的代表值，而应采用中位数。但是，由于中位数是根据数据大小的相对位置来确定的，在计算时不是每个数据的值都加入计算，因而会产生较大的抽样误差，不如平均数稳定；同时，由于中位数难以做进一步的代数运算，故它不如平均数应用广泛。

（三）众数

众数（mode），又称范数，常用符号 M_o 表示。众数是指一组数据中出现次数最多的那个数值。例如，一组数据为 1，2，3，2，1，4，5，6，1，2，2，7，4，则众数为出现次数最多的数 2。特别需要强调的是，一组数据可能没有众数或有多个众数。

在统计实践中，当一组数据出现不同质的情况，或分布中出现极端数据时，也用众数作为集中量数的粗略估计。

（四）小结

由于各个集中量数的不同测量特性，针对不同的变量数据类型，其使用时机存在差异。表 4-1 总结了众数、中位数、平均数等不同集中量数的测量特性及优缺点。

对定类变量来讲，其没有单位，也没有顺序，不能统计其中位数与平均数，只能对其众数进行统计。如 9 个学生的居住地分别为 3，2，1，1，1，1，3，2，2，其中 1 表示北京，2 表示上海，3 表示广州，针对这组数据，统计其中位数和平均数没有意义，但其众数为 1，表示居住地为北京的学生最多。

针对定序变量，其无单位但有顺序，因此可对一组定序变量数据进行排序，统计其中位数及众数，但无法统计其平均数。如 9 个学生的成绩排名分别为 1，2，2，4，5，5，7，8，9，众数为 2 和 5，中位数为 5。

而定距变量或定比变量既有单位又有顺序，可以统计其平均数、中位数、众数等集中量数，如数学成绩、量表得分等。

表 4-1 集中量数的测量特性与优缺点

测量层次	集中量数		
	众数	中位数	平均数
定类变量	√		
定序变量	√	√	
定距/定比变量	√	√	√

续表

测量层次	集中量数		
	众数	中位数	平均数
优点	不受极端值的影响，计算方法简便	对数值变化不敏感，较少受极端值影响，计算方法较为简便	测量最为精确，考虑到每一个样本，具有代表性
缺点	测量过于粗糙，无法反映所有样本的状况	无法反映所有样本的状况	易受极端值的影响

三、差异量数

全距、半四分位距、标准差和方差等都是描述变量取值的离散程度的参数（或统计量），被称为差异量数，它们反映了频数分布中数据间彼此差异的程度即变异特性的大小。在研究变量的数量特征时，我们不但要了解其典型情况，还要了解它们的特殊性。集中量数描述了频数分布的典型情况，差异量数则反映了频数分布的特殊性。当我们用频数分布的集中量数作为频数分布的代表值来描述某个频数分布的典型情况时，该频数分布的差异量数就提供了这个代表值是否可靠的特殊信息。例如频数分布 A 和频数分布 B，它们的集中量数相同，但差异量数不同，如何判断这两个分布的集中量数的代表性哪一个较强呢？如果分布 A 的差异量数大于分布 B 的差异量数，则说明分布 A 的数据间的差异程度较大，分布 A 的集中量数的代表性就不如分布 B；反之，亦然。可见，我们只有同时了解频数分布的集中量数和差异量数，才能透彻地了解频数分布。

（一）全距

全距（range）又称极差，是一组数据中最大值与最小值之差，反映了数据波动的最大范围，因此它也是反映一组数据离散程度的数字指标。它的计算公式是：

$$\text{Range} = \text{Max } X_i - \text{Min } X_i \tag{4.5}$$

式中，$\text{Max } X_i$ 和 $\text{Min } X_i$ 分别是这组数据的最大值和最小值。全距越大，说明观察值分布越分散，反之则越集中。但我们需要注意，全距的计算只涉及一组数据的两个数值，不考虑数据如何分布，只取决于数据的极端值，没有充分利用一组数据的信息。

（二）半四分位距

若要掌握半四分位距或四分位距的概念，我们首先要了解什么是百分位数和四分位数。

1. 百分位数

百分位数（percentile）指以一定顺序排列的一组观测值中某个百分位置所对应的数值。一般用 P_p 表示，作为下标的 p 表示百分位置。例如，P_{80} 表示第 80 百分位数，即在一组观测值中，小于这个数值的观测值个数占 80%，大于它的占 20%。

2. 四分位数

四分位数（quartile）是将一组已排序的数据按个数四等分的百分位数，即分别位于25%、50%、75%位置上的百分位数。第 i 个四分位数的位置为 $i\times(n+1)/4$，第一四分位数 Q_1 是处于 $(n+1)/4$ 位置上的观测值，即 P_{25}，有 25%的观测值比 Q_1 小；第二四分位数 Q_2 是处于 $(n+1)/2$ 位置上的观测值，即 P_{50}，有 50%的观测值比 Q_2 小；第三四分位数 Q_3 是处于 $3(n+1)/4$ 位置上的观测值，即 P_{75}，有 75%的观测值比 Q_3 小。

3. 四分位距

四分位距（interquartile range，IQR）又称四分差，是指在一个频数分布中，排在中间 50%数据的全距，反映了排在数列中间的 50%数据的离散程度。四分位距的计算需要用 75%分位数减去 25%分位数，即 Q_3-Q_1。

四分位距可以反映有极端值出现、个别数据模糊不清或组限不清时中间 50%数据的散布情况，通常与作为集中量数的中位数配合使用。

4. 半四分位距

半四分位距（semi-interquartile range，SIQR）又称绝对中位差，是四分位距的一半。半四分位距越大，代表数据的离散程度越大。其公式为：

$$Q=(Q_3-Q_1)/2 \tag{4.6}$$

（三）标准差和方差

1. 标准差

标准差（std. deviation）是反映变量取值离散程度的一种数字指标，并且它是用与原始数据相同的单位来表示一组数据离散性的一个绝对量。设有一个容量为 N 的总体，其观测数据为 x_1，x_2，…，x_N，则总体标准差定义为：

$$\sigma=\sqrt{\frac{1}{N}\sum_{i=1}^{N}(x_i-\mu)^2} \tag{4.7}$$

设有一个容量为 n 的样本，其观测数据为 x_1，x_2，…，x_n，则样本标准差是：

$$S=\sqrt{\frac{1}{n-1}\sum_{i=1}^{n}(x_i-\overline{X})^2} \tag{4.8}$$

2. 方差

方差（variance）也是反映变量取值离散程度的数字指标。总体方差和样本方差的计算公式分别为：

$$\sigma^2=\frac{1}{N}\sum_{i=1}^{N}(x_i-\mu)^2 \tag{4.9}$$

$$S^2=\frac{1}{n-1}\sum_{i=1}^{n}(x_i-\overline{X})^2 \tag{4.10}$$

方差和标准差是表示一组数据离散程度的最常用的指标。其值越大，说明频数分布的离散程度越大；其值越小，说明频数分布的离散程度越小。方差与标准差具有反应灵敏、计算严密、受抽样变动的影响较小等优点，在统计实践中，人们常将其与平均数一起搭配描述一组数据的全貌。

（四）变异系数

变异系数（coefficient of variation）又称相对标准差，即标准差与平均数之比，用符号表示为CV，公式为：

$$CV=\frac{\sigma}{\bar{x}}\times 100\% \tag{4.11}$$

标准差反映的是采用同一种测量工具对同一特质进行测量时数据的离散程度。如果两个及以上样本是采用不同测量工具获得的不同特质的数据，或者虽然样本单位相同但平均数相差较大，就需要采用变异系数来表示各组数据的离散程度，即变异系数可以消除单位不同和（或）平均数不同对两个及以上样本数据变异程度比较的影响。

（五）小结

由于各个差异量数的不同测量特性，针对不同的变量数据类型，其使用时机存在差异。表4-2总结了全距、四分位距、标准差及方差、变异系数等不同差异量数的测量特性及优缺点。

对定类变量来讲，其没有单位，也没有顺序，因此不能统计其全距、四分位距、标准差及方差和变异系数。针对定序变量，其无单位但有顺序，因此可对一组定序变量数据进行排序，统计其全距与四分位距，但无法计算标准差及方差和变异系数。而定距变量或定比变量，既有单位又有顺序，可以对其进行全距、四分位距、标准差及方差和变异系数等差异量数统计。

表4-2　差异量数的测量特性与优缺点

测量层次	差异量数			
	全距	四分位距	标准差和方差	变异系数
定类变量				
定序变量	√	√		
定距/定比变量	√	√	√	√
优点	计算方法简便，适用于定类数据除外的测量数据	对极端值较不敏感，能反映定序变量的变异	测量精确，考虑到每一个样本，具有代表性	可以消除单位不同和（或）平均数不同对两个及以上样本数据变异程度比较的影响
缺点	测量过于粗糙，无法反映所有样本状况，易受极端值的影响	稳健性较好，不过无法反映所有样本的变异状况	当样本量较小时，易受极端值的影响	当样本量较小时，易受极端值的影响

第二节 数据的表示

一、统计表和统计图的一般说明

在教育测验、实验、调查问卷或量表的数据分析中，我们常常对所搜集的数据使用求变量的频数和百分数的统计方法，并采用统计表或统计图的方式来表达，以方便地对数据按组进行归类整理，形成各变量的不同水平（分组）的频数分布表和图形，从而对各变量的数据特征和分布状况有一个概括的认识，为进一步的统计方法的选取提供依据。

（一）统计表

统计表一般由标题、表号、标目、表线、数字、表注几个部分组成。为了使统计表便于读者理解，要求其具有简洁、一目了然的特点。制作统计表时，应当做到以下几点：

（1）统计表的标题要简明扼要地概括出表的内容，标题要写在表的上方中央。

（2）统计表要力求简明，避免表的内容资料过于庞杂；行和列的标目内容按一定的顺序排列，如果栏目数较多，要加以编号。

（3）统计表中要列出必要的总计数及每一标目下的小计，以便对数据进行检查和计算；表内数据要填写整齐，对准数位；表中暂缺的数据用“…”或者“—”表示。

（4）数据资料要注明计量单位，可分别在标题或行、列标题的后面注明。

（5）统计表的上下端线应画粗线，中间各标目内容用细线分开，表的左右两端一般不封闭。

对于不同的数据应采用不同形式的统计表，按复杂程度可分为简单表、组合表、复合表。简单表将数据按一个标志分组，如表 4-3，标志为年份。组合表是按两个标志分组，如表 4-4，按班级和成绩两个标志整理数据。复合表则是按三个标志进行分组，如表 4-5，标志为班级、性别和成绩。

表 4-3　2014—2018 年某高中的中考录取人数

年份	2014	2015	2016	2017	2018	总计
录取人数	132	154	144	123	125	678

表 4-4　某小学四年级各班语文成绩统计结果

班级	成绩					总计
	优	良	中	及格	差	
1 班	8	25	15	2	0	50
2 班	9	20	15	3	1	48
3 班	5	15	22	7	3	52
总计	22	60	52	12	4	150

表 4-5　某初中二年级各班男女生数学成绩统计结果

班级	成绩										总计
	优		良		中		及格		差		
	男	女	男	女	男	女	男	女	男	女	
1 班	6	2	13	12	5	10	0	2	0	0	50
2 班	5	4	10	10	7	8	1	2	1	0	48
3 班	2	3	6	9	12	10	4	3	1	2	52
总计	13	9	29	31	24	28	5	7	2	2	150

(二)统计图

统计图一般由标题、图号、标目、图形、图注等组成。统计图与统计表一样，也具有直观的特点，可以简洁明快地传递数据分布信息。制作统计图时，应当注意以下几点：

(1) 通常统计图具有两个坐标轴，横轴与纵轴（或 x 轴与 y 轴）。

(2) 横坐标常用来表示事物的组别或自变量 x，纵坐标常用来表示事物出现的次数或因变量 y。

(3) 一般情况下，对于所有刻度，两坐标轴的交点应在 O 点。特殊情况下，会通过切断靠近交点的相应坐标轴来展示。

(4) 每个坐标轴都要有标题，整个图的名称（标题）应当简洁明了。

与制作统计表需要根据数据类型分类一样，离散型数据的分布情况可以采用柱形图和饼图呈现，连续型数据的分布情况可以采用直方图、频数多边形图等呈现。下面我们介绍几种常见的统计图。

1. 柱形图

柱形图（bar chart）一般用来呈现离散型数据分组频数对比情况，横轴表示分类，纵轴表示频数。描绘柱形图有三个要素：组数、组宽度、组限。

组数：将数据分成几个组，经验上通常分为 5～10 组。

组宽度：每组的宽度通常是一致的。组宽度和组数的确定不是独立的，可以按照以下公式计算组宽度：近似组宽度=(最大值－最小值)/组数。

组限：分为组下限（进入该组的最小可能数据）和组上限（进入该组的最大可能数据），并且一个数据只能在一个组区间。

图 4-1 用柱形图呈现了 C 小学四年级学生数学考试成绩各等级人数分布情况。

2. 条形图

条形图与柱形图完全相似，唯一的不同在于纵轴表示分类，横轴表示频数。也有的统计学图上不区分这两者，统一称为条形图或直条图。图 4-2 用条形图呈现了 C 小学四

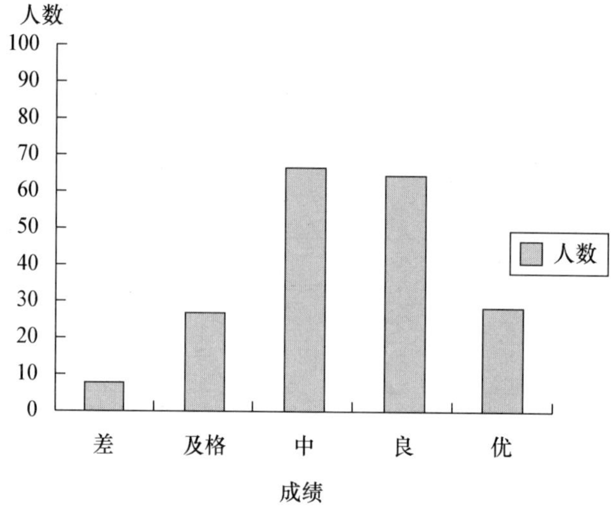

图 4-1　C 小学四年级学生数学考试成绩各等级人数分布

年级学生数学考试成绩各等级人数分布情况。条形图按标志数量也可以分为简单条形图和复式条形图。图 4-2 为简单条形图，只含一个标志即成绩。图 4-3 为复式条形图，含学校类别和成绩两个标志。

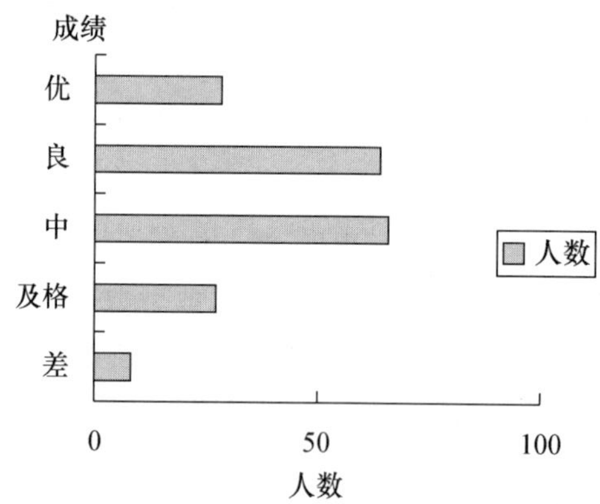

图 4-2　C 小学四年级学生数学考试成绩各等级人数分布

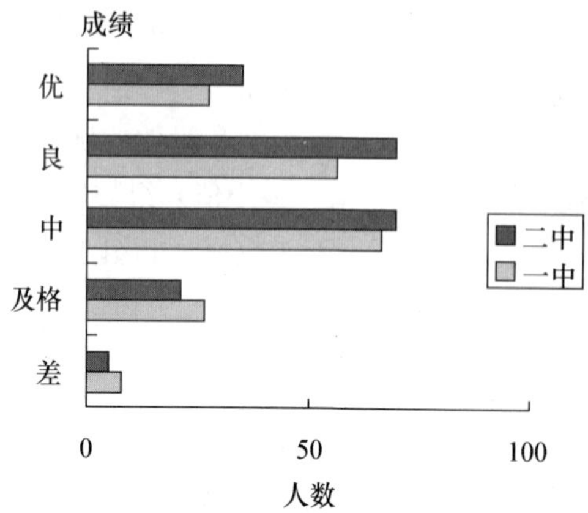

图 4-3　一中和二中七年级学生数学考试成绩各等级人数分布

3. 饼图

饼图也称圆形图，可以显示一个离散型数据系列中各分组（或类别）频数占总样本数的百分比，它是表示各分组（类别）频数相对差异的有效方法。绘制饼图时，通常用不同颜色呈现不同分组频数大小，如图 4－4 用饼图描述 C 小学四年级学生数学考试成绩各等级人数分布情况。

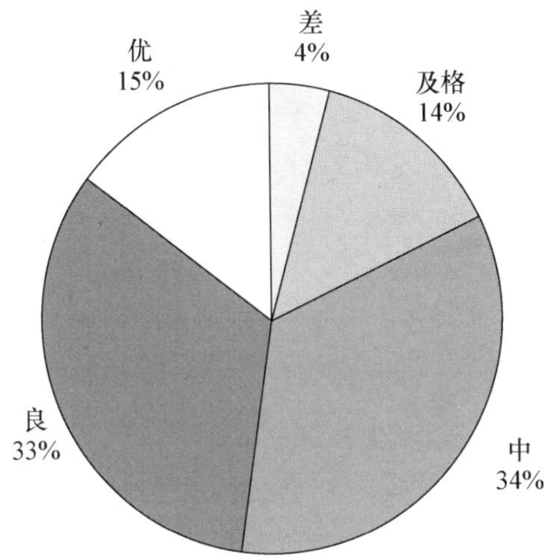

图 4－4　C 小学四年级学生数学考试成绩各等级人数占比

4. 折线图

折线图可以显示随时间而变化的连续数据，适用于显示在相等时间间隔下数据的变化趋势。图 4－5 呈现了 D 高中 1992—2002 年入学率的变化情况。

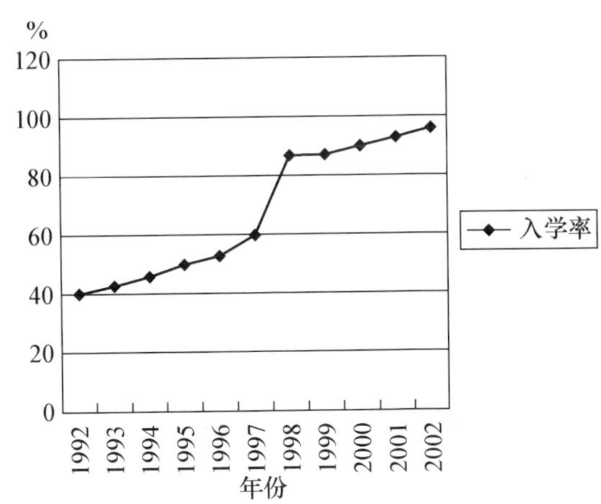

图 4－5　D 高中 1992—2002 年入学率的变化

5. 散点图

散点图是指在回归分析中，数据点在直角坐标系平面上的分布图，表示因变量随自变量而变化的大致趋势，据此可以选择合适的函数对数据点进行拟合，形成趋势线。图 4－6 呈现了某市各小学师生关系指数与学校学生平均成绩的关系。

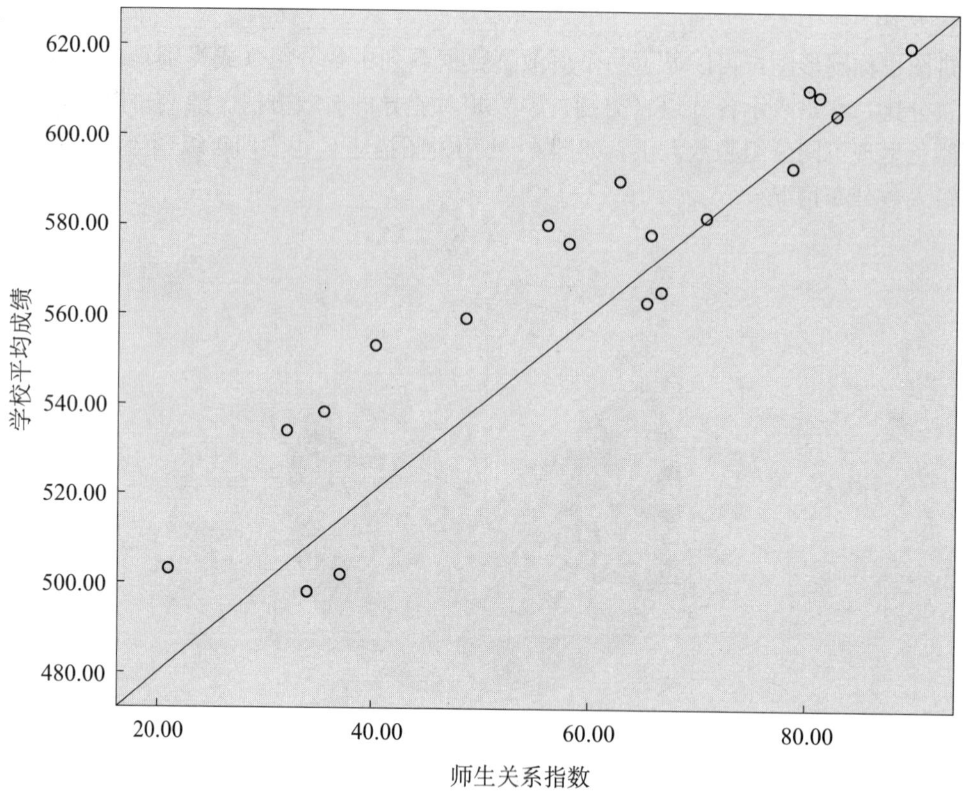

图 4-6　某市各小学师生关系指数与学校学生平均成绩的关系

二、数据表示中的错误

使用统计图进行数据表示时，要避免出现无相对基准、纵轴无零点或刻度不恰当等错误。

（一）无相对基准

无相对基准（relative basis）是数据表示中的常见错误。通常百分比之间较为可比，而绝对数之间比较却可能产生误解。例如，比较各校毕业班的升学情况，应当采用升入高一级学校的百分比，而不是升入高一级学校的学生总数。图 4-7 呈现了 F 校学生 2000—2003 年初中升高中情况，左侧图呈现的是升入高中的学生总数，无相对基准，右侧图则呈现的为升入高中的学生比例。

（二）纵轴无零点或刻度不恰当

统计图纵轴刻度要适宜，单位刻度值过大会造成压缩纵轴，单位刻度值过小会造成扩大纵轴。此外，在需要对比不同年份指标数据时，纵轴无零点也是数据表示中的常见错误，如图 4-8 呈现的是某中学学生 2015—2018 年近视率的变化情况，左侧图纵轴包含零点，右侧图纵轴则无零点。右侧图纵轴无零点会使人产生 2015—2018 年间近视率变化较大的错觉。

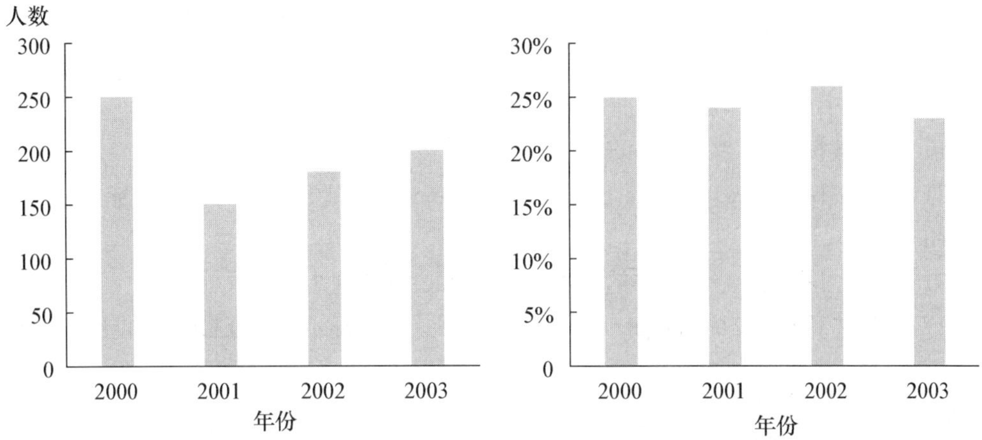

图 4-7　F 校学生 2000—2003 年初中升高中的人数（左）和比例（右）

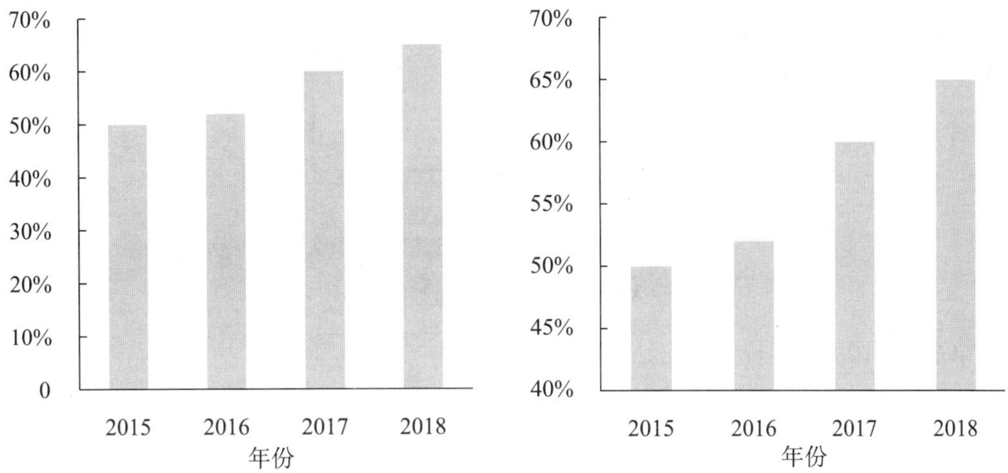

图 4-8　某中学学生 2015—2018 年近视率的变化情况

第三节　描述统计的 SPSS 操作

本节按照不同题型分别介绍 SPSS 中如何进行描述统计，包括单选题、复选题、排序题、量表题的统计分析。

一、单选题的描述统计

单选题的描述统计主要包括频数分析、输出描述性统计量、列联表分析等内容。

（一）频数分析

对数据中各变量进行频数分析，可以对各变量的数据特征和分布状况有一个基本的认识。例如，数据文件“4-1.sav”为某小学五年级学生语文成绩等级得分，其中，1 为

“≥90”分，2 为“80～89”分，3 为“70～79”分，4 为“60～69”分，5 为“≤59”分。假如我们要求统计语文成绩五个等级各组的人数和比例，并以柱形图和饼图来表示，那么，在 SPSS 中我们需要进行如下操作：

（1）读取数据文件“4－1. sav”。

（2）按 Analyze—Descriptive Statistics—Frequencies 顺序逐一单击鼠标左键，打开 Frequencies 主对话框。

（3）选择“语文成绩等级”变量进入 Variable（s）列表框中。

（4）选中左下角 Display frequency tables 复选项，要求显示频数分布表，如图 4－9 所示。

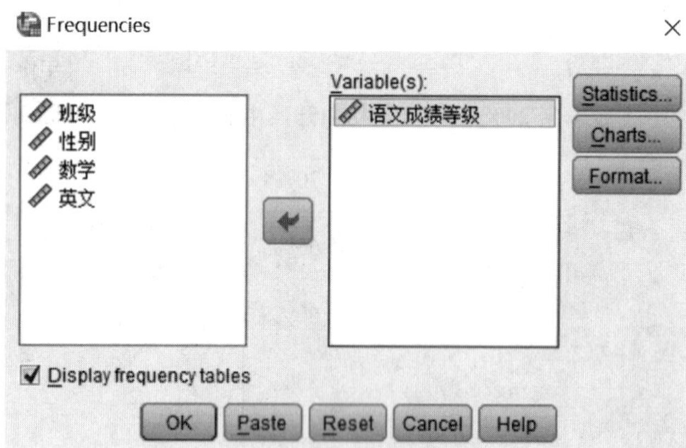

图 4－9　语文成绩等级频数分析

单击 OK，提交运行。输出结果如下：

语文成绩等级

		Frequency	Percent	Valid Percent	Cumulative Percent
Valid	>=90	9	18.0	18.0	18.0
	80-89	10	20.0	20.0	38.0
	70-79	16	32.0	32.0	70.0
	60-69	7	14.0	14.0	84.0
	<=59	8	16.0	16.0	100.0
	Total	50	100.0	100.0	

通常在文章或研究报告中并不直接粘贴上述统计表格，而是将 SPSS 中输出的结果复制到 Excel 软件中再次编辑，以呈现更为简洁、直观的表格或图形。对于此例，首先我们将上表复制到 Excel 中，并对 Valid Percent（有效百分比）一列数值进行小数位数的调整，可以只保留整数部分或者改成百分比格式。然后，选中变量列和有效百分比列，单击“插入”，分别选中柱形图和饼图，可以得到如图 4－10 和图 4－11 所示的图形，也能够进一步对图形进行标签设置等编辑操作。

（二）输出描述性统计量

我们仍以数据文件“4－1. sav”为例，若要给出学生数学、英语成绩的描述性统计

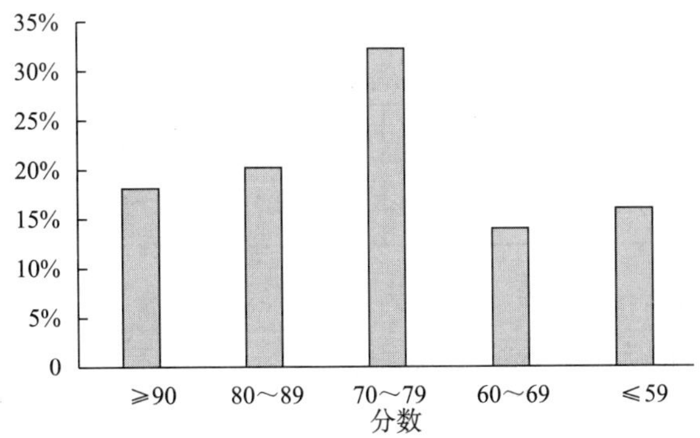

图 4－10　语文成绩等级频数分布柱形图

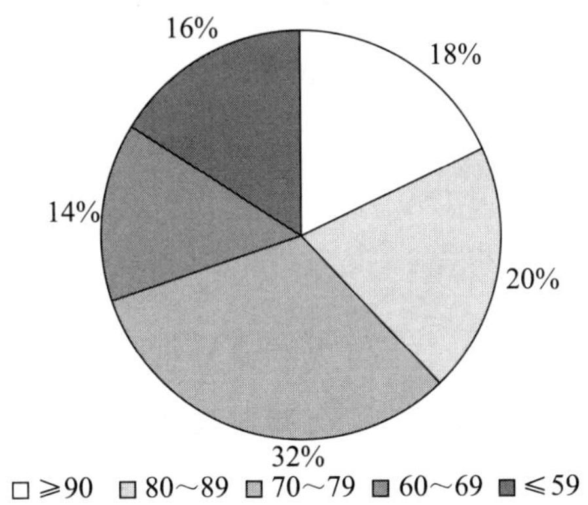

图 4－11　语文成绩等级频数分布饼图

量，可以采用两种方法。采用第一种方法我们需要在 SPSS 软件中依次进行如下操作：

（1）读取数据文件“4－1. sav”。

（2）按 Analyze—Descriptive Statistics—Descriptives 顺序逐一单击鼠标左键，打开 Descriptives 主对话框。

（3）将“数学”和“英语”变量选入 Variable（s）列表框。

（4）单击 Options，选中相应选项，如图 4－12 所示。

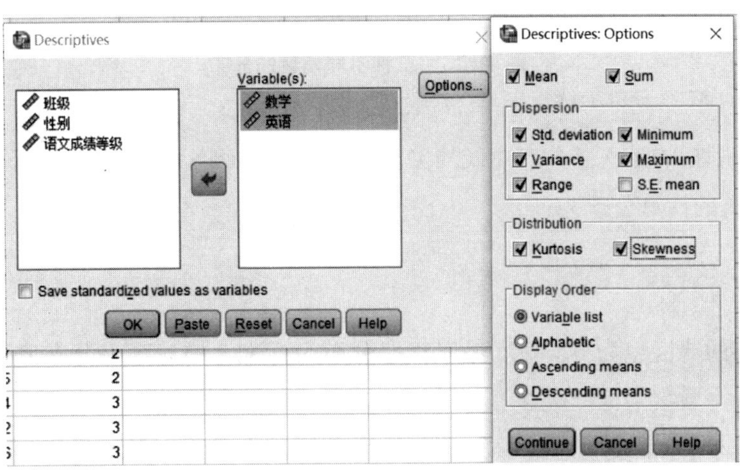

图 4－12　数学和英语成绩描述性统计量的选择

依次单击 Continue 和 OK，提交运行。输出结果如下：

Descriptive Statistics

	N	Range	Minimum	Maximum	Sum	Mean	Std. Deviation	Variance	Skewness		Kurtosis	
	Statistic	Statistic	Statistic	Statistic	Statistic	Statistic	Statistic	Statistic	Statistic	Std. Error	Statistic	Std. Error
数学	50	58	42	100	3789	75.78	13.960	194.869	-.174	.337	-.651	.662
英语	50	62	38	100	3966	79.32	16.123	259.936	-.725	.337	-.355	.662
Valid N (listwise)	50											

上图中 N 为样本量，有效样本个数为 50。Range 为极差，又称全距；Minimum 为极小值，Maximum 为极大值，Sum 为总和；Mean 为算术平均数（可简称为平均数），Std. Deviation 为标准差，Variance 为方差，上述统计量在前面的章节中已经介绍过，不再赘述。

而首次出现的 Skewness 是反映数据分布曲线偏斜程度（或不对称性）的数字指标，被称为偏斜系数（也可简称为偏度）。样本偏斜系数 m_1 的计算公式为：

令 $$B_r = \frac{1}{n}\sum_{i=1}^{n}(X_i - \overline{X})^r, r = 1,2,\cdots$$

则 $$m_1 = \frac{B_3}{B_2^{3/2}} \tag{4.12}$$

式中，B_r 为样本的 r 阶中心矩。m_1 若为正数，则分布曲线是正偏态，即右偏，数据的分布曲线有一个较长的右尾；若为负数，则分布曲线是负偏态，即左偏，数据的分布曲线有一个较长的左尾。正态分布是对称分布，其偏斜系数为 0（见图 4－13）。此次分析中数学成绩的偏斜系数 $m_1 = -0.174$，英语成绩的偏斜系数 $m_1 = -0.725$，因而英语和数学成绩分布均为左偏态，且英语成绩左偏的程度较大。

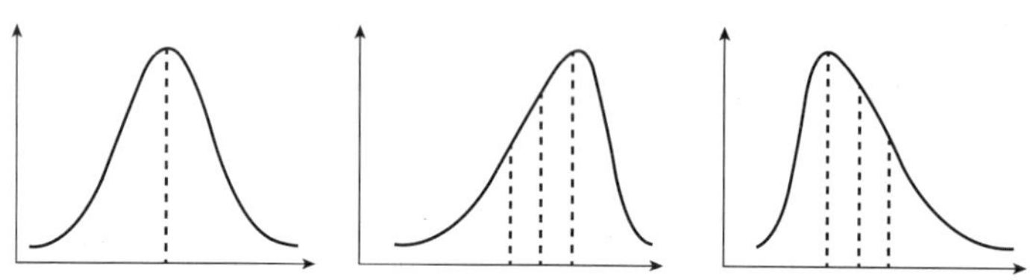

$M_o = M_e = \overline{x}$ (a) 对称分布　　$\overline{x} < M_e < M_o$ (b) 左偏分布　　$M_o < M_e < \overline{x}$ (c) 右偏分布

图 4－13　三种不同偏度的分布

注：图中 M_o，M_e，$\overline{x}$ 分别为众数、中位数和均值。

Kurtosis 则指的是一条分布曲线的尖削度，被称为峰态系数（也可简称为峰度）。样本峰态系数 m_2 的计算公式为：

$$m_2 = \frac{B_4}{B_2^2} - 3 \tag{4.13}$$

正态分布的峰度也为 0。峰度是以正态分布为标准，描述某一分布密度曲线是陡峭还是平坦的一个数字指标。m_2 的值若大于 0，则该变量的数据分布曲线要比正态分布的峰高；若其值小于 0，则变量的数据分布曲线比正态分布的峰低。此次分析中数学成绩

的峰态系数 $m_2=-0.651$，英语成绩的峰态系数 $m_2=-0.355$，说明数学成绩和英语成绩变量的分布密度曲线比正态分布密度曲线的峰低。

理论上已经证明，如果一个分布的偏斜系数和峰态系数都为 0，则它的性质与正态分布非常相近，从实用的观点，可以粗略地认为它就是正态分布。如果 m_1 和 m_2 中有一个与 0 相差较大，则可以认为总体不是正态分布。因而，Skewness 和 Kurtosis 常常作为衡量数据分布偏离正态的尺度。

此外，本次分析中未选中的 S. E. mean 为 Std. Error of Mean 的缩写形式，为平均数的标准误，它也是反映变量取值离散程度的数字指标。总体平均数的标准误和样本平均数的标准误的计算公式分别为：

$$\text{S. E. mean}_{总}=\frac{\sigma}{\sqrt{N}}=\sqrt{\frac{1}{N^2}\sum_{i=1}^{N}(x_i-\mu)^2} \tag{4.14}$$

$$\text{S. E. mean}_{样}=\frac{S}{\sqrt{n}}=\sqrt{\frac{1}{n(n-1)}\sum_{i=1}^{n}(x_i-\overline{X})^2} \tag{4.15}$$

除了上述方法，若要给出学生数学、英语成绩的描述性统计量，也可以采用第二种方法。我们需要在 SPSS 软件中依次进行如下操作：

（1）读取数据文件“4－1. sav”。

（2）按 Analyze—Descriptive Statistics—Frequencies 顺序逐一单击鼠标左键，打开 Frequencies 主对话框。

（3）将“数学”和“英语”变量选入 Variable（s）列表框。

（4）单击 Statistics，选中相应选项，如图 4－14 所示。

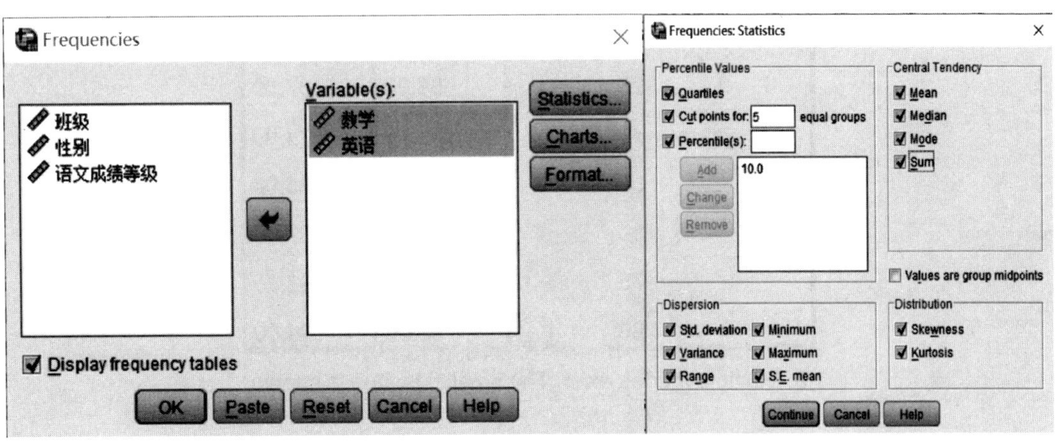

图 4－14　数学和英语成绩频数分析及描述性统计量的选择

依次单击 Continue 和 OK，提交运行。输出结果如下：

Statistics

		数学	英语
N	Valid	50	50
	Missing	0	0
Mean		75.78	79.32
Std. Error of Mean		1.974	2.280
Median		75.50	85.00
Mode		71[a]	93[a]
Std. Deviation		13.960	16.123
Variance		194.869	259.936
Skewness		-.174	-.725
Std. Error of Skewness		.337	.337
Kurtosis		-.651	-.355
Std. Error of Kurtosis		.662	.662
Range		58	62
Minimum		42	38
Maximum		100	100
Sum		3789	3966
Percentiles	10	56.10	58.00
	20	62.40	64.20
	25	65.00	67.50
	40	71.40	74.00
	50	75.50	85.00
	60	78.00	87.60
	75	87.00	93.25
	80	88.60	94.00

a. Multiple modes exist. The smallest value is shown

数学

		Frequency	Percent	Valid Percent	Cumulative Percent
Valid	42	1	2.0	2.0	2.0
	55	3	6.0	6.0	8.0
	56	1	2.0	2.0	10.0
	57	3	6.0	6.0	16.0
	60	1	2.0	2.0	18.0
	62	1	2.0	2.0	20.0
	64	1	2.0	2.0	22.0
	65	2	4.0	4.0	26.0
	67	1	2.0	2.0	28.0
	68	1	2.0	2.0	30.0
	70	1	2.0	2.0	32.0
	71	4	8.0	8.0	40.0
	72	1	2.0	2.0	42.0
	74	1	2.0	2.0	44.0
	75	3	6.0	6.0	50.0
	76	2	4.0	4.0	54.0
	78	4	8.0	8.0	62.0
	82	1	2.0	2.0	64.0
	84	2	4.0	4.0	68.0
	85	2	4.0	4.0	72.0
	87	4	8.0	8.0	80.0
	89	1	2.0	2.0	82.0
	91	1	2.0	2.0	84.0
	92	2	4.0	4.0	88.0
	94	1	2.0	2.0	90.0
	95	1	2.0	2.0	92.0
	97	1	2.0	2.0	94.0
	98	1	2.0	2.0	96.0
	99	1	2.0	2.0	98.0
	100	1	2.0	2.0	100.0
	Total	50	100.0	100.0	

英语

		Frequency	Percent	Valid Percent	Cumulative Percent
Valid	38	1	2.0	2.0	2.0
	41	1	2.0	2.0	4.0
	51	1	2.0	2.0	6.0
	54	1	2.0	2.0	8.0
	58	2	4.0	4.0	12.0
	60	1	2.0	2.0	14.0
	61	1	2.0	2.0	16.0
	62	1	2.0	2.0	18.0
	64	1	2.0	2.0	20.0
	65	1	2.0	2.0	22.0
	66	1	2.0	2.0	24.0
	68	3	6.0	6.0	30.0
	71	2	4.0	4.0	34.0
	72	1	2.0	2.0	36.0
	74	3	6.0	6.0	42.0
	80	1	2.0	2.0	44.0
	84	1	2.0	2.0	46.0
	85	3	6.0	6.0	52.0
	86	2	4.0	4.0	56.0
	87	2	4.0	4.0	60.0
	88	2	4.0	4.0	64.0
	90	1	2.0	2.0	66.0
	92	1	2.0	2.0	68.0
	93	4	8.0	8.0	76.0
	94	3	6.0	6.0	82.0
	95	4	8.0	8.0	90.0
	96	1	2.0	2.0	92.0
	98	2	4.0	4.0	96.0
	99	1	2.0	2.0	98.0
	100	1	2.0	2.0	100.0
	Total	50	100.0	100.0	

其他统计量与方法一输出结果一致，而本次新出现的 Percentiles 为变量的百分位数的值，这里输出的是第 10，20，25，40，50，60，75，80 百分位数的值。例如数学成绩和英语成绩第 25 百分位数的值为 65.00 和 67.50，它表明在数学成绩频数分布中有 25％的数学成绩低于 65.00，在英语成绩频数分布中有 25％的英语成绩低于 67.50。

后面两个表格分别为数学和英语成绩变量的频数分布表。Frequency 为各成绩的频数，Percent 为频数所占的百分比，Valid Percent 为有效值所占的百分比，Cumulative

Percent 为累积百分比，Total 为各列数据的合计。

（三）列联表分析

列联表是观测数据按两个或更多属性（定性变量）分类时所列出的频数表。它是由两个及两个以上的变量进行交叉分类形成的频数分布表。我们仍以数据文件“4－1. sav”为例，若要输出班级变量与性别变量的列联表，并用柱形图表示，可以在 SPSS 中进行如下操作：

（1）打开数据文件“4－1. sav”。

（2）单击 Analyze—Descriptive Statistics—Crosstabs。

（3）将“班级”选入 Row（s），将“性别”选入 Column（s）。

（4）单击 Cells，选中 Row，Column，Total 等选项，如图 4－15 所示。

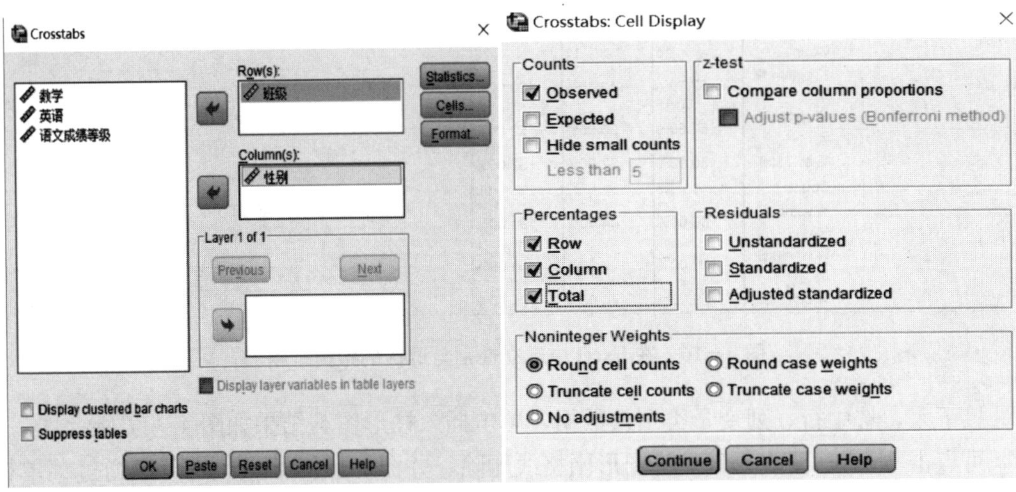

图 4－15　性别与班级变量的列联表分析

依次单击 Continue 和 OK，提交运行。输出结果如下：

班级 * 性别 Crosstabulation

			性别		Total
			男生	女生	
班级	甲班	Count	13	11	24
		% within 班级	54.2%	45.8%	100.0%
		% within 性别	46.4%	50.0%	48.0%
		% of Total	26.0%	22.0%	48.0%
	乙班	Count	15	11	26
		% within 班级	57.7%	42.3%	100.0%
		% within 性别	53.6%	50.0%	52.0%
		% of Total	30.0%	22.0%	52.0%
Total		Count	28	22	50
		% within 班级	56.0%	44.0%	100.0%
		% within 性别	100.0%	100.0%	100.0%
		% of Total	56.0%	44.0%	100.0%

由班级*性别列联表分析结果可知，28 名男生中，甲班有 13 名，占 46.4%，乙班 15 名，占 53.6%；22 名女生中，甲班、乙班各有 11 名，各占 50.0%。而甲班 24 名学生中，男生 13 名，占 54.2%，女生 11 名，占 45.8%；乙班 26 名学生中，男生 15 名，占 57.7%，女生 11 名，占 42.3%。

我们将 SPSS 输出结果复制到 Excel 中，建立数据表格，如图 4－16 所示。

班级 * 性别 Crosstabulation

			性别		Total
			男生	女生	
班级	甲班	Count	13	11	24
		% within 班级	54.20%	45.80%	100.00%
		% within 性别	46.40%	50.00%	48.00%
		% of Total	26.00%	22.00%	48.00%
	乙班	Count	15	11	26
		% within 班级	57.70%	42.30%	100.00%
		% within 性别	53.60%	50.00%	52.00%
		% of Total	30.00%	22.00%	52.00%
Total		Count	28	22	50
		% within 班级	56.00%	44.00%	100.00%
		% within 性别	100.00%	100.00%	100.00%
		% of Total	56.00%	44.00%	100.00%

	男生	女生
甲班	54.20%	45.80%
乙班	57.70%	42.30%

图 4－16　在 Excel 中建立性别与班级的数据表格

接下来，选中行、列变量类别及数据，单击插入柱形图，结果如图 4－17 所示。

可点击“+”（图表元素）将图形网格线删除，并添加数据标签。也可以通过菜单栏中的“切换行列”功能，变换图形，如图 4－18 所示。

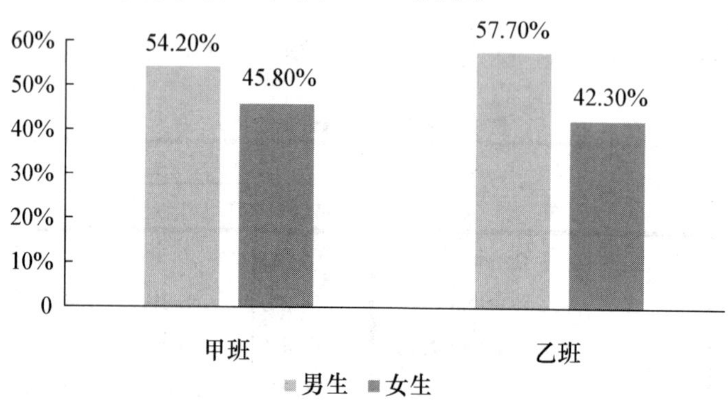

图 4－17　被试班级性别分布比例图

二、复选题的描述统计

复选题的描述分析主要包括频数分析、列联表分析等内容。

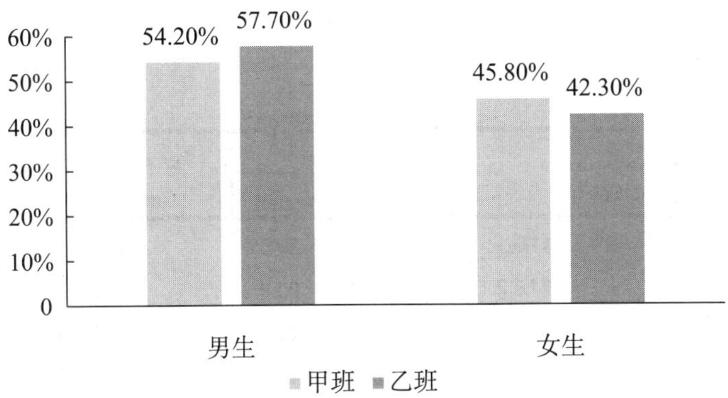

图 4-18　行列变换后的柱形图

（一）频数分析

我们使用数据文件“4-2. sav”来说明如何在 SPSS 中进行复选题的频数分析。数据文件“4-2. sav”中涉及一题：“您未来选择孩子就读的中学时，会考虑哪些因素?”该题可复选，共四个选项：学校办学口碑、校长领导风格、学校升学率、交通因素。在数据文件“4-2. sav”中，a1m1 表示选项“学校办学口碑”，a2m2 表示选项“校长领导风格”，a3m3 表示选项“学校升学率”，a4m4 表示选项“交通因素”，以上四个变量均为二分变量，1 表示选中，0 表示未选中。若要统计各选项勾选的次数及百分比，并用柱形图表示，需要在 SPSS 中进行如下操作：

（1）读取数据文件“4-2. sav”。

（2）按 Analyze—Multiple Response—Define Variable Sets 顺序逐一单击鼠标左键，打开 Define Multiple Response Sets 主对话框。

（3）将所有选项变量选入变量集中，编码计数输入 1，命名新变量为 a1。点击 Add，增加生成复选题集变量 $ a1，如图 4-19 所示。

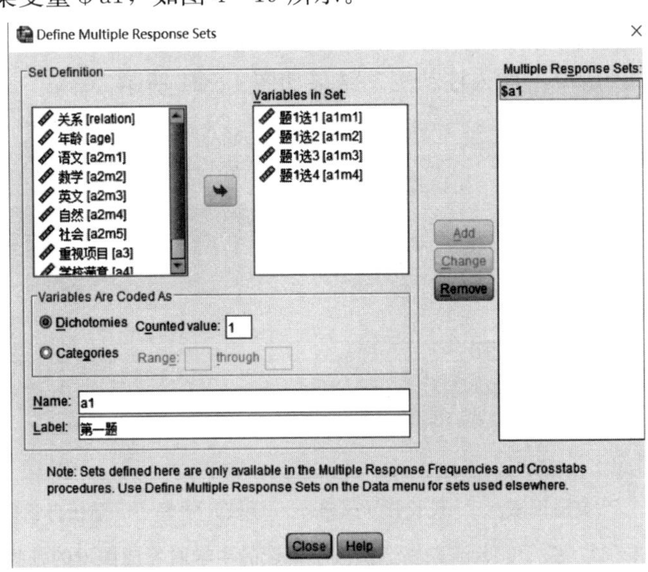

图 4-19　定义复选题集变量

（4）单击 Analyze—Multiple Response—Frequencies，将复选题集变量 $a1 选入右边待分析的变量空白栏中。可以得到如下结果：

$a1 Frequencies

		Responses		Percent of Cases
		N	Percent	
第一题[a]	题1选1	81	29.3%	67.5%
	题1选2	66	23.9%	55.0%
	题1选3	78	28.3%	65.0%
	题1选4	51	18.5%	42.5%
Total		276	100.0%	230.0%

a. Dichotomy group tabulated at value 1.

由上表可知，67.5%的被试家长未来在选择孩子就读的中学时，会考虑学校办学的口碑，55.0%的被试家长会考虑校长的领导风格，65.0%的被试家长会考虑学校升学率的高低，42.5%的被试家长会考虑交通问题。

若要以柱形图的形式呈现统计分析结果，我们首先将 SPSS 输出结果复制到 Excel 中，然后，建立数据表格，如图 4-20 所示。

A	B	C	D	E	F	G	H
$a1 Frequencies							
		Responses		Percent of Cases		学校办学口碑	67.50%
		N	Percent			学校升学率	65.00%
第一题[a]	题1选1	81	29.30%	67.50%		校长领导风格	55.00%
	题1选2	66	23.90%	55.00%		交通因素	42.50%
	题1选3	78	28.30%	65.00%			
	题1选4	51	18.50%	42.50%			
Total		276	100.00%	230.00%			
a. Dichotomy group tabulated at value 1.							

图 4-20 在 Excel 中建立关于家长未来在选择孩子就读的中学时考虑因素的数据表格

选中百分比数据列，点击菜单栏右上角的“排序和筛选”，选中“升序”，并选中“扩展选定区域”，最后单击插入柱状图，结果如图 4-21 所示。

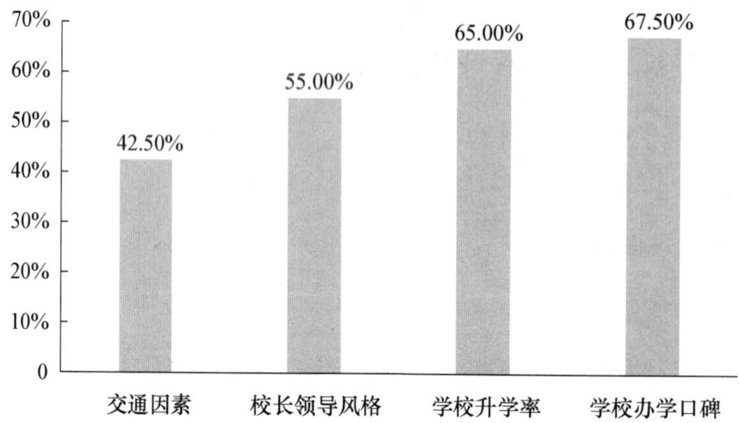

图 4-21 关于家长未来在选择孩子就读的中学时考虑因素的柱状图

(二)列联表分析

我们仍以数据文件"4-2.sav"为例，若想统计不同年龄父母样本在题项"您未来选择孩子就读的中学时，会考虑哪些因素?"下勾选各选项的个数、百分比情况，并用条形图表示，需要对该复选题采用列联表分析。我们需要在 SPSS 中进行如下操作：

(1) 单击 Analyze—Multiple Response Crosstabs。

(2) 将需要分析的变量 age 选入行变量栏，并定义取值范围。由于 age 变量为三分变量，1 表示"35 岁以下"，2 表示"36～44 岁"，3 表示"45 岁以上"，因此定义取值范围最大值为 3，最小值为 1，如图 4-22 所示。

(3) 将复选题集变量 $ a1 选入列变量栏，单击 Options，如图 4-23 所示勾选。

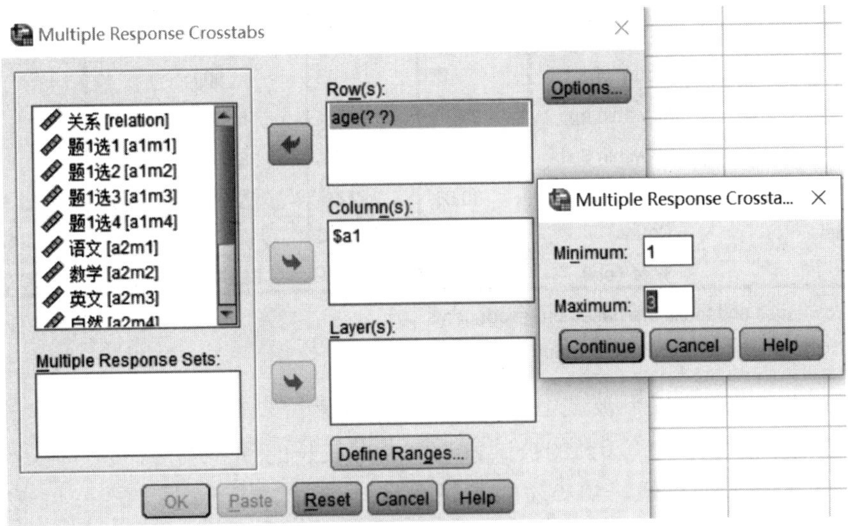

图 4-22　复选题列联表分析步骤 1

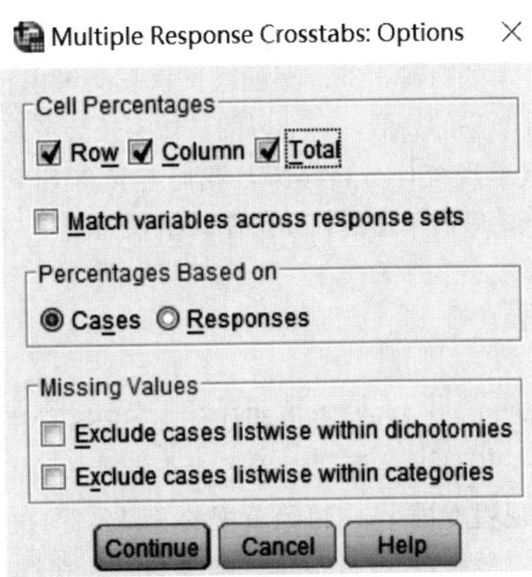

图 4-23　复选题列联表分析步骤 2

依次单击 Continue 和 OK，提交运行。输出结果如下：

age*$a1 Crosstabulation

			第一题[a]				Total
			题1选1	题1选2	题1选3	题1选4	
年龄	35岁以下	Count	30	27	30	18	45
		% within age	66.7%	60.0%	66.7%	40.0%	
		% within $a1	37.0%	40.9%	38.5%	35.3%	
		% of Total	25.0%	22.5%	25.0%	15.0%	37.5%
	36-44岁	Count	15	24	18	15	36
		% within age	41.7%	66.7%	50.0%	41.7%	
		% within $a1	18.5%	36.4%	23.1%	29.4%	
		% of Total	12.5%	20.0%	15.0%	12.5%	30.0%
	45岁以上	Count	36	15	30	18	39
		% within age	92.3%	38.5%	76.9%	46.2%	
		% within $a1	44.4%	22.7%	38.5%	35.3%	
		% of Total	30.0%	12.5%	25.0%	15.0%	32.5%
Total		Count	81	66	78	51	120
		% of Total	67.5%	55.0%	65.0%	42.5%	100.0%

Percentages and totals are based on respondents.

a. Dichotomy group tabulated at value 1.

由上表可知，35 岁以下被试中，66.7%的被试家长未来在选择孩子就读的中学时，会考虑学校办学的口碑，60.0%的被试家长会考虑校长的领导风格，66.7%的被试家长会考虑学校升学率的高低，40.0%的被试家长会考虑交通问题。36～44 岁被试中，41.7%的被试家长未来在选择孩子就读的中学时，会考虑学校办学的口碑，66.7%的被试家长会考虑校长的领导风格，50.0%的被试家长会考虑学校升学率的高低，41.7%的被试家长会考虑交通问题。45 岁以上的被试中，92.3%的被试家长未来在选择孩子就读的中学时，会考虑学校办学的口碑，38.5%的被试家长会考虑校长的领导风格，76.9%的被试家长会考虑学校升学率的高低，46.2%的被试家长会考虑交通问题。

若要以条形图的形式呈现统计分析结果，我们首先将 SPSS 输出结果复制到 Excel 中，然后，建立数据表格，最后单击插入条形图，结果如图 4－24 所示。

三、排序题的描述统计

我们仍使用数据文件“4－2.sav”来说明如何在 SPSS 中进行排序题的描述统计分析。数据文件“4－2.sav”中涉及一题“对于子女小学高年级的学习科目，您重视的重要性次序为何？（请按重视程度排序，1—最重视的学科，2—次重视的学科，3—第三重视的学科，4—第四重视的学科，5—最不重视的学科）”。在数据文件“4－2.sav”中，a2m1 为“语文”变量，a2m2 为“数学”变量，a2m3 为“英文”变量，a2m4 为“自然”变量，a2m5 为“社会”变量，它们均为分类变量，1 表示最受重视的学科，2 表示次受

	学校办学口碑	校长领导风格	学校升学率	交通因素
35岁以下	66.70%	60.00%	66.70%	40.00%
36～44岁	41.70%	66.70%	50.00%	41.70%
45岁以上	92.30%	38.50%	76.90%	46.20%

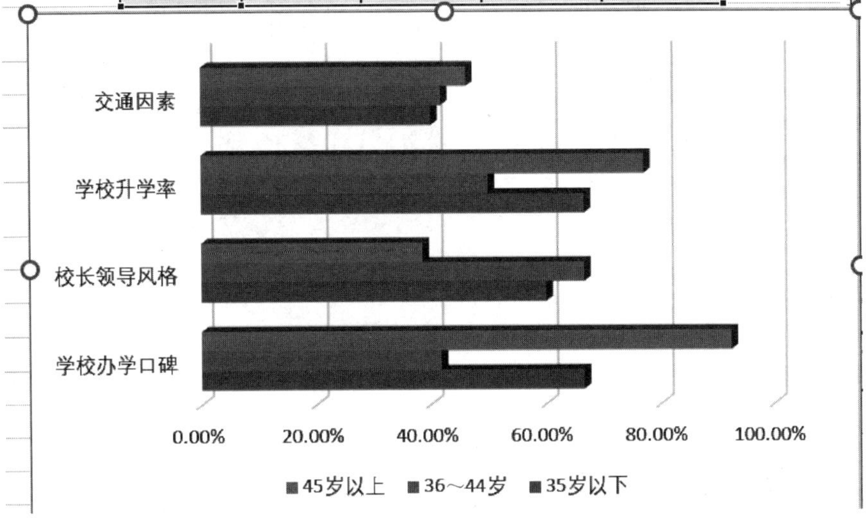

图 4-24　复选题列联表分析结果作图

重视的学科，3 表示第三受重视的学科，4 表示第四受重视的学科，5 表示最不受重视的学科。若要了解全体样本“对于子女小学高年级的学习科目重视的重要性次序”情况并用柱形图表示，我们需要进行如下操作：

（1）读取数据文件“4-2. sav”。

（2）按 Analyze—Descriptive Statistics—Descriptives 顺序逐一单击鼠标左键，打开 Descriptives 主对话框。

（3）将科目变量选入 Variable（s）列表框中，并单击 Options，选中均值、标准差等描述性统计量，可以得到如下输出结果：

Descriptive Statistics

	N	Minimum	Maximum	Mean	Std. Deviation
语文	120	1	5	2.38	1.323
数学	120	1	4	2.17	.999
英文	120	1	5	2.78	1.161
自然	120	1	5	3.33	1.191
社会	120	1	5	4.33	1.239
Valid N (listwise)	120				

若要以柱形图的形式呈现统计分析结果，我们首先将 SPSS 输出结果复制到 Excel 中，然后，根据均值统计量建立数据表格，最后单击插入柱形图作图，结果如图 4-25 所示。

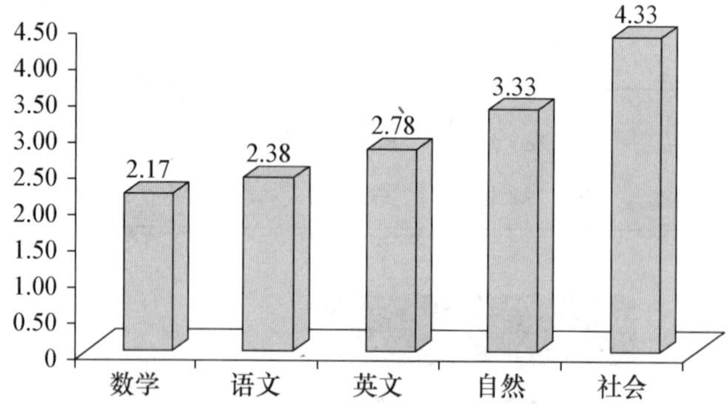

图 4-25　不同学科重要程度排序结果

四、量表题的描述统计

量表题的统计分析主要包括量表层面的加总、量表层面单题平均分、量表的描述统计等内容。

（一）量表层面的加总

我们以数据文件“4-3. sav”为例，来说明如何在 SPSS 中进行量表题的描述统计分析。该数据反映教师工作满意度水平，将“教师工作满意度”分为对领导与管理的满意度、对学校发展环境的满意度、对付出-回报合理性的满意度、对自我实现的满意度和对人际关系满意度五个维度。“对领导与管理的满意度”维度包含 b1 至 b5 变量 5 个题项，若我们对“对领导与管理的满意度”维度所包含的变量进行加总，需要进行如下操作：

（1）读取数据文件“4-3. sav”。

（2）单击 Transform—Compute Variable。

（3）在 Compute Variable 对话框中输入加总变量名称（factor1）及计算公式（SUM（b1 to b5）或 b1＋b2＋b3＋b4＋b5），如图 4-26 所示。

（二）量表层面单题平均分

我们仍以数据文件“4-3. sav”为例，若要对“对领导与管理的满意度”维度计算单题平均分，需要进行如下操作：

（1）读取数据文件“4-3. sav”。

（2）单击 Transform—Compute Variable。

（3）在 Compute Variable 对话框中输入单题平均分变量名称（ave1）及计算公式（factor1/5）。

（三）量表的描述统计

我们仍以数据文件“4-3. sav”为例，若要对量表“对领导与管理的满意度”维度进行描述统计即对新生成的维度总分（factor1）和维度的单题平均分（ave1）进行描述，

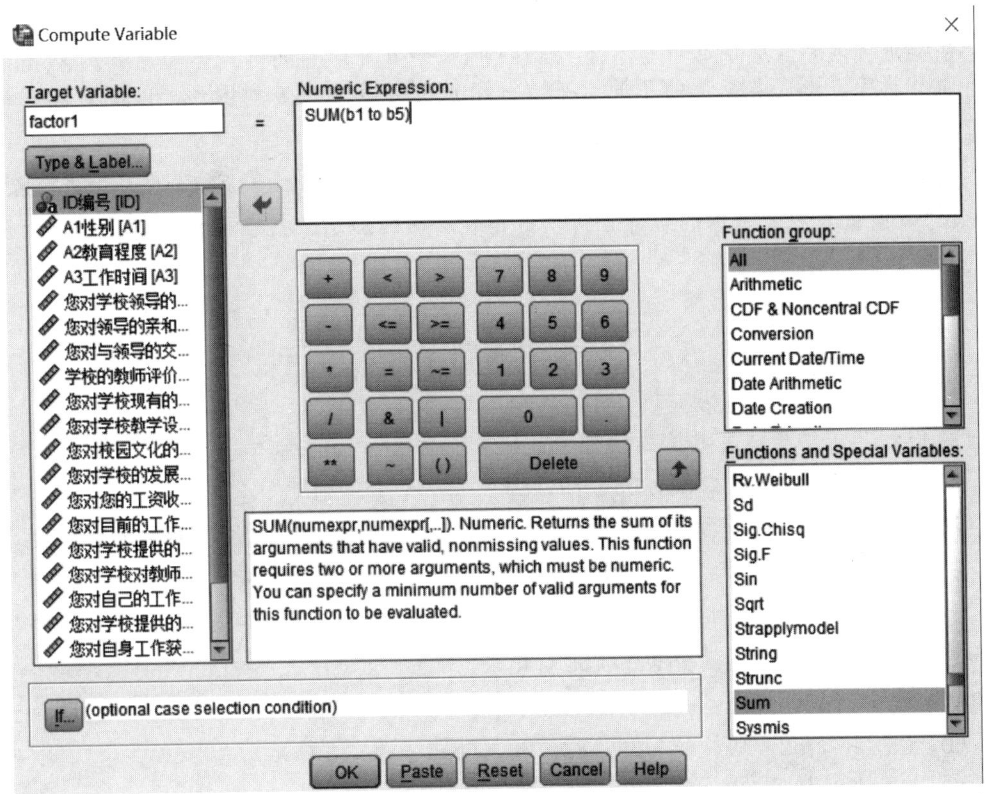

图 4-26 量表某维度所含变量加总

需要进行如下操作：

(1) 读取数据文件“4-3. sav”。

(2) 单击 Analyze—Descriptive Statistics—Descriptives。

(3) 将新变量选入 Variable (s) 列表框中，得最终描述统计结果如下：

Descriptive Statistics

	N	Minimum	Maximum	Mean	Std. Deviation
factor1	55	9.00	22.00	14.1818	3.36150
ave1	55	1.80	4.40	2.8364	.67230
Valid N (listwise)	55				

本章小结

描述统计是通过图表或统计量对数据进行整理、分析，以对数据分布形态、数字特征和随机变量之间的关系进行估计和描述的方法。一般来说，描述统计包括集中趋势分析、离散趋势分析和相关分析三部分。

对所收集的大量观测数据计算平均数、中位数、众数等，以这些参数（或统计量）来反映观测数据的集中趋势，这些参数（或统计量）被称为集中量数。

全距、半四分位距、标准差和方差等都是描述变量取值的离散程度的参数（或统计量），被称为差异量数。

在问卷或量表的数据分析方案中，我们常常采用统计表或统计图的方式对数据按组进行归类整理，形成各变量的不同水平（分组）的频数分布表和图形，以便对各变量的数据特征和分布状况有一个概括的认识。

使用统计图进行数据表示时，要避免出现无相对基准、纵轴无零点或刻度不恰当等错误。

SPSS 中量表题最基本的统计分析包括量表层面的加总、量表层面单题平均分以及量表的描述统计。

思考题

1. 假如某班学生体育测试成绩如下：

83，50，87，79，83，88，65，79，83

试用平均数、中位数、众数分别描述数学成绩的集中趋势，用全距、四分位距、方差、标准差分别描述数学成绩的离散程度。

2. 利用 SPSS 软件，将下列两种数据分别制成频数分布表，并绘制条形图，给出它们的四分位数的值，对成绩分布情况进行比较。

甲班学生的数学成绩：

60，63，96，52，59，45，32，82，68，68，
62，70，76，91，72，86，77，69，88，86，
95，71，75，72，57，75，84，90，53，40，
47，87，97，71，75，82，87，64，74，81

乙班学生的数学成绩：

48，61，78，39，40，60，72，65，43，76，
52，50，54，55，64，99，67，63，74，67，
75，85，78，96，66，44，88，82，58，95，
67，77，89，56，73，62，88，63，50，91

3. 使用数据文件“exe4－1. sav”，给出教师性别变量与年龄变量的列联表，并用柱形图表示［要求：数字小数点后保留 2 位，带有百分号（%）］。

4. 使用数据文件“exe4－1. sav”，“教师学校认同感”维度包含 a1 至 a6 共 6 个题项，求出“教师学校认同感”维度总分和单题平均分，并进行描述统计分析。

第五章
概率与概率分布

本章提要

在前面的章节我们介绍的是数据的描述统计，它是利用统计图或统计表以及一些描述统计量对变量或观测到的数据的分布特征给予概括性的描述。针对教育调查和测评，我们虽然希望了解总体情况，但我们极少能够对某一总体中的每个样本都进行调查或测评。例如，我们不太可能对全国中学生逐一进行调查或测评，这就需要我们根据从总体中随机抽取的样本提供的信息对总体进行统计推断。为了给后面各章统计推断内容的学习奠定基础，本章将简要介绍概率的基本理论以及二项分布和正态分布等常见的概率分布。通过本章的学习，我们希望读者可以理解随机事件、概率、概率分布的含义并且能够运用概率的加法和乘法定理计算随机事件的概率。与此同时，希望读者能够掌握二项分布、正态分布的分布特征，而且能够应用正态分布的性质解决教育实践中的具体问题。

第一节　概率

一、随机现象与随机事件

（一）什么是随机现象

在自然界和人类社会中，存在着两种不同类型的现象，即确定性现象和随机现象。在一定条件下，事先可以断言必然会发生某种结果的现象，叫作确定性现象。确定性现象又分两种情况：一是在一定条件下必然会发生的现象，简称必然现象。例如“在一个标准大气压下，纯水加热到 100℃，必然会沸腾”为必然现象。二是在一定条件下必然不会发生的现象，简称不可能现象。例如“同性的电互相吸引，异性的电互相排斥”即为不可能现象。而在一定条件下，事先不能断言会出现哪种结果的现象，叫作随机现象[①]。例

① 此处对于随机现象的界定不是严格意义上的定义。确切地说，此处的描述是指不确定现象，即在特定条件下，不能预知结果的现象。严谨的定义需要结合随机试验的定义，即随机现象是指在特定条件下，不能事先预知结果，但所有可能结果都具有频率稳定性的现象。

如，向空中抛一枚质地均匀的硬币，结果可能是正面朝上，也可能是反面朝上。

简单来说，随机现象具有以下特点：(1) 随机现象的可能结果至少有两个；(2) 事先并不知道会出现哪一个可能结果。在教育领域，随机现象是非常普遍的。例如，某学校的升学率；某大学生参加英语六级考试，他可能通过此次考试，也可能通不过。这些随机现象的结果往往以数量的形式表现出来。例如，学生成绩一般可以用0～100分之间的数值来表示，升学率用百分数来表示，等等。

（二）什么是随机试验

我们把对随机现象的一次观察叫作一次随机试验。就一次试验而言，我们看不出其结果的出现有什么规律。但是，如果“大数次”地重复这种试验，其结果又遵循某种规律，这种规律称为“统计规律”。这种随机试验所代表的现象为随机现象。因此，随机试验是研究随机现象的手段，它反映了随机现象的两个显著特点：

(1) 一次试验之前，不能预知会发生哪一种结果，这说明随机现象具有偶然性。

(2) 在相同条件下，进行“大数次”的重复试验，试验结果会呈现某些统计规律，这说明随机现象具有规律性。例如，对“向空中抛一枚质地均匀的硬币”这一随机现象进行观察，在1.2万次的重复试验中发现正面朝上的有6 019次；在2.4万次的重复试验中，正面朝上发生12 012次，这些数据说明对该随机现象进行“大数次”的重复试验，结果将会呈现一个内在规律：“正面朝上”和“反面朝上”几乎各占一半。

（三）什么是随机事件

随机试验的各种可能的结果，我们称为随机事件，简称事件。我们通常用英文大写字母来表示事件。就抛掷一枚质地均匀的硬币这一随机现象来说，“正面朝上”是一个事件A，“反面朝上”是另一个事件B。随机事件在每次试验中发生与否是随机的，那么是否有规律可循呢？能否确切地知道它在一定条件下发生的可能性呢？这就要我们做具体的分析。就个别试验和观察而言，某种事件出现与否好像是偶然的，难以看出其中的规律，但是如果进行多次试验和观察，事件的出现情况就能呈现出一定的规律性，这种规律性就是频率的稳定性。那么什么是频率？它与概率有何关系？

二、概率的定义

（一）什么是频率

为了找到某事件A发生的规律性，我们需要在N次重复试验中统计出事件A发生的次数n，并计算出n与试验总次数N的比值，这个比值称为事件A发生的频率，记作$F_N(A)$。

$$F_N(A)=\frac{n}{N} \tag{5.1}$$

现在我们用抛一枚质地均匀的硬币落下后哪面朝上的大数次试验，来表明一个随机现象所包含的每一个随机事件的频率各自向一个定值逼近的过程，即可看出随机事件发生所呈现的统计规律性。表 5-1 给出的是试验结果。

表 5-1 抛硬币的大数次试验所呈现的频率向定值逼近的情况

F_N事件	次数 n 与频率	试验次数					频率所逼近的定值
		10 000	20 000	30 000	40 000	50 000	
正面朝上	n	4 875	9 922	14 941	19 934	24 946	0.500 0
	F_N	0.487 5	0.496 1	0.498 0	0.498 4	0.498 9	
反面朝上	n	5 125	10 078	15 059	20 066	25 054	0.500 0
	F_N	0.512 5	0.503 9	0.502 0	0.501 6	0.501 1	

从表 5-1 可以看出，随着试验次数的增加，硬币落下后“正面朝上”和“反面朝上”这两个事件的频率都向着定值 0.500 0 逼近。表 5-1 反映的逼近过程是稳定的，这与试验次数的起点较高、跨度较大（都是 10 000 次）有关。通常在试验中，事件的频率会时升时降，时而在 0.500 0 之下，时而在 0.500 0 之上；虽然如此，总的趋势仍然是：当试验次数越来越大时，这两个频率都会越来越逼近定值 0.500 0，即这两个频率会越来越稳定在一个确定的数值 0.500 0 附近。通常我们把这种规律性说成频率具有稳定性。

（二）什么是概率

频率的稳定性说明随机事件发生的可能性的大小是由随机事件本身决定的，并且是客观存在的一种属性，因此可以对其进行度量。我们将随机事件 A 发生的可能性大小称作随机事件 A 发生的概率，记作 $P(A)$。

下面介绍概率的两种操作性定义，一种是概率的统计定义，另一种是概率的古典定义。

1. 概率的统计定义

概率的统计定义与频率是密切相关的，若随机试验满足以下条件：

(1) 每次试验中某一事件发生的可能性不变；

(2) 试验能大量重复，且每次试验相互独立。

此时，事件 A 发生的概率就是事件 A 发生的频率的稳定值。

因此，在 N 次重复试验中，当 N 无限增大时，事件 A 发生的频率 n/N 稳定在一个确定的常数附近，我们就用这个常数来表示事件 A 发生的概率，记作 $P(A)$。

$$P(A)=\lim_{N\to\infty}\frac{n}{N} \tag{5.2}$$

这样，对于任何一个随机事件 A，就都有一个跟它对应的发生概率 $P(A)$。例如，在抛硬币的试验中，随着试验次数的无限增加，事件 A（“出现正面”）发生的频率越来越稳定在 0.5，我们称事件 A 发生的概率为 0.5，记作 $P(A)=0.5$。但是，我们不可能对每一个随机事件都做大数次试验来求得我们需要的概率，因此，我们通常不是靠大数次试验所得的结果来确定事件发生的概率，而是依靠概率论与数理统计提供的有关概率的理论和计算公式来解决事件发生的概率的计算问题，即使用概率的古典定义来计算事件发生的概率。

2. 概率的古典定义

概率的古典定义要求随机试验满足以下两个条件：

（1）每次试验中所可能出现的结果的个数是有限的。这些可能的结果叫作基本事件。

（2）每次试验中每个基本事件出现的可能性是相等的。

那么，若某项试验的所有可能结果有有限个，设共有 n 个，并且这些结果的出现具有等可能性，如果这些结果中的 m 个出现将导致事件 A 发生，则事件 A 的概率为：

$$P(A)=\frac{m}{n} \tag{5.3}$$

事实上，m 是事件 A 包含的基本事件数，n 为试验所包含的基本事件总数。例如抛硬币这个随机试验，其基本事件只有两个——$A=$“正面朝上”，$B=$“反面朝上”，而且这两个事件出现的可能性相等，所以抛硬币时出现事件 A 的概率为：

$$P(A)=\frac{1}{2}=0.5$$

这个数值与进行大数次试验时频率所稳定逼近的数值是相同的，但是它消除了频率所无法摆脱的偶然因素的影响，因而用它来表示随机事件 A 发生的可能性大小比用频率来表示更为适宜。但是这种计算方法只能在事先就已经知道有关事件出现的事实，且对应的随机试验满足上述两个条件的情况下使用。

例 5-1 某学生现在要从教师准备好的三道试题中随机抽出两题，那么他恰好抽到第一题和第二题的概率是多少呢？

解： 在此题中，学生从三道题中任选两题有三种可能的结果：第一题和第二题，第一题和第三题，第二题和第三题。所以，基本事件数 $n=3$。这三种不同结果两两互不相容且出现具有等可能性。如果用 A 表示事件“恰好抽到第一题和第二题”，则 A 只包含前述三个结果中的一个。因此，$m=1$。于是，事件 A 发生的概率为：$P(A)=\frac{m}{n}=\frac{1}{3}$。

例 5-2 一个盒子中有 10 个球，分别标有 1，2，…，10，现在要求随机地取出一个球，那么抽出的球的号码为偶数的概率是多少呢？

解： 我们用 A 表示“抽到偶数球”这一事件。基本事件数 n 为 10，事件 A 包含的基本事件的个数 m 为 5（抽到 2，4，6，8，10 号球），所以抽到偶数球的概率为：$P(A)=\frac{m}{n}=\frac{5}{10}=\frac{1}{2}$。

三、概率的性质

无论按照统计定义还是古典定义，概率都具有以下基本性质：

（1）非负性：$P(A)\geqslant 0$。

（2）正规性：必然事件 Ω 发生的概率为：$P(\Omega)=1$。

（3）事件 A 的逆事件 $\bar{A}$（“A 不发生”这一事件）发生的概率为：$P(\bar{A})=1-P(A)$。

例 5-3 在四选一的多项选择题中，每题有 4 个备选的答案，即 $n=4$，但只有 1 个是正确答案，即 $m=1$，如果一个答题者不具备答此题的知识，他完全凭随机猜测，那么他回答正确的概率 $P(A)=\frac{1}{4}$，回答错误（逆事件 $\overline{A}$ 发生）的概率 $P(\overline{A})=1-P(A)=\frac{3}{4}$。

四、概率的加法和乘法定理

（一）加法定理

设 A_1，A_2，…，A_n是 n 个互不相容的事件，即它们中任何两个都不可能同时发生。则"A_1，A_2，…，A_n中至少有一个发生"这个事件的概率是这 n 个互不相容事件的概率之和，即

$$P(A_1+A_2+\cdots+A_n)=P(A_1)+P(A_2)+\cdots+P(A_n) \tag{5.4}$$

其中，$A_1+A_2+\cdots+A_n$表示"A_1，A_2，…，A_n中至少有一个发生"这一事件。

例 5-4 一个盒子中有红球 6 个、黑球 4 个、白球 5 个，那么任意摸得一个黑球或白球的概率是多少？

解：假设"摸出一个黑球"的事件为 A，"摸出一个白球"的事件为 B，事件 A 和事件 B 是互不相容的。由于盒中共有 15 个球，所以：

$$P(A)=\frac{4}{15}$$

$$P(B)=\frac{5}{15}=\frac{1}{3}$$

根据加法定理，有

$$P(A+B)=P(A)+P(B)=\frac{4}{15}+\frac{1}{3}=\frac{9}{15}=\frac{3}{5}$$

即任意摸得一个黑球或白球的概率是 3/5。

（二）乘法定理

设 A_1，A_2，…，A_n是 n 个相互独立的事件，即它们中任何一个事件是否发生都不会影响其他事件的发生，则"n 个相互独立的事件同时发生"这一事件的概率是 n 个相互独立事件的概率之积，即

$$P(A_1A_2\cdots A_n)=P(A_1)\ P(A_2)\ \cdots P(A_n) \tag{5.5}$$

其中，$A_1A_2\cdots A_n$表示"n 个相互独立的事件同时发生"这一事件。

例 5-5 某年级举行数学竞赛，其中有 10 道四选一的单项选择题，若一考生全凭随机猜测，那么他将这 10 道题全猜对的概率有多大？至少猜对 1 道题的概率又有多大？

解：设 A_i 表示"该生猜对第 i 题"这一事件，$\overline{A_i}$ 表示"该生猜错第 i 题"这一事件，$i=1$，2，…，10，显然，这 10 个事件相互独立。

$$P(A_i)=\frac{1}{4}=0.25$$

$$P(\overline{A_i})=\frac{3}{4}=0.75$$

根据乘法定理，有

$$P(A_1A_2\cdots A_{10}) = P(A_1)\ P(A_2)\ \cdots P(A_{10})$$

10 道题全猜对的概率为：$[P(A_i)]^{10}=(0.25)^{10}=0.000\ 000\ 95$[①]

至少猜对 1 道题的概率为：$1-[P(\overline{A}_i)]^{10}=1-(0.75)^{10}=0.943\ 7$

五、随机变量及其概率分布

随机现象的结果（随机事件）通常可以用数值来表示，表示随机现象各种结果的变量，我们称为随机变量，即随机变量是随机事件的数量化表示。随机变量每取一个数值，就表示一个随机事件，变量取不同的数值就表示不同的事件。例如，某班有男女生各若干名，如果从班上随机抽取 1 人，则抽得学生的性别是一个随机现象，结果可能是男，也可能是女。如果我们用 1 表示“男”，0 表示“女”，则这两个事件（“抽得一名男生”和“抽得一名女生”）便各有一个数值与之对应。实际上我们就引入了一个变量，它与我们考察的随机现象相对应，它可能取的各个值则与这个随机现象中可能出现的各个事件相对应。因此，这个变量的取值是随机的，而且无论它所取的值是取值区域内的哪一个，都有确定的概率，因为随机事件是有概率的。

随机变量按其取值是否连续，可以分为连续型随机变量和非连续型随机变量。在非连续型随机变量中，如果它的取值可以按一定次序一一列举出来，则称为离散型随机变量。例如，从 10 人中抽出 2 人参加数学竞赛，抽取的结果按性别分共有三个，如果用上述方法加以量化，即用 0 表示“抽到 2 个女生”，用 1 表示“抽到 2 个男生”，用 2 表示“抽到 1 男 1 女”，则变量可能取的值为 0，1 与 2，我们当然可以将它们一一列举出来。因此，抽出 2 人的性别变量是离散型变量。

对离散型随机变量 X，如果我们把它们可能取的每一个值 x_i 和与之对应的概率 $P(X=x_i)=p_i$ 列入表 5-2 中，则能够全面地展示离散型随机变量 X 的概率分布，从而掌握它的取值规律。

表 5-2 离散型随机变量的概率分布

X	x_1	x_2	…	x_i	…
P	p_1	p_2	…	p_i	…

连续型随机变量可取的值是充满整个取值区间的。它的每两个可取值之间都可以插入另外一个可取值，因而无法一一列举出来。即使这个区间很小，其可取的值也有无限多个。正因为连续型变量取值个数进入无限领域，所以它取单个数值的概率是 0。因此，人们研究连续型随机变量的概率分布时，所考察的都是它在一个区间上取值的概率。连续型随机变量在区间 $[x_1, x_2]$ 中取值的概率用 $P(x_1\leqslant x\leqslant x_2)$ 表示，其分布规律由密度函数决定，参见下式：

① 为方便起见，本书的计算结果四舍五入后直接用等号表示。

$$P(x_1 \leqslant x \leqslant x_2) = \int_{x_1}^{x_2} f(x)\mathrm{d}x \tag{5.6}$$

随机变量概率分布的类型很多，下面两节我们将主要介绍二项分布与正态分布。

第二节　二项分布

一、什么是二项分布

二项分布是一种离散型随机变量的概率分布，在实际中有着广泛的应用。它适用于 n 次独立试验即伯努利（Bernoulli）概型问题，伯努利概型具有以下特点：

（1）n 次试验是相互独立的（所谓相互独立，是指各次试验的结果彼此间没有什么影响）。

（2）每次试验都是在相同的条件下进行的，并且只有两个结果 A 和 $\overline{A}$：

$$P(A) = p$$

$$P(\overline{A}) = 1 - p = q$$

那么，如果用 k 表示随机变量 X 在 n 次独立试验中事件 A 发生的次数，则有

$$P(X=k) = C_n^k p^k q^{n-k}, p>0,\ q=1-p,\ k=0,\ 1,\ 2,\ \cdots,\ n \tag{5.7}$$

称 X 服从二项分布。

例 5－6　现有 10 道是非题，若一考生完全不懂，全凭猜测作答，问：答对 6 道题、8 道题的概率各为多少？至少猜对 1 道题的概率又是多少？

解：把考生回答一道题看作一次试验，则回答 10 道题是 10 次相互独立的试验，每次试验只有两个结果，记答对的概率为 p，答错的概率为 q，则 $p=q=1/2=0.5$。

用随机变量 X 表示 10 次试验中答对的题数，由式（5.7）得

猜对 6 道题的概率为：

$$P(X=6) = C_{10}^6 \times 0.5^6 \times 0.5^4 = 0.205\ 1$$

猜对 8 道题的概率为：

$$P(X=8) = C_{10}^8 \times 0.5^8 \times 0.5^2 = 0.043\ 9$$

至少猜对 1 道题的概率为：

$$\begin{aligned} P(\text{至少猜对 1 道题}) &= 1 - P(\text{10 道题全答错}) = 1 - P(X=0) \\ &= 1 - C_{10}^0 \times 0.5^0 \times 0.5^{10} = 0.999\ 0 \end{aligned}$$

可见，虽然他猜对 6 道题、8 道题的概率较小，但他至少猜对 1 道题的概率很大。

二、二项分布的均值、方差、标准差及应用

可以证明，二项分布的均值 μ、方差 σ^2 和标准差 σ 分别为：

$$\mu = np \tag{5.8}$$

$$\sigma^2 = npq \tag{5.9}$$

$$\sigma = \sqrt{npq} \tag{5.10}$$

在前面的章节我们介绍过，均值、方差和标准差都是随机变量分布的数字特征，均值反映了变量取值的集中程度，方差和标准差则反映了变量取值的离散程度。例如：

当 $n=5$，$p=0.5$ 时，$\mu=2.5$，$\sigma^2=1.25$，$\sigma=1.12$。

当 $n=10$，$p=0.25$ 时，$\mu=2.5$，$\sigma^2=1.875$，$\sigma=1.37$。

当 $n=20$，$p=0.125$ 时，$\mu=2.5$，$\sigma^2=2.188$，$\sigma=1.48$。

由上述情况我们可以知道，当概率 p 变化时，二项分布的均值相同，表明分布的集中位置一致；但方差、标准差都随着 p 值的减小而越来越大，说明分布的离散程度越来越大。从理论上可以证明，当 n 趋于无限大时，正态分布是二项分布的极限。

二项分布密度函数除了用来求独立试验中某事件恰好出现 X 次的概率之外，在教育和心理实验中主要用来判断和估计试验结果的概率。

例 5-7 一个学生做 10 道是非题，若全凭猜测，平均就可以猜对 5 道题（$\mu=np=10\times1/2=5$）。假如规定做对 60%以上的题目才算掌握了测验的有关知识，那么，如果学生全凭猜测答题，有多大比例的学生可以达到此要求呢？

解： $P(X>6)=P(X=7)+P(X=8)+P(X=9)+P(X=10)=1-0.828=0.172$

由此知，约有 17.2%的学生凭猜测可以答对 6 题以上。

第三节 正态分布

正态分布是连续型随机变量分布中最重要也是最常见的一种分布。例如，在人数较多的群体中，测量身高、体重、智力水平、学习成绩等得到的数值，其分布都近似于正态分布。一般来说，只要随机变量取值的结果是由多种因素决定的，而且这些因素基本上相互独立，我们得到的数据的分布就近似于正态分布。

考察一组数据是否服从正态分布，也可以通过测量我们在“描述统计”章节提到的这组数据的偏度和峰度指标来进行，这两项指标在 SPSS 软件中的描述性统计分析的频率分析模块 Statistics 中可以找到。

一、正态分布的特征

正态分布的密度函数为：

$$f(x)=\frac{1}{\sqrt{2\pi}\sigma}e^{-\frac{(x-\mu)^2}{2\sigma^2}}，\sigma>0，-\infty<x<+\infty \tag{5.11}$$

其中，μ 和 σ^2 分别为正态分布的均值和方差，我们将该分布记作 $x\sim N(\mu, \sigma^2)$。当 $\mu=0$，$\sigma^2=1$ 时，正态分布的密度为 $f(x)=\frac{1}{\sqrt{2\pi}}e^{-\frac{x^2}{2}}$。此时，我们称随机变量 x 服从标准正态分布，记作 $x\sim N(0, 1)$。从正态分布的密度 $f(x)$ 曲线（如图 5-1 所示）可以看出它具有以下特征：

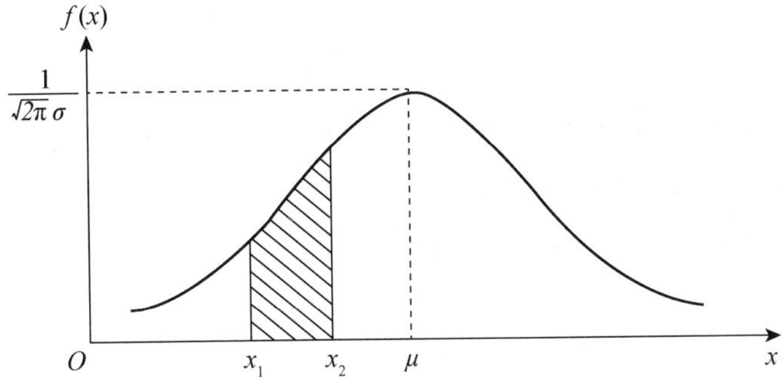

图 5-1 正态分布 N（μ，σ²）的密度函数曲线

（1）曲线呈钟形，且位于 x 轴的上方。

（2）以直线 $x=\mu$ 为对称轴，向左、右无限延伸，且以 x 轴为渐近线，即当 $x\to\pm\infty$ 时，$f(x)\to 0$，但曲线始终不与 x 轴相交。

（3）当 $x=\mu$ 时，曲线处于最高点，即当 $x=\mu$ 时，$f(\mu)=\dfrac{1}{\sqrt{2\pi}\sigma}$ 为最大值；曲线呈现“中间高，两边低”的形状。

（4）正态曲线与 x 轴之间的面积等于 1，而且曲线 $f(x)$ 与两直线 $x=x_1$，$x=x_2$（$x_1<x_2$）及 x 轴所围成的面积等于随机变量 x 落入区间（x_1，x_2）的概率，即概率 $P(x_1<x<x_2)$ 为图 5-1 中阴影部分的面积。

（5）正态分布 $N(\mu,\sigma^2)$ 是由均值 μ 和标准差 σ 唯一决定的分布。当均值 μ 和标准差 σ 不同时，正态曲线呈现的位置和形状也就不同。均值 μ 决定曲线的位置；标准差决定曲线的形状，σ 越大，曲线越“矮胖”（取值越分散），σ 越小，曲线越“高瘦”（取值越集中于 μ 的附近），如图 5-2、图 5-3 所示。

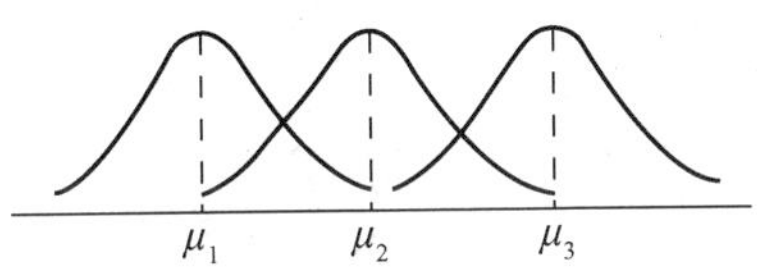

图 5-2 标准差相同，均值不同，正态曲线位置不同

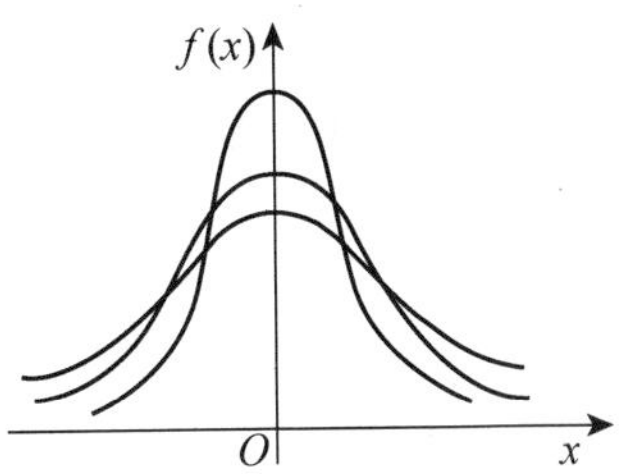

图 5-3 均值为 0，标准差不同，正态曲线形状比较

二、正态分布表的使用

可以证明，任何正态分布都可以转化为标准正态分布 $N(0,1)$。

若 $x \sim N(\mu, \sigma^2)$，令

$$Z=\frac{x-\mu}{\sigma} \tag{5.12}$$

则 $Z \sim N(0, 1)$。利用式（5.12）可将各种形状的正态曲线转换成图 5－4 所示的标准正态曲线。因为任何正态分布的概率问题均可以转化成标准正态分布的概率问题，所以为了应用上的方便，统计学家根据积分理论和方法编制了标准正态分布表（见附表 1），简称正态分布表。

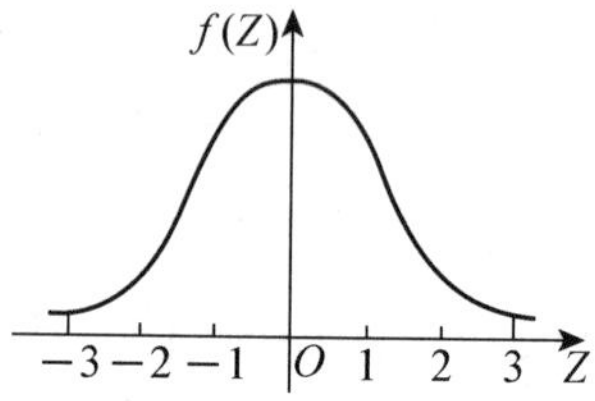

图 5－4　标准正态曲线

正态分布表包括以下三列：第一列表示曲线底线即横轴上的位置，用 Z 表示。对于正态分布 $x \sim N(\mu, \sigma^2)$ 而言，$Z=\frac{x-\mu}{\sigma}$。第二列是纵高 Y，即曲线的高度，是对应于某个 Z_0 值的纵高。Y 的值由 $Y=f(Z_0)=\frac{1}{\sqrt{2\pi}}e^{-\frac{Z_0^2}{2}}$ 计算。第三列是图 5－5 中阴影部分的面积，用 P 表示，即 $P(0<Z\leqslant Z_0)$。如 $Z_0=1$ 时，$P=0.341\,3$；$Z_0=2$ 时，$P=0.477\,3$；$Z_0=3$ 时，$P=0.498\,7$；等等。

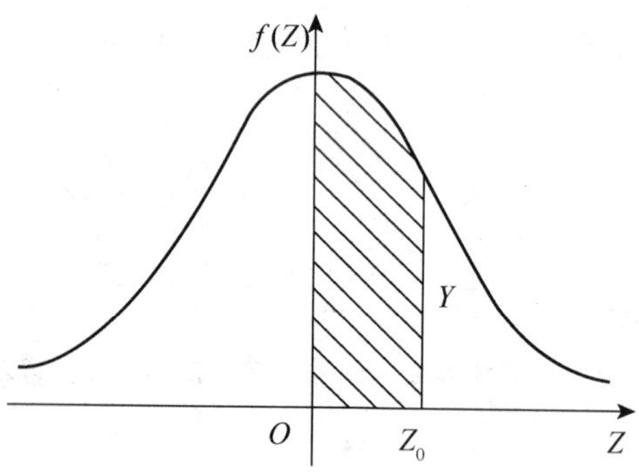

图 5－5　正态分布表中 Z，Y，P 的示意图

使用正态分布表时要注意以下两个问题：

（1）正态分布表只列出 $Z\geqslant 0$ 所对应的纵高和面积。当 $Z\leqslant 0$ 时，可根据正态曲线的对称性，在正态分布表中查出 $-Z$ 所对应的面积和纵高即可，即 $P(Z_0<Z\leqslant 0)=P(0<Z\leqslant -Z_0)$，例如 $P(-1<Z<0)=P(0<Z<1)$。

（2）对服从正态分布 $N(\mu, \sigma^2)$ 的变量 x，先进行变换 $Z=(x-\mu)/\sigma$ 转化为 Z 值后，才能查表。

下面举例说明如何使用正态分布表。

例 5－8　设 X 服从正态分布 $N(\mu, \sigma^2)$，求以下事件的概率：

(1) $P(\mu-\sigma<X\leqslant\mu+\sigma)$；

(2) $P(\mu-2\sigma<X\leqslant\mu+3\sigma)$；

(3) $P(\mu-2.79\sigma<X\leqslant\mu+2.79\sigma)$。

解： 首先将一般的正态分布转化为标准正态分布，即进行 $Z=(X-\mu)/\sigma$ 变换，之后，$Z\sim N(0,1)$；再查正态分布表进行计算。

(1)
$$\begin{aligned}P(\mu-\sigma<X\leqslant\mu+\sigma)&=P(-\sigma<X-\mu\leqslant\sigma)\\&=P(-1<\frac{X-\mu}{\sigma}\leqslant1)\\&=P(-1<Z\leqslant1)\\&=2P(0<Z\leqslant1)\\&=2\times0.3413\\&=0.6826\end{aligned}$$

(2)
$$\begin{aligned}P(\mu-2\sigma<X\leqslant\mu+3\sigma)&=P(-2\sigma<X-\mu\leqslant3\sigma)\\&=P(-2<\frac{X-\mu}{\sigma}\leqslant3)\\&=P(-2<Z\leqslant3)\\&=P(-2<Z\leqslant0)+P(0<Z\leqslant3)\\&=0.4773+0.4987\\&=0.9760\end{aligned}$$

(3)
$$\begin{aligned}P(\mu-2.79\sigma<X\leqslant\mu+2.79\sigma)&=P(-2.79<Z\leqslant2.79)\\&=2P(0<Z\leqslant2.79)\\&=0.9947\end{aligned}$$

例 5-9　$Z\sim N(0,1)$，已知下列概率，求对应的 Z_0 值。

(1) $P(0<Z\leqslant Z_0)=0.2581$；

(2) $P(-Z_0<Z\leqslant Z_0)=0.3652$；

(3) $P(Z\geqslant Z_0)=0.04$。

解： (1) 我们可以从正态分布表中第三列找出与概率 0.258 1 相近的值为 0.258 04，对应的 $Z_0\approx0.70$。

(2) 由对称性可知，$P(0<Z\leqslant Z_0)=1/2P(-Z_0<Z\leqslant Z_0)=0.3652/2=0.1826$，查表第三列得与之相近的数为 0.180 82，因而所对应的 $Z_0\approx0.47$。

(3) $P(0<Z\leqslant Z_0)=1/2-P(Z\geqslant Z_0)=0.5-0.04=0.46$，查表第三列 0.46 所对应的 $Z_0\approx1.75$。

三、正态分布在教育测验中的应用

正态分布在教育领域应用甚广，多数教育测量变量都是服从正态分布的，如学生成绩、教育经费指标、教师自我效能感得分等。下面我们仅介绍几种正态分布在教育测验中的应用。

（一）将原始分数转换成标准分数

在比较学生几门学科的成绩时，若将几门学科的原始分数相加求和，比较其总分，这是不科学、不合理的。这是因为可能由于各科试题的难易程度不同、评分标准不同、学生对各科知识掌握的情况不同等而出现某门学科的分数普遍偏高，另一门学科的分数普遍偏低的情况。这时，两门学科的分值不同，即同为 1 分，在分数偏高的学科中价值较低，在分数偏低的学科中价值较高。此时，不能对各门学科成绩进行简单的求和。若各科原始分数服从正态分布，则可将各科原始分数转换成标准分数，求其总和，再比较总分的大小。

标准分数，又称为 Z 分数，它以标准差为单位，反映了一个分数在团体中所处的位置。

若已知一个总体，则这个总体中的原始分数对应的标准分数用下式计算：

$$Z=\frac{x-\mu}{\sigma} \tag{5.13}$$

式中，Z 为标准分数，x 为原始分数，μ 为总体平均数，σ 为总体标准差。

若总体的 μ 和 σ 未知，我们通常用样本平均数和样本标准差来代替，即用如下公式计算标准分数：

$$Z=\frac{x-\overline{x}}{S} \tag{5.14}$$

式中，Z 为标准分数，x 为原始分数，$\overline{x}$ 为样本平均数，S 为样本标准差。

易证，标准分数 Z 的均值为 0，方差为 1。若 x 服从正态分布 $N(\mu,\ \sigma^2)$，则其标准分数 $Z=(x-\mu)/\sigma$ 服从标准正态分布，即 $Z\sim N(0,\ 1)$。

因而，我们可以通过由式（5.13）或式（5.14）所算得的标准分数在正态分布表（见附表 1）中找到它所对应的百分位数，这个百分位数就是原始分数在该总体中所处的具体位置。

例 5－10 设某年某省高考成绩服从平均分数为 500 分、标准差为 100 分的正态分布。若某考生的分数为 550 分，设当年高考录取率为 40%，那么该考生的成绩能否入围呢？

解： 首先，由式（5.13）我们可以得到该考生成绩的标准分数为：

$$Z=\frac{550-500}{100}=0.5$$

查正态分布表，当 $Z=0.5$ 时，$P=0.19$，则该生成绩的百分位数为 19%＋50%＝69%，这个百分位数是该生成绩在总体中所处的具体位置，即从低分到高分的排序中他处于 69%的位置，从高分到低分的排序中他处于 31%的位置，因高考录取是从高分至低分顺序录取的，故该生处于录取率 40%之内，因而该生的成绩入围，可以被录取。

例 5－11 已知某班期末考试中数学的平均分为 80 分，标准差为 20 分，物理的平均分为 75 分，标准差为 13 分，化学的平均分为 85 分，标准差为 10 分。其中某学生的三科成绩分别为数学 85 分，物理 80 分，化学 90 分，那么该生到底哪科成绩最好呢？

解： 由式（5.13）得该生数学成绩的标准分数为：

$$Z_1=\frac{85-80}{20}=0.25$$

由式（5.13）得该生物理成绩的标准分数为：

$$Z_2=\frac{80-75}{13}=0.385$$

由式（5.13）得该生化学成绩的标准分数为：

$$Z_3=\frac{90-85}{10}=0.5$$

显然，$Z_3>Z_2>Z_1$，所以，该生的化学成绩最好，物理成绩次之，数学成绩最差。而不是按原始分数排序得到的化学成绩最好，数学成绩次之，物理成绩最差。

由于不管各科目的原始分数的平均值和标准差的差异有多大，一经转换成标准分数就会变成平均值为 0、标准差为 1 的标准形式，因此，标准分数的大小和正负可以反映某一考生在所有考分中所处的地位。通过各科目中每一考分在各自科目中的地位来比较其优劣应该说是合理的。这一处理方法可以消除通常计算总分时由于各科题目的难易程度以及评分标准不同所带来的不合理成分。但是，标准分数常常带有多位小数和负数，不大符合人们表示分数的习惯。为了避免这些，通常我们将标准分数转化到新的量尺上表示分数。其转化公式为：

$$T=KZ+C \tag{5.15}$$

这是一种线性变换，故 T 分数仍为一种标准分数。T 分数的平均数为 C，标准差为 K。为了进行合理的转换，对系数 K 和常数 C 有以下要求：

（1）$K\geqslant\sigma$（这是为了防止转换后出现“高分受损，低分受益”的情况）；

（2）若 Z 的最小值为 -3（这常是指一般性的考试），$C\geqslant 3K$；若 Z 的最小值为 -4（这常是指大规模的考试），$C\geqslant 4K$。

因此，我们可根据上述要求选择合适的 K 和 C，并且要考虑到有利于计算和易为人们所接受。

（二）确定录取分数线

例 5-12　假设某省参加某年高考的人数为 50 000，计划录取的人数为 2 000，这次考试的平均分为 500 分，标准差为 100 分，那么录取分数线应定为多少分？

解： 针对此题，先设此次考试的成绩服从正态分布，即 $X\sim N(500,\ 100^2)$，令 $Z=(X-500)/100$，则 $Z\sim N(0,\ 1)$。计划录取人数的概率

$$P(Z\geqslant Z_0)=2\ 000/50\ 000=0.04$$

$$P(0<Z<Z_0)=0.5-P(Z\geqslant Z_0)=0.5-0.04=0.46$$

查正态分布表得，当 $Z=1.75$ 时，$P=0.459\ 94$，故可取近似值 1.75 作为 Z_0 的值。

故分数线应定为：

$$T_0=100Z_0+500=175+500=675\ (\text{分})$$

（三）计算在某分数线内的考生人数

例 5-13　假设某市某年有高考考生 35 000 人，平均成绩为 500 分，标准差为 100

分，那么成绩在 600 分以上、600 分到 700 分之间的考生各有多少人?

解：成绩变量 $x \sim N(500, 100^2)$，令 $Z=(x-500)/100$，则 $Z \sim N(0, 1)$。

（1）当 $x=600$ 时，$Z=(600-500)/100=1$，查正态分布表可得 $P=0.3413$。

$P(x>600)=0.5-0.3413=0.1587$

所以，600 分以上的考生有 $0.1587 \times 35000=5554.5 \approx 5554$（人）。

（2）当 $x=700$ 时，$Z=(700-500)/100=2$，查正态分布表可得 $P=0.4773$。

$P(600 \leqslant x<700)=0.4773-0.3413=0.1360$

所以，600 分至 700 分之间的考生有 $0.1360 \times 35000=4760$（人）。

本章小结

随机事件 A 发生的可能性大小称作随机事件 A 发生的概率，记作 $P(A)$。

概率的统计定义指的是，在 N 次重复试验中，当 N 无限增大时，事件 A 发生的频率 n/N 稳定在一个确定的常数附近，我们就用这个常数来表示事件 A 发生的概率。

概率的古典定义指的是，若某项试验的所有可能结果有有限个，设共有 n 个，并且这些结果的出现具有等可能性，如果这些结果中的 m 个出现将导致事件 A 发生，则事件 A 的概率 $P(A)=m/n$。

概率的加法定理：设 A_1，A_2，…，A_n是 n 个互不相容的事件，即它们中任何两个都不可能同时发生，则“A_1，A_2，…，A_n中至少有一个发生”这个事件的概率是这 n 个互不相容事件的概率之和，即

$$P(A_1+A_2+\cdots+A_n)=P(A_1)+P(A_2)+\cdots+P(A_n)$$

概率的乘法定理：设 A_1，A_2，…，A_n是 n 个相互独立的事件，即它们中任何一个事件是否发生都不会影响其他事件的发生，则“n 个相互独立的事件同时发生”这一事件的概率是 n 个相互独立事件的概率之积，即

$$P(A_1A_2\cdots A_n)=P(A_1)P(A_2)\cdots P(A_n)$$

概率分布可以刻画随机变量取值变化规律。二项分布是适用于伯努利概型的离散型随机变量的概率分布。如果 X 服从二项分布，用 k 表示随机变量 X 在 n 次独立试验中事件 A 发生的次数，则有

$$P(X=k)=C_n^k p^k q^{n-k},\ p>0,\ q=1-p,\ k=0, 1, 2, \cdots, n$$

正态分布是连续型随机变量分布中最重要也是最常见的一种分布，在教育领域应用甚广，如将原始分数转换成标准分数、确定录取分数线、计算在某分数线内的考生人数等。

思考题

1. 试叙述正态分布的特征。
2. 某考生参加英语四级考试，完全凭猜测作答 10 道四选一的单项选择题，问：他

猜对 5 题、7 题、9 题的概率各有多大？全猜对的概率又有多大？

3. 根据调查，儿童智商分布为 $N\ (100,\ 10^2)$，某幼儿园共有儿童 100 人，问：智商在 110～120 之间的儿童共有多少人？

4. 设有 200 人参加奥数竞赛，成绩近似服从正态分布，平均分为 67 分，标准差为 8.4 分，求下列各分数段内的人数：[60，70)，[70，80)，[80，90)，[90，100]。

5. 某地区进行公务员考试，考试成绩平均分是 350 分，标准差为 52 分，若此次考试录取率为 5%，试确定最低录取分数线。

第六章
抽样方法和抽样分布

本章提要

在教育实验或教育的科学研究中，我们通常没有必要甚至也不可能对研究对象的全体做调查研究，为了得到有代表性的能反映事物总体本质的、真实而可靠的数据，必须掌握行之有效的科学的调查方法，从而对实验或研究做出科学的推断和正确的结论。这就是说，我们先按照某种抽样方法从总体中抽取一部分样品，然后通过抽样得到的样本数据的信息去推断总体相应的特征或性质。本章将介绍简单随机抽样、等距抽样、分层抽样和整群抽样等抽样方法以及 χ^2 分布、t 分布和 F 分布等几种常见的抽样分布，最后介绍如何确定样本量。

第一节　抽样方法

为了实验或科学研究的需要，从总体中抽取一部分个体作为研究样本，并应用参数估计或假设检验等推断统计方法，对总体的特征或性质进行推断。这种推断结论的可靠性，一方面与实验或科学研究过程中无关变量的控制和数据处理的科学性有关，另一方面则与选取得到的样本的代表性有关。抽样方法选取得当，才能确保样本的代表性，从而最终保证推断结论的可靠性。下面介绍几种常用的抽样方法。

一、简单随机抽样

所谓简单随机抽样（simple random sampling），是指在抽样过程中，每一个个体都有同等的、相互独立的被选机会的抽样方法。

应当指出，随机抽样并不是随意或随便抽选就可以了，因为随意或随便抽选都难免带有主观或客观的影响因素。对这样抽选的样本，抽选者往往自以为是随机抽样，而实际上并不具有随机性。随机抽样具有严格控制的程序，需要我们遵循其方法步骤才能实现。常用的简单随机抽样方法有随机数字表法和抽签法，也可以借助 SPSS 等统计软件完成简单随机抽样。

（一）随机数字表法

随机数字表是根据随机化原则所制成的由随机数排列起来的数字表（附表 2）。表中 0～9 这 10 个数字在表中任一位置上出现的概率都是相等的。在使用此表时，可以任意选定一个起始位置，然后以此位置为起点向任意一个方向摘录数字，从而获得对应摘录数字的个体所组成的样本。我们举例来说明如何使用随机数字表。

例 6-1　假设某班有学生 50 人，为了抽查该班学生的视力达标情况，现需要抽取一个容量为 10 的样本。那么该样本要如何获得呢？

解：首先，我们可以将该班级的学生都编上号码 01，02，…，50，如果我们选定 10～14 列中的 06143 作为起点，沿竖方向往下数，并规定最后两位数字不超过 50 的则选取作为样本，就可得到如下编号的样本：43，02，25，07，42，09，03，26，27，09。

（二）抽签法

若采用抽签法抽样，首先应该将总体中的每一个个体都编上号码，然后把号码写在签上，将签充分混合后，从中随机抽取 n 个签，则与签上号码相对应的 n 个个体就组成了一个样本量为 n 的样本。

例 6-2　假设某班有获得过校三好学生荣誉的学生 5 人，现需要随机抽取 1 名学生参评市三好学生。若采用抽签法，我们可以将 5 名学生编上号码并写在签上，将签充分混合后，从中随机抽取 1 个签，与签上号码相对应的个体就成为有资格参评市三好学生的学生。

（三）利用统计软件获取简单随机抽样样本

当然，进行简单随机抽样时，我们也可以不采用随机数字表，而利用电子计算器来产生一系列的随机数或利用统计软件（如 SPSS）在计算机上直接随机抽取样本进行统计分析。另外，也可以利用一些网站（如 www. randomizer. org）产生随机数字，进行有放回的简单随机抽样与无放回的简单随机抽样。

例 6-3　现有某校四年级某班 50 名学生的英语能力水平测验成绩，请利用 SPSS 软件进行简单随机抽样，随机抽取 10 名学生的成绩样本。

解：（1）打开数据文件“6-1. sav”，其中英语能力水平测验成绩的变量名为“英语”。

（2）单击 Data—Select Cases，打开 Select Cases 对话框，如图 6-1 所示。点击欲抽样的变量名——英语，选中对话框右边的 Random sample of cases。

（3）点击 Sample，出现 Select Cases：Random Sample 对话框，如图 6-2 所示。在抽取比例栏中填上相应的值，此题抽取总体 20%的样本，则在 Approximately 后面填上 20。当然，也可以选择从前面 n 个案例中精确选择 m 个被试，需要在 Exactly 和 cases from the first 后面分别填上 m，n。

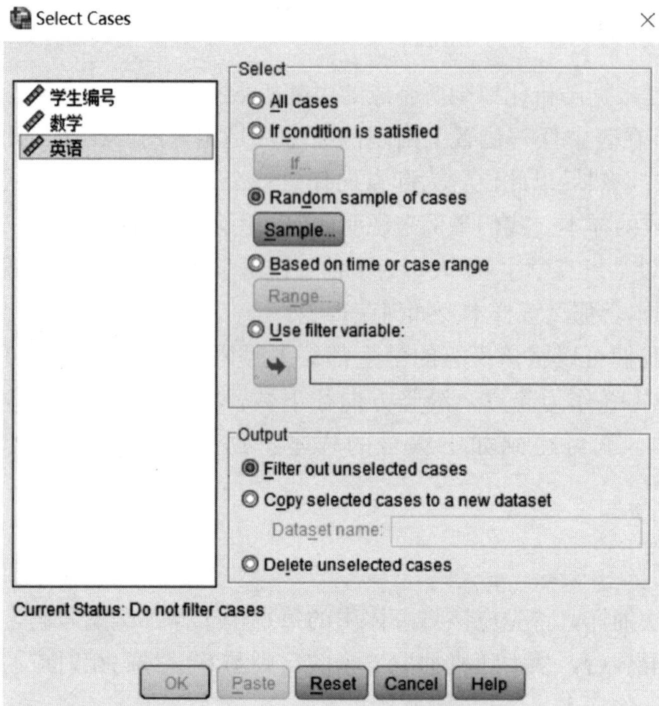

图 6-1　简单随机抽样步骤 1

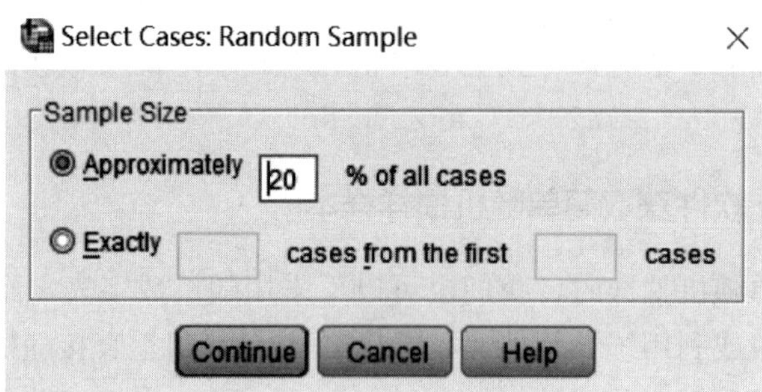

图 6-2　简单随机抽样步骤 2

二、等距抽样

等距抽样也称为系统抽样（systematic sampling），是指按照一定的间隔顺序在总体中抽取样本的方法。主要包含以下步骤：首先，将总体所包含的各个个体（设共有 N 个）编上号码 $1 \sim N$。其次，根据样本量 n 求得抽样间距 k（$k=N/n$）。最后，随机确定一个起点 a（$1 \leqslant a \leqslant k$），起点确定后，从起点开始每隔 k 个个体抽选一个个体，这样抽取的号码序列也就确定了，即由号码为 a，$a+k$，$a+2k$，…，$a+(n-1)k$ 的个体组成容量为 n 的样本。我们举例来说明如何进行等距抽样。

例 6-4　为了了解某校高一年级学生英语学习情况，拟从 300 名学生中抽取 30 人的成绩来考察。那么我们要如何得到这样的样本呢？

解：按照题意，$N=300$，$n=30$，$k=300/30=10$，先按学生入学时的登记号将学生成绩编号，假如这时随机确定的起点为005，则抽选号码依次是：

005，015，025，…，285，295

等距抽样也属于随机抽样，但它不是简单随机抽样，因为各个号码不是有同等的机会被抽取，而是按起点 a 的不同，只有与起点间隔 k 的倍数的样品才能被抽取，其他组合都没有被抽取的机会。因此对总体的代表性不如每种样本组合都有相等的、相互独立的被选机会的简单随机样本。如果总体包含一定的周期性，等距抽样的代表性就会更不可靠，甚至会导致明显的偏向。不过，因为等距抽样所抽取的个体能够均匀地分布在总体之中，在一般情况下，等距抽样误差比简单随机抽样要小。当个体间变异程度较大而又不能抽取更多个体进行调查时，等距抽样比简单随机抽样有效。在总体已具备档案记录或登记表的条件下，使用等距抽样也比较方便。

三、分层抽样

简单随机抽样和等距抽样都要求对总体所包含的全部个体按一定顺序编上号码，这需要一定的人力和时间。如果我们对总体的特征有比较清楚的了解，则可以制定出效率较高的抽样设计方法。分层抽样就是这样的一种方法。

分层抽样方法是按照总体已有的某些特征，将总体分成几个不同的部分，每一部分称为一个层，在每一层中实行简单随机抽样的方法。这种抽样方法较充分地利用了总体的已有信息，是一种实用且操作简便的方法。但是要注意采用这种方法面临的一个重要问题是如何将总体分层。按什么规则分层，分几层，要视具体情况而定。总的原则是：层内个体间的变异要小，而层与层之间的变异要尽可能地大。否则将失去分层的意义。下面我们举例来说明如何进行分层抽样。

例6-5　假设我们现在要从某高校教育学专业1 000名本科生中抽出一个容量为100的样本，研究其高考英语成绩与升入大学后的英语成绩的关系。我们先按高考英语分数把这1 000名学生分为优、良、中、差四层，然后在各层中都随机抽取100/1 000=0.1即10%的学生，加起来就是一个容量为100的样本了。

例6-6　某中学有学生共3 000人，我们现在要通过抽查20%的学生来了解该校中学生视力情况。已知该校6个年级学生人数的分布情况是：初一年级600人，初二年级580人，初三年级560人，高一年级440人，高二年级420人，高三年级400人。我们首先按年级将总体分成6层，然后在各层（年级）内均按20%的比例随机抽样。因此从各层中随机抽取的人数依次为：120，116，112，88，84，80。我们可以看到，在样本中各层人数的比例与总体中各层人数的比例是相同的，即600：580：560：440：420：400=120：116：112：88：84：80。

在教育调查中，我们可以按地区类型（东部、中部、西部）、学校类型（公办校、民办校，示范校、非示范校，“双一流”建设高校、非“双一流”建设高校）、学校规模（大、小）等不同的标准来进行分层抽样。分层抽样的关键在于掌握好分层标准，层内的个体变异越小越好，层间的变异越大越好。分层抽样使样本与总体具有相同的整体结构，即各层所占的比例完全相同，从而控制了抽样误差，保证了样本具有较高的代表性，所以分层抽样是大规模调查中一种最常用的抽样方法。

四、整群抽样

整群抽样是从总体中按自然群体整个地随机抽取若干群体，由这些群体的全部个体组成样本的抽样方法。例如，对“双一流”建设高校本科生学习投入度进行抽样调查，若采用整群抽样的方法，我们可以从“双一流”建设所有高校中，随机抽取 10 所高校组成样本作为调查对象，然后调查 10 所高校所有本科生的学习投入状况。

整群抽样的优点在于实施便利、易于组织、省时省力，因而它适合于大规模的调查研究。如果各群体之间的变异较小，而每一群体内个体的变异较大（最好能基本反映总体内部的变异情况），则每一群体就可以看作总体的一个缩影。因此，要了解总体的情况，只要随机抽取一个或几个群体进行普查，逐一研究群体内个体的情况就行了。但是，如果各群体之间的变异较大，采用整群抽样获得的样本就往往是偏倚的，对总体的代表性一般较差。克服这一缺点的办法是抽取较多的群体，或者进行以群体构成层的分层整群抽样，以提高样本的代表性。

因此，针对同样一个调查问题，可以采用不同的抽样调查方法或者同时使用几种抽样方法，原则是简单可行、节省人力物力而且所得样本对总体的代表性强。例如，在一项关于我国中小学教育投入与产出关系的研究中，为了全面研究我国各地公立中小学教育投入和产出的关系，分别构建东、中、西部的城镇、乡村的学校教育投入与产出的关系模型。在抽样过程中，同时兼顾地区差别、城乡差别和学段差别，在分层抽样过程中也考虑到各类学校抽样比例应与其总体比例基本相同。

第二节　抽样分布

我们所说的总体，一般是指所有研究对象的某一特征，它可以取各种不同的实数值。因此，它是一个随机变量，通常用 X 或 Y 来表示。例如某班学生期末语文考试成绩就是一个随机变量，我们可以用 X 来表示。从总体 X 中抽取一部分来做研究，则所抽到的部分称为样本。样本可以取到 X 的任意值，因此也是随机变量。从总体中抽取 n 个个体，得到 n 个随机变量 x_1，x_2，…，x_n。我们所说的抽样，一般是指随机抽样，要求 x_1，x_2，…，x_n相互独立，并且与总体 X 具有相同的分布。这样的样本称为简单随机样本，简称随机样本。x_1，x_2，…，x_n称作来自总体 X 的一个样本量为 n 的样本。样本的具体观测值 x_1，x_2，…，x_n叫作样本值。x_1，x_2，…，x_n表示随机变量还是表示样本值，我们在具体问题中并不难区分。一般来说，在进行理论推导时看作随机变量，在具体计算时看作样本值；在没有明确的具体数值时看作随机变量，在已有确定的观测值时就是样本值。当 x_1，x_2，…，x_n表示随机变量时，它的函数 $f(x_1, x_2, \cdots, x_n)$ 也是一个随机变量。样本函数 $f(x_1, x_2, \cdots, x_n)$ 中若不含未知的参数，则称之为一个统计量。

例如，设总体 $X \sim N(\mu, \sigma^2)$，其中 μ 已知，σ 未知。x_1，x_2，…，x_n是来自 X 的样本，且

$$\bar{x} = \frac{1}{n}\sum_{i=1}^{n} x_i \tag{6.1}$$

$$S^2 = \frac{1}{n}\sum_{i=1}^{n} (x_i - \bar{x})^2 \tag{6.2}$$

那么，$\bar{x}$ 和 S^2 是统计量。而 $z = \frac{x_i - \mu}{\sigma}$ 并不是统计量，因为其中的 σ 未知。如果 μ 和 σ 均已知，则 z 也是统计量。

在对总体的某些特征进行推断时，经常要用到样本的函数 $f(x_1, x_2, \cdots, x_n)$，也就是要计算与总体的样本有关的一些统计量（如样本的平均数、标准差、相关系数）。如果已知这些统计量的概率分布，就可以依据样本统计量的特征采用恰当的统计方法来对总体特征进行推断。我们把统计量的概率分布称为抽样分布。下面我们将介绍几种常用的统计量的抽样分布。

一、样本平均数的分布

样本平均数的抽样分布的形态与正态分布有着密切关系。对样本平均数的抽样分布而言，它具有以下性质和定理。

（一）样本平均数的抽样分布的一般性质

设总体 X 服从正态分布，其均值为 μ，方差为 σ^2，即 $X \sim N(\mu, \sigma^2)$，x_1，x_2，…，x_n是从总体 X 中抽取的随机样本，则样本平均数 $\bar{X}$ 也服从正态分布，其平均数 $E(\bar{X})$ 为 μ，方差 $D(\bar{X})$ 为 σ^2/n，即 $\bar{X} \sim N(\mu, \sigma^2/n)$。以下为证明过程：

因为 x_1，x_2，…，x_n 是 X 的随机样本，所以它们相互独立且与 X 具有相同的分布，即

$$x_i \sim N(\mu, \sigma^2),\ E(x_i) = \mu,\ D(x_i) = \sigma^2,\ i = 1, 2, \cdots, n$$

由正态随机变量的运算性质可知：n 个相互独立的正态随机变量的线性函数仍然服从正态分布，故知 $\bar{X}$ 是服从正态分布的。

$$\begin{aligned} E(\bar{X}) &= E\left[\frac{1}{n}(x_1 + x_2 + \cdots + x_n)\right] = \frac{1}{n}E[(x_1 + x_2 + \cdots + x_n)] \\ &= \frac{1}{n}[E(x_1) + E(x_2) + \cdots + E(x_n)] = \frac{1}{n}(\mu + \mu + \cdots + \mu) = \mu \end{aligned}$$

$$\begin{aligned} D(\bar{X}) &= D\left[\frac{1}{n}(x_1 + x_2 + \cdots + x_n)\right] = \frac{1}{n^2}D(x_1 + x_2 + \cdots + x_n) \\ &= \frac{1}{n^2}[D(x_1) + D(x_2) + \cdots + D(x_n)] \\ &= \frac{1}{n^2}(\sigma^2 + \sigma^2 + \cdots + \sigma^2) = \frac{n\sigma^2}{n^2} = \frac{\sigma^2}{n} \end{aligned}$$

因此，$\bar{X} \sim N(\mu, \sigma^2/n)$。

为方便查正态分布表，我们通常令

$$u=\frac{\overline{X}-\mu}{\sqrt{\sigma^2/n}} \tag{6.3}$$

则 $u \sim N$（0，1），我们可以将统计量 u 所服从的分布称为 u 分布。若要研究统计量 u 的概率分布情况，只需查标准正态分布表就可以了。所以，在实际应用中，研究 $\overline{X}$ 的分布或进行区间估计时，都要把正态分布转换成式（6.3）所示的标准正态分布。

（二）中心极限定理

设总体 X 的均值为 μ，方差为正数 σ^2，从总体 X 中随机抽取容量为 n 的样本，则对于任意的 x，有

$$\lim_{n\to\infty} P\left(\frac{\sqrt{n}(\overline{X}n-E(X))}{\sqrt{D(X)}}<x\right)=\Phi(x) \tag{6.4}$$

其中 $\overline{X}n=\frac{1}{n}\sum_{i=1}^{n}X_i$，$\Phi(x)$ 为标准正态分布的分布函数。

换言之，当 n 充分大时，样本平均数 $\overline{X}$ 的抽样分布渐近于均值为 μ、方差为 σ^2/n 的正态分布，即 $\overline{X}$ 渐近服从 $N(\mu, \sigma^2/n)$。

中心极限定理描述了无论总体的分布形态如何，无论总体均值和标准差取值大小，只要样本量足够大（通常要求 $n \geqslant 30$），样本平均数的抽样分布都近似正态分布。此外，中心极限定理也描述了样本平均数的抽样分布的均值、标准误与总体的均值、标准差的关系。

在研究样本统计量的分布时，首先应当保证各个样本相互独立，且各样本服从与总体相同的概率分布。为保证满足这一条件，随机抽样应当采取有放回抽样，或者当总体数量相对样本量无限大时采取无放回抽样。事实上，当我们以无放回随机抽样方式从总体 X 中随机抽取容量为 n 的样本时，所有可能样本平均数的均值不变，依然为 μ，但方差要乘以修正系数 $\frac{N-n}{N-1}$，即 $\overline{X}$ 的方差为 $\frac{N-n}{N-1}\times\frac{\sigma^2}{n}$。由于 $\frac{N-n}{N-1}<1$，因此，当总体有限并采用无放回随机抽样方式时，样本平均数的所有可能的取值的方差总是小于有放回随机抽样样本平均数抽样分布的方差，但若总体 $N\to\infty$，则 $\lim_{N\to\infty}\frac{N-n}{N-1}\times\frac{\sigma^2}{n}=\frac{\sigma^2}{n}$。此时，则不用考虑修正问题。一般即使是有限总体，也只有当 $\frac{n}{N}\geqslant 0.05$ 时，才采用修正系数。

二、χ^2 分布

χ^2 分布是从正态分布派生出来的一类分布。尽管它是由正态分布产生的，但它在数理统计中却一直占有重要的地位。许多分布可以用 χ^2 分布来近似，甚至在多元统计中也

常用到 χ^2 分布。

（一）什么是 χ^2 分布

设 $X \sim N(0, 1)$，x_1，x_2，…，x_n是来自总体 X 的样本，则 $x_1^2 + x_2^2 + \cdots + x_n^2$ 所服从的概率分布称为自由度为 n 的 χ^2 分布。我们知道，x_1，x_2，…，x_n相互独立且与 X 同分布，即这 n 个随机变量独立且均服从标准正态分布 $N(0, 1)$。因此，n 个相互独立的均服从标准正态分布的随机变量的平方和 $\chi^2 = \sum\limits_{i=1}^{n} x_i^2$ 服从自由度为 n 的 χ^2 分布，记作 $\chi^2 \sim \chi^2(n)$。

χ^2 分布的分布密度函数比较复杂，计算积分也较为困难，因而编制了 χ^2 分布数值表（见附表 3）。表中列出了 χ^2 变量在不同自由度（df）下的临界值 χ^2，它满足以下条件（见图 6－3）：

$$P\{\chi^2 > \chi_\alpha^2(n)\} = \alpha \tag{6.5}$$

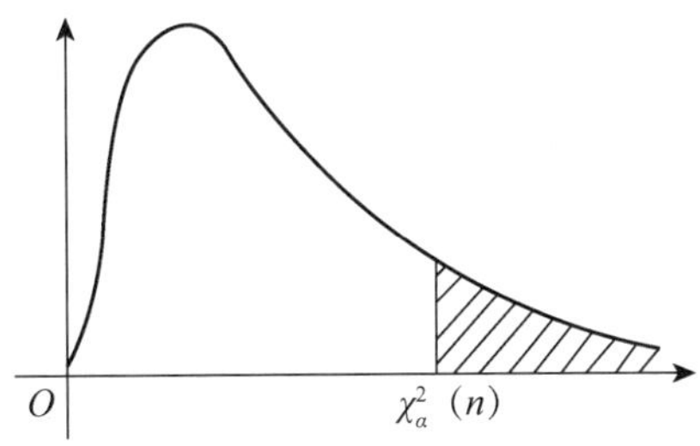

图 6－3　χ^2 检验示意图

例 6－7　若 $\alpha = 0.05$，自由度 $df = 5$，查 χ^2 分布的单侧检验值表（见附表 3）可知 $P(\chi^2 > 11.1) = 0.05$，即 $\chi_{0.05}^2(5) = 11.1$。

例 6－8　若取 $\alpha = 0.01$，自由度 $df = 5$，则 $P(\chi^2 > 15.1) = 0.01$，即 $\chi_{0.01}^2(5) = 15.1$。

（二）χ^2 分布的特点

χ^2 分布具有如下特点：

（1）χ^2 分布是一个正偏态的分布。其密度函数 $k(x, n)$ 的形状如图 6－4 所示。n 越大，曲线越趋于对称（由中心极限定理知，它趋于正态分布）；n 越小，曲线越不对称。

（2）若 X_1，X_2，…，X_m 相互独立，且 $X_i \sim \chi^2(n_i)$（$i = 1, 2, \cdots, m$），则 $X = X_1 + X_2 + \cdots + X_m \sim \chi_{(n)}^2$，其中 $n = n_1 + n_2 + \cdots + n_m$。

（3）设 $X \sim \chi_{(n)}^2$，则 $E(X) = n$，$D(X) = 2n$。

（4）X_1，X_2，…，X_m是从总体 $N(\mu, \sigma^2)$ 中抽出的随机样本，易知$(X_i - \mu)/\sigma \sim N(0, 1)$（$i = 1, 2, \cdots, n$）。因此，$\sum\limits_{i=1}^{n}\left(\dfrac{X_i - \mu}{\sigma}\right)^2$ 服从自由度为 n 的 χ^2 分布。但是，在实际应用中，μ 往往是未知的，我们自然会想到用 μ 的无偏估计量 $\overline{X}$ 来代替之。可以证明以下结论成立：

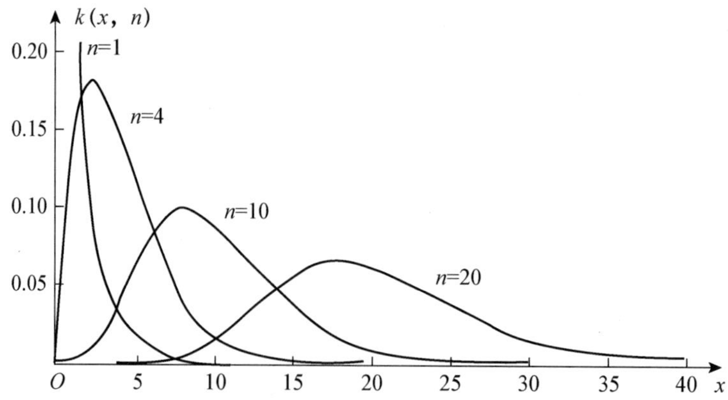

图 6-4 χ^2分布密度函数

$\frac{\sum_{i=1}^{n}(X_i-\overline{X})^2}{\sigma^2}=\frac{(n-1)S^2}{\sigma^2}$ 服从自由度为 $n-1$ 的 χ^2 分布，其中

$S^2=\frac{1}{n-1}\sum_{i=1}^{n}(X_i-\overline{X})^2$ 为样本方差。

$\overline{X}$ 和 S^2 相互独立。

三、t 分布

（一）什么是 t 分布

设 $X\sim N(0, 1)$，$Y\sim\chi^2(n)$，且 X 与 Y 相互独立，则随机变量 $t=\frac{X}{\sqrt{Y/n}}$ 所服从的分布称为自由度为 n 的 t 分布，记作 $t\sim t(n)$。t 分布在以后章节的区间估计以及参数假设检验中有着重要的应用。

t 分布的密度函数也很复杂，因而编制了 t 分布表，表中列出了 t 变量在不同自由度下的临界值 $t_{\alpha/2}(n)$，它满足条件：

$$P\{|t|>t_{\alpha/2}(n)\}=\alpha \tag{6.6}$$

t 分布表在教育统计中经常用到。t 分布表是利用 t 变量的分布密度，根据自由度和 α（我们称 α 为显著性水平）的不同而计算得到的 t 变量的临界值 $t_{\alpha/2}(n)$。因而，只要知道自由度和显著性水平 α 的大小，查 t 分布表即可找到临界值 $t_{\alpha/2}(n)$；反之，只要已知自由度以及给定一个临界值 $t_{\alpha/2}(n)$，查 t 分布表就可以得到概率 $P\{|t|>t_{\alpha/2}(n)\}$ 的大小。本书中所列的 t 分布表（见附表 4）是双侧检验（见图 6-5）的临界值表。

例 6-9 已知 $\alpha=0.1$，自由度 $df=10$，试确定临界值。

解： 查 t 分布表就可以得到临界值 $t_{\alpha/2}(10)=1.812$。

例 6-10 已知随机变量 $X\sim t(10)$，问：$P\{|t|>3.169\}$ 和 $P\{t<3.169\}$ 的概率分别为多少？

解： 根据 $df=10$，查 t 分布表得与数值 3.169 对应的 $\alpha=0.01$，即

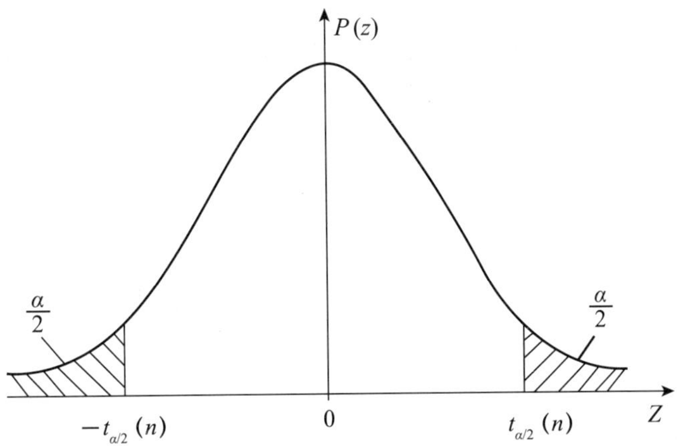

图 6－5　双侧 t 检验示意图

$P\{|t|>3.169\}=0.01$

由此可得

$P\{t>3.169\}+P\{t<-3.169\}=0.01$

又因为 t 分布图形具有对称性，故

$P\{t>3.169\}=P\{t<-3.169\}=\alpha/2=0.005$

$P\{t<3.169\}=1-P\{t>3.169\}=1-\alpha/2=1-0.005=0.995$

（二）有关 t 分布的两个重要结论

下面我们介绍有关 t 分布的两个重要结论。

（1）若总体 $X\sim N(\mu,\sigma^2)$，x_1，x_2，…，x_n 是 X 的一个容量为 n 的随机样本，$\overline{X}$ 和 S^2 分别表示样本平均值和样本方差，则

$$t=\frac{\overline{X}-\mu}{\sqrt{S^2/n}}\sim t(n-1) \tag{6.7}$$

（2）设有两个总体 X 和 Y，$X\sim N(\mu_1,\sigma^2)$，$Y\sim N(\mu_2,\sigma^2)$，且 X 和 Y 相互独立。已知 x_1，x_2，…，x_{n_1} 是来自总体 X 的随机样本，y_1，y_2，…，y_{n_2} 是来自总体 Y 的随机样本，两个样本的平均值和方差分别是 $\overline{X}$，S_1^2 及 $\overline{Y}$，S_2^2，则

$$t=\frac{(\overline{X}-\overline{Y})-(\mu_1-\mu_2)}{\sqrt{\frac{(n_1-1)S_1^2+(n_2-1)S_2^2}{n_1+n_2-2}}\sqrt{\frac{1}{n_1}+\frac{1}{n_2}}}\sim t(n_1+n_2-2) \tag{6.8}$$

特别地，当 $n_1=n_2=n$ 时

$$t=\frac{(\overline{X}-\overline{Y})-(\mu_1-\mu_2)}{\sqrt{\frac{S_1^2+S_2^2}{n}}}\sim t(2n-2) \tag{6.9}$$

四、F 分布

设有两个正态分布总体 $N(\mu_1,\sigma_1^2)$ 和 $N(\mu_2,\sigma_2^2)$，若我们欲检验 σ_1^2 和 σ_2^2 是否有显著

性差异，解决这个问题所用的分布就是我们要介绍的 F 分布。在方差分析中，经常需要检验某个因素是否对指标有显著的作用，这个问题也要利用 F 分布来解决。在多元统计中有许多复杂的分布，它们可以用 F 分布来近似。不难看出，F 分布在统计中的地位是相当重要的。

（一）什么是 F 分布

设有两个总体 X，Y，已知 $X \sim \chi^2(n_1)$，$Y \sim \chi^2(n_2)$，并且 X 与 Y 相互独立，则称随机变量 $F=\dfrac{X/n_1}{Y/n_2}$ 所服从的分布为第一自由度为 n_1、第二自由度为 n_2 的 F 分布，并记作 $F \sim F(n_1, n_2)$。

由于 F 分布的计算也相当复杂，故编制了 F 值表（单侧检验）（见附表 5）供使用。这个表是利用 F 分布密度函数在不同自由度 n_1 和 n_2 之下计算出的关于概率 α 的临界值 $F_\alpha(n_1, n_2)$，使得

$$P\{F > F_\alpha(n_1, n_2)\} = \alpha \tag{6.10}$$

只要给出了第一和第二自由度 n_1 和 n_2，则对给定的概率 α，查 F 分布表就可以找到临界值 $F_\alpha(n_1, n_2)$。例如，已知 $n_1=2$，$n_2=4$，给定 $\alpha=0.05$，可查临界值表得 $F_{0.05}(2, 4)=6.94$（见图 6-6）。如果将 $\alpha=0.05$ 改为 $\alpha=0.01$，则临界值 $F_{0.01}(2, 4)=18.00$。

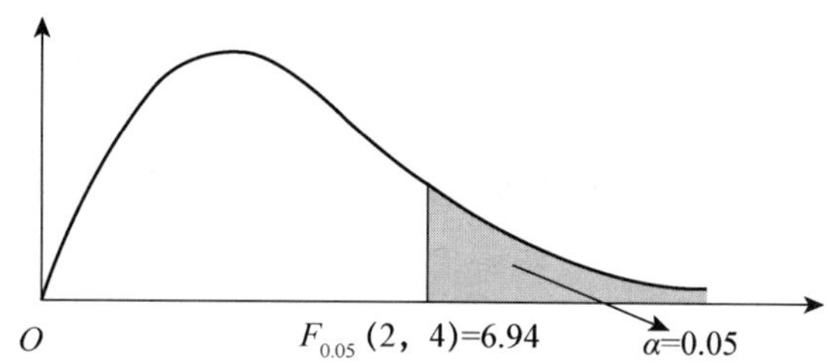

图 6-6　F 检验示意图

（二）有关 F 分布的两个重要结论

下面介绍有关 F 分布的两个重要结论。

（1）设 $X \sim \chi^2(n_1)$，$Y \sim \chi^2(n_2)$，且 X 与 Y 相互独立，令 $F=\dfrac{X/n_1}{Y/n_2}$，则 $\dfrac{1}{F} \sim F(n_2, n_1)$。

（2）设有两个总体 X 和 Y，已知 $X \sim N(\mu_1, \sigma_1^2)$，$Y \sim N(\mu_2, \sigma_2^2)$，且 X 与 Y 相互独立。x_1，x_2，…，x_{n_1} 是来自总体 X 的随机样本，y_1，y_2，…，y_{n_2} 是来自总体 Y 的随机样本，两个样本的平均值和方差分别是 $\overline{X}$，S_1^2 及 $\overline{Y}$，S_2^2。令

$$F=\frac{S_1^2/\sigma_1^2}{S_2^2/\sigma_2^2} \tag{6.11}$$

则 $F \sim F(n_1-1, n_2-1)$。

特别地，如果 $\sigma_1^2=\sigma_2^2$，则

$$F=\frac{S_1^2}{S_2^2} \sim F(n_1-1, n_2-1),\ \frac{1}{F}=\frac{S_2^2}{S_1^2} \sim F(n_2-1, n_1-1) \tag{6.12}$$

u 分布、χ^2 分布、t 分布以及 F 分布在统计学中都占有重要的地位，我们将在后面的章节中陆续介绍它们的应用。

第三节 样本量的确定

我们在制订抽样方案时，不仅要针对调查或研究的具体情况选择合适的抽样方法，还要根据调查研究的精确度和经费预算情况来决定样本量。如果样本量过小，可能会影响到样本的代表性，使抽样误差增大从而降低调查研究结论的精确性。但是，如果样本量过大，又有可能使调查的操作难度加大，同时又费时费力和增加经费。因而，我们在确定样本量时，既要考虑研究的性质、变量的个数、资源限制等因素，也要按统计方法计算样本量，才能制订出合理可行的抽样方案。

(一) 确定样本量时应考虑的因素

1. 决策的重要性

一般来说，对于重要的决策，需要根据非常多的信息来做出判断，因此就需要较大的样本量。如果决策的重要性相对较低，则可以采用较小的样本量。

2. 估计的精确度

总体参数估计的准确程度可以用样本均值的标准误（$S/\sqrt{n}$）来表示，它与样本量 n 的平方根（$\sqrt{n}$）成反比。也就是说，样本量越大，增加一个调查单位所得到的精度上的增益也就越小，即精度的边际收益递减。而随着样本量的增加，所需的费用也就越多。因此，需要权衡增加样本量与费用的关系，设置合理的样本量。

3. 研究的性质

研究的性质对样本量的大小也有影响。对于结论性的研究，比如要估计一个省的初中升学率、入学率，就需要随机抽取较大的样本量，以提高估计的精度。而在探索性的研究中，比如焦虑倾向的量表结构探索，一般根据题项数来确定样本量，比如题项数为20，则至少需要 100 个样本。

4. 变量的个数

一般来说，如果收集的是有关许多变量的数据，样本量就要大一些，以降低抽样误差的累积效应。例如，回归模型中自变量个数越多，就需要越多的样本，虽然没有统一的规定，但至少要多于变量数。

5. 数据分析的方法

不同的数据分析方法对样本量的要求不同。比如，通常 t 检验需要至少 30 个样本。如果采用多元统计方法对调查数据进行复杂的统计分析，所需样本量就较大。

6. 问卷的回收率

问卷的回收率是指实际收到的问卷数量与发出问卷的数量之比。如果预估回收率很低，则需要较高的样本量。比如估计高校教师群体的调查问卷回收率低（30%），如果至少要 1 000 个样本，则需要发放 3 300 多份问卷。如果调研人员估计问卷回收率是 85%，那么，应发出的问卷数就是需要的样本数乘以 1.18。

7. 数据的合格率

数据的合格率是指按照一定的程序获得的有效数据与原始数据个数之比。例如，作弊考生的成绩就是无效数据，不能纳入统计分析的范围。又如要调查男教师的工作满意度，如果调查的数据中有女教师的数据，就属于不合格数据。一般针对低年级学生、教育水平低的成人的问卷数据合格率较低，所以，需要发放更多的问卷。

（二）按统计方法定量地计算样本量

按统计方法确定的是纯样本量，即去掉可能不合格的答卷或试验数据以后的纯量。因此，原始样本量可能要比纯样本量大得多，这取决于数据的合格率或问卷的回收率等。按统计方法来决定样本量的大小是依据传统的统计推断（如置信区间估计方法），事先确定好精确度，再用适当的公式来计算样本量。

（1）根据估计总体均值的精度确定样本量。

最大允许误差是影响样本量的一个关键因素。下面我们介绍如何根据限定的样本均值估计总体均值的精度来确定样本量。

设最大允许误差为 d，即 $|\overline{X}-\mu|=d$，假设 H_0：$\mu=\overline{X}$ 成立，当置信度为 $1-\alpha$ 时，可得

$$d=u_{\alpha/2}\sigma/\sqrt{n}$$

从而

$$n=\left(\frac{u_{\alpha/2}\sigma}{d}\right)^2 \tag{6.13}$$

例 6-11 假设某校四年级语文课进行了一年的教改试验，我们需要调查语文教改的成效，因而对教改班的学生进行了一次考试。为减小工作量，我们仅做抽样分析。如果要使误差不超过 5 分，且具有 95%的置信程度，则至少应抽取多少考生的试卷？（根据以往的经验，估计该年级学生语文成绩的标准差 $\sigma=10$。）

解： 依据题意，$d=5$，$\sigma=10$，$\alpha=0.05$，查正态分布表得，$u_{\alpha/2}=1.96$ ，所以，由式（6.13）得

$$n=\left(\frac{1.96\times 10}{5}\right)^2=15.37\approx 16$$

即至少应抽取 16 份考卷。

（2）根据估计总体比例的精度确定样本量。

在依据对总体中某个比例的估计精度来确定样本量时，比如考察民选某位总统的比例 p，其变异 $Var(p)=p(1-p)$，若 $p=0.5$，$Var(p)=0.25$。其样本量的确定可依据以下公式：

$$n=\frac{u_{\alpha/2}^2 p(1-p)}{d^2} \tag{6.14}$$

例 6-12　按照式（6.14），若抽样绝对误差 $d=0.03$，$\alpha=0.05$，$p=0.5$，$u_{\alpha/2}=1.96$，则所需样本量为 1 068。

（三）根据经验确定样本量

我们在进行与前人相类似的研究时，可参考前人的样本量来抽取样本。如果是地区性研究，平均样本量通常在 500～1 000 之间较为合适；如果是全国性的研究，平均样本量在 1500～2 500 之间较为适宜。对于大规模的调查，可按总体的 1%来抽取。对于中国全国性的随机抽样调查研究，一般要 20 000 以上的样本。例如，中国家庭追踪调查（China Family Panel Studies，CFPS）旨在通过跟踪收集个体、家庭、社区三个层次的数据，反映中国社会、经济、人口、教育和健康的变迁，为学术研究和公共政策分析提供数据基础。CFPS 样本覆盖 25 个省、直辖市、自治区，目标样本规模为 16 000 户、38 000 多个个体，调查对象包含样本户中的全部家庭成员。

不同类型研究对样本量的最低要求存在差异。盖伊（Gay）1992 年提出，描述性的研究样本量至少占总体的 10%。如果总体较小，则样本量最少为总体的 20%。相关性研究被试至少要 30 人。而因果比较研究（causal-comparative studies）与许多实验研究，各组的人数至少有 30 人。如果实验研究设计得当，有严密的实验控制，每组被试至少有 15 人，但是有些学者仍认为每组被试最少应有 30 人。

本章小结

抽样方法选取得当，才能确保样本的代表性，从而最终保证推断结论的可靠性。

简单随机抽样，是指在抽样过程中，每一个个体都有同等的、相互独立的被选机会的抽样方法。常用的简单随机抽样方法有随机数字表法和抽签法，目前也可以采用 SPSS 等统计软件完成随机样本的抽样。

等距抽样，又称系统抽样，也属于随机抽样，但它不是简单随机抽样，因为各个号码不是有同等的机会被抽取，而是按起点 a 的不同，只有与起点间隔 k 的倍数的样品才能被抽取，其他组合都没有被抽取的机会。

分层抽样方法是按照总体已有的某些特征，将总体分成几个不同的部分，每一部分称为一个层，在每一层中实行简单随机抽样的方法。分层抽样的关键在于掌握好分层标准，层内的个体变异越小越好，层间的变异越大越好。

整群抽样是从总体中按自然群体整个地随机抽取若干群体，由这些群体的全部个体组成样本的抽样方法。

统计量的概率分布称为抽样分布。χ^2 分布、t 分布以及 F 分布在统计学中都占有重要的地位。

在确定样本量时，既要考虑决策的重要性、估计的精确度、研究的性质、变量的个数等因素，也要按统计方法定量地计算样本量，才能制定出合理可行的抽样方案。

思考题

1. 试叙述几种常用的抽样方法，并说明它们在何种情况下使用。

2. 什么是抽样分布？请分别大致绘出χ^2分布、t分布以及F分布的图形，并阐述其特征。

3. 确定样本量的影响因素有哪些？

第七章

参数估计：点估计与区间估计

本章提要

应用抽样方法解决实际问题时，常常需要利用样本资料来估计总体的平均值、方差等参数。因为在多数情况下，总体的参数是未知的。例如，我们要研究全国中小学生的体质健康水平，由于地区条件上的差异，我们不可能对所有中小学生进行测评，因此只能采用抽样的方式对样本进行研究，并以样本统计量来估计总体参数，这种统计推断的方法称为参数估计。本章我们首先介绍参数估计的两种类型：一种是点估计，另一种是区间估计。在此基础上我们对如何利用 SPSS 软件获得参数估计进行说明，最后介绍简单线性回归模型中的 OLS 参数估计。

第一节　点估计

在参数估计中，如果直接用样本统计量的值作为总体参数的估计值，那么，这种估计总体参数的方法称为参数的点估计。例如，用样本的算术平均值 $\overline{X}=\frac{1}{n}\sum_{i=1}^{n}x_i$ 和样本方差 $S^2=\frac{1}{n-1}\sum_{i=1}^{n}(x_i-\overline{X})^2$ 分别作为总体的均值 $E(X)$ 和方差 $D(X)$ 的估计量等。既然是对总体参数进行估计，就可能会有不同的估计方法。例如，我们也可以用样本的加权平均数 $\overline{X}=\sum_{i=1}^{n}a_ix_i$（其中 $\sum_{i=1}^{n}a_i=1$，$0<a_i<1$，$i=1, 2, \cdots, n$）作为 $E(X)$ 的一个估计量，用统计量 $S_n^2=\frac{1}{n}\sum_{i=1}^{n}(x_i-\overline{X})^2$ 作为 $D(X)$ 的一个估计量。那么，如何判断这些估计量的精确性和有效性呢？下面我们给出判断估计量优劣的标准。

一、判断估计量优劣的标准

（一）无偏性

在点估计中，由于我们抽取的样本不同，因此同一个估计量每次算得的估计值 $\hat{\theta}$ 也会不同。有的估计值可能会大于参数真值 θ，而有的估计值可能会小于参数真值 θ。但是，若在大数次重复取样下，估计量不会系统地引起过高或过低的偏差，而且平均起来集中于参数真值 θ，则这种估计量所具有的没有系统偏差的性质在统计学上称作无偏性。显然，它可以作为衡量一个估计量好坏的准则。

假设样本 x_1，x_2，…，x_n 的函数（不含未知参数）$\hat{\theta}=\hat{\theta}(x_1, x_2, \cdots, x_n)$ 是总体的未知参数 θ 的一个估计量。如果

$$E[\hat{\theta}(x_1, x_2, \cdots, x_n)]=\theta \tag{7.1}$$

成立，则称 $\hat{\theta}(x_1, x_2, \cdots, x_n)$ 为 θ 的无偏估计量，否则称为有偏估计量。

显然，样本算术平均值 $\overline{X}$ 是总体均值 $E(X)$ 的一个无偏估计量。样本方差 S^2 也是总体方差 $D(X)$ 的一个无偏估计量。但是前述的估计量 S_n^2 不是总体方差 $D(X)$ 的无偏估计量，因为

$$E(S_n^2)=E\left(\frac{n-1}{n}S^2\right)=\frac{n-1}{n}D(X)$$

用无偏性的标准来衡量 S^2 和 S_n^2，我们可以认为 S^2 比 S_n^2 好。不过，当 n 充分大时，这两个估计量是近似相等的。而且，当 $n\to\infty$ 时，$E(S_n^2)\to D(X)$，故我们称 S_n^2 为 $D(X)$ 的渐近无偏估计量。因此，对于大样本数据，我们在估计总体方差时也可以用 S_n^2。

（二）有效性

一个好的估计量，不仅应该是待估参数 θ 的无偏估计，而且应该有尽可能小的方差。这样，估计量的取值就会比较稳定。

设 $\hat{\theta}_1(x_1, x_2, \cdots, x_n)$ 和 $\hat{\theta}_2(x_1, x_2, \cdots, x_n)$ 都是待估参数 θ 的无偏估计量，如果 $\hat{\theta}_1$ 的方差不大于 $\hat{\theta}_2$ 的方差，即 $D(\hat{\theta}_1)\leqslant D(\hat{\theta}_2)$，则称估计量 $\hat{\theta}_1$ 比估计量 $\hat{\theta}_2$ 有效。

例如，取 $\hat{\theta}_1=x_1$，$\hat{\theta}_2=\overline{X}=\frac{1}{n}\sum_{i=1}^{n}x_i$，易知 $\hat{\theta}_1$ 和 $\hat{\theta}_2$ 都是参数 $E(X)$ 的无偏估计量。但是，由于

$$D(\hat{\theta}_1)=D(x_1)=D(X)$$

$$D(\hat{\theta}_2)=D(\overline{X})=D\left(\frac{1}{n}\sum_{i=1}^{n}x_i\right)=\frac{1}{n^2}D\left(\sum_{i=1}^{n}x_i\right)=\frac{1}{n^2}\sum_{i=1}^{n}D(x_i)=\frac{1}{n}D(X)$$

因此，$D(\hat{\theta}_1)>D(\hat{\theta}_2)$。可见，作为待估参数 $E(X)$ 的无偏估计量，$\hat{\theta}_2$ 比 $\hat{\theta}_1$ 更有效，即作为总体均值的估计量，$\overline{X}$ 比 x_1 要好。这一点也很容易理解，因为对于总体取值的平均状况，用样本的平均数 $\overline{X}$ 去估计总比随机抽取一个数去估计要稳妥些。有效性的直观意义也就是估计量的取值比较稳定。我们总是希望得到比较稳定可靠的估计值，因而有效性也是对估计量的一个基本要求。

（三）一致性

所谓一致性，是指当样本量无限增大时，估计量依概率收敛到它所估计的总体参数，即当样本量充分大时，估计值与待估参数接近的可能性很大。估计量的一致性是大样本所呈现的性质。显然，对大样本来说，一致性是衡量一个估计量好坏的准则。

假设 $\hat{\theta}_n(x_1, x_2, \cdots, x_n)$是待估参数 θ 的一个估计量，n 为样本量。如果对任何一个 $\varepsilon > 0$，

$$\lim_{n\to\infty} P(|\hat{\theta}_n - \theta| > \varepsilon) = 0 \tag{7.2}$$

成立，则称 $\hat{\theta}_n$为参数 θ 的一致估计。

例如，$\overline{X}$ 是总体均值 $E(X)$ 的一个一致估计。$S_n^2 = \frac{1}{n}\sum_{i=1}^{n}(x_i - \overline{X})^2$ 是总体方差 $D(X)$ 的一致估计。

二、总体均值和总体方差的点估计

估计量的无偏性、有效性、一致性是衡量点估计量优劣的标准。然而，在理论上很难找到同时满足上述三个标准的估计量。因此，一个统计量作为总体某参数的估计量，其优劣也只是相对于别的统计量而言的。样本均值作为总体均值的估计量，它满足无偏、有效和一致这三个标准，而样本方差作为总体方差的估计量，则仅具有无偏的性质，但是它比统计量 S_n^2要优良些。所以，我们常用样本均值 $\overline{X}$ 来估计总体均值 $E(X)$，用样本方差 S^2来估计总体方差 $D(X)$。

例 7－1　我们假设从某年级学生中随机抽取 30 名，测得他们期末各科成绩的平均分如下：

82，90，78，69，65，73，77，88，80，67

58，89，75，60，76，74，93，73，89，66

95，82，83，59，64，91，87，83，63，92

若对该年级学生期末各科成绩的平均分的均值和离散程度做出估计，我们分别用样本均值 $\overline{X}$ 和样本方差 S^2来估计该年级学生期末各科成绩的平均分的均值和离散程度。

解： $\overline{X} = \frac{1}{n}\sum_{i=1}^{n} x_i = 1/30 \times (82 + 90 + \cdots + 92) = 77.367$

$$\begin{aligned} S^2 &= \frac{1}{n-1}\sum_{i=1}^{n}(x_i - \overline{X})^2 \\ &= \frac{1}{29}[(82-77.367)^2 + (90-77.367)^2 + \cdots + (92-77.367)^2] \\ &= 124.861 \end{aligned}$$

即估计该年级学生期末各科成绩的平均分的均值为 77.367 分，平均分的方差为 124.861。

第二节　区间估计

点估计值是由样本数据计算出的一个单一数值，由于样本带有随机性，因此由样本计算统计量而得到的点估计值就有可能不是总体参数的真正数值，而且当我们用点估计

值去估计总体参数的真值时，其误差大小及可靠程度如何都是不知道的。比如，在例 7-1 中，我们通过测试 30 名学生估计该年级学生期末考试各科平均分的均值是 77.367 分。但是，这个估计值与该年级学生的期末各科成绩平均分的真实均值相差多少是不知道的，即我们没有给出估计误差的大小及可靠程度，这正是点估计方法的不足之处。而用区间估计方法就可以克服这一缺点，因为它所给出的不是一个单一的数值，而是一个数值区间。区间估计方法既能告诉我们参数的真正数值在什么范围内，又能告诉我们下此结论有多大把握。对参数 θ 的区间估计，就是要确定两个统计量 $\hat{\theta}_1(x_1, x_2, \cdots, x_n)$ 和 $\hat{\theta}_2(x_1, x_2, \cdots, x_n)$，使得

$$P(\hat{\theta}_1 \leqslant \theta \leqslant \hat{\theta}_2) = 1-\alpha \text{ , } 0<\alpha<1 \tag{7.3}$$

我们称区间 $[\hat{\theta}_1, \hat{\theta}_2]$ 为参数 θ 的置信区间，$1-\alpha$ 为置信度或可靠性，α 为置信水平。$\hat{\theta}_1$，$\hat{\theta}_2$ 分别是下、上置信限。下面我们将分几种情况来讨论区间估计问题。

一、总体均值的区间估计

在讨论点估计时，我们知道样本均值 $\overline{X}$ 是总体均值 μ 的无偏估计。现在我们来讨论总体均值 μ 的区间估计问题。

（一）方差 σ^2 已知的情形

由抽样分布理论知，如果 $X \sim N(\mu, \sigma^2)$，则样本均值 $\overline{X} \sim N(\mu, \sigma^2/n)$。若令

$$u = \frac{\overline{X}-\mu}{\sqrt{\sigma^2/n}} \tag{7.4}$$

则 $u \sim N(0, 1)$。由正态分布的对称性可得，$P(-u_{\alpha/2} \leqslant u \leqslant u_{\alpha/2}) = 1-\alpha$，即

$$P(\overline{X}-u_{\alpha/2}\sigma/\sqrt{n} \leqslant \mu \leqslant \overline{X}+u_{\alpha/2}\sigma/\sqrt{n}) = 1-\alpha \tag{7.5}$$

如图 7-1 所示。所以，正态总体均值 μ 的置信度为 $1-\alpha$ 的置信区间为：

$$[\overline{X}-u_{\alpha/2}\sigma/\sqrt{n}, \overline{X}+u_{\alpha/2}\sigma/\sqrt{n}] \tag{7.6}$$

如果总体不服从正态分布，但是样本量充分大（如样本量 $n \geqslant 50$），总体均值 μ 的置信度为 $1-\alpha$ 的置信区间仍然可以用式（7.6）估计。

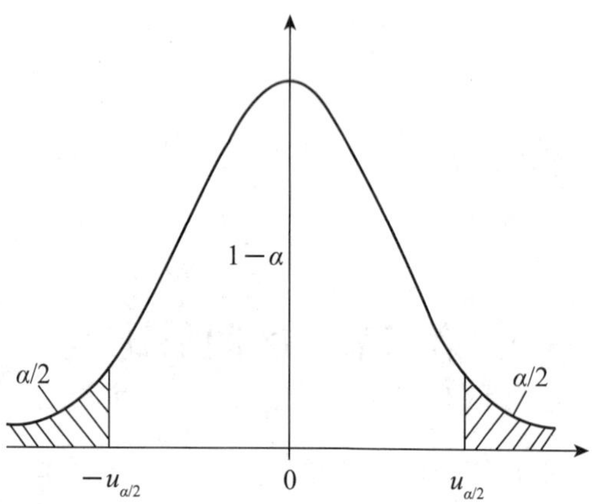

图 7-1 正态总体均值 μ 的区间估计示意图

例 7－2　从某校某年级期中英语试卷中随机抽取 20 份试卷，其成绩分别为：

80，75，72，88，65，75，90，90，61，79

82，78，73，82，65，70，90，90，63，77

已知该年级的期中英语成绩服从正态分布，方差 $\sigma^2=5^2$。试求出该班期中英语成绩均值 μ 的 95%和 99%的置信区间。

解：由随机抽取的 20 份试卷的成绩得：$\overline{X}=(80+75+\cdots+77)/20=77.25$。

当 $\sigma=5$，$\alpha=0.05$ 时，$P=0.5-0.05/2=0.475$，查正态分布表得 $u_{\alpha/2}=1.96$。

$$\overline{X}-\frac{u_{\alpha/2}\sigma}{\sqrt{n}}=77.25-1.96\times\frac{5}{\sqrt{20}}=75.06$$

$$\overline{X}+\frac{u_{\alpha/2}\sigma}{\sqrt{n}}=77.25+1.96\times\frac{5}{\sqrt{20}}=79.44$$

所以，μ 的置信度为 95%的置信区间为 [75.06，79.44]。它的实际含义是，该区间含有 μ 的可能性为 95%。

当 $\alpha=0.01$ 时，$P=0.5-0.01/2=0.495$，查正态分布表得 $u_{\alpha/2}=2.58$。

$$\overline{X}-\frac{u_{\alpha/2}\sigma}{\sqrt{n}}=77.25-2.58\times\frac{5}{\sqrt{20}}=74.37$$

$$\overline{X}+\frac{u_{\alpha/2}\sigma}{\sqrt{n}}=77.25+2.58\times\frac{5}{\sqrt{20}}=80.13$$

所以，μ 的置信度为 99%的置信区间为 [74.37，80.13]。

由此例我们看到，置信区间的长短在样本量 n 确定的情况下与置信度 $1-\alpha$ 有关。置信度越大，则置信区间越宽；置信度越小，则置信区间也越窄。因此，当样本量 n 一定时，要想提高置信度，置信区间势必就要变宽。但是，置信区间过宽则会失去参数估计的实际意义。另外，当置信度 $1-\alpha$ 一定时，置信区间的宽窄与样本量 n 有关，随着样本量 n 的增大，置信区间有变窄的趋势。因此，在保证一定的置信度的前提下，应适当地增大样本量以使置信区间变窄。不过，在实际工作中，增大样本量就意味着增加工作量，在人力、物力上增大开支。

（二）方差 σ^2 未知的情形

当总体方差 σ^2 未知时，若要对总体均值 μ 进行区间估计，又可分为大样本（样本量 $n\geqslant50$）和小样本（样本量 $n<50$）（注：本书中所称的小样本均是指样本量 $n<50$ 的样本）两种情形来讨论。一般来说，对于重要的决策，需要根据非常多的信息来做出判断，因此就需要较大的样本。如果决策的重要性相对较低，则可以使用较小的样本。

1. 大样本情形

当为大样本时，无论总体是否服从正态分布，均可用样本方差 S^2 来代替总体方差 σ^2，总体均值 μ 的置信度为 $1-\alpha$ 的置信区间为：

$$[\overline{X}-u_{\alpha/2}S/\sqrt{n},\ \overline{X}+u_{\alpha/2}S/\sqrt{n}] \tag{7.7}$$

例 7－3　某高校对大一新生进行健康体检，在体重测试中随机抽取 100 名学生，测得他们的平均体重为 60 千克，标准差为 5 千克。试用区间估计方法求出该校学生的平均体重大约是多少。

解：由题意得，大一新生体重的样本均值 $\overline{X}$ 为 60，样本标准差 S 为 5，我们若取置信度为 $1-\alpha=0.95$，$u_{\alpha/2}=1.96$，将之代入式（7.7）得

$$\overline{X}-\frac{u_{\alpha/2}S}{\sqrt{n}}=60-1.96\times\frac{5}{\sqrt{100}}=59.02$$

$$\overline{X}+\frac{u_{\alpha/2}S}{\sqrt{n}}=60+1.96\times\frac{5}{\sqrt{100}}=60.98$$

所以，体重的置信度为 95%的置信区间为 [59.02，60.98]。计算结果表明，该校大一学生的平均体重被包含在区间 [59.02，60.98] 的可能性为 95%。

2. 小样本情形

当正态总体方差未知，且为小样本情形时，由抽样分布理论知，此时

$$t=\frac{\overline{X}-\mu}{\sqrt{S^2/n}} \tag{7.8}$$

将服从自由度为 $n-1$ 的 t 分布。因此，正态总体均值 μ 的置信度为 $1-\alpha$ 的置信区间为：

$$\left[\overline{X}-\frac{t_{\alpha/2}(n-1)S}{\sqrt{n}},\ \overline{X}+\frac{t_{\alpha/2}(n-1)S}{\sqrt{n}}\right] \tag{7.9}$$

式中，$t_{\alpha/2}(n-1)$ 是自由度为 $n-1$、显著性水平为 α 所对应的 t 分布的双侧检验的临界值。

例 7-4 从某校五年级参加阅读能力测试的学生的试卷中随机抽取 10 份，其成绩如下：

70，63，67，80，85，90，76，89，85，95

试对该次成绩均值 μ 做区间估计（$\alpha=0.01$）。

解：设此次阅读能力测试得分 $X\sim N(\mu,\sigma^2)$，其中 μ，σ^2 均未知。10 份试卷的成绩为一个小样本，因此，我们采用式（7.9）来计算置信区间。先计算出样本均值 $\overline{X}$ 和样本方差 S^2。

$$\overline{X}=\frac{1}{10}(70+63+\cdots+85+95)=80$$

$$S^2=\frac{1}{10-1}[(70-80)^2+(63-80)^2+\cdots+(95-80)^2]=10.7^2$$

置信度为 $1-\alpha=0.99$，自由度为 $df=n-1=9$，查 t 分布表（附表 4）得 $t_{\alpha/2}(n-1)=3.25$，将之代入式（7.9）可得

$$\overline{X}-\frac{t_{\alpha/2}(n-1)S}{\sqrt{n}}=80-3.25\times\frac{10.7}{\sqrt{10}}=69.00$$

$$\overline{X}+\frac{t_{\alpha/2}(n-1)S}{\sqrt{n}}=80+3.25\times\frac{10.7}{\sqrt{10}}=91.00$$

所以，该次成绩均值 μ 的置信度为 99%的置信区间为 [69.00，91.00]。

二、总体方差的区间估计

设总体 $X\sim N(\mu,\ \sigma^2)$，μ，σ^2 都是未知的参数，x_1，x_2，…，x_n 是来自正态总体 X 的随机样本。我们希望通过样本数据来求得在置信度 $1-\alpha$ 下总体方差 σ^2 的置信区间。要对 σ^2 进行估计，我们自然会想到利用样本方差 S^2。由上一章抽样分布理论知

$$Y=\frac{1}{\sigma^2}\sum_{i=1}^{n}(x_i-\overline{X})^2 =\frac{(n-1)S^2}{\sigma^2} \tag{7.10}$$

服从自由度为 $n-1$ 的 χ^2 分布。因此

$$P[\chi^2_{1-\alpha/2}(n-1)\leqslant Y\leqslant\chi^2_{\alpha/2}(n-1)]=1-\alpha$$

即有

$$P\left\{\chi^2_{1-\alpha/2}(n-1)\leqslant\frac{(n-1)S^2}{\sigma^2}\leqslant\chi^2_{\alpha/2}(n-1)\right\}=1-\alpha$$

$$P\left\{\frac{(n-1)S^2}{\chi^2_{\alpha/2}(n-1)}\leqslant\sigma^2\leqslant\frac{(n-1)S^2}{\chi^2_{1-\alpha/2}(n-1)}\right\}=1-\alpha$$

式中，$\chi^2_{1-\alpha/2}(n-1)$ 和 $\chi^2_{\alpha/2}(n-1)$ 分别是自由度为 $n-1$ 的 χ^2 分布显著性水平为 $1-\alpha/2$ 和 $\alpha/2$ 时的临界值（参见总体方差的区间估计的示意图图 7－2）。所以，σ^2 的置信度为 $1-\alpha$ 的置信区间是：

$$\left[\frac{(n-1)S^2}{\chi^2_{\alpha/2}(n-1)},\ \frac{(n-1)S^2}{\chi^2_{1-\alpha/2}(n-1)}\right] \tag{7.11}$$

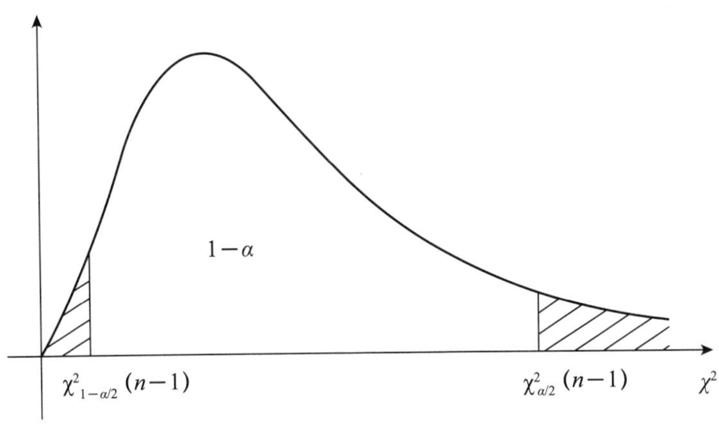

图 7－2　总体方差的区间估计的示意图

例 7－5　从某校四年级数学能力测试试卷中随机抽取 20 份，成绩如下：

75，66，77，90，80，85，73，82，65，66

77，96，67，69，86，75，79，89，64，75

试对该次成绩方差 σ^2 做区间估计（$\alpha=0.05$）。

解： 先计算出样本均值 $\overline{X}$ 和样本方差 S^2。

$$\overline{X}=\frac{1}{20}(75+66+\cdots+64+75)=76.8$$

$$S^2=\frac{1}{20-1}[(75-76.8)^2+(66-76.8)^2+\cdots+(75-76.8)^2]=9.186^2$$

$1-\alpha/2=0.975$，查 χ^2 分布表（附表 3）得 $\chi^2_{1-\alpha/2}(19)=8.91$，$\chi^2_{\alpha/2}(19)=32.9$。由式（7.11）得

$$\frac{(n-1)S^2}{\chi^2_{\alpha/2}(n-1)}=\frac{19\times 9.186^2}{32.9}=48.732$$

$$\frac{(n-1)S^2}{\chi^2_{1-\alpha/2}(n-1)}=\frac{19\times 9.186^2}{8.91}=179.940$$

所以，σ^2 的置信度为 95%的置信区间为 [48.732，179.940]。

三、两个正态总体均值差数的区间估计

在教育研究工作中，我们常常要考察两个正态总体的均值差数情况。例如，考察两所中学学生中考模拟测试的平均成绩相差多少分等问题。下面我们根据总体方差是否已知以及是否属于大样本情形分三种情况来讨论两个相互独立的正态总体均值差数的区间估计问题。

（一）两个正态总体方差已知的情形

设 $X\sim N(\mu_1,\sigma_1^2)$，$Y\sim N(\mu_2,\sigma_2^2)$，$X$ 与 Y 相互独立且 σ_1^2，σ_2^2 为已知常数。x_1，x_2，…，x_{n_1} 为来自总体 X 的随机样本；y_1，y_2，…，y_{n_2} 为来自总体 Y 的随机样本。$\overline{X}$ 和 $\overline{Y}$ 分别表示这两个样本的均值。我们需要计算两总体均值差数 $\mu_1-\mu_2$ 的置信度为 $1-\alpha$ 的置信区间。

由抽样分布理论知，$\overline{X}\sim N\left(\mu_1,\frac{\sigma_1^2}{n_1}\right)$，$\overline{Y}\sim N\left(\mu_2,\frac{\sigma_2^2}{n_2}\right)$，且 $\overline{X}$ 与 $\overline{Y}$ 相互独立。因此，$\overline{X}-\overline{Y}\sim N(\mu_1-\mu_2,\frac{\sigma_1^2}{n_1}+\frac{\sigma_2^2}{n_2})$，令

$$u=\frac{(\overline{X}-\overline{Y})-(\mu_1-\mu_2)}{\sqrt{\frac{\sigma_1^2}{n_1}+\frac{\sigma_2^2}{n_2}}} \tag{7.12}$$

则 $u\sim N$（0，1）。查正态分布表可得临界值 $u_{\alpha/2}$，故 $P(-u_{\alpha/2}\leqslant u\leqslant u_{\alpha/2})=1-\alpha$，即

$$P\left(-u_{\alpha/2}\leqslant\frac{(\overline{X}-\overline{Y})-(\mu_1-\mu_2)}{\sqrt{\frac{\sigma_1^2}{n_1}+\frac{\sigma_2^2}{n_2}}}\leqslant u_{\alpha/2}\right)=1-\alpha$$

$$P\left\{(\overline{X}-\overline{Y})-u_{\alpha/2}\sqrt{\frac{\sigma_1^2}{n_1}+\frac{\sigma_2^2}{n_2}}\leqslant\mu_1-\mu_2\leqslant(\overline{X}-\overline{Y})+u_{\alpha/2}\sqrt{\frac{\sigma_1^2}{n_1}+\frac{\sigma_2^2}{n_2}}\right\}=1-\alpha$$

所以，$\mu_1-\mu_2$ 的置信度为 $1-\alpha$ 的置信区间是

$$\left[(\overline{X}-\overline{Y})-u_{\alpha/2}\sqrt{\frac{\sigma_1^2}{n_1}+\frac{\sigma_2^2}{n_2}},(\overline{X}-\overline{Y})+u_{\alpha/2}\sqrt{\frac{\sigma_1^2}{n_1}+\frac{\sigma_2^2}{n_2}}\right] \tag{7.13}$$

（二）两个正态总体方差未知，但属于大样本的情形

在这种情形下，由于是大样本，所以，可以用样本方差S_1^2，S_2^2来代替总体方差σ_1^2，σ_2^2，并且令

$$u=\frac{(\bar{X}-\bar{Y})-(\mu_1-\mu_2)}{\sqrt{\frac{S_1^2}{n_1}+\frac{S_2^2}{n_2}}} \tag{7.14}$$

则 $u\sim N(0,1)$。因此，$\mu_1-\mu_2$的置信度为 $1-\alpha$ 的置信区间是

$$\left[(\bar{X}-\bar{Y})-u_{\alpha/2}\sqrt{\frac{S_1^2}{n_1}+\frac{S_2^2}{n_2}},\ (\bar{X}-\bar{Y})+u_{\alpha/2}\sqrt{\frac{S_1^2}{n_1}+\frac{S_2^2}{n_2}}\right] \tag{7.15}$$

例 7-6　从某省甲、乙两校高三学生中分别随机抽出 100 人，测得他们的英语测试成绩的平均值分别为 105 分、110 分，标准差分别为 15 分、10 分。试对甲、乙两校高三学生的高考英语模拟测试平均成绩的差数进行区间估计（置信度为 0.99）。

解：由题意知，$\bar{X}=105$，$S_1^2=225$，$\bar{Y}=110$，$S_2^2=100$，$n_1=n_2=100$，$\alpha=0.01$，查正态分布表得，$u_{\alpha/2}=2.58$。将这些数据代入式（7.15）可算得甲、乙两校高三学生的高考英语模拟测试平均成绩的差数 $\mu_1-\mu_2$ 的置信度为 99%的置信区间是［−9.651 2，−0.348 8］。

（三）两个正态总体的方差相等（$\sigma_1^2=\sigma_2^2=\sigma^2$），但 σ^2未知，且属于小样本的情形

由于n_1，n_2均小于 50，属于小样本情形，不能再用样本方差来代替总体方差，所以，我们采用如下的统计量

$$S^2=\frac{(n_1-1)S_1^2+(n_2-1)S_2^2}{n_1+n_2-2}$$

来代替σ^2，可以证明统计量

$$t=\frac{(\bar{X}-\bar{Y})-(\mu_1-\mu_2)}{\sqrt{\left(\frac{1}{n_1}+\frac{1}{n_2}\right)S^2}} \tag{7.16}$$

服从自由度为 n_1+n_2-2 的 t 分布。因此，我们可得 $\mu_1-\mu_2$ 的置信度为 $1-\alpha$ 的置信区间是

$$\left[(\bar{X}-\bar{Y})-t_{\alpha/2}(n_1+n_2-2)S\sqrt{\left(\frac{1}{n_1}+\frac{1}{n_2}\right)},(\bar{X}-\bar{Y})+t_{\alpha/2}(n_1+n_2-2)S\sqrt{\left(\frac{1}{n_1}+\frac{1}{n_2}\right)}\right] \tag{7.17}$$

式中，$t_{\alpha/2}(n_1+n_2-2)$ 是临界值，可根据α的大小和自由度n_1+n_2-2查t分布表找到。

第三节　利用 SPSS 获得参数估计

目前，SPSS 软件尚没有专门的参数估计过程，而是将参数估计的任务融入不同的统

计过程中，并提供相应的选项。接下来我们将分别介绍如何利用 SPSS 获得参数点估计值、置信区间以及如何求两个相互独立的正态总体的均值差数的置信区间。

（一）利用 SPSS 获得参数点估计

我们以前面的例 7-4 为例，设该次阅读能力测试成绩为变量 score，建立数据文件“7-1. sav”。若我们采用点估计的方式估计该校所有参加阅读能力测试的五年级学生成绩的均值和标准差，只需要单击主菜单上 Analyze—Descriptive Statistics—Descriptives，将变量 score 放入 Variable（s）栏，如图 7-3 所示。

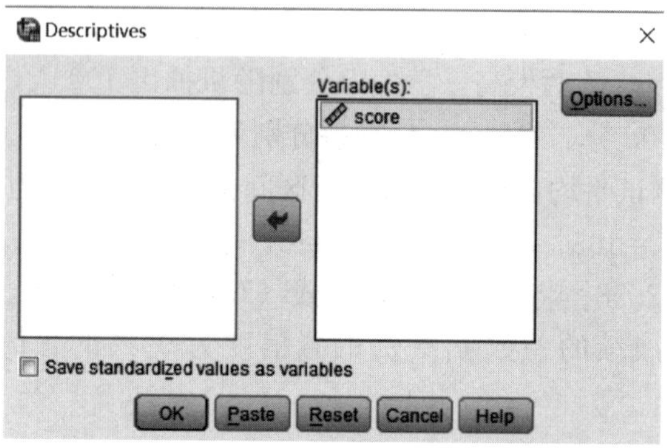

图 7-3　在 SPSS 中进行点估计的步骤 1

接下来，单击 Options，选中 Mean（样本均值）、Std. deviation（样本标准差）、Variance（样本方差）等选项，如图 7-4 所示。

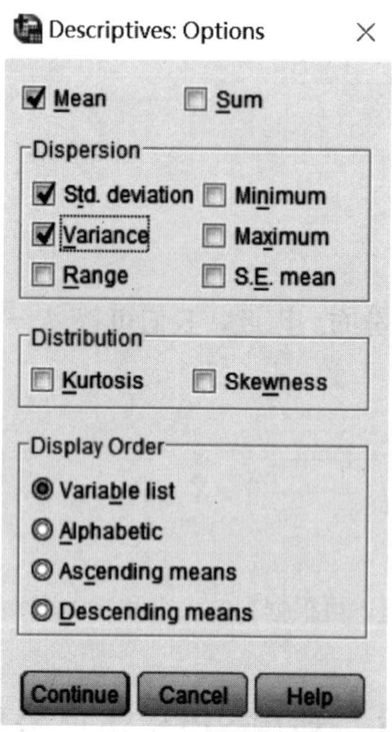

图 7-4　在 SPSS 中进行点估计的步骤 2

最后，点击 Continue 和 OK，即可得到如下结果：

Descriptive Statistics

	N	Mean	Std. Deviation	Variance
score	10	80.0000	10.69787	114.444
Valid N (listwise)	10			

我们可以用得到的样本均值（80）和样本标准差（10.698）来估计总体均值和总体标准差。

（二）利用 SPSS 获得参数置信区间

我们可以利用 SPSS 中的 Explore 探索分析过程来生成参数的 M-estimators 稳健估计。该估计量具有稳健性，受异常值影响相对较小，而且对于大部分的分布而言它都是很好的估计。我们仍以前面的例 7－4 为例，说明如何利用 Explore 过程来获得均值的置信区间，我们需要依次进行如下操作：

（1）单击主菜单上 Analyze—Descriptive Statistics—Explore，打开 Explore 的对话框，将变量 score 放入 Dependent List 栏，如图 7－5 所示。

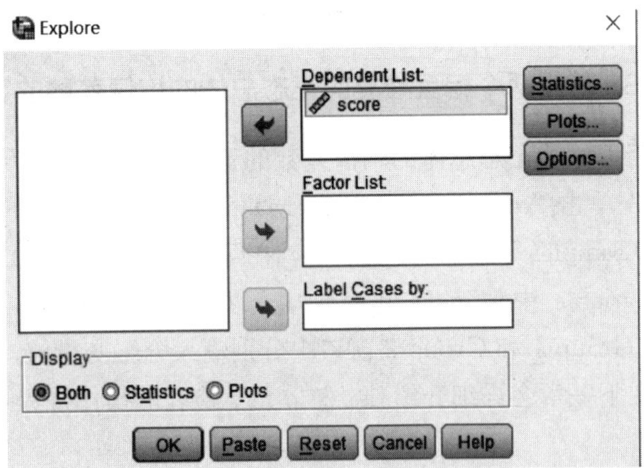

图 7－5　在 SPSS 中利用 Explore 模块获得参数估计的步骤 1

（2）单击 Statistics，进入 Explore：Statistics 对话框，选择 Descriptives，并在 Confidence Interval for Mean 栏中键入 99%，如图 7－6 所示。最后点击 Continue 和 OK 即可。

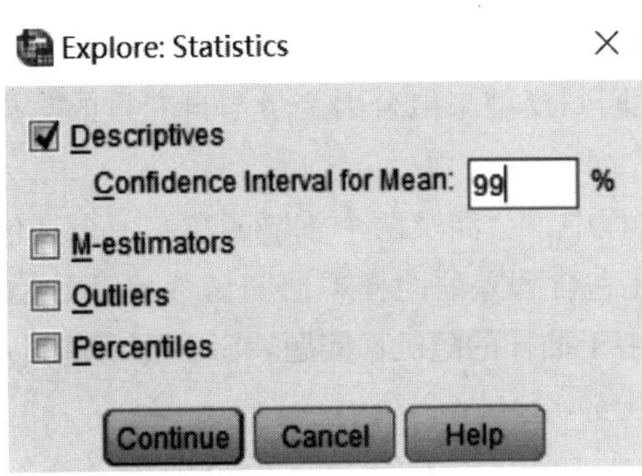

图 7－6　在 SPSS 中利用 Explore 模块获得参数估计的步骤 2

其输出结果如下，与我们在例 7-4 中计算的结果是一致的。

Descriptives

			Statistic	Std. Error
score	Mean		80.0000	3.38296
	99% Confidence Interval for Mean	Lower Bound	69.0059	
		Upper Bound	90.9941	
	5% Trimmed Mean		80.1111	
	Median		82.5000	
	Variance		114.444	
	Std. Deviation		10.69787	
	Minimum		63.00	
	Maximum		95.00	
	Range		32.00	
	Interquartile Range		20.00	
	Skewness		-.320	.687
	Kurtosis		-1.160	1.334

（三）利用 SPSS 获得两个相互独立的正态总体的均值差数的置信区间

对于求两个相互独立的正态总体的均值差数的置信区间，我们可以利用独立样本的 t 检验过程来进行。先单击 Analyze—Compare Means—Independent-Samples T Test，在打开的 Independent-Samples T Test 对话框中，在 Test Variable（s）列表框中输入变量名，在 Grouping Variable 中输入分组变量名，并单击 Define Groups，打开 Define Groups 对话框，在 Group 1 和 Group 2 窗口中分别输入分组变量值，最后点击 Continue 和 OK 即可。我们在下一章会详细介绍独立样本的 t 检验的操作过程及示例。

第四节　线性回归模型中 OLS 参数估计

教育定量研究中常用的线性回归分析，是分析一个随机变量（因变量）与若干个变量（自变量）之间线性关系的统计方法。在线性回归分析中，我们假设因变量与自变量之间为线性关系，用线性回归模型来拟合因变量与自变量的数据，并通过确定模型参数来得到回归方程。

在线性回归分析的过程中，会涉及两个重要函数，一个是包含随机误差项的总体回归函数（PRF），另一个是包含残差项的样本回归函数（SRF）。回归分析的主要目的就是用 SRF 估计 PRF，但由于抽样的随机性问题，SRF 很可能过高或过低地估计 PRF。

PRF：$Y_i=\beta_1+\beta_2 X_i+\mu_i$，$i=1, 2, \cdots, n$　　(7.18)

SRF：$Y_i=\hat{\beta}_1+\hat{\beta}_2 X_i+\hat{\mu}_i=\hat{Y}_i+\hat{\mu}_i$，$i=1, 2, \cdots, n$　　(7.19)

因此，SRF 可以看作 PRF 的近似估计，那么如何构造 SRF 才能使得估计的回归系

数 $\hat{\beta}_j$（$j=1$，2）尽可能地“逼近”真实的回归系数 β_j（$j=1$，2）呢？我们常用的估计方法有两种，一种是普通最小二乘法（ordinary least square，OLS），另一种是最大似然法（maximum likelihood，ML）。下面我们简要介绍一下 OLS 的估计过程。

（一）OLS 参数估计值的计算

OLS 的基本原则在于使得残差平方和最小。由式（7.19）可得

$$\hat{\mu}_i=Y_i-\hat{Y}_i=Y_i-(\hat{\beta}_1+\hat{\beta}_2X_i)$$

$$\min\sum\hat{\mu}_i^2=\min\sum\left[Y_i-(\hat{\beta}_1+\hat{\beta}_2X_i)\right]^2 \tag{7.20}$$

对 $\hat{\beta}_1$ 和 $\hat{\beta}_2$ 分别求导，并令导数为 0，可得到如下正规方程组：

$$\begin{cases}\sum Y_i=n\hat{\beta}_1+\hat{\beta}_2\sum X_i\\ \sum Y_iX_i=\hat{\beta}_1\sum X_i+\hat{\beta}_2\sum X_i^2\end{cases} \tag{7.21}$$

通过解方程组（7.21）可求出 $\hat{\beta}_2$ 的 OLS 估计值为：

$$\hat{\beta}_2=\frac{n\sum Y_iX_i-\sum X_i\sum Y_i}{n\sum X_i^2-\left(\sum X_i\right)^2}=\frac{\sum(X_i-\bar{X})(Y_i-\bar{Y})}{\sum(X_i-\bar{X})^2} \tag{7.22}$$

式中，$\bar{X}$ 和 $\bar{Y}$ 分别是 X 和 Y 的样本均值。将 $\hat{\beta}_2$ 代入方程组（7.21）可得

$$\hat{\beta}_1=\frac{1}{n}\sum Y_i-\hat{\beta}_2\frac{1}{n}\sum X_i=\bar{Y}-\hat{\beta}_2\bar{X} \tag{7.23}$$

（二）OLS 参数估计值的置信区间

由以上推导过程我们不难发现 OLS 估计量 $\hat{\beta}_2$ 是一个点估计值，它可由观测值计算，并且一旦我们从样本数据得到 OLS 估计值，就可画出样本回归线。那么，OLS 估计量 $\hat{\beta}_2$ 距离真实的 β_2 有多远呢？

这里我们就可以用区间估计的概念。假设存在两个正数 δ 和 α，它们位于 0～1 之间，那么随机区间（$\hat{\beta}_2-\delta$，$\hat{\beta}_2+\delta$）包含 β_2 的概率为 $1-\alpha$，用符号表示为：

$$P(\hat{\beta}_2-\delta\leqslant\beta_2\leqslant\hat{\beta}_2+\delta)=1-\alpha \tag{7.24}$$

（$\hat{\beta}_2-\delta$，$\hat{\beta}_2+\delta$）这样的一个区间如果存在的话，就称为置信区间（confidence interval），$1-\alpha$ 称为置信系数（confidence coefficient），而 α（$0<\alpha<1$）为显著性水平（level of significance）；置信限（confidence limit）为置信区间的端点，$\hat{\beta}_2-\delta$ 为置信下限（lower confidence limit），而 $\hat{\beta}_2+\delta$ 为置信上限（upper confidence limit）。例如，$\alpha=0.01$，可以表述为“随机区间（$\hat{\beta}_2-\delta$，$\hat{\beta}_2+\delta$）包含真实 β_2 的概率为 0.99 或 99%”，但是，不可以说 β_2 落入给定界限（$\hat{\beta}_2-\delta$，$\hat{\beta}_2+\delta$）的概率是 $1-\alpha$。

而且，可以证明 OLS 估计量具有如下基本性质：（1）线性性。$\hat{\beta}$ 是因变量 Y_i 的线性函数。（2）无偏性，$E(\hat{\beta})=\beta$。（3）最小方差性。

$$\mathrm{Var}(\hat{\beta}_2)=\frac{\sigma^2}{\sum(X_i-\bar{X})^2} \tag{7.25}$$

$$\mathrm{Var}(\hat{\beta}_1)=\sigma^2\left(\frac{1}{n}+\frac{\bar{X}^2}{\sum(X_i-\bar{X})^2}\right)=\sigma^2\frac{\sum X_i^2}{n\sum(X_i-\bar{X})^2} \tag{7.26}$$

$$\hat{\sigma}^2=\frac{\sum \hat{u}_i^2}{n-2} \tag{7.27}$$

在 u_i 正态性假定下，OLS 估计量 $\hat{\beta}_1$，$\hat{\beta}_2$ 是服从正态分布的。u_i 服从 N（0，σ^2），$\hat{\beta}_2$ 服从 $N(\beta_2, \frac{\sigma^2}{\sum(X_i-\overline{X})^2})$，$\hat{\beta}_1$ 服从 $N(\beta_1, \sigma^2\frac{\sum X_i^2}{\sum(X_i-\overline{X})^2})$，那么

$$Z=\frac{\hat{\beta}_2-\beta_2}{\sqrt{\frac{\sigma^2}{\sum(X_i-\overline{X})^2}}} \tag{7.28}$$

服从 N（0，1）。但是通常情形下，σ^2 未知，在实际操作中我们常常使用其无偏估计量 $\hat{\sigma}^2$ 来替代。而且

$$t=\frac{\hat{\beta}_2-\beta_2}{\sqrt{\frac{\hat{\sigma}^2}{\sum(X_i-\overline{X})^2}}} \tag{7.29}$$

服从自由度为 $n-2$ 的 t 分布。我们将 $\sqrt{\frac{\hat{\sigma}^2}{\sum(X_i-\overline{X})^2}}$ 称为估计量 $\hat{\beta}_2$ 的标准误，记作 se（$\hat{\beta}_2$）。

由 $P(-t_{\alpha/2}\leqslant t\leqslant t_{\alpha/2})=1-\alpha$，可得

$$P\left(-t_{\alpha/2}\leqslant\frac{\hat{\beta}_2-\beta_2}{\mathrm{se}(\hat{\beta}_2)}\leqslant t_{\alpha/2}\right)=1-\alpha$$

$$P\{\hat{\beta}_2-t_{\alpha/2}\mathrm{se}(\hat{\beta}_2)\leqslant\beta_2\leqslant\hat{\beta}_2+t_{\alpha/2}\mathrm{se}(\hat{\beta}_2)\}=1-\alpha \tag{7.30}$$

因此，β_2 的显著性水平为 α 的置信区间为 $[\hat{\beta}_2-t_{\alpha/2}\mathrm{se}(\hat{\beta}_2),\ \hat{\beta}_2+t_{\alpha/2}\mathrm{se}(\hat{\beta}_2)]$。同理，$\beta_1$ 的显著性水平为 α 的置信区间为 $[\hat{\beta}_1-t_{\alpha/2}\mathrm{se}(\hat{\beta}_1),\ \hat{\beta}_1+t_{\alpha/2}\mathrm{se}(\hat{\beta}_1)]$。不难看出，置信区间的宽度与估计量的标准误成正比，因此，估计量的标准误常被称为估计量的精度（precision）。

本章小结

直接用样本统计量的值作为总体参数的估计值的方法称为参数的点估计。点估计方法的不足之处在于没有给出估计误差的大小及可靠程度。而区间估计方法所给出的估计值不是一个单一的数值，而是一个数值区间。区间估计方法既能告诉我们参数的真正数值在什么范围内，又能告诉我们下此结论有多大把握。

衡量点估计量优劣的标准包括估计量的无偏性、有效性与一致性。然而，在理论上很难找到同时满足上述三个标准的估计量。因此，一个统计量作为总体某参数的估计量，其优劣也只是相对于别的统计量而言的。我们常用样本均值 $\overline{X}$ 来估计总体均值 $E(X)$，用样本方差 S^2 来估计总体方差 $D(X)$。

在大数次重复取样下，估计量不会系统地引起过高或过低的偏差，而且平均起来集中于参数真值，这种估计量所具有的没有系统偏差的性质在统计学上称作无偏性。估计

量的有效性指的是估计量应该有尽可能小的方差，这样估计量的取值就会比较稳定。而所谓一致性，是指当样本量无限增大时，估计量依概率收敛到它所估计的总体参数，即当样本量充分大时，估计值与待估参数接近的可能性很大。

我们在对总体均值 μ 进行区间估计时，若总体方差 σ^2 已知，可以利用正态分布理论；而若总体方差 σ^2 未知，则要分大样本（样本量 $n \geqslant 50$）和小样本两种情形。当为大样本时，无论总体是否服从正态分布，均可用样本方差 S^2 来代替总体方差 σ^2。当为小样本时，则需要利用 t 分布理论。此外，我们在对总体方差 σ^2 进行区间估计时，需要利用 χ^2 分布理论。而在讨论两个相互独立的正态总体均值差数的区间估计问题时，我们需要根据总体方差是否已知以及是否属于大样本情形分三种情况来讨论。

目前，SPSS 软件尚没有专门的参数估计过程，而是将参数估计的任务融入不同的统计过程中，并提供相应的选项。利用 SPSS 可以获取参数的点估计和区间估计。此外，参数估计也广泛应用于线性回归模型中。

思考题

1. 从某市中考数学试卷中随机抽取 30 份，计算得其平均成绩为 85 分，标准差为 10 分。

（1）试求该市中考数学平均成绩的置信度为 95%的置信区间。

（2）试对该市中考数学成绩的标准差进行区间估计（$\alpha=0.05$）。

2. 从某高校化学学院大一新生中随机抽取 100 人，计算得他们公共英语测试平均成绩为 82 分，标准差为 15 分；从该校经济与管理学院大一新生中随机抽取 80 人，计算得他们公共英语测试平均成绩为 70 分，标准差为 9 分。问：该校化学学院和经济与管理学院大一新生公共英语测试平均成绩至少相差多少分？至多相差多少分（置信度为 0.99）？

3. 分别从某年级甲、乙两班期末语文试卷中随机抽取 10 份，其得分如下：

甲班：82，65，87，73，93，76，84，95，56，87

乙班：75，65，97，88，75，62，78，94，45，74

假设两个班成绩的方差是相等的，试对这两个班的期末语文平均成绩的差值进行区间估计（$\alpha=0.05$），请分别利用公式计算和 SPSS 操作（数据文件为“exe7－1.sav”）给出区间估计的结果。

第八章 参数假设检验

本章提要

推断统计主要包括参数估计、假设检验和多元统计分析三部分。第七章我们已经介绍过参数估计的内容，包括点估计和区间估计。本章我们将继续阐释推断统计的基本概念以及参数假设检验的原理及基本思路与步骤。同时，我们也将介绍如何利用 SPSS 软件的均值比较（Compare Means）功能模块的 t 检验（T test）命令，来进行单样本的 t 检验（One-Sample T Test）、独立样本的 t 检验（Independent-Samples T Test）以及配对样本的 t 检验（Paired-Samples T Test）。通过本章学习，我们希望读者可以掌握参数假设检验的基本原理与步骤，并可以利用 SPSS 软件解决差异检验问题。

第一节 推断统计的基本概念

一、推断统计的概念

统计学是一门搜集、整理和推理分析数据的科学，其目的在于探索数据内在的数量规律性。简言之，统计学是搜集、处理、分析、解释数据并从数据中得出结论的科学。我们可以将常见的数据统计方法分为两大类，一类为描述统计（descriptive statistics），另一类为推断统计（inferential statistics）。

描述统计是研究如何整理原始数据资料、描述数据全貌的方法，其目的在于利用杂乱无章的数据更好地显示出事物或现象的某些特征，有助于说明事物或现象的本质。在前面的章节中我们已经介绍过一些常用的数据描述统计方法，包括使用算术平均数、加权平均数、中位数、众数等统计量来描述数据的集中趋势，使用方差、标准差、四分位差、极差、变异系数等统计量来描述数据的离散趋势，以及使用频数分布表、条形图、饼图、直方图等图表描述数据的分布特征，等等。

而推断统计和描述统计不同，它是研究如何利用样本数据推断总体特征的统计学方法。严格地说，推断统计是一种依据随机样本数据，从局部推断总体，即对总体的某些特征进行推断、估计和预测的一种统计学方法。

二、推断统计的方法

推断统计主要包括参数估计、假设检验和多元统计分析三部分。具体来说，推断统计的方法主要包括如下几种：

（1）对于数字特征量的估计，如参数估计中的点估计、区间估计。

（2）对于单样本或两个样本的总体特征参数取值特点的假设检验，如检验 H_0：$\mu=\mu_0$；H_0：$\mu_1=\mu_2$。

（3）对于多个样本所来自的总体均值是否相等的检验，如方差分析。

（4）对于变量间关联性的分析，如相关分析、对应分析等。

（5）将变量关系模型化，如回归分析等。

（6）对未来观察的预测，如时间序列分析等。

（7）数据挖掘，如聚类分析、探索性因子分析等。

本章我们主要介绍推断统计中的假设检验的部分内容。

第二节　假设检验的原理及步骤

在教育和心理实验中，常常要借助统计分析方法对实验所获得的数据进行分析或对实验效果进行比较。例如，我们需要对两种教材的效果进行比较，通常可以选取其他条件尽可能相同的两所学校分别使用不同的教材，一段时间后对两所学校的学生进行一次测验，从测验成绩中分别随机抽取部分成绩作为两个随机样本，利用两个随机样本平均数的差异来比较两种教材效果的均值的差异，这就属于两个正态总体均值相等的参数假设检验问题。接下来，我们主要介绍假设检验的基本原理与一般步骤，并分单样本、双样本（双样本又分独立样本和相关样本两种情况）来讨论总体均值比较的参数假设检验问题。

一、假设检验的原理

假设检验是根据样本信息来判断总体分布是否具有指定特征的统计推断方法。根据检验假设时是否需要利用总体分布形态方面的信息，假设检验可分为参数假设检验和非参数假设检验两大类。参数假设检验是在总体分布形态已知时对总体某个未知参数值的假设所做的检验。例如，已知某个样本的均值为 μ_0，它来自一个正态总体，即 $X\sim N(\mu,\sigma^2)$，其中 μ 未知，问：是否有理由说它来自均值为 μ_0 的正态总体？即检验假设：$\mu=\mu_0$。又比如，已知两个相互独立的样本，它们分别来自正态总体 $N(\mu_1,\sigma_1^2)$ 和 $N(\mu_2,\sigma_2^2)$，其中 μ_1，μ_2，σ_1，σ_2 均是未知数，能否说这两个总体的均值相等或方差相等？即检验假设 $\mu_1=\mu_2$ 或 $\sigma_1^2=\sigma_2^2$。

上述两个例子提出的问题都属于参数假设检验问题，因为我们已知总体服从正态分布，尽管总体参数（如均值、方差）未知。我们可以根据样本数据和总体分布形态信息设立某种统计量，利用统计量的值与其所服从的分布的临界值进行比较，从而判断假设是否成立。

而在很多情况下，我们对总体的分布形态是不了解的，尤其是所获得的数据是称名变量或定序变量时，一般是不服从正态分布的，这时我们就不能对所设立的假设进行参数假设检验（如进行 t 检验、F 检验等），而只能采用非参数假设检验方法。非参数假设检验是指在总体分布形态未知的情况下对总体分布函数的类型或它的某些特征的某种假设所进行的检验。例如，检验样本所属总体是否服从正态分布，检验两个样本所属总体的分布是否相同，检验两个样本所属总体取值的平均状况是否有显著性差异，等等。检验假设是否成立所依据的只是样本数据的信息，而不需要利用总体分布形态和总体分布参数值方面的信息。

若样本数据符合参数检验条件，采用参数假设检验比非参数假设检验会更有效。因为参数假设检验不仅需要利用样本数据信息，而且需要利用总体分布形态方面的信息，因而其检验效能也就更强。但是当参数假设检验的条件不能满足时，如研究的是定序变量或称名变量，不满足正态分布的条件，或者未知样本数据的分布类型时，就可以考虑使用非参数检验方法。

对于一个假设检验问题，一般是同时提出两个相互对立的假设，即零假设和备择假设。

所谓零假设（亦称原假设），是关于当前样本所属的总体（指参数值或分布形式）与原设总体（指参数值或分布形式）无区别的假设。它往往是研究者根据样本信息期待拒绝的假设。一般用 H_0 表示零假设。例如，H_0：样本所属总体服从正态分布。

所谓备择假设，是指与零假设相互对立的假设。它是关于当前样本所属总体（指参数值或分布形式）与原设总体（指参数值或分布形式）不同的假设，而且它是当否定了零假设之后应当接受的假设，一般用 H_1 表示。例如，H_1：样本所属总体不服从正态分布。

二、假设检验的基本思路与步骤

假设检验的基本思路是：先建立一个零假设 H_0，然后在 H_0 成立的条件下看看会产生什么样的后果。如果经过一系列正确的逻辑推理和分析计算之后，导致一个不合理的现象出现，就有理由认为原先的零假设 H_0 是错误的，应当否定 H_0；如果没有出现不合理的现象，那我们就没有充分的理由否定 H_0，或者说，我们没有发现 H_0 有不合理的地方，所以，就应当接受 H_0。什么样的现象属于不合理的现象呢？“小概率事件在一次试验中不可能发生”，这是我们的共识，也正是假设检验所基于的原理。如果在一次试验中，小概率事件居然发生了，我们就认为是不合理的现象，就有充分的理由怀疑其零假设的前提是不正确的，因而应当拒绝零假设。

在统计学中，一般是将概率小于或等于 α 的事件称为小概率事件。通常规定 $\alpha=0.05$ 或 $\alpha=0.01$。在假设检验中，零假设是否成立与 α 的大小是有关系的，我们又称 α 为显著性水平。

在假设检验中，“小概率事件”是指样本统计量的值在其抽样分布上出现的概率小于或等于事先规定的显著性水平 α，这时，就认为小概率事件发生了。我们把出现具有小概率的随机事件称为小概率事件。下面我们以例 8－1 来说明假设检验的一般步骤。

例 8－1　某高校对男女生每日平均锻炼时间进行统计，分别随机抽取了 20 名男生和 20 名女生，他们日锻炼时间数据如表 8－1 所示。

表 8－1　男女生平均日锻炼时间　　单位：小时

男	3.0	2.0	1.5	4.0	3.0	5.0	2.0	1.0	1.5	2.5	0.5	3.5	1.0	2.0	3.0	1.5	2.5	1.0	1.5	4.0
女	0.5	1.0	1.0	2.0	1.0	0.5	1.0	1.0	1.5	2.5	2.0	2.5	1.5	0.5	1.0	1.0	0.5	2.0	2.0	2.5

我们很容易得到男女生平均每天的锻炼时间，分别是男生 $\overline{X}_1=2.3$ 小时，女生 $\overline{X}_2=1.375$ 小时，能否据此数据就得出男女生平均每天锻炼的时间不相等的结论呢？这正是假设检验所要解决的问题。

我们假设男女生每天的锻炼时间是服从正态分布的，并且假设其方差相等，即 $X_1\sim N(\mu_1,\sigma^2)$，$X_2\sim N(\mu_2,\sigma^2)$。通过计算可得 $\overline{X}_1=2.3$，$\overline{X}_2=1.375$，样本方差 $S_1^2=1.431$，$S_2^2=0.497$。

如果假设 H_0：$\mu_1=\mu_2$ 成立，则由式（6.9）得

$$t=\frac{\overline{X}-\overline{Y}}{\sqrt{\dfrac{S_1^2+S_2^2}{n}}}\sim t(2n-2) \tag{8.1}$$

式中，$n=20$，即统计量 t 服从自由度为 $2n-2$ 的 t 分布。此时，若选定 $\alpha=0.05$，则对于满足概率 $P\{|t|>t_{\alpha/2}(2n-2)\}=\alpha$ 的临界值 $t_{\alpha/2}(2n-2)$，可查 t 分布表 $df=30$ 和 $df=40$ 时的临界值，并估算出 $t_{\alpha/2}(38)\approx 2.025$。因此，“$|t|>2.025$”便是一个小概率事件，因为它发生的可能性只有 0.05，它在一次试验中不应该发生。但是，若在一次试验中统计量 t 的绝对值确实大于 2.025，我们就认为这是发生了小概率事件。我们有理由怀疑其零假设的正确性，从而拒绝零假设接受备择假设。否则，我们就没有充分的理由去否定零假设，即可认为零假设 H_0 是相容的。我们可以计算出：

$$t=\frac{2.3-1.375}{\sqrt{\dfrac{1.431+0.497}{20}}}=2.979$$

即小概率事件“$|t|>2.025$”确实发生了，所以，我们有充分的理由拒绝零假设 H_0：$\mu_1=\mu_2$，而接受其备择假设 H_1：$\mu_1\neq\mu_2$，即认为该校男女生日平均锻炼时间是有显著差异的。

由式（8.1）所确定的统计量 t 的值域 $\{t:|t|>t_{\alpha/2}(2n-2)\}$ 我们称为 H_0：$\mu_1=\mu_2$ 的拒绝域，它的余集 $\{t:|t|\leqslant t_{\alpha/2}(2n-2)\}$ 被称为 H_0 的接受域，即当样本统计量 t 的值落入拒绝域时，我们要拒绝零假设 H_0；当样本统计量 t 的值落入接受域时，我们要接受 H_0，即认为 H_0 是相容的。选定的 α 不同，其临界值 $t_{\alpha/2}(2n-2)$ 显然也不同，t 统计量的拒绝域（或接受域）也就不同。

由上可知，假设检验一般遵循如下步骤：

（1）建立零假设和备择假设，如：H_0：$\mu_1=\mu_2$；H_1：$\mu_1\neq\mu_2$。

（2）在零假设成立的前提下，选择合适的检验方法及检验统计量（例如，t 检验、F

检验、χ^2检验等）。

（3）计算给定样本的统计量值。

（4）选定显著性水平 α，查统计量所服从的分布的分布表来确定临界值，从而确定 H_0的拒绝域和接受域。

（5）对 H_0做出判断，将临界值与样本统计量值相比较，若统计量值落在 H_0的拒绝域中，则拒绝 H_0；若统计量值落在 H_0的接受域中，则接受 H_0。

第三节　SPSS 中参数假设检验的操作

参数假设检验在 SPSS 中是由 Compare Means（均值比较）功能模块的 T test（t 检验）过程来完成的。按不同的比较方式，T test 分为 3 个子过程：One-Sample T Test（单样本的 t 检验）、Independent-Samples T Test（独立样本的 t 检验）以及 Paired-Samples T Test（配对样本的 t 检验）。它们分别用以检验服从正态分布的一个样本的总体均值与给定的常数之间的差异是否显著、两个独立样本或配对样本的总体均值之间的差异是否显著等问题。

一、单样本的 t 检验

单样本的 t 检验是检验来自正态总体的一个样本的总体均值与一个给定常数之间的差异是否显著，即检验假设 H_0：$\mu=\mu_0$是否成立，这里 μ，μ_0分别为总体均值和给定的常数。例如检验某小学学生的平均睡眠时间是否达到国家规定的 8 小时等。

设 x_1，x_2，…，x_n是来自正态总体 N（μ，σ^2）的小样本，其中 μ 和 σ^2 均未知。如果假设 H_0：$\mu=\mu_0$成立，则由式（7.8）得

$$t=\frac{\overline{X}-\mu_0}{\sqrt{S^2/n}} \tag{8.2}$$

服从自由度为 $n-1$ 的 t 分布。其中，$\overline{X}$，S^2 分别为样本均值和样本方差；n 为样本量。对于选定的显著性水平 α，查 t 分布表可得其临界值 $t_{\alpha/2}$（$n-1$）。如果由样本数据根据式（8.2）计算出的统计量 t 的绝对值大于此临界值，则拒绝 H_0；否则，接受 H_0。

若 $|t|>t_{\alpha/2}(n-1)$，则拒绝 H_0；

若 $|t|\leqslant t_{\alpha/2}(n-1)$，则接受 H_0。

下面我们举例说明如何利用 SPSS 中的 One-Sample T Test 命令来实现上述假设检验过程。

例 8－2　已知某校小学生睡眠时间 X 服从正态分布，即 $X\sim N$（μ_0，σ^2），其中σ^2未知。现从该校随机抽取 20 名小学生，其睡眠时间如下：

7，8，8.5，9，7.5，8，6，9，6.5，8，7，7.5，8.5，6.5，7，7，8，8.5，6，5

问：该校小学生的平均睡眠时间是否达到 8 小时（$\alpha=0.01$）？

解：由题意，需要检验假设 H_0：$\mu=8$。我们先将上述 20 名学生的睡眠时间（sleep）

录入并建立数据文件“8－1. sav”。然后利用 One-Sample T Test 命令来对此假设进行检验。具体操作如下：

（1）打开数据文件“8-1. sav”。

（2）单击 Analyze—Compare Means—One-Sample T Test，打开 One-Sample T Test 对话框。

（3）将睡眠时间变量 sleep 从源变量栏移至 Test Variable（s）框内。在下方 Test Value 栏内输入 8，如图 8－1 所示。

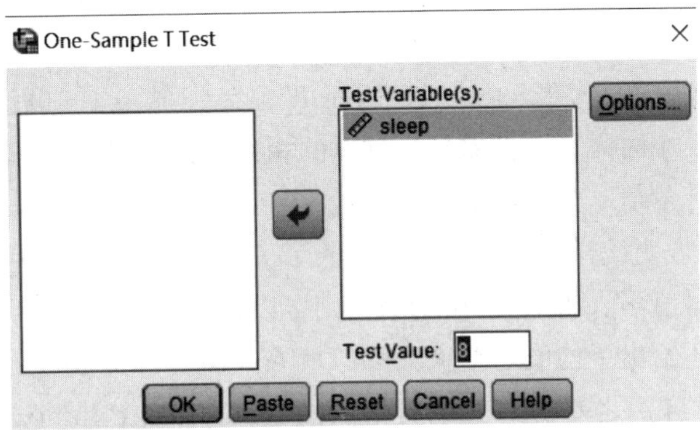

图 8－1　单样本 t 检验的 SPSS 操作步骤 1

（4）单击 Options，打开选择项对话框。在 Confidence Interval Percentage 栏内输入 99（系统默认值为 95），如图 8－2 所示。规定显著性水平 $\alpha=0.01$。在 Missing Values 栏下选择系统默认值 Exclude cases analysis by analysis 项，即在需要分析的变量数据中剔除含有缺失值的个案。（注：另一可选项为 Exclude cases listwise，即剔除所有变量数据中含有缺失值的个案数据。）

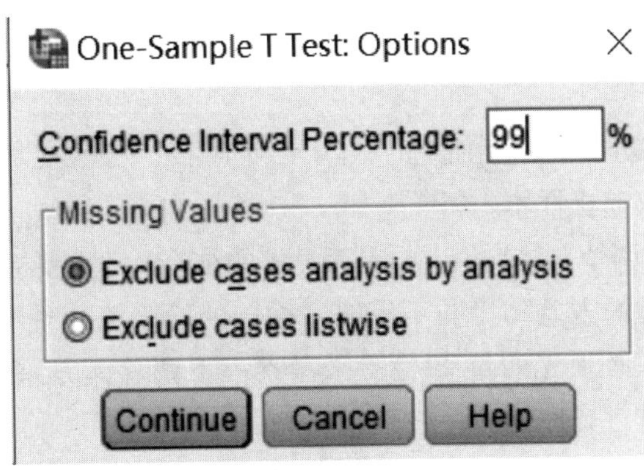

图 8－2　单样本 t 检验的 SPSS 操作步骤 2

（5）单击 Continue，返回主对话框。单击 OK，可以输出如下结果：

One-Sample Statistics

	N	Mean	Std. Deviation	Std. Error Mean
sleep	20	7.4250	1.07941	.24136

One-Sample Test

	Test Value = 8					
	t	df	Sig. (2-tailed)	Mean Difference	99% Confidence Interval of the Difference	
					Lower	Upper
sleep	-2.382	19	.028	-.57500	-1.2655	.1155

第一个表格中给出的是睡眠时间变量 sleep 的一些描述性统计量：样本量为 20，样本均值为 7.425 0，样本标准差为 1.079 41，样本均值的标准误为 0.241 36。

第二个表格中给出的是单样本 t 检验的结果。t 统计量的值为－2.382，自由度为 19，双侧 t 检验的相伴概率 $p=0.028>0.01$，因而 H_0：$\mu=8$ 成立。（也就是说）该校小学生的平均睡眠时间与 8 小时无显著性差异。这里的相伴概率 p 是指在 H_0：$\mu=8$ 成立的条件下，以该样本的统计量值 t_0 为临界值，事件 $\{t: |t|>t_0\}$ 发生的概率，即 $p=P\{|t|>t_0\}$。如果 $p\leqslant\alpha$，说明该样本的统计量值落入了 H_0 的拒绝域，则拒绝 H_0；如果 $p>\alpha$，说明该样本的统计量值落入了 H_0 的接受域，则可以接受 H_0，即认为 H_0 是相容的。

第二个表格中还给出了均值之差（Mean Difference）（$\overline{X}-\mu_0=7.425-8=-0.575$）和 sleep 的总体均值与 μ_0 之差的 99%的置信区间（Confidence Interval of the Difference）的下、上限。由此可得：该校小学生平均睡眠时间的 99%的置信区间为 $[8-1.265\,5, 8+0.115\,5]=[6.7345, 8.1155]$。

二、两个独立样本的 t 检验

两个独立样本的 t 检验用以检验服从正态分布且相互独立的两个样本的总体均值之间的差异是否显著。例如检验同一学校男教师与女教师的工作投入度是否有显著性差异，检验两种不同类型学校（如公立中学和私立中学）学生的成绩是否存在显著性差异，等等。

设有两个服从正态分布的相互独立的总体 X 和 Y，$X\sim N(\mu_1, \sigma_1^2)$，$Y\sim N(\mu_2, \sigma_2^2)$。分别从这两个总体中抽取随机样本，得 $x_1, x_2, \cdots, x_{n_1}$ 和 $y_1, y_2, \cdots, y_{n_2}$。通过这两个样本的数据信息来推断出两个总体均值差异是否显著的结论，即需要检验假设 H_0：$\mu_1=\mu_2$。

由于两个正态总体的方差相等与不等时，构造的检验统计量不同。所以，在两个总体的方差信息未知时，必须先通过 F 检验来考察一下两总体方差之间的差异是否显著，即要先对两总体方差进行齐性检验，检验假设 H_0：$\sigma_1^2=\sigma_2^2$。

令 $S_1^2=\dfrac{1}{n_1-1}\sum\limits_{i=1}^{n_1}(x_i-\overline{X})^2, S_2^2=\dfrac{1}{n_2-1}\sum\limits_{j=1}^{n_2}(y_j-\overline{Y})^2$，如果假设 H_0：$\sigma_1^2=\sigma_2^2$ 成立，则由式（6.12）知：

$$F=\frac{S_1^2}{S_2^2}\sim F(n_1-1, n_2-1) \tag{8.3}$$

如果其相伴概率 $p\leqslant\alpha$，则拒绝 H_0：$\sigma_1^2=\sigma_2^2$，即认为两个正态总体的方差差异显著。此时，对于 H_0：$\mu_1=\mu_2$，我们需要进行方差非齐性下的 t 检验，构造如下的 t 检验统计量：

$$t=\frac{\overline{X}-\overline{Y}}{\sqrt{\frac{S_1^2}{n_1}+\frac{S_2^2}{n_2}}}\sim t(\upsilon) \tag{8.4}$$

令 $k=\frac{S_1^2/n_1}{S_1^2/n_1+S_2^2/n_2}$，则式（8.4）中的自由度 $\upsilon=\frac{1}{k^2/n_1+(1-k^2)/n_2}$。

如果 t 统计量的相伴概率 $p\leqslant\alpha$，则拒绝 H_0：$\mu_1=\mu_2$；否则，接受 H_0。

如果式（8.3）中的统计量 F 的相伴概率 $p>\alpha$，则接受 H_0：$\sigma_1^2=\sigma_2^2$，即认为两个总体的方差相等。此时，对于 H_0：$\mu_1=\mu_2$，我们进行方差齐性下的 t 检验，构造如下的 t 检验统计量：

$$t=\frac{\overline{X}-\overline{Y}}{\sqrt{\left(\frac{1}{n_1}+\frac{1}{n_2}\right)S^2}}\sim t(n_1+n_2-2) \tag{8.5}$$

式中，$S^2=\frac{(n_1-1)S_1^2+(n_2-1)S_2^2}{n_1+n_2-2}$。

如果 t 统计量的相伴概率 $p\leqslant\alpha$，则拒绝 H_0：$\mu_1=\mu_2$；否则，接受 H_0。

下面我们通过例 8－3 来说明如何利用 SPSS 中的 Independent－Samples T Test 命令实现上述检验过程。

例 8－3　某小学对五年级学生开展语文教学改革试验，选取甲、乙两个平行班做试点，每班各 25 人。甲班用传统的教师讲授的教学方法，乙班采取学生自学和师生相互讨论的新的教学方法。一学年后，用同一份试题对两个班的学生进行语文测验，得到的成绩如表 8－2 所示。问：这两种教学方法的效果是否有显著性差异（$\alpha=0.01$）？

表 8－2　甲、乙两班语文成绩数据　　单位：分

班级	成绩
甲班	78 63 57 89 90 69 72 70 82 74 71 56 92 60 64 91 67 58 61 80 64 53 69 75 79
乙班	82 85 89 92 59 63 80 94 75 79 93 70 66 87 78 85 90 77 72 69 86 80 70 90 85

解：依题意，先建立一个数据文件“8－2. sav”，其中学生语文成绩记为变量 score，分组变量名为 tmethod，其值为“1”，表示为传统教学法，其值为“2”，表示为新教学法（变量值标签为：1＝“传统教学法”，2＝“新教学法”）。我们要检验的假设为 H_0：$\mu_1=\mu_2$，利用 Independent－Samples T Test 命令对此假设进行检验。我们需要在 SPSS 中进行如下操作：

（1）打开数据文件“8－2. sav”。

（2）单击 Analyze—Compare Means—Independent-Samples T Test，打开 Independent-Samples T Test 的对话框。

（3）将语文成绩变量 score 从源变量栏移至 Test Variable（s）框内，将对此变量的数据进行 t 检验。将分组变量 tmethod 从源变量栏移至 Grouping Variable 框内，如图 8－3 所示。

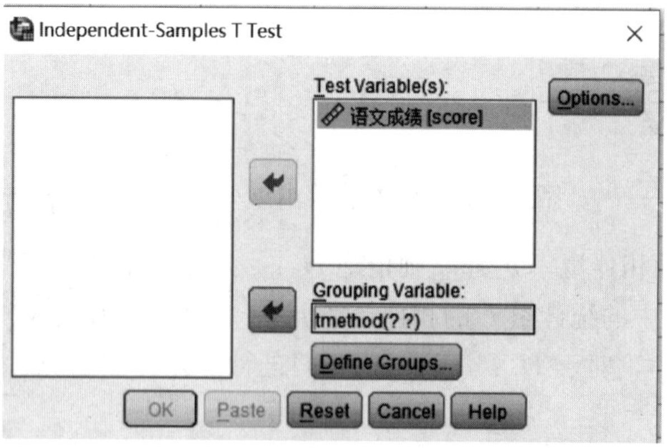

图 8-3　两个独立样本 t 检验的 SPSS 操作步骤 1

（4）单击 Define Groups 打开定义分组对话框。在该对话框下面的两个 Group 框内分别输入“1”和“2”两个分组变量值，如图 8-4 所示。然后单击 Continue 返回主对话框。

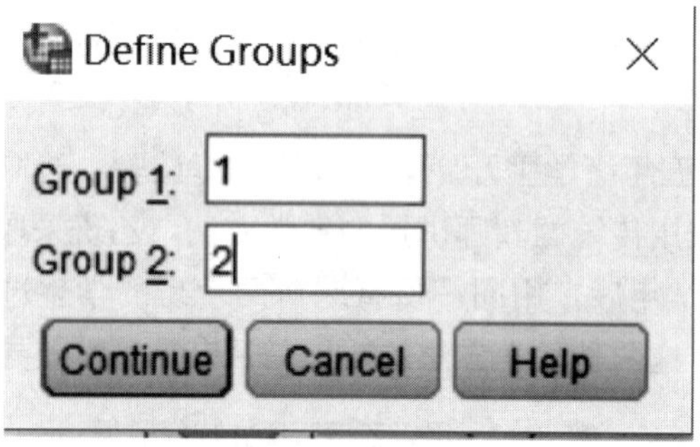

图 8-4　两个独立样本 t 检验的 SPSS 操作步骤 2

（5）在主对话框中，单击 Options，打开选择项对话框。在 Confidence Interval Percentage 栏内输入 99，即规定显著性水平 $\alpha=0.01$。在 Missing Values 栏下选择系统默认值 Exclude cases analysis by analysis 项，如图 8-5 所示。

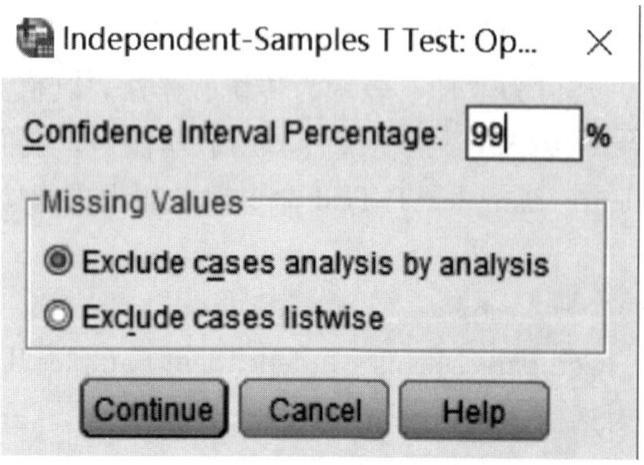

图 8-5　两个独立样本 t 检验的 SPSS 操作步骤 3

（6）单击 Continue，返回主对话框。单击 OK，即可输出如下结果：

Group Statistics

	教学方法	N	Mean	Std. Deviation	Std. Error Mean
语文成绩	传统教学法	25	71.3600	11.52128	2.30426
	新教学法	25	79.8400	9.79660	1.95932

Independent Samples Test

		Levene's Test for Equality of Variances		t-test for Equality of Means						
		F	Sig.	t	df	Sig. (2-tailed)	Mean Difference	Std. Error Difference	95% Confidence Interval of the Difference	
									Lower	Upper
score	Equal variances assumed	0.641	.427	-2.804	48	.007	-8.480	3.02465	-16.59274	-.36726
	Equal variances not assumed			-2.804	46.791	.007	-8.480	3.02465	-16.60138	-.35862

第一个表格给出的是语文成绩变量 score 按 tmethod 的值分组后的一些描述性统计量：样本量、样本均值、样本标准差以及样本均值的标准误。从按两种教学方法学习后学生的语文成绩得分的样本均值来看，是有一定差距的，采用新教学法的学生的语文成绩优于采用传统教学法的学生的语文成绩；从样本标准差来看，采用新教学法的学生的语文成绩的变异性小于采用传统教学法的学生的语文成绩的变异性。

第二个表格给出的是方差齐性检验与 t 检验的计算结果。方差齐性检验（Levene 检验）结果中，F 统计量的值为 0.641，其相伴概率 $p=0.427>0.05$。因此，两种不同教学方法下学生的语文成绩变量的方差是齐性的。在 t 检验结果中应该选择 Equal variances assumed（假设方差相等）一行的数据作为此例的 t 检验结果数据（如果 Levene 检验结果表明方差非齐性，在 t 检验结果中应该选择 Equal variances not assumed 一行的数据作为此例的 t 检验结果数据）。t 统计量的值为 -2.804，相伴概率为 $p=0.007<0.01$，因而我们应当拒绝 H_0：$\mu_1=\mu_2$，即得出采用两种教学方法的学生语文成绩存在显著性差异的结论。

第二个表格还给出了两组均值之差为-8.480，即采用新教学法的学生的语文成绩比采用传统教学法的学生的语文成绩高 8.480 分。差值的标准误为 3.024 65，两种教学方法下学生语文成绩得分均值之差的 95%置信区间为 $[-16.592\ 74，-0.367\ 26]$。

三、两个配对样本的 t 检验

配对样本的 t 检验通常用于具有相关关系的两个样本，或者它们的样品能按照某种方式搭配成对。例如比较学生在经过某种体能训练前后 800 米跑的成绩有无显著性变化等。这些配对样本都是对同一组被试对象在试验前后两次测试所获得的数据。另一种配对样本是按某些条件基本相同的原则，对经过一一配对而成的两组被试对象，实施不同的试验处理之后，所得到的两组测试结果数据。例如从某班根据学习成绩大致相同的原则抽出 100 名学生，配对后分为两组，每组 50 人，让这两组学生采用两种不同的学习方法学习同一种教材，学习结束后，用同一份试卷对他们进行测验，所得到的两组成绩就是这种类型的配对样本。配对样本的 t 检验实际上就是比较不同处理的效果差异是否显著，即检验服从正态分布的配对样本的总体均值是否相等，即 $H_0: \mu_1=\mu_2$。其检验统计量为：

$$t=\frac{\overline{X}_1-\overline{X}_2}{\sqrt{\frac{S_1^2+S_2^2-2rS_1S_2}{n}}} \sim t(n-1) \tag{8.6}$$

式中，n 为样品配对数；$\overline{X}_1$，$\overline{X}_2$ 分别为两个样本的均值；S_1，S_2 分别为两个样本的标准差；r 为两个样本的相关系数。如果该统计量的相伴概率 $p\leqslant\alpha$，则拒绝 $H_0: \mu_1=\mu_2$；如果 $p>\alpha$，则接受 $H_0: \mu_1=\mu_2$。

在 SPSS 中是通过 Paired-Samples T Test 命令来实现上述检验过程的，我们以例 8－4 来说明上述过程。

例 8－4 为了检验某种识记方法的效能，对某班 15 名学生进行了一周的识记训练，他们在接受识记训练前后的识记成绩如表 8－3 所示。问：这种识记训练是否真的有效（$\alpha=0.05$）？

表 8－3 训练前后的识记成绩

单位：分

训练前	80	73	70	60	88	84	65	57	91	98	52	78	49	79	59
训练后	82	71	95	69	100	71	75	60	95	99	65	83	60	86	62

解：首先，先建立一个数据文件“8－3. sav”，学生在参加识记训练之前的测验成绩记为变量 prescore，训练后的测验成绩记为变量 postscore。我们要检验的假设为 $H_0: \mu_1=\mu_2$。利用 Paired-Samples T Test 命令对此假设进行检验，我们需要依次进行如下操作：

（1）打开数据文件“8－3. sav”。

（2）单击 Analyze—Compare Means—Paired-Samples T Test，打开 Paired-Samples T Test 对话框。

（3）将变量 prescore 和 postscore 从源变量栏移至 Paired Variables 框内，将对这两个配对变量的数据进行配对样本的 t 检验，如图 8－6 所示。

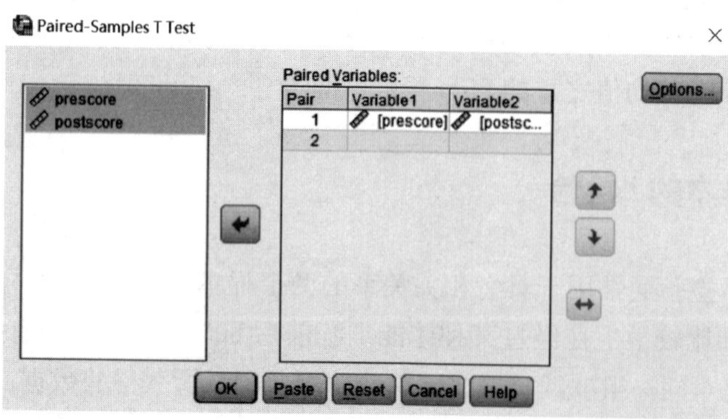

图 8－6 两个配对样本 t 检验的 SPSS 操作步骤 1

（4）单击 Options，打开选择项对话框。在 Confidence Interval Percentage 栏内输入

95，即规定显著性水平 $\alpha=0.05$。在 Missing Values 栏下选择系统默认值 Exclude cases analysis by analysis 项，如图 8－7 所示。

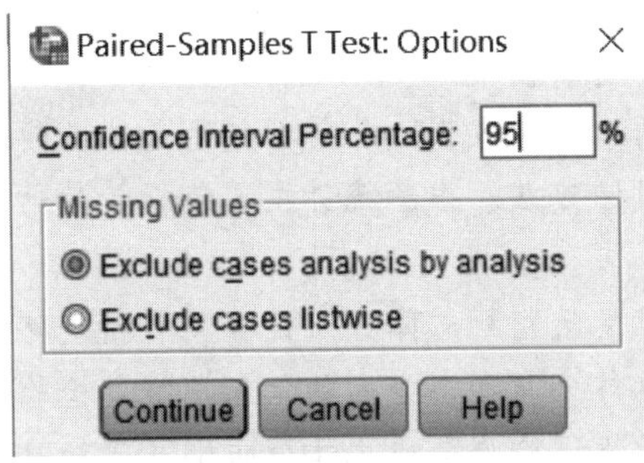

图 8－7　两个配对样本 t 检验的 SPSS 操作步骤 2

（5）单击 Continue，返回主对话框。单击 OK，则可输出如下结果：

Paired Samples Statistics

		Mean	N	Std. Deviation	Std. Error Mean
Pair 1	prescore	72.2000	15	14.89583	3.84609
	postscore	78.2000	15	14.31383	3.69581

Paired Samples Correlations

		N	Correlation	Sig.
Pair 1	prescore & postscore	15	.836	.000

Paired Samples Test

		Paired Differences					t	df	Sig. (2-tailed)
		Mean	Std. Deviation	Std. Error Mean	95% Confidence Interval of the Difference				
					Lower	Upper			
Pair 1	prescore - postscore	-6.00000	8.39217	2.16685	-10.64743	-1.35257	-2.769	14	.015

第一个表格给出了学生在进行识记训练前后的测验成绩变量 prescore 和 postscore 的一些描述性统计量：样本量、样本均值、样本标准差以及样本均值的标准误。从两个样本的均值和标准差数据来看，它们的方差差异不大，而它们的均值有一定差异。这说明采用这种识记训练后，学生的成绩有一定提高。

第二个表格给出的是识记训练前后测验成绩之间的相关系数：Correlation＝0.836，相伴概率 $p=0.000<0.05$，因此可以得出识记训练前后的测验成绩之间存在显著的线性关系的结论。

第三个表格给出的是配对变量差值的 t 检验结果。均值之差为－6.000 00，差值的标准差为 8.392 17，差值的均值标准误为 2.166 85。差值的 95%置信区间的下、上限为－10.647 43和－1.352 57。t 统计量的值为－2.769，其相伴概率 $p=0.015<0.05$。因此，我们应当拒绝 H_0：$\mu_1=\mu_2$，即得出识记训练前后学生的测验成绩存在显著性差异的

结论。

本章小结

推断统计是一种依据随机样本数据，从局部推断总体，即对总体的某些特征进行推断、估计和预测的一种统计学方法。推断统计主要包括参数估计、假设检验和多元统计分析三部分。

假设检验是根据样本信息来判断总体分布是否具有指定特征的统计推断方法。根据检验假设时是否需要利用总体分布形态方面的信息，假设检验可分为参数假设检验和非参数假设检验两大类。参数假设检验是在总体分布形态已知时对总体某个未知参数值的假设所做的检验。非参数假设检验是指在总体分布形态未知的情况下对总体分布函数的类型或它的某些特征的某种假设所进行的检验。

假设检验的基本思路是：先建立一个零假设 H_0，然后在 H_0 成立的条件下看看会产生什么样的后果。如果经过一系列正确的逻辑推理和分析计算之后，导致一个不合理的现象出现，就有理由认为原先的零假设 H_0 是错误的，应当否定 H_0；如果没有出现不合理的现象，那我们就没有充分的理由否定 H_0，或者说，我们没有发现 H_0 有不合理的地方，所以，就应当接受 H_0。

“小概率事件”是指概率小于或等于事先规定的显著性水平 α 的事件。假设检验的推断依据是小概率事件在一次试验中不可能发生。

单样本的 t 检验是检验来自正态总体的一个样本的总体均值与一个给定常数之间的差异是否显著。两个独立样本的 t 检验用以检验服从正态分布且相互独立的两个样本的总体均值之间的差异是否显著。进行配对样本的 t 检验要求被比较的两个样本具有显著的相关关系，或者它们的样品能搭配成对。配对样本的 t 检验通常用于比较不同处理的效果差异是否显著，即检验服从正态分布的配对样本的总体均值是否相等。

参数假设检验在 SPSS 中是由 Compare Means（均值比较）功能模块的 T test（t 检验）过程来完成的。按不同的比较方式，T test 分为 3 个子过程：One-Sample T Test（单样本的 t 检验）、Independent-Samples T Test（独立样本的 t 检验）以及 Paired-Samples T Test（配对样本的 t 检验）。它们分别用以检验服从正态分布的一个样本的总体均值与给定的常数之间的差异是否显著、两个独立样本或配对样本的总体均值之间的差异是否显著等问题。

思考题

1. 试述假设检验的基本思路与一般步骤。

2. 某高校学生会欲通过调查学生平均每天上网时长了解该校男女学生的业余生活情况，分别随机抽取了 15 名男女学生，他们平均每天浏览网页的时间数据（单位：分钟）如下：

男	40	30	50	60	40	30	70	80	30	40	50	60	70	30	40
女	50	70	60	50	60	70	50	60	80	90	60	40	50	70	50

试用数据文件“exe8-1.sav”计算能否据此数据就得出男学生与女学生平均每天浏览网页的时间不相等的结论。

3. 已知某年级学生的语文成绩 X 服从正态分布，即 $X \sim N(\mu_0, \sigma^2)$，其中 $\mu_0=80$，σ^2 未知。现从该年级某班随机抽取 20 名学生的语文成绩，数据如下：

75，88，73，93，85，76，68，90，61，58，

78，89，95，77，60，74，91，95，88，87

试用数据文件“exe8-2.sav”检验该班学生的平均语文成绩是否达到 80 分（$\alpha=0.05$）。

4. 为了考察某种阅读训练的效能，从某班学生中随机抽取 30 名学生对他们进行阅读测验，然后让他们接受这种阅读训练。经过一段时间的训练后，又对这 30 名学生进行了类似的阅读测验，两次测验成绩如下：

训练前	61	69	68	62	74	95	89	68	71	59
	71	59	72	75	62	91	87	88	75	77
	78	59	98	83	67	87	89	78	73	67
训练后	68	67	73	65	79	93	85	70	73	69
	72	65	78	77	64	95	89	68	71	57
	76	67	96	82	64	85	94	82	76	78

试用数据文件“exe8-3.sav”检验阅读训练前后的测验成绩是否有显著性差异（$\alpha=0.05$）。

第九章

相关分析及其应用

本章提要

客观事物是有内在联系的统一体，各种事物和现象都在相互联系、相互依存、相互制约中变化发展。教育现象也毫无例外地服从这一规律。例如，学生的学习投入与其学习成绩、教师的学校认同感与工作满意度、校长的工作经验与课程领导力等，都具有一定的关系。对事物或现象间的关系的研究，我们称为相关研究。在对事物或现象开展相关研究时，我们通常采用相关分析的方法。本章将主要介绍皮尔逊积差相关系数、斯皮尔曼等级相关系数、肯德尔和谐系数、点二列相关系数、二列相关系数、Eta 系数以及偏相关系数等几种常用的相关分析方法及其在教育研究中的应用，并给出它们的 SPSS 操作过程。通过本章的学习，我们希望读者可以在理解相关的含义和类型的基础上，选择恰当的相关分析方法开展相关研究。

第一节　相关概述

一、相关的含义

所谓相关，是指事物或现象之间的相互关系。从数量关系的特点来考察，事物或现象之间的关系可以分为两种类型：其一是确定性关系，其二是非确定性关系。确定性关系即通常的函数关系，是指事物之间存在着严格的依存关系，其特征是事物之间的数量关系是一一对应的，即对某一个变量的每一个数值，另一个变量都有唯一确定的值与之对应。函数关系可以用数学表达式十分准确地表示出来。例如，圆的面积与半径之间的关系可以表示为 $S=\pi r^2$。由此式知，一旦半径 r 的值确定，面积 S 的值也就随之唯一确定了。

而非确定关系即相关关系，指的是所研究的两个事物或现象之间既存在一定的数量关系，但又不似函数关系那样能以一个变量的数值精确地求出另一个变量的数值。相关关系反映的是变量之间不十分严格但却存在着的依存关系。在教育领域，存在着大量的相关关系。例如，父母教养方式与子女性格的关系、学生高考成绩与其中考成绩的关系、大一新生专业认同感与其学习适应性的关系等。

相关关系和函数关系也是有联系的。由于在观测或测量中会产生误差，函数关系往往通过相关关系表现出来；变量间的相关关系非常密切时，通常又呈现出某种函数关系趋势。但是，相关关系有别于因果关系。导致相关关系的原因，有的是变量间存在因果关系，如练习次数与练习效果的关系（前因后果），有的并非变量间存在因果关系，而可能是其他一些变量作用的结果，如学生的数学成绩与物理成绩之间存在着的关系，不能认为数学成绩是“因”物理成绩是“果”，或者相反。事实上存在着数学成绩与物理成绩是“果”，学生理科学习能力和他的努力程度是两者共同的“因”的可能。本章介绍的研究事物或变量间的相关关系的统计方法，是只注重它们客观存在的联系及其密切程度的方法，并不是探究变量间是否存在因果关系的方法。

二、相关的种类

按不同的分类标准，相关关系有多种分类。下面我们介绍几种常见的分类方式。

（一）线性相关和曲线相关

按变量关系的表现形态，相关关系可分为线性相关（或称为直线相关）和曲线相关（见图 9－1）。

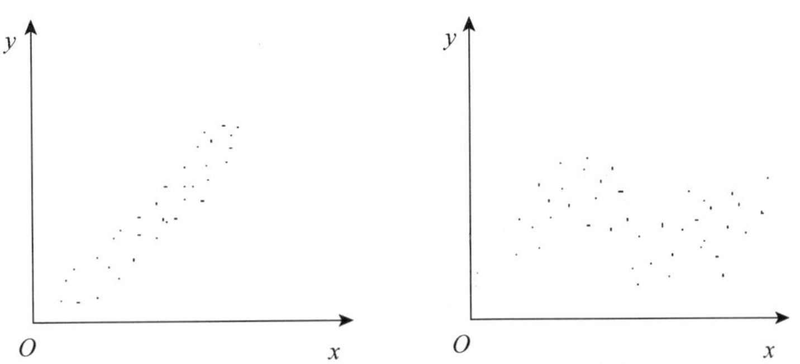

线性相关　　曲线相关

图 9－1　线性相关与曲线相关散点图

（二）正相关和负相关

按变量数值变化方向的总趋势，相关关系可分为正相关和负相关。正相关表现为当一个变量增大或减小时，另一个变量在总的趋势上也增大或减小，即两个变量变化方向的趋势相同［见图 9－2（a）］；负相关表现为当一个变量增大或减小时，另一个变量在总的趋势上则减小或增大，即两个变量变化方向的趋势相反［见图 9－2（b）］。

（三）完全相关、高度相关、低度相关和零相关

按双变量联系的紧密程度，相关关系可分为完全相关、高度相关、低度相关以及零

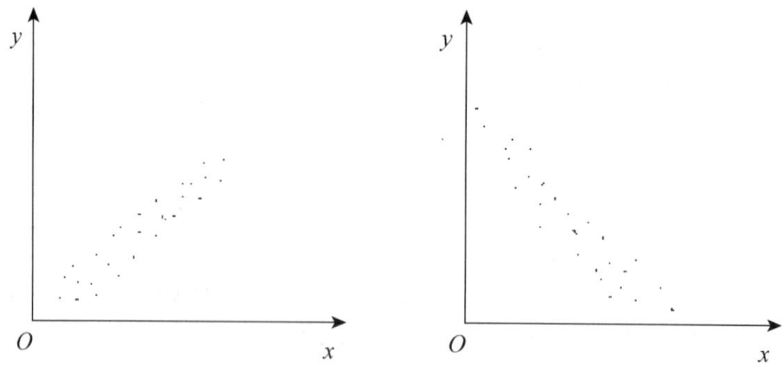

(a) 正相关　　(b) 负相关

图 9-2　正负相关散点图

相关。

完全相关是指双变量之间的关系是一一对应、完全确定的相关关系，见图 9-3（a）。双变量各点在一条直线上，这实际上就是函数关系。在教育现象中，完全相关的变量并不多见。高度相关是指双变量 X，Y 中，当 X 的值变化时，与之相对应的 Y 值增大（或减小）的可能性非常大，其分布特点是，散点比较集中地分布在某条直线的周围，见图 9-3（b）。例如，数学成绩与物理成绩的关系一般呈现高度相关。低度相关是指双变量 X，Y 中，当 X 的值变化时，与之相对应的 Y 值增大（或减小）的可能性较小，其分布特点是，散点比较分散地分布在某条直线的周围，见图 9-3（c）。例如学生的学业表现与其家庭社会经济地位的关系一般呈现低度相关。零相关是指双变量 X，Y 中，当 X 的值变动时，与之相对应的 Y 值可能有变动，也可能无变动，而且毫无规律，见图 9-3（d）。

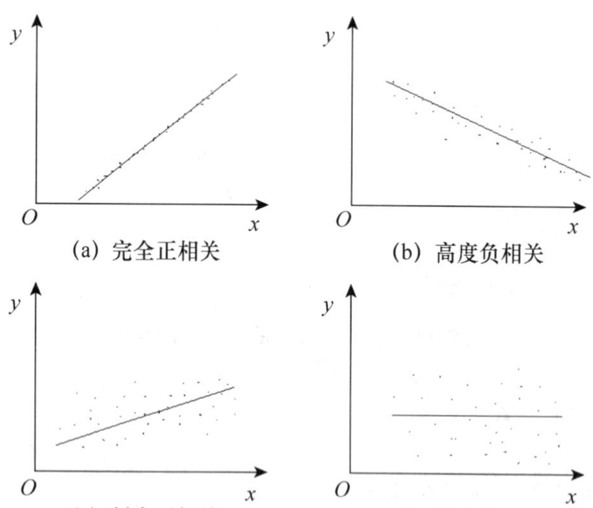

(a) 完全正相关　　(b) 高度负相关

(c) 低度正相关　　(d) 零相关

图 9-3　不同程度的相关散点图

三、相关分析

相关分析是研究变量间相互关系紧密程度的统计分析方法。具体来讲，它用来研究两个或两个以上变量之间是否存在相关关系，如果存在相关关系，其相关的性质（线性相关或曲线相关、正相关或负相关）和程度如何。我们可以用图示法和计算法来刻画变量之间的相关关系。

（一）图示法

所谓相关关系的图示，是用散点在平面直角坐标系中的分布情况来描述两个变量联系的紧密程度，这种图称为相关散点图，简称散点图。如图 9-1 是线性相关散点图和曲线相关散点图，图 9-2（a）和 9-2（b）分别是正相关和负相关的散点图，而图 9-3 则是不同相关程度的相关散点图。因此，我们可以凭借相关散点图来判断两个变量之间的相关性质和相关的程度如何。下面我们来说明如何在 SPSS 软件中绘制散点图。

例 9-1　已知某校八年级一班 20 名同学某次考试的数学成绩和物理成绩（见表 9-1），请绘制出描述数学成绩和物理成绩关系的散点图。

表 9-1　某校八年级一班 20 名同学某次考试的数学成绩和物理成绩　单位：分

数学成绩	66	64	75	60	71	67	66	67	78	60
	76	78	67	70	66	85	77	98	79	86
物理成绩	80	63	50	76	87	77	61	72	83	67
	77	80	88	73	60	91	75	88	85	92

解：我们需要在 SPSS 中依次进行如下操作：

（1）录入并读取数据文件“9-1. sav”。

（2）单击 Graphs—Legacy Dialogs—Scatter/Dot，选择 Simple Scatter，并单击 Define，如图 9-4 所示。

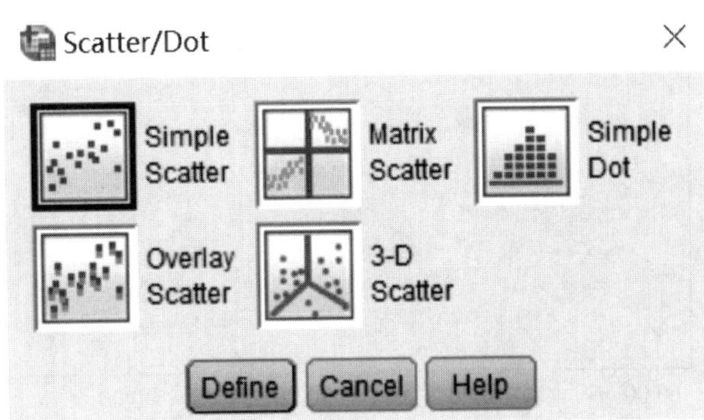

图 9-4　在 SPSS 中绘制散点图步骤 1

（3）将“数学成绩”变量选入 X Axis（X 轴），将“物理成绩”变量选入 Y Axis（Y 轴），如图 9-5 所示。

（4）单击 OK。最终，我们可以得到如图 9-6 所示的描述学生数学成绩与物理成绩关联情况的散点图，由此图可以发现学生数学成绩与物理成绩之间有一定程度的正相关关系，但具体相关程度还需要借助相关系数统计量来获得。

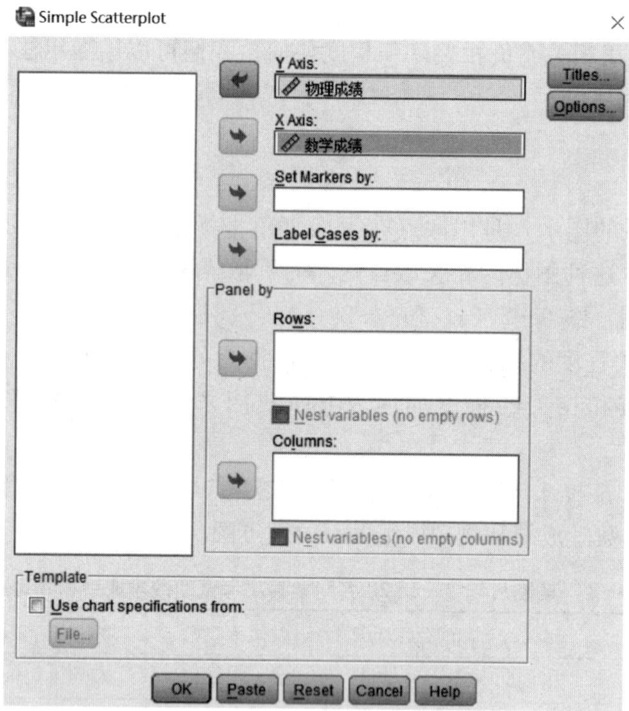

图 9－5　在 SPSS 中绘制散点图步骤 2

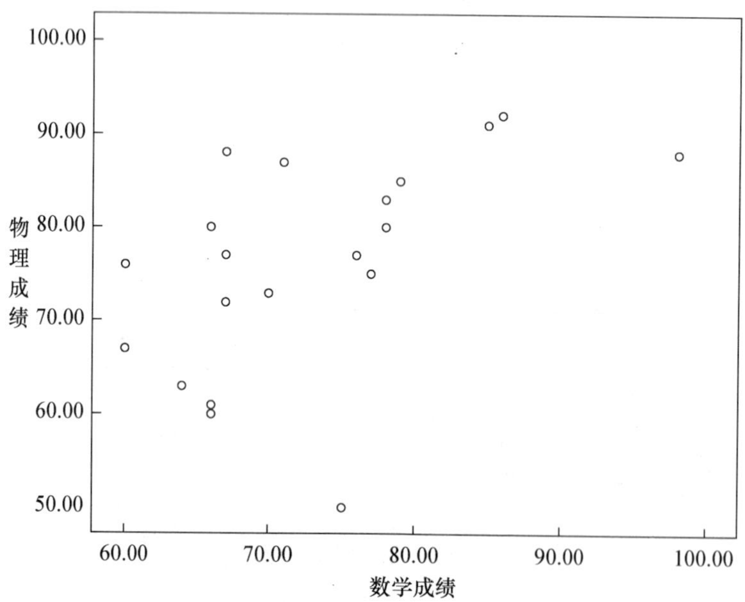

图 9－6　散点图

（二）计算法

在数量上表现变量间相关关系的量我们称为相关量。通过计算相关量来考察变量间的相互关系是相关分析的主要方法。本章研究的相关分析是线性相关分析，即研究两个变量间线性关系的强度。相关系数是描述这种线性关系强度和方向的相关量，通常用 r 来表示。相关系数 r 没有单位，其值在 $-1\sim1$ 之间。如果一个变量 Y 可以确切地用另一个变量 X 的线性函数表示，那么，两个变量间的相关系数是 1 或 -1。如果变量 Y 随着变量 X 的增减而增减，即变化的方向一致，例如学生学习投入与学业表现的关系，通常是学习投入越多，学习成绩也越好，这种相关称为正相关，其相关系数 r 大于 0；如果变量 Y 随着变量 X 的增大而减小，即变化的方向相反，例如教师职业倦怠感与工作幸福感的关系，通常教师职业倦怠感越强，其工作幸福感水平越低，这种相关称为负相关，其相关系数 r 小于 0。

第二节　常用的相关分析方法

在教育调查研究中，常用的相关分析方法有积差相关系数、等级相关系数、点二列相关系数、二列相关系数、Eta 系数、偏相关系数等。

一、积差相关系数

积差相关系数（也称 Pearson 相关系数）是由英国统计学家卡尔·皮尔逊（Karl Pearson）提出的，用于度量双变量之间的线性关系，是相关分析中最常用的一种相关量。因为大部分教育研究涉及的数据都是连续型变量，而且在大样本情形下，这些变量通常服从正态分布或渐近正态分布。

积差相关系数的计算公式如下：

$$r_{XY}=\frac{\sum_{i=1}^{n}(x_i-\overline{X})(y_i-\overline{Y})}{\sqrt{\sum_{i=1}^{n}(x_i-\overline{X})^2}\sqrt{\sum_{i=1}^{n}(y_i-\overline{Y})^2}} \tag{9.1}$$

其中，$\overline{X}$，$\overline{Y}$ 分别是变量 X，Y 的均值；x_i，y_i 分别是变量 X，Y 的第 i 个观测值。积差相关系数适用于两个变量都服从正态分布或两个变量服从的分布是近似正态的对称单峰分布，且变量测度水平为定距或定比数据的情形。其取值范围为 $[-1,1]$，如果系数值大于 0，称为正相关；如果小于 0，称为负相关；系数为 0，称为零相关。

例 9－2　对 30 名小学男教师进行问卷调查，其工作满意度与职业认同感得分如表 9－2 所示，试计算小学男教师职业认同感与工作满意度的相关系数。

表 9－2　30 名小学男教师工作满意度与职业认同感得分　　单位：分

教师序号	1	2	3	4	5	6	7	8	9	10	11	12	13	14	15
工作满意度	5	3	4	4	3	2	3	1	2	2	3	2	3	1	5
职业认同感	4	2	4	5	3	1	2	1	3	2	4	5	3	1	4

续表

教师序号	16	17	18	19	20	21	22	23	24	25	26	27	28	29	30
工作满意度	4	3	3	4	3	2	3	1	2	3	3	4	3	2	5
职业认同感	4	3	3	4	3	2	3	1	2	3	3	4	3	2	5

解：将上述男教师工作满意度得分记作变量 X 的观测值，职业认同感得分记作变量 Y 的观测值。容易计算男教师工作满意度的样本平均数 $\bar{X}=2.933$，男教师职业认同感的样本平均数 $\bar{Y}=2.967$。代入式（9.1），可得小学男教师职业认同感与工作满意度的相关系数 $r_{XY}=0.781$。

二、等级相关系数

当我们研究的变量不是等距或等比数据，或者变量所服从的分布不是正态分布或近似的正态分布时，若要考察它们的相关程度就不能再使用积差相关系数，而必须采用其他的相关分析方法。等级相关系数是依据具有等级顺序的测量数据（定序数据）来研究变量间相互关系的。研究等级相关的相关量主要有斯皮尔曼等级相关系数和肯德尔和谐系数。例如我们可以采用斯皮尔曼等级相关系数来刻画父母的受教育程度与学生学业表现的关系的密切程度，可以用肯德尔和谐系数研究评分者的评价一致性程度等。

（一）斯皮尔曼等级相关系数

斯皮尔曼等级相关系数是英国心理学家、统计学家斯皮尔曼根据积差相关系数的概念推导出来的，因而有人认为斯皮尔曼等级相关系数是积差相关系数的一种特殊形式。斯皮尔曼等级相关系数用 ρ 表示，它是依据两列成对等级数（或称为秩）之差来计算相关系数的，所以又称为“等级差数法”，其计算公式如下：

$$\rho=\frac{\sum_{i=1}^{n}(R_{x_i}-\bar{R}_X)(R_{y_i}-\bar{R}_Y)}{\sqrt{\sum_{i=1}^{n}(R_{x_i}-\bar{R}_X)^2}\sqrt{\sum_{i=1}^{n}(R_{y_i}-\bar{R}_Y)^2}}=\frac{\sum_{i=1}^{n}R_{x_i}R_{y_i}-C}{\sqrt{\sum_{i=1}^{n}R_{x_i}^2-C}\sqrt{\sum_{i=1}^{n}R_{y_i}^2-C}} \tag{9.2}$$

式中，R_{x_i}，R_{y_i} 分别是 x_i，y_i 的秩；$\bar{R}_X$，$\bar{R}_Y$ 分别是 X，Y 的平均秩；$C=\frac{1}{4}n(n+1)^2$。

如果两个变量的样本数据均无相同秩，或只存在较少的相同秩，则可采用如下简化公式：

$$\rho=1-\frac{6\sum_{i=1}^{n}D_i^2}{n(n^2-1)} \tag{9.3}$$

式中，$D_i=R_{x_i}-R_{y_i}$（对偶等级之差），n 为对偶数据个数。

例 9-3　某大学一年级 10 名本科新生高考总分与其家庭社会经济地位等级如表 9-3 所示。问：学生的高考总分与其家庭社会经济地位之间的关联度如何？

表 9-3　10 名本科新生高考总分与其家庭社会经济地位等级

学生序号	高考总分（X）	家庭社会经济地位等级（Y）	等级 R_X	等级 R_Y	$D=R_X-R_Y$
1	556	1	1	1.5	−0.5
2	561	2	2	4	−2
3	601	2	10	4	6
4	589	3	8	6.5	1.5
5	582	1	6.5	1.5	5
6	599	4	9	8.5	0.5
7	564	5	3	10	−7
8	582	4	6.5	8.5	−2
9	571	3	4	6.5	−2.5
10	575	2	5	4	1

解：由于家庭社会经济地位等级数据属于定序变量，所以此题需要采用斯皮尔曼等级相关系数来计算学生的高考总分与其家庭社会经济地位之间的关联程度。将 $n=10$ 及表 9-3 中的数据代入式（9.2），容易算得 $C=302.5$，故

$$\rho=\frac{\sum_{i=1}^{n}R_{x_i}R_{y_i}-C}{\sqrt{\sum_{i=1}^{n}R_{x_i}^2-C}\sqrt{\sum_{i=1}^{n}R_{y_i}^2-C}}$$

$$=\frac{319-302.5}{\sqrt{384.5-302.5}\sqrt{381.5-302.5}}=0.205$$

因此，学生的高考总分与其家庭社会经济地位之间的斯皮尔曼等级相关系数为 0.205。这一结果反映学生的高考总分与其家庭社会经济地位具有一定的正相关性，即一般来说，家庭社会经济地位越高，学生高考成绩也越高。

（二）肯德尔和谐系数

肯德尔和谐系数是计算多列等级变量相关程度的一种相关量。斯皮尔曼等级相关系数讨论的是两个等级变量的相关程度，只适用于两个评分者评价 n 个人或 n 件作品，或是同一个人先后两次评价 n 个人或 n 件作品。而肯德尔和谐系数则适用于多列相关的等级数据，既可以是 k 个评分者评价 n 个人或 n 件作品，也可以是同一个人先后 k 次评价 n 个人或 n 件作品。通过求得的肯德尔和谐系数，我们可以较为客观地判断评价结果的一致性程度。

以下用 W 表示肯德尔和谐系数，我们分两种情形给出 W 的计算公式。

（1）同一评分者无相同等级评定时的 W 公式。

$$W=\frac{S}{\frac{1}{12}k^2(n^3-n)} \tag{9.4}$$

式中，n 是被评的对象数目，k 是评分者的人数或等级变量的列数，S 是每一个被评对象所评等级之和 R_i 与所有这些和的平均数 $\bar{R}$ 的离差平方和，即

$$S=\sum_{i=1}^{n}(R_i-\bar{R})^2=\sum R_i^2-\frac{\left(\sum R_i\right)^2}{n} \tag{9.5}$$

k 个评分者对 n 个被评对象进行等级评定，如果 k 个评分者的意见完全一致，则 n 个 R_i 分别为 k，$2k$，$3k$，…，nk，此时，$\bar{R}=k(n+1)/2$，$S=\frac{1}{12}k^2(n^3-n)$，$W=1$；如果 k 个评分者的意见完全不一致，则 $S=0$，$W=0$。因此，W 的变化范围是 $0\leqslant W\leqslant 1$。

例 9－4 某高校硕士毕业论文答辩，需要 4 位答辩评委对 5 名学生的论文评定等级，结果如表 9－4 所示，试求其评分者的信度。

表 9－4 4 位评委对 5 名学生的论文评定的等级

评分者	论文编号				
	1	2	3	4	5
A	3	1	2	5	4
B	2	1	3	4	5
C	3	2	1	5	4
D	4	1	2	5	3
R_i	12	5	8	19	16

解： 由教育测量学中的信度理论知，求评分者的信度即求 k 个评分者对 n 篇论文评价的一致性程度，因而我们可以求其肯德尔和谐系数。将表 9－4 中的数据代入式（9.4）和式（9.5），可得

$$S=\sum_{i=1}^{n}R_i^2-\frac{\left(\sum_{i=1}^{n}R_i\right)^2}{n}=850-\frac{60^2}{5}=130$$

$$W=\frac{12S}{k^2(n^3-n)}=\frac{12\times130}{4^2\times(5^3-5)}=0.813$$

即评分者的信度系数为 0.813，表明他们的评定结果有较强的一致性。

（2）同一评分者有相同等级评定时的 W 公式。

在上例中，每个评分者对 5 篇论文的评定都无相同的等级。当同一评分者对 n 个对象的评定出现相同等级时，肯德尔和谐系数的计算公式为：

$$W=\frac{S}{\frac{1}{12}\left[k^2(n^3-n)-k\sum_{i=1}^{k}T_i\right]} \tag{9.6}$$

式中，k，n 和 S 的意义与在式（9.4）中相同。

$$T_i=\sum_{j=1}^{m_i}(n_{ij}^3-n_{ij}) \tag{9.7}$$

式中，m_i为第i个评分者的评定结果中有重复等级的个数；n_{ij}为第i个评分者的评定结果中第j个重复等级的相同等级数。对于评定结果中无相同等级的评分者，$T_i=0$，因此，只需对评定结果有相同等级的评分者计算T_i。

例 9－5　4 名专家对 5 位教师课题成果评定等级的结果如表 9－5 所示。试计算 4 名专家对课题成果评价标准掌握的一致性程度。

表 9－5　4 名专家对 5 位教师课题成果评定的等级

评分者	教师编号				
	1	2	3	4	5
A	1	4	3	5	2
B	1	4	2.5	2.5	5
C	1.5	3	1.5	4	5
D	1	3	2	5	4
R_i	4.5	14	9	16.5	16

解：本例为求有相同等级情况下的肯德尔和谐系数。根据表 9－5 可算出：

$$\sum R_i=60, \sum R_i^2=825.5, S=825.5-\frac{60^2}{5}=105.5$$

$$T_A=0,\ T_B=2^3-2=6,\ T_C=2^3-2=6,\ T_D=0,\ T_A+T_B+T_C+T_D=12$$

将这些数据代入式（9.6），可得

$$W=\frac{105.5}{\frac{1}{12}[4^2\times(5^3-5)-4\times12]}=0.676$$

所以，4 名专家评定结果的肯德尔和谐系数为 0.676，说明专家的评价结果有较强的一致性。

三、点二列相关系数

在教育调查和教育测量研究中，常常遇到只含两个类别变量（称名变量）的情形，例如性别、是否考上大学、是否独生子女等。这类只有两种变化结果的称名变量又叫二分变量。将 0，1 分别与两种变化结果相对应，则由对二分变量的一系列观察可得到一个二分数列。一个连续变量的一系列观测值是一个点数列。如果一个点数列中的点与一个二分数列中的点存在一一对应的关系，则称这两个数列为点二列或点双列。点二列相关系数（point biserial correlation）用以考察连续变量（其观测值为点数列）与二分变量之间的相关程度。

点二列相关系数r_{pq}的计算公式为：

$$r_{pq}=\frac{\bar{Y}_p-\bar{Y}_q}{S_Y}\sqrt{pq} \tag{9.8}$$

式中，p表示二分变量中取某一值的比率；q表示二分变量中取另一值的比率；$\bar{Y}_p$表示

与 p 部分相对应的连续变量的观测数据的平均值；$\overline{Y}_q$ 表示与 q 部分相对应的连续变量的观测数据的平均值；S_Y 表示连续变量全部观测值的标准差，即 $S_Y=\sqrt{\frac{1}{n}\sum_{i=1}^{n}(y_i-\overline{Y})^2}$。

例 9-6 某小学四年级男女学生各 20 人的数学成绩如表 9-6 所示。问：数学成绩与性别是否有关？

表 9-6 某小学四年级 20 名男生和 20 名女生的数学成绩 单位：分

性别（X）	1	1	0	1	0	0	1	0	0	1
成绩（Y）	80	78	79	62	77	63	89	92	58	60
性别（X）	0	0	1	0	1	1	0	1	1	0
成绩（Y）	90	82	91	78	83	87	91	88	82	80

解： 表 9-6 中“1”代表男生，“0”代表女生。男生的比率 $p=10/20=0.5$，女生的比率 $q=10/20=0.5$，$\overline{Y}_p=80$，$\overline{Y}_q=79$，$S_Y=10.5$，将这些数据代入式（9.8），可得

$$r_{pq}=\frac{80-79}{10.5}\sqrt{0.5\times0.5}=0.048$$

所以，20 名学生性别与数学成绩的相关系数为 0.048，由于此值接近于 0，因此，认为 20 名学生的数学成绩优劣与性别无关。

点二列相关系数在教育测量研究中常作为是非题的区分度指标。

例 9-7 某校教育学院 100 名学生参加大学英语六级测试，其中一道是非题答对的有 60 人，答错的有 40 人，该题答对的那些学生的六级考试得分的平均值 $\overline{Y}_p=500$，该题答错的那些学生的六级考试得分的平均值 $\overline{Y}_q=475$，100 名学生六级考试得分的标准差 $S_Y=15$。试求该题的区分度。

解： 由题意，答对该题的人数比率 $p=60/100=0.6$，答错该题的人数比率 $q=40/100=0.4$。$\overline{Y}_p=500$，$\overline{Y}_q=475$，$S_Y=15$，将这些数据代入式（9.8），可得

$$r_{pq}=\frac{500-475}{15}\sqrt{0.4\times0.6}=0.816$$

通常，我们认为区分度 $D\geqslant0.4$，说明题目区分度非常高；$0.30\leqslant D\leqslant0.39$，说明题目区分度较高；而 $0.20\leqslant D\leqslant0.29$，则说明题目区分度尚可，需修改试题；$D\leqslant0.19$，则说明该题区分度较低，需淘汰。此题中该是非题的区分度为 0.816，区分度非常高。

四、二列相关系数

二列相关系数（biserial correlation）用于考察两个正态变量的相互关系，但是一列是一个连续变量的观测值（等距或等比数据），另一列则是一个连续变量人为地按一定标准划分为两个类别的数据，即被人为地划分成一个二分变量。例如学习成绩是服从正态分布的连续变量，但我们可以按及格与否将之划分为两个类别的数据。在处理数据的形式上，二列相关系数与点二列相关系数是相同的，但是在应用这两种相关系数时，应注

意辨明类别的划分是实质性的还是人为的。

二列相关系数 r_b 的计算公式是：

$$r_b=\frac{\overline{X}_p-\overline{X}_q}{S_X}\cdot\frac{pq}{Y} \tag{9.9}$$

式中，p 表示二分变量中取某一值的比率；q 表示二分变量中取另一值的比率；$\overline{X}_p$ 表示与 p 部分相对应的连续变量 X 的观测数据的平均值；$\overline{X}_q$ 表示与 q 部分相对应的连续变量 X 的观测数据的平均值；S_X 表示连续变量 X 全部观测值的标准差；Y 表示标准正态曲线下 p 与 q 交界点处的纵线高度，求法是：依据 $|p-0.5|$ 的值查标准正态分布表，P 栏中该数值所对应的 Y 值就是所求的纵线高度。

二列相关系数在教育测量研究中常作为问答题的区分度指标。

例 9-8　表 9-7 中给出的为 10 名学生阅读测试总分和其中一道问答题的得分，试求该问答题的区分度（该问答题满分为 10 分，得 6 分或 6 分以上则认为该题通过）。

表 9-7　10 名学生阅读测试总分和其中一道问答题的得分　　单位：分

总分（X）	77	75	81	65	58	90	60	80	68	69
问答题得分	7	6	7	5	4	8	4	7	5	5

解：问答题被人为地划分为通过、不通过两类，因此，求该问答题的区分度需求二列相关系数 r_b。$p=5/10=0.5$，$q=5/10=0.5$，$\overline{X}_p=80.6$，$\overline{X}_q=64$ ，$S_X=9.571$，查标准正态分布表可知，当 $p=0.5$，$|p-0.5|=0$ 时，$Y=0.399$。将这些数据代入式(9.9)，可得

$$r_b=\frac{80.6-64}{9.571}\times\frac{0.5\times0.5}{0.399}=1.087$$

所以，该问答题的区分度为 1.087，非常高。

五、Eta 系数

Eta 系数用以测度一个称名变量与一个等距变量的相关程度。例如，测量性别与英语成绩的相关程度。Eta 系数值在［0，1］范围内，其平方值具有消减误差比例的统计意义。Eta 系数值越大，说明变量间的相关程度越高。

设自变量 X 是称名变量，因变量 Y 为等距变量，X 有 k 个值（k 个状态）：X_1，X_2，…，X_k，n_i 为状态 X_i 下的样品数，对应的 Y 值为 Y_{i1}，Y_{i2}，…，Y_{in_i}，其均值记为$\overline{Y}_i$，$n=\sum_{i=1}^{k}n_i$ 为样品总数，$\overline{Y}$ 为 Y 的总平均。

Eta 系数的计算公式为：

$$\text{Eta}=\sqrt{\frac{\sum_{i=1}^{k}\sum_{j=1}^{n_i}(\overline{Y}_i-\overline{Y})^2}{\sum_{i=1}^{k}\sum_{j=1}^{n_i}(Y_{ij}-\overline{Y})^2}} \tag{9.10}$$

例 9-9 某小学六年级男女学生各 20 人的英语成绩如表 9-8 所示。问：英语成绩与性别是否有关？（“1”代表男生，“0”代表女生。）

表 9-8 某小学六年级男女学生各 20 人的英语成绩 单位：分

性别（X）	1	1	0	1	0	0	1	0	0	1
成绩（Y）	85	78	79	62	77	63	89	92	58	60
性别（X）	0	0	1	0	1	1	0	1	1	0
成绩（Y）	88	82	91	78	83	87	91	88	82	80

解：由题意可知，称名变量 X 有两个取值，即 0 和 1。当 $X=0$ 时，Y 的取值包含 10 个数值，即 79，77，63，92，58，88，82，78，91，80，这 10 个取值的均值为 78.8；当 $X=1$ 时，Y 的取值同样包含 10 个数值，即 85，78，62，89，60，91，83，87，88，82，这 10 个取值的均值为 80.5。Y 的总平均 $\bar{Y}$ 为 79.65。将这些数据代入式（9.10），我们可以计算出 Y（学生英语成绩）与 X（性别）的 Eta 系数为 0.081，两者关联度很低，说明学生英语成绩与性别无关。

六、偏相关系数

偏相关系数（partial correlation）用以研究在消除第三变量（或其他多个变量）影响之后两个变量之间相关程度。例如，“教育学原理”“教育研究方法”“教学论”是某高校教育学专业本科生的三门基础课。要想了解这三门课之间是否有相关关系，就要用学生这三门课的成绩来计算它们之间的相关系数。但是，它们之中任何两门课之间的关系都或多或少地受到第三门课成绩的影响，要想知道两门课之间的真正关系必须将第三门课的影响剔除。因此，应当采用偏相关系数来研究其中任何两门课之间的相关关系。又比如，我们可以用偏相关系数来研究消除年龄和工作经验两个变量的影响之后，教师的工资收入与受教育程度之间的相关关系。

前面介绍的相关分析方法，如积差相关系数所考察的两个变量之间的关系属于简单相关（simple correlation）。在教育领域，两种现象之间的关系往往受到多种因素的影响，是这些因素共同作用的结果，因而简单相关系数可能由于其他因素的影响而反映的仅仅是表面的非本质的联系，不能真正反映两个变量之间的相关程度。为了正确地显示出两个变量之间的本质联系，必须剔除其他变量的影响。我们把两个变量在剔除了其他变量的影响之后的相关系数叫作偏相关系数。偏相关系数描述的是当消除了一个或几个附加变量的影响时两个变量的相关性。

偏相关系数的基本计算公式如下：

$$r_{12,3}=\frac{r_{12}-r_{13}\cdot r_{23}}{\sqrt{1-r_{13}^2}\sqrt{1-r_{23}^2}} \tag{9.11}$$

式中，$r_{12,3}$表示在剔除了变量 X_3的影响之后，变量 X_1与变量 X_2之间的偏相关系数；r_{12}表示 X_1与 X_2之间的简单相关系数；r_{13}表示 X_1与 X_3之间的简单相关系数；r_{23}表示 X_2与 X_3之间的简单相关系数。

与式（9.11）类似，变量 X_1，X_2 在剔除变量 X_3，X_4 的影响之后的偏相关系数 $r_{12,34}$ 用以下公式计算：

$$r_{12,34}=\frac{r_{12,3}-r_{14,3}r_{24,3}}{\sqrt{1-r_{14,3}^2}\sqrt{1-r_{24,3}^2}} \tag{9.12}$$

例 9-10　某高校某班教育学专业本科生共 30 人，“教育学原理”（X_1）、“教育研究方法”（X_2）、“教学论”（X_3）的考试成绩如表 9-9 所示。试通过该班情况分析这三门课之间的相关关系。

表 9-9　某高校某班教育学专业本科生共 30 人三门课程成绩　　单位：分

编号	1	2	3	4	5	6	7	8	9	10
X_1	78	90	76	55	50	72	96	76	75	92
X_2	89	86	76	90	81	79	92	68	82	67
X_3	96	76	55	50	72	71	60	75	92	62
编号	11	12	13	14	15	16	17	18	19	20
X_1	89	64	77	74	90	80	89	74	92	70
X_2	88	79	90	89	94	93	66	87	85	73
X_3	75	68	95	90	84	73	80	97	88	96
编号	21	22	23	24	25	26	27	28	29	30
X_1	72	87	85	77	84	63	92	78	88	85
X_2	83	89	87	84	78	74	76	81	87	78
X_3	80	97	94	72	71	90	85	80	85	95

解：由表 9-9 中的数据，我们可以利用具有统计运算功能（LR）的计算器得出：$r_{12}=0.075$，$r_{13}=0.144$，$r_{23}=0.128$。将这些数据代入式（9.11），可得

$$r_{12,3}=\frac{0.075-0.144\times0.128}{\sqrt{1-0.144^2}\sqrt{1-0.128^2}}=0.058$$

类似可计算出：

$$r_{13,2}=\frac{0.144-0.075\times0.128}{\sqrt{1-0.075^2}\sqrt{1-0.128^2}}=0.136$$

$$r_{23,1}=\frac{0.128-0.075\times0.144}{\sqrt{1-0.075^2}\sqrt{1-0.144^2}}=0.119$$

从以上计算出的偏相关系数的值可以看出，在控制了“教学论”的成绩后，“教育学原理”的成绩与“教育研究方法”的成绩之间没有明显的相关关系。但是，在控制了“教育研究方法”的成绩后，“教育学原理”的成绩与“教学论”的成绩之间存在一定程度的相关；在控制了“教育学原理”的成绩后，“教育研究方法”的成绩与“教学论”的成绩之间也存在一定程度的相关。

以上介绍了常用的相关分析方法，如果我们用依据样本得到的相关系数去推测两个总体的相关程度，还必须进行统计假设检验。由于抽样误差的存在，样本中两个变量间的相关系数不为 0，不能说明总体中这两个变量间的相关系数不是 0，因此必须经过统计检验。检验的零假设是：总体中两个变量间的相关系数为 0。SPSS 的相关分析过程会给出该假设成立时统计量的相伴概率 p。常用公式如下：

$$t=\frac{\sqrt{n-2}\cdot r}{\sqrt{1-r^2}} \tag{9.13}$$

$$t=\frac{\sqrt{n-k-2}\cdot r}{1-r^2} \tag{9.14}$$

式（9.13）是皮尔逊和斯皮尔曼相关系数假设检验 t 值计算公式。其中，r 是样本相关系数，n 是样本量，$n-2$ 是自由度。当 $t>t_{0.05}$（$n-2$）时，$p<0.05$，则拒绝零假设，否则接受零假设，即总体中两变量的相关系数为 0。

式（9.14）是偏相关系数假设检验 t 值计算公式。其中，r 是相应的偏相关系数，n 是样本量，k 是控制变量的数目，$n-k-2$ 是自由度。当 $t>t_{0.05}$（$n-k-2$）时，$p<0.05$，则拒绝零假设，否则接受零假设，即总体中两变量的偏相关系数为 0。

在 SPSS 相关分析过程的输出中通常会给出相关系数和假设检验成立时统计量的相伴概率 p 值。下面我们具体介绍一下如何运用 SPSS 软件进行相关分析。

第三节　相关分析的 SPSS 过程

在 SPSS 主菜单 Analyze 的下拉菜单中 Correlate 命令项具有三个相关分析功能子命令 Bivariate，Partial，Distances，它们分别对应着二元变量间的相关分析、偏相关分析以及距离测度分析三个 SPSS 过程。这里我们只介绍二元变量间的相关分析和偏相关分析这两个过程。

一、积差相关

回顾第二节中的例 9－2，若利用 SPSS 计算小学男教师职业认同感与工作满意度的相关系数，我们需要依次进行如下操作：

（1）读取数据文件“9－2. sav”。

（2）单击 Analyze—Correlate—Bivariate，打开 Bivariate Correlations 对话框，将 satisfy（工作满意度）、identity（职业认同感）放入 Variables 框中，并在 Correlation Coefficients 中选择 Pearson 相关，选中 Flag significant correlations（加星号）以及显著性检验（可进行单侧或双侧检验，一般事先不知道是正相关还是负相关时，选择进行双侧检验；反之，选择进行单侧检验）中的 Two-tailed（双侧检验），如图 9－7 所示。

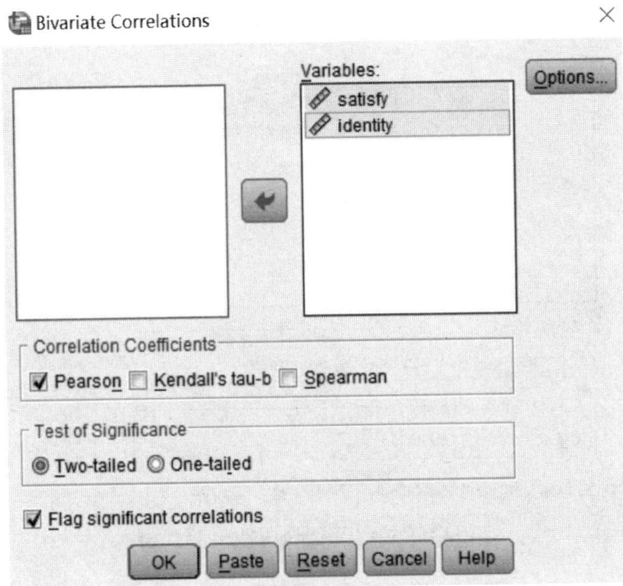

图 9－7　SPSS 的积差相关分析对话框

点击 OK，可以得到如下输出结果：

Correlations

		satisfy	identity
satisfy	Pearson Correlation	1	.781**
	Sig. (2-tailed)		.000
	N	30	30
identity	Pearson Correlation	.781**	1
	Sig. (2-tailed)	.000	
	N	30	30

**. Correlation is significant at the 0.01 level (2-tailed).

结果表明，小学男教师的工作满意度和职业认同感的 Pearson 相关系数为 0.781，不相关的假设成立时的统计量相伴概率近似于 0，“**”表示在 0.01 的水平上，它们的相关系数显著异于 0。

二、斯皮尔曼等级相关

回顾第二节中的例 9－3，若利用 SPSS 计算大学一年级本科新生高考总分与其家庭社会经济地位等级之间的关联度，我们需要依次进行如下操作：

（1）读取数据文件“9－3.sav”。

（2）单击 Analyze—Correlate—Bivariate，打开 Bivariate Correlations 对话框，将“高考总分”和“家庭社会经济地位等级”两个变量放入 Variables 框中，并在 Correlation Coefficients 中选择 Spearman 相关，选中 Flag significant correlations（加星号）以及显著性检验中的 Two-tailed（双侧检验），如图 9－8 所示。

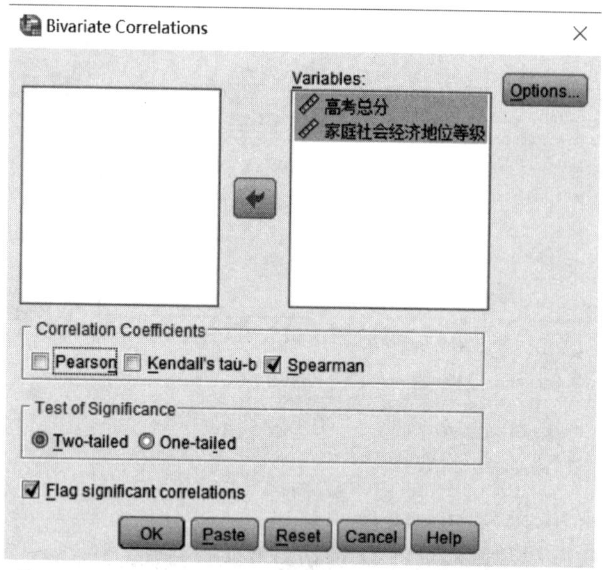

图 9-8　SPSS 的斯皮尔曼等级相关分析对话框

点击 OK，可以得到如下输出结果：

Correlations

			高考总分	家庭社会经济地位等级
Spearman's rho	高考总分	Correlation Coefficient	1.000	.606
		Sig. (2-tailed)	.	.063
		N	10	10
	家庭社会经济地位等级	Correlation Coefficient	.606	1.000
		Sig. (2-tailed)	.063	.
		N	10	10

结果表明，大学一年级本科新生高考总分与其家庭社会经济地位等级之间的相关系数为 0.606，但不相关的假设成立时的统计量相伴概率为 0.063。因此，该相关系数在 0.1 水平上显著异于 0，在 0.05 水平上并不显著异于 0。

三、肯德尔和谐系数

虽然图 9-7 中 Correlation Coefficients 选择栏中有 Kendall's tau-b 选项，但此选项并不是肯德尔和谐系数，它与斯皮尔曼相关类似，也是用来测量两个定序变量间的相关程度的。下面我们回顾第二节中的例 9-4，进一步说明如何利用 SPSS 进行肯德尔和谐系数检验。若要获得 4 位答辩评委对 5 名学生的论文评定等级的评分者的信度，我们可以依次在 SPSS 中进行如下操作：

（1）录入并读取数据文件“9-4. sav”。

（2）单击 Analyze—Nonparametric Tests—K Related Samples，打开 Tests for Several Related Samples 对话框，将“paper1”“paper2”“paper3”“paper4”“paper5”5 个变量选入 Test Variables，同时勾选 Kendall's W，如图 9 - 9 所示。

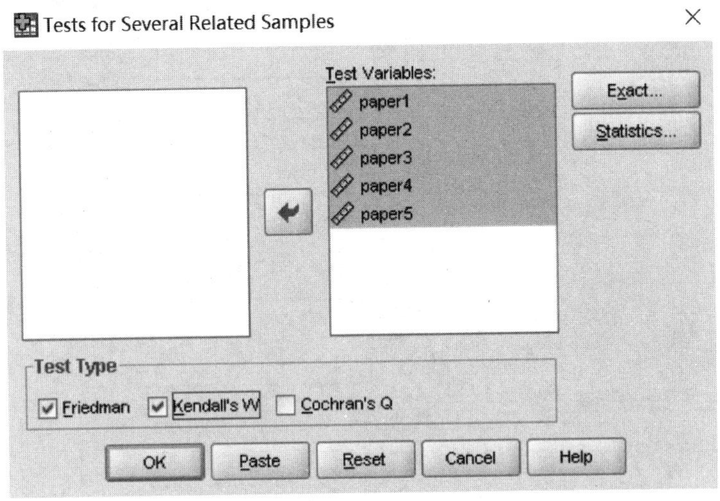

图 9 - 9　SPSS 的肯德尔和谐系数检验过程

单击 OK，可以得到如下输出结果：

Test Statistics

N	4
Kendall's W[a]	.812
Chi-Square	13.000
df	4
Asymp. Sig.	.011

a. Kendall's Coefficient of Concordance

结果表明 Kendall's W 值为 0.812，相伴概率为 0.011，在 0.01 水平上接受零假设，说明论文评定等级的评分者的信度较高。

四、Eta 系数

利用 SPSS 软件可以求得表征一个称名变量与一个等距变量间相关程度的 Eta 系数。下面我们仍以前面一节提及的例 9 - 9 来说明此过程。若要求出英语成绩与性别变量间相关程度的 Eta 系数，我们需要在 SPSS 中依次进行如下操作：

(1) 录入并读取数据文件“9 - 5. sav”。

(2) 单击 Analyze—Descriptive Statistics—Crosstabs，在 Crosstabs 对话框中将“性别”变量选入 Row (s) 框内，将“英语成绩”变量选入 Column (s) 框内，如图 9 - 10 所示。

(3) 单击 Statistics 选项，在 Statistics 对话框中选中 Eta，如图 9 - 11 所示。

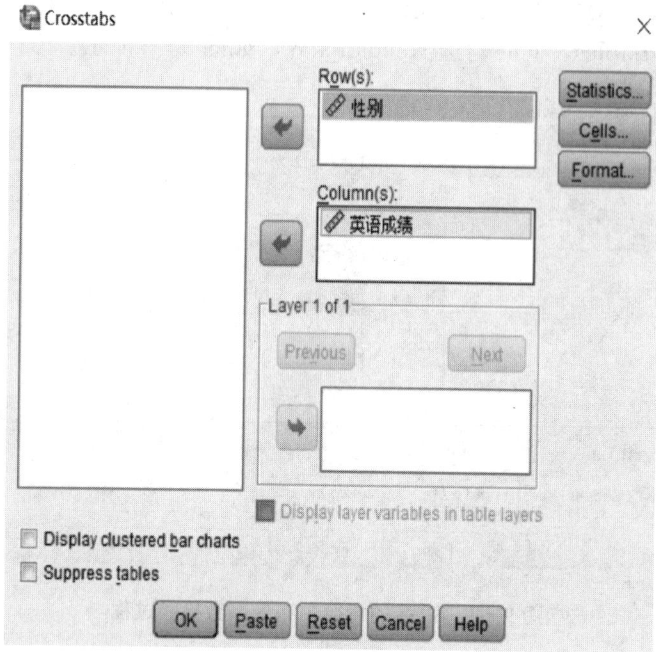

图 9－10　在 SPSS 中获得 Eta 系数步骤 1

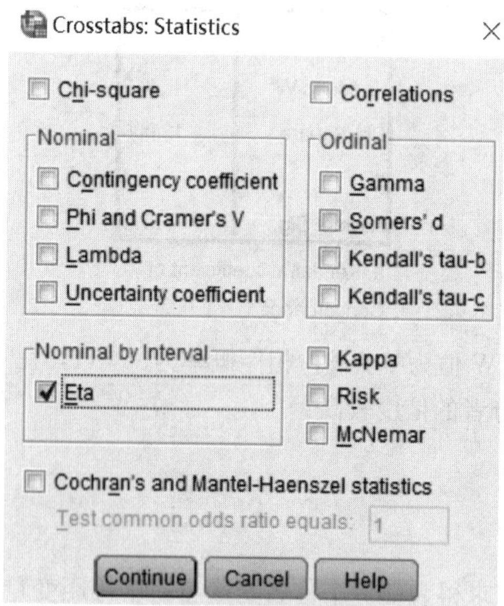

图 9－11　在 SPSS 中获得 Eta 系数步骤 2

最终我们可以获得如下输出结果：

Directional Measures

			Value
Nominal by Interval	Eta	性别 Dependent	.775
		英语成绩 Dependent	.081

该结果表明，学生英语成绩与性别的关联程度为 0.081，两者关联度很低，说明学

生英语成绩与性别基本无关。

五、偏相关

回顾例 9－10，接下来我们具体说明 SPSS 的偏相关分析过程，即如何获得消除了一个或几个附加变量的影响后两个变量的相关性。在例 9－10 中，若要获取某高校教育学专业“教育学原理”“教育研究方法”“教学论”这三门课之间的相关关系，需要在 SPSS 中依次进行如下操作。

（1）录入并读取数据文件“9－6. sav”。

（2）单击 Analyze—Correlate—Partial Correlations，打开 Partial Correlations 对话框，将“教育学原理”“教育研究方法”选入 Variables，将“教学论”选入 Controlling for。同时，选中双侧检验并勾选 Display actual significance level，如图 9－12 所示。

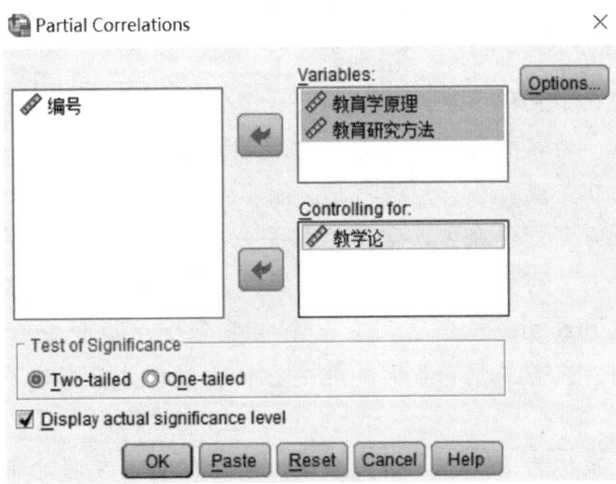

图 9－12　SPSS 的偏相关过程

单击 OK，最终输出结果如下：

Correlations

Control Variables			教育学原理	教育研究方法
教学论	教育学原理	Correlation	1.000	.058
		Significance (2-tailed)	.	.765
		df	0	27
	教育研究方法	Correlation	.058	1.000
		Significance (2-tailed)	.765	.
		df	27	0

结果表明，在控制了学生“教学论”课程成绩后，“教育学原理”和“教育研究方法”成绩的相关系数为 0.058，且相伴概率为 0.765，在 0.1 水平上并不显著。因此，在控制了学生“教学论”课程成绩后，“教育学原理”成绩和“教育研究方法”成绩之间几乎不相关。

需要注意的是，在相关分析研究中得到的变量之间的相关关系不等同于变量之间的因果关系。例如，学生的学习投入与学习成绩之间的相关系数为0.60，且具有统计显著性，是否意味着学生的学习投入水平高会导致学生学习成绩好呢？其实未必，因为学生的家庭背景如父母的受教育程度高很可能是导致学生成绩优异的原因，而学生的学习投入与父母的受教育程度之间也很可能存在某种正相关性。因此，只凭相关系数的数值无法证明学生的学习投入水平高是导致学生学习成绩优异的原因，还需要采用其他更为复杂的统计分析方法（如多元回归分析或结构方程模型）或实验研究来验证这一假设。许多研究者批评相关分析的研究将复杂的能力和行为模式分解为简单的成分。尽管这种探索能力和行为模式关系的简单方法对于某些情形研究是合适的，但是，复杂的能力和行为模式关系简单化后是否能保持其意义是值得怀疑的。因此只有对相关分析的结果进行谨慎的解释，才能有助于我们正确理解所研究的教育现象。

本章小结

相关分析的目的在于发现变量之间的依存关系。我们可以用图示法和计算法来刻画变量之间的相关关系。通常利用相关系数能够给出两个（或多个）变量之间的关系密切程度和相关方向（正相关或负相关）的信息。

在教育调查和教育测量研究中，常用的相关分析方法有积差相关系数、等级相关系数、点二列相关系数、二列相关系数、Eta系数、偏相关系数等。在SPSS主菜单Analyze的下拉菜单中Correlate命令项具有三个相关分析功能子命令Bivariate，Partial，Distances，它们分别对应着二元变量间的相关分析、偏相关分析以及距离测度分析三个SPSS过程。

积差相关系数，也称为Pearson相关系数，用于度量双变量之间的线性关系，是相关分析中最常用的一种相关量。因为大部分教育研究涉及的数据都是连续型变量，而且在大样本情形下，这些变量通常服从正态分布或渐近正态分布。

等级相关系数是依据具有等级顺序的测量数据（定序数据）来研究变量间相互关系的。研究等级相关的相关量主要有斯皮尔曼等级相关系数和肯德尔和谐系数。斯皮尔曼等级相关系数讨论的是两个等级变量的相关程度，只适用于两个评分者评价 n 个人或 n 件作品，或是同一个人先后两次评价 n 个人或 n 件作品。而肯德尔和谐系数则适用于多列相关的等级数据，既可以是 k 个评分者评价 n 个人或 n 件作品，也可以是同一个人先后 k 次评价 n 个人或 n 件作品。

点二列相关系数和二列相关系数都是考察连续变量（其观测值为点数列）与二分变量之间的相关程度的统计方法。区别在于点二列相关系数中的二分变量类别的划分是实质性的，而二列相关系数中的二分变量类别的划分是人为的。

Eta系数是用来测度一个称名变量与一个等距变量的相关程度的。而偏相关系数描述的是当消除了一个或几个附加变量的影响后两个变量的相关性。

通常在研究事物或变量间的相关关系时，我们只注重它们客观存在的联系及其密切程度，并不考虑其间是否存在因果关系。对于事物或变量间因果关系的测查需要借助其他统计分析方法（如多元回归分析或结构方程模型等）或实验研究手段。

思考题

1. 根据下表数据和式（9.1）求出某班初中生中考数学与物理成绩的积差相关系数，并利用数据文件“exe9－1.sav”运行 SPSS 程序给出积差相关分析结果。

数学（X）	67	76	77	74	79	83	74	86	78	71
物理（Y）	74	75	84	78	75	79	87	84	79	70
数学（X）	68	75	76	79	75	80	78	82	77	74
物理（Y）	73	76	82	78	79	79	84	81	73	72

2. 下表是未来教师素质大赛中 8 位评委对 6 名参加决赛的选手评定的等级数据，试利用数据文件“exe9－2.sav”考察这 8 位评委评判的一致性程度。

k=8 评委	参赛选手编号（n=6）					
	1	2	3	4	5	6
A	3	6	5	1	4	2
B	5	6	4	1	3	2
C	2	6	5	1	4	3
D	3	6	5	2	4	1
E	4	5	6	2	3	1
F	4	5	6	2	3	1
G	3	6	4	2	5	1
H	2	5	4	1	6	3
R_i	26	45	39	12	32	14

3. 某小学参加智力测验的 20 名学生中，某题回答合格与不合格及测验总分的情况见下表：

测验总分（X）	76	60	85	72	77	83	77	60	70	79
某题得分	0	1	1	0	1	0	0	0	1	0
测验总分（X）	73	69	84	79	56	89	71	50	90	75
某题得分	1	0	1	0	0	1	1	0	1	0

试求该题得分（合格）与测验总分的二列相关系数与 Eta 系数（若某题回答合格，则记其得分为 1；若某题回答不合格，则记其得分为 0）。

4. 某研究者试图考察大学生学业投入水平对其绩点 GPA 的影响。此外，他考虑到学生的学习基础对其绩点 GPA 的影响，选择了学生高考成绩作为测量学生学习基础的指标（参见下表）。

学业投入	4	3	3	5	3	5	3	4	4	3
绩点 GPA	4.3	3.8	3.9	3.9	4.4	3.8	3.9	3.8	4.1	3.7
高考成绩	578	580	590	595	588	565	656	594	598	659
学业投入	3	5	4	3	4	4	5	3	4	3
绩点 GPA	4.2	3.8	3.8	3.9	4.0	4.1	3.9	4.0	3.8	4.2
高考成绩	668	578	575	587	576	589	601	600	613	599
学业投入	4	5	4	3	3	4	4	5	4	4
绩点 GPA	4.2	3.9	3.8	4.1	3.0	4.2	3.9	4.0	3.9	4.1
高考成绩	667	588	565	567	546	569	611	608	603	589

试利用数据文件“exe9－3.sav”帮助此研究者分析大学生学业投入水平与其绩点 GPA 之间的关联性。

第十章

方差分析及其应用

本章提要

方差分析是 20 世纪 20 年代英国统计学家费希尔创立的一种选取最优实验方案的统计方法。本章将介绍方差分析的基本概念及原理，并分单因素方差分析、单（因）变量多因素方差分析、多因变量方差分析三种类型给出方差分析在教育研究中的具体应用示例。通过本章的学习，我们希望读者可以理解方差分析的基本思路，厘清不同类型方差分析的适用条件，并掌握 SPSS 中其相应模块的操作步骤。

第一节　方差分析的概念及原理

通常情形，方差分析的模型如下：

$$Y=\beta_0+\beta_1X_1+\beta_2X_2+\cdots+\beta_mX_m+\mu$$

该模型与线性回归模型类似，但线性回归模型中的解释变量一般为连续变量，而方差分析模型中的解释变量为分类变量。下面我们举例来说明方差分析方法通常可以解决何种教育问题。

例 10－1　为寻求最佳的小学三年级英语教材，现选择了 3 种不同的英语教材，分别采用不同的教材对某小学三年级 3 个平行班的学生进行一学期的英语教学，期末时他们的英语成绩如表 10－1 所示。

表 10－1　采用 3 种教材的 3 个平行班的学生的英语成绩　　单位：分

学生编号	教材		
	$A_1(X_1)$	$A_2(X_2)$	$A_3(X_3)$
1	69	94	71
2	76	98	53
3	80	88	66
4	83	90	81
5	95	88	85

续表

学生编号	教　材		
	$A_1(X_1)$	$A_2(X_2)$	$A_3(X_3)$
6	81	84	60
7	65	96	54
8	71	87	49
9	82	99	62
10	88	87	73
11	76	89	81
12	83	89	87
13	69	84	79
14	82	73	63
15	78	89	88
16	84	86	93
17	74	85	83
18	79	75	92
19	83	79	84
20	85	86	94
总和	1 583	1 746	1 498
$\overline{X}_i$	79.15	87.3	74.9

问：使用 3 种不同的教材的学生的期末英语平均成绩是否有显著性差异?

在此例中，我们首先要思考我们需要比较什么。显然，我们要比较的是使用 3 种不同教材的 3 个平行班的学生期末英语平均成绩，因此可以认为是进行均值比较。那么此处的均值比较与参数假设 t 检验中的均值比较又有何不同？从样本分类数量来看，参数假设 t 检验的均值比较是双样本的比较，而此处则是三个样本即多样本之间的均值比较。这里需要用到的统计分析方法即方差分析。

一、方差分析的基本概念

方差分析就是检验方差齐性的若干正态总体的均值是否相等的一种统计分析方法。在方差分析中，总是假定各总体独立地服从同方差的正态分布。在例 10－1 中，使用第 i 种教材的学生期末英语成绩是一个随机变量 X_i，$X_i \sim N(\mu_i, \sigma^2)(i=1, 2, 3)$。该试验的目的就是要检验假设 H_0：$\mu_1=\mu_2=\mu_3$ 是否成立。如果接受 H_0，那么我们就认为使用这 3 种教材的学生的英语平均成绩之间没有显著性差异；反之，则认为使用这 3 种教材的学生的英语平均成绩之间存在显著性差异。

我们要明确方差分析中的几个关键概念。具体试验要考察的目标我们称为指标。在例 10－1 中，我们要考察的是使用 3 种不同教材的 3 个平行班的学生的期末英语平均成绩之间的差异，因此指标为学生期末英语平均成绩。而影响指标的试验条件我们称为因素。在例 10－1 中，我们只考虑教材这一个因素对学生英语成绩的影响，即此试验中变异因素只有一个，即教材。只有一个因素的试验我们称作单因素试验。如果考察的因素有多个，我们称为多因素试验。而根据试验中变异因素的变化所产生的不同的试验条件，即因素的不同状态我们称作变异因素的“水平”。在例 10－1 中，3 种不同的教材就是该因素的 3 个不同的水平，分别记为 A_1，A_2，A_3。由于使用同一种教材的不同学生的期末英语成绩也可能不同，我们可以将使用同一种教材的学生的英语成绩看成一个总体。因此，例 10－1 为单因素等重复试验即在每个水平下进行等量的试验。如果每个水平进行的试验次数不等，称为单因素不等重复试验。

二、方差分析的基本思路

我们知道，凡是试验总会产生误差。完全由试验条件以外的偶然的或不可控制的随机因素造成的差异，我们称为随机误差或组内变差。而由于试验条件的不同即某些因素的不同水平所造成的差异，称为条件误差、效应变差或组间变差。在例 10－1 中，使用第二种、第一种教材的班级学生的平均英语成绩明显高于使用第三种教材的班级学生，即这 3 个班学生的英语成绩是有较大差异的，而这种差异可能是由于试验条件的不同（教材不同）造成的，即条件误差。但是，我们也注意到，即使是同一个班级的学生，他们的成绩也不尽相同，这种差异是由于试验条件以外的各种随机因素所引起的，比如学生的英语学习基础不同、临场发挥水平不同、教师评分标准不一致等，这些随机因素都是无法事先预测和加以控制的，因而属于随机误差。

通过方差分析，我们可以研究不同因素以及因素的不同水平对试验结果的影响程度。例如研究不同家庭社会经济地位对学生学习成绩的影响，研究教师不同的教学方法对学生学业表现的影响等。方差分析的目的就是要通过分析试验中由不同水平引起的差异和由随机因素造成的变异对总差异程度的贡献大小，确定所考察的因素对试验结果影响的显著性。在例 10－1 中，如果条件误差显著存在，则说明教材这一因素的 3 种不同水平对试验结果的影响是显著的；反之，则说明使用 3 种不同教材对学生成绩的影响是不显著的。方差分析的基本思想就是设法将条件误差与随机误差分开，然后比较两者的大小。如果条件误差比随机误差大得多，则说明条件误差不容忽视，试验条件的改变会对试验结果产生显著的影响；如果条件误差相对随机误差来说很小，则说明试验结果的差异主要来自各种随机因素的影响，而试验条件的改变对试验结果的影响是不显著的。

三、方差分析的适用条件

根据研究问题中所涉及的自变量和因变量个数，我们可以将方差分析分为单因素方差分析、单（因）变量多因素方差分析、多因变量方差分析。无论何种方差分析类型，都有一定的适用条件，我们总结如下：

（一）理论上的适用条件

作为一种统计模型，方差分析必然有自己的适用条件，比如各组的随机误差项被设定为服从同一个正态分布，各组的效应是可加的。具体而言，方差分析模型的适用条件有以下几点：

（1）各样本的独立性：只有各样本相互独立，来自真正的随机抽样，才能保证变异能够按照模型表达式那样具有可加性（可分解性）。

（2）正态性：由于各组的随机误差项 μ 被设定为服从正态分布，因此，模型要求各单元格样本的残差必须服从正态分布。

（3）方差齐性：要求各单元格样本所来自的总体满足方差齐性（变异程度相同）。

（二）实际应用时对适用条件的把握

显然，适用条件的要求是比较严格的，那么在实际应用时应如何把握这些条件？首先在适用条件中，对独立性的要求是最严的，但除了重复测量等特殊情况外，该条件通常都可以满足。下面是对正态性和方差齐性在不同情况下的考虑：

（1）单因素方差分析：因为这类模型中只有一个因素，设计较为简单，样本有充足的信息量对正态性和方差齐性进行考察，这已成为标准分析步骤。但是许多人误将正态性理解为因变量应当服从正态分布，显然这种想法和实际要求不是一回事。不过，模型结果需要有一定的稳健性，通常只要因变量的分布不呈明显偏态，分析结果一般都是较稳定的。至于方差齐性，需要特别指出的是：根据博克斯的研究结果，在单因素方差分析中，如果各组的样品数相同，或总体呈正态分布，则方差分析模型对方差略微不齐有一定的耐受性，只要最大与最小方差之比小于 3，分析结果都是稳健的。而且，SPSS 等统计软件中的方差分析模块也给出了方差非齐性时的检验统计量及差异分析结果。

（2）单元格内无重复数据的多因素方差分析：由于正态性和方差齐性的考察是以单元格为基本单位的，如若每个单元格只有一个数据，当然无法分析正态性和方差齐性问题。因而这种情形，我们一般不需要考虑正态性和方差齐性的要求。当然，从模型的角度讲，实际应用时对数据正态性的考察还有一个办法，就是拟合完毕后作出残差分布图，如果残差呈随机分布，则可知（单元格内）原始数据满足正态条件。

（3）单元格内有重复数据的多因素方差分析：由于正态性、方差齐性的考察是以单元格为基本单位的，此时单元格数目往往很多，平均每个单元格内的样品数实际上比较少。例如样本量为 100，共有 3 个因素，每个因素 3 个水平，则共有 $3^3=27$ 个单元格，平均每个单元格只有不足 4 个样品。此时实际上很难检验出差别。另外，也可能因为只是极个别单元格方差不齐而导致检验不能通过。根据实际经验，在多因素方差分析中，极端值的影响远大于方差齐性等问题的影响。因此，在实际分析中可以直接考察因变量的分布情况，如果数据分布不呈明显的偏态，不存在极端值，则一般而言方差齐性和正态性不会有太大问题，而且也可以基本保证单元格内无极端值。所以，在多因素方差分析中，方差齐性往往只限于理论探讨。但对于较重要的研究，建模后的残差分析是非常重要的。

第二节　单因素方差分析

一项试验有多个影响因素，如果只有一个因素在发生变化，其他因素保持不变，则称为单因素试验，与之对应的方差分析，称为单因素方差分析。

一、单因素方差分析的基本原理

假设某一项试验只有一个因素 A 在发生变化，因素 A 有 k 个不同水平，在每个不同水平下进行重复试验，可得到 k 个总体，分别记作 X_1，X_2，…，X_k，各总体的均值分别为 μ_1，μ_2，…，μ_k，各总体的标准差分别为 σ_1，σ_2，…，σ_k。假设这 k 个总体服从正态分布且方差相等即 $\sigma_1^2=\sigma_2^2=\cdots=\sigma_k^2$，需要检验各总体的均值是否相等，即检验假设 H_0：$\mu_1=\mu_2=\cdots=\mu_k$。当该假设成立时，认为因素 A 对试验结果没有显著性影响。

通常我们用观测值与总平均值之差的平方和，即总离差平方和来表示试验数据的变异程度，记作 SS_T。进行方差分析时，总离差平方和被分解为组间离差平方和（表示条件误差，记作 SS_A）和组内离差平方和（表示随机误差，记作 SS_E）。对应地，总离差平方和的自由度 $df_T=nk-1$ 被分解为组间离差平方和的自由度 $df_A=k-1$ 和组内离差平方和的自由度 $df_E=nk-k$（这里 n 为重复试验次数）。

在例 10-1 中，我们可以依次计算 SS_A，SS_E 和 SS_T。

$$SS_A=n\sum_{i=1}^{k}(\overline{X}_i-\overline{X})^2 \tag{10.1}$$

$$\overline{X}_1=79.15,\overline{X}_2=87.3,\overline{X}_3=74.9,\overline{X}=(79.15+87.3+74.9)/3=80.45$$

因此

$$\begin{aligned}SS_A&=20\times[(79.15-80.45)^2+(87.3-80.45)^2+(74.9-80.45)^2]\\&=1\,588.3\end{aligned}$$

$$\begin{aligned}SS_E&=\sum_{j=1}^{n}\sum_{i=1}^{k}(x_{ij}-\overline{X}_i)^2 \qquad (10.2)\\&=(69-79.15)^2+(76-79.15)^2+\cdots+(85-79.15)^2+(94-87.3)^2\\&\quad+(98-87.3)^2+\cdots+(86-87.3)^2+(71-74.9)^2+(53-74.9)^2\\&\quad+\cdots+(94-74.9)^2=5\,676.55\end{aligned}$$

$$SS_T=SS_A+SS_E \tag{10.3}$$

因此，$SS_T=1\,588.3+5\,676.55=7\,264.85$

当 H_0：$\mu_1=\mu_2=\cdots=\mu_k$ 成立时，统计量

$$F=\frac{MS_A}{MS_E}=\frac{SS_A/df_A}{SS_E/df_E} \tag{10.4}$$

服从第一自由度为 df_A、第二自由度为 df_E的 F 分布。上式中的 MS_A称为组间均方差，MS_E称为组内均方差。当 H_0 成立时，组间均方差与组内均方差都是总体方差的无偏估

计，因此，两者的比值不会太大，即 F 的值应接近于 1。当 F 的值比 1 大得多时，即条件误差比随机误差大得多，则条件（水平）不同对试验结果的影响显著，因此，不能认为各总体的均值相等，必须否定 H_0。

在例 10－1 中，

$$F=\frac{1\ 588.3/(3-1)}{5\ 676.55/(20\times 3-3)}=7.974$$

至此，我们可以列出使用 3 种不同教材的方差分析表，如表 10－2 所示。

表 10－2　使用 3 种不同教材的方差分析表

方差来源	平方和	自由度	均方差	F 值
组间	1 588.3	2	794.15	7.974
组内	5 676.55	57	99.589	
总和	7 264.85	59		

由于 $F=7.974>F_{0.05}\ (2,\ 57)=3.158$，所以，拒绝 H_0，即可认为使用 3 种不同教材的效果是存在显著性差异的。

二、单因素方差分析的 SPSS 实现

在 SPSS 中，我们使用 Compare Means 下的 One-Way ANOVA 选项完成单因素方差分析过程。下面我们仍以例 10－1 来说明如何实现这一过程。

（一）基本步骤

回顾例 10－1，若要回答使用 3 种不同教材的学生的期末英语成绩之间是否存在显著性差异的问题，我们需要依次在 SPSS 中进行如下操作：

（1）建立数据文件“10－1. sav”，成绩变量名为 score，教材变量 book 取值 1，2，3，分别代表 A_1，A_2，A_3 共 3 种教材。

（2）依次单击 Analyze—Compare Means—One-Way ANOVA，展开 One-Way ANOVA 对话框。将成绩变量 score 放入 Dependent List 因变量列表框中，将变量 book 放入 Factor 框中，作为因素变量（自变量），如图 10－1 所示。

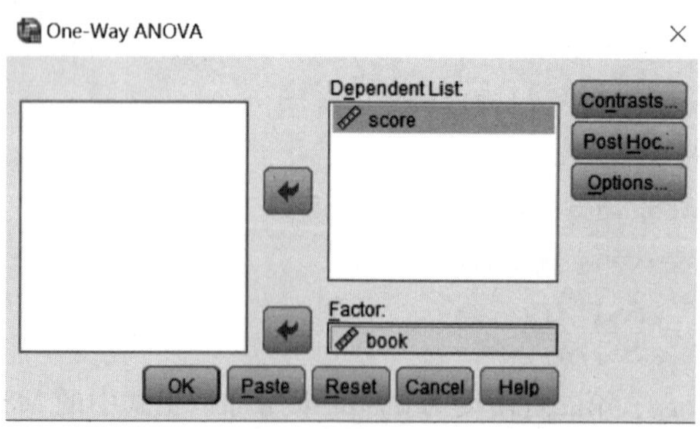

图 10－1　SPSS 中单因素方差分析对话框

（3）单击 OK，我们可以获得如下输出结果：

ANOVA

score

	Sum of Squares	df	Mean Square	F	Sig.
Between Groups	1588.300	2	794.150	7.974	.001
Within Groups	5676.550	57	99.589		
Total	7264.850	59			

上表为单因素方差分析表，显示的是单因素（book）对因变量（score）的影响分析结果。表中第一列为方差来源，包括组间（Between Groups）和组内（Within Groups）以及总和（Total）。第二列为离差平方和（Sum of Squares），组间离差平方和 $SS_A=1\ 588.300$，组内离差平方和 $SS_E=5\ 676.550$，总离差平方和 $SS_T=7\ 264.850$。第三列为自由度，$df_A=2$，$df_E=57$，$df_T=59$。第四列为均方差（Mean Square），其值为离差平方和除以自由度，组间均方差 $MS_A=794.150$，组内均方差 $MS_E=99.589$。第五列为 F 统计量，其值为组间均方差除以组内均方差，$F=7.974$。第六列为 F 统计量的相伴概率，$p=0.001<\alpha=0.05$，所以，拒绝 H_0，即可认为使用 3 种不同教材其效果是存在显著性差异的。

（二）多重比较

上述分析结果表明，使用 3 种不同教材的效果是存在显著性差异的。那么如何判断这 3 种教材哪一种效果比较好呢？这就需要进行多重比较，即对每两个水平（组）下的均值之差进行显著性检验。在 SPSS 中，是由 Post Hoc Multiple Comparisons 选项来完成多重比较过程的。仍以数据文件“10－1. sav”为例来说明多重比较的过程，我们需要依次在 SPSS 中进行如下操作：

（1）打开数据文件“10－1. sav”，依次单击 Analyze—Compare Means—One-Way ANOVA，展开 One-Way ANOVA 对话框。将成绩变量 score 放入 Dependent List 因变量列表框中，将变量 book 放入 Factor 框中，作为因素变量（自变量），如图 10－1 所示。

（2）单击 Options，展开 Options 对话框，选择 Homogeneity of variance test 复选项，做方差齐性检验以及选中 Means plot，绘制均值分布的散点图，如图 10－2 所示。Missing Values 下方的默认选项 Exclude cases analysis by analysis 表示缺失值仅在特定的分析中剔除。

（3）单击 Post Hoc，展开 Post Hoc Multiple Comparisons 对话框，选择多重比较方法。当方差齐性（Equal Variances Assumed）时，我们常选用的多重比较方法包括：1）LSD（Least-Significant Difference）表示采用 t 检验完成各组均值间的配对比较。2）S-N-K（Student Newman-Keuls）表示用学生化极差（studentized range）分布进行所有各组均值间的配对比较，同时给出齐性子集，即均值差异不显著的水平组。在该比较过程中，各组均值从小到大按顺序排列，最先比较均值最小的组与其他组之间的差异。3）Bonferroni表示用 t 检验完成各组间均值的配对比较，但是要设置所有检验的误差率，

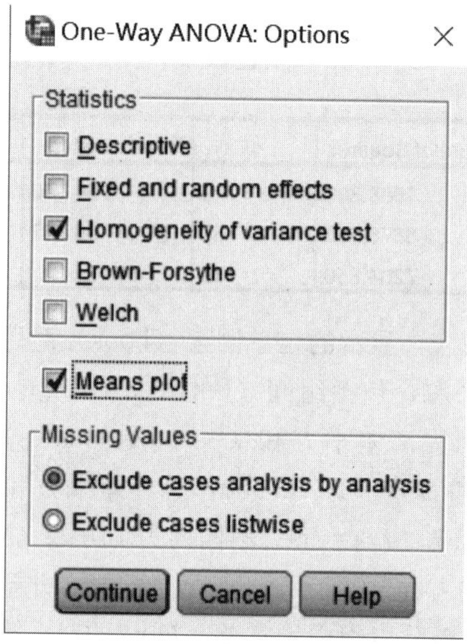

图 10－2　SPSS 单因素方差分析中的 Options 对话框

以控制整个误差率。4）Tukey 表示用学生化极差分布进行所有各组均值间的配对比较，用所有配对比较误差率作为试验误差率（要求各水平下等重复试验），并且给出齐性子集。当方差非齐性（Equal Variances Not Assumed）时，我们常选用的多重比较方法包括：1）Tamhane's T2 表示进行基于 t 检验的配对比较。2）Dunnett's C 表示做基于学生化极差分布的配对比较检验。此例分析中，我们在 Equal Variances Assumed 栏中，选中 LSD、S-N-K 方法。在 Equal Variances Not Assumed 栏中，选中 Tamhane's T2 方法，如图 10－3 所示。

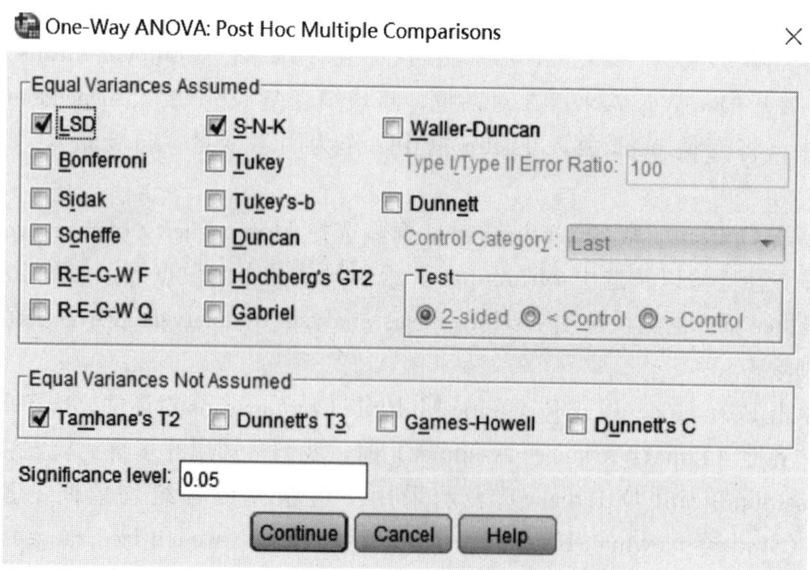

图 10－3　SPSS 单因素方差分析中多重比较对话框

单击 Continue 回到主对话框，再单击 OK，可以获得如下主要输出结果：

Test of Homogeneity of Variances

score

Levene Statistic	df1	df2	Sig.
12.478	2	57	.000

Multiple Comparisons

Dependent Variable: score

	(I) book	(J) book	Mean Difference (I-J)	Std. Error	Sig.	95% Confidence Interval Lower Bound	95% Confidence Interval Upper Bound
LSD	1.00	2.00	-8.15000*	3.15577	.012	-14.4693	-1.8307
		3.00	4.25000	3.15577	.183	-2.0693	10.5693
	2.00	1.00	8.15000*	3.15577	.012	1.8307	14.4693
		3.00	12.40000*	3.15577	.000	6.0807	18.7193
	3.00	1.00	-4.25000	3.15577	.183	-10.5693	2.0693
		2.00	-12.40000*	3.15577	.000	-18.7193	-6.0807
Tamhane	1.00	2.00	-8.15000*	2.18653	.002	-13.6123	-2.6877
		3.00	4.25000	3.56605	.567	-4.8045	13.3045
	2.00	1.00	8.15000*	2.18653	.002	2.6877	13.6123
		3.00	12.40000*	3.51837	.005	3.4440	21.3560
	3.00	1.00	-4.25000	3.56605	.567	-13.3045	4.8045
		2.00	-12.40000*	3.51837	.005	-21.3560	-3.4440

*. The mean difference is significant at the 0.05 level.

score

	book	N	Subset for alpha = 0.05: 1	2
Student-Newman-Keuls[a]	3.00	20	74.9000	
	1.00	20	79.1500	
	2.00	20		87.3000
	Sig.		.183	1.000

Means for groups in homogeneous subsets are displayed.

a. Uses Harmonic Mean Sample Size = 20.000.

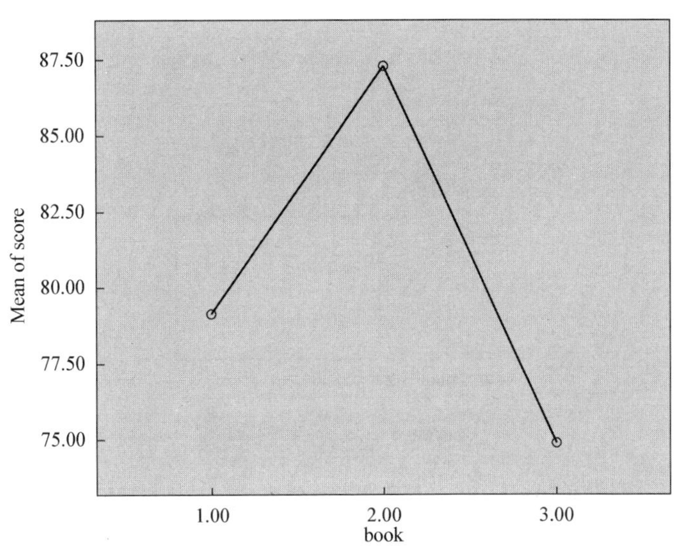

第一个表给出了方差齐性检验结果，因为相伴概率 Sig. $=0.000<0.05$，所以，各组方差存在显著性差异。因此，在选择多重比较方法时，应选取方差非齐性下的 Tamhane's T2 等方法。

第二个表为多重比较结果表，表中包含的信息有：使用“I”教材与“J”教材的效果的均值之差（Mean Difference）、均值之差的标准误（Std. Error）、均值相等检验的相伴概率（Sig.）以及均值之差的95%的置信区间。表中“Mean Difference（I-J）”列数据中右上角有“*”的，表示该数据对应的两组均值之间的差异显著，其他数据对应的均值之间则无显著性差异。由于各组方差非齐性，所以，我们关注 Tamhane's T2 部分的结论。由检验结果来看，使用教材 1 和教材 2 的学生英语成绩的均值之间存在显著性差异，使用教材 2 和教材 3 的学生英语成绩的均值之间存在显著性差异，而使用教材 1 和教材 3 的学生英语成绩的均值之间则不存在显著性差异。

第三个表为均值两两比较后的齐性子集（Homogeneous Subsets）。如果两均值之差小于最小显著性差数，则它们对应的组属于同一齐性子集。从第三个表来看，使用教材 1 和教材 3 的学生英语成绩属于一个齐性子集，使用教材 2 的学生英语成绩单独属于一个齐性子集。这与 Tamhane's T2 检验法得出的结果是一致的。

输出的图为均值图（Means Plots），由均值图我们可以看出，使用第三种教材的学生的英语成绩均值最低，使用第二种教材的学生的英语成绩最高。

图 10－1 单因素方差分析主对话框中还包含 Contrasts 选项。运用此功能我们可以对特定组别的均值进行差异比较。以数据文件“10－1. sav”为例，若要对第一种教材和第三种教材的效果进行比较，我们可以单击 Contrasts，进入 Contrasts 对话框，Polynomial 为进行均值的多项式比较，此下拉栏中可以选择 Linear（线性）、Quadratic（二次）、Cubic（三次）等形式，我们选择 Linear（线性）比较。在 Coefficients（系数）功能框内可以自由设置，若要对第一种教材和第三种教材的效果进行比较，我们可以将系数分别设置为 1，0，-1，即需要检验使用第一种教材和第三种教材的组均值是否相等，H_0：$\mu_1=\mu_3$，如图 10－4 所示。

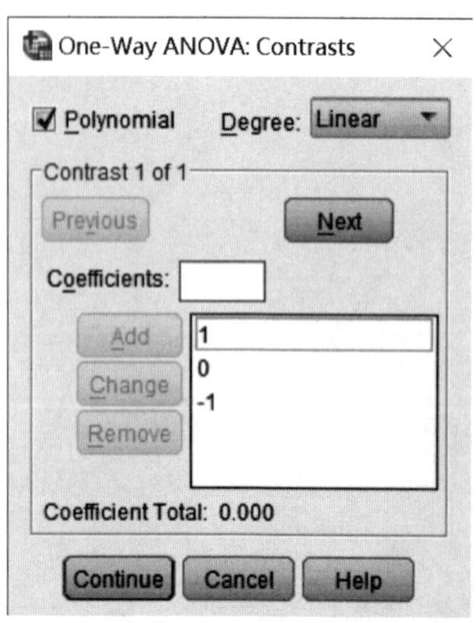

图 10－4　SPSS 单因素方差分析 Contrasts 对话框

由此，我们可以得到如下输出结果：

ANOVA

score

			Sum of Squares	df	Mean Square	F	Sig.
Between Groups	(Combined)		1588.300	2	794.150	7.974	.001
	Linear Term	Contrast	180.625	1	180.625	1.814	.183
		Deviation	1407.675	1	1407.675	14.135	.000
Within Groups			5676.550	57	99.589		
Total			7264.850	59			

Contrast Tests

		Contrast	Value of Contrast	Std. Error	t	df	Sig. (2-tailed)
score	Assume equal variances	1	4.2500	3.15577	1.347	57	.183
	Does not assume equal variances	1	4.2500	3.56605	1.192	28.003	.243

第一个表中 Linear Term Contrast 表示进行均值的线性拟合优度检验，由于 Sig. = 0.183>0.05，所以均值的线性关系显著，也就是说，随着教材的变化，成绩均值呈直线变化。Deviation 表示组间总方差与进行均值的线性关系检验的组间（均）方差之差。

第二个表为均值的多项式比较检验表。由前面的分析已得出方差非齐性的结论，因此我们关注此表最后一行数据。Value of Contrast 表示进行均值比较的多项式的值，即使用第一种教材与使用第三种教材的学生的英语成绩均值之差为 4.25，由于 Sig. = 0.243>0.05，因此在 0.05 的显著性水平上接受零假设，即使用第一种、第三种教材的学生的英语成绩之间不存在显著性差异。

第三节　多因素方差分析

在一项试验中，如果有两个或两个以上因素在发生变化，就属于多因素试验，对其结果所做的方差分析就是多因素方差分析。在教育研究中，很多现象的变化都是多种因素共同作用的结果。例如，考察中学教师工作满意度方面的差异，可以将职称、是否为乡村教师、教师职业认同感等作为影响教师工作满意度的因素，据此所做的试验就是三因素试验，对试验结果所做的方差分析就是三因素方差分析。

一、多因素方差分析的基本原理

多因素方差分析与单因素方差分析的基本思想是相同的。但是，在多因素方差分析中，几个因素对试验结果的影响往往不是独立的，而是相互起作用的。在统计学中，将多个因素的不同水平的搭配对试验结果产生的效应，称为交互作用。效应是反映因素的水平对试验结果产生影响大小的指标。效应越大，则该水平因素对试验结果的影响也就越大。某因素水平的改变所造成的试验结果的改变，称为该因素的主效应，由于交互作用引起的试验结果的改变称为交互效应。多因素方差分析的目的在于考察各个因素的主效应以及因素之间的交互效应对试验结果是否产生显著性影响。

由于存在交互作用，在总离差平方和的分解中，除了分解出反映每一因素的变化对试验结果影响程度的离差平方和项外，还应分解出各因素的交互作用对试验结果影响程度的离差平方和项。为简便起见，我们仅以双因素方差分析为例，给出总离差平方和的分解公式：

$$SS_T = SS_A + SS_B + SS_{A\times B} + SS_E \tag{10.5}$$

式中，SS_A，SS_B 分别为反映因素 A、因素 B 对试验结果影响程度的离差平方和；SS_E 为反映随机因素对试验结果影响程度的离差平方和；$SS_{A\times B}$ 为反映因素 A 和因素 B 的交互作用对试验结果影响程度的离差平方和。

（一）待检验的统计假设

假设在某项试验中，有因素 A 和因素 B 在变动，因素 A 取 a 个不同水平 A_1，A_2，…，A_a，因素 B 取 b 个不同水平 B_1，B_2，…，B_b，在（A_i，B_j）水平组合下的试验结果独立地服从正态分布 $N(\mu_{ij}, \sigma^2)$。需要检验的统计假设有：

（1）H_A：$\alpha_1 = \alpha_2 = \cdots = \alpha_a = 0$（因素 A 的主效应对试验结果无显著性影响）。

（2）H_B：$\beta_1 = \beta_2 = \cdots = \beta_b = 0$（因素 B 的主效应对试验结果无显著性影响）。

（3）$H_{A\times B}$：$(\alpha\beta)_{11} = (\alpha\beta)_{12} = \cdots = (\alpha\beta)_{ab} = 0$（因素 A 和因素 B 的交互效应对试验结果无显著性影响）。

其中，α_i 为因素 A 的第 i 个水平的效应，β_j 为因素 B 的第 j 个水平的效应，$(\alpha\beta)_{ij}$ 为因素 A 的第 i 个水平与因素 B 的第 j 个水平的交互效应。

令 $\mu = \frac{1}{ab}\sum_{i=1}^{a}\sum_{j=1}^{b}\mu_{ij}, \mu_{i.} = \frac{1}{b}\sum_{j=1}^{b}\mu_{ij}, \mu_{.j} = \frac{1}{a}\sum_{i=1}^{a}\mu_{ij}$，则有

$$\alpha_i = \mu_{i.} - \mu，\beta_j = \mu_{.j} - \mu，(\alpha\beta)_{ij} = \mu_{ij} - \mu - \alpha_i - \beta_j，i=1，2，\cdots，a；j=1，2，\cdots，b$$

（二）检验统计量

对上面三个假设，分别构造如下检验统计量：

$$F_A = \frac{MS_A}{MS_E} = \frac{SS_A/df_A}{SS_E/df_E} = \frac{SS_A/(a-1)}{SS_E/[ab(\gamma-1)]} \tag{10.6}$$

$$F_B = \frac{MS_B}{MS_E} = \frac{SS_B/df_B}{SS_E/df_E} = \frac{SS_B/(b-1)}{SS_E/[ab(\gamma-1)]} \tag{10.7}$$

$$F_{A\times B} = \frac{MS_{A\times B}}{MS_E} = \frac{SS_{A\times B}/df_{A\times B}}{SS_E/df_E} = \frac{SS_{A\times B}/[(a-1)(b-1)]}{SS_E/[ab(\gamma-1)]} \tag{10.8}$$

式中，$df_A = a-1$，$df_B = b-1$，$df_{A\times B} = (a-1)(b-1)$，$df_E = ab(\gamma-1)$。这里 γ 是重复试验次数（假设进行的是多因素的完全随机化试验设计下的重复试验）。

$$SS_{\mathrm{T}}=\sum_{i=1}^{a}\sum_{j=1}^{b}\sum_{k=1}^{\gamma}x_{ijk}^{2}-\frac{\left(\sum_{i=1}^{a}\sum_{j=1}^{b}\sum_{k=1}^{\gamma}x_{ijk}\right)^{2}}{ab\gamma} \tag{10.9}$$

$$SS_{\mathrm{A}}=\frac{1}{b\gamma}\sum_{i=1}^{a}\left(\sum_{j=1}^{b}\sum_{k=1}^{\gamma}x_{ijk}\right)^{2}-\frac{\left(\sum_{i=1}^{a}\sum_{j=1}^{b}\sum_{k=1}^{\gamma}x_{ijk}\right)^{2}}{ab\gamma} \tag{10.10}$$

$$SS_{\mathrm{B}}=\frac{1}{a\gamma}\sum_{j=1}^{b}\left(\sum_{i=1}^{a}\sum_{k=1}^{\gamma}x_{ijk}\right)^{2}-\frac{\left(\sum_{i=1}^{a}\sum_{j=1}^{b}\sum_{k=1}^{\gamma}x_{ijk}\right)^{2}}{ab\gamma} \tag{10.11}$$

$$SS_{\mathrm{A\times B}}=\frac{1}{\gamma}\sum_{i=1}^{a}\sum_{j=1}^{b}\left(\sum_{k=1}^{\gamma}x_{ijk}\right)^{2}-\frac{1}{b\gamma}\sum_{i=1}^{a}\left(\sum_{j=1}^{b}\sum_{k=1}^{\gamma}x_{ijk}\right)^{2}-\frac{1}{a\gamma}\sum_{j=1}^{b}\left(\sum_{i=1}^{a}\sum_{k=1}^{\gamma}x_{ijk}\right)^{2}+\frac{\left(\sum_{i=1}^{a}\sum_{j=1}^{b}\sum_{k=1}^{\gamma}x_{ijk}\right)^{2}}{ab\gamma} \tag{10.12}$$

$$SS_{\mathrm{E}}=\sum_{i=1}^{a}\sum_{j=1}^{b}\sum_{k=1}^{\gamma}x_{ijk}^{2}-\frac{1}{\gamma}\sum_{i=1}^{a}\sum_{j=1}^{b}\left(\sum_{k=1}^{\gamma}x_{ijk}\right)^{2} \tag{10.13}$$

显然有，

$$SS_{\mathrm{T}}=SS_{\mathrm{A}}+SS_{\mathrm{B}}+SS_{\mathrm{A\times B}}+SS_{\mathrm{E}} \tag{10.14}$$

当 H_{A} 成立时，F_{A} 服从第一自由度为 $a-1$、第二自由度为 $ab(\gamma-1)$ 的 F 分布，即 $F_{\mathrm{A}}\sim F((a-1),\ ab(\gamma-1))$；当 H_{B} 成立时，$F_{\mathrm{B}}\sim F((b-1),\ ab(\gamma-1))$；当 $H_{\mathrm{A\times B}}$成立时，$F_{\mathrm{A\times B}}\sim F((a-1)\ (b-1),\ ab(\gamma-1))$。

如果 $F_{\mathrm{A}}>F_{\alpha}((a-1),\ ab(\gamma-1))$，则拒绝 H_{A}，即认为因素 A 的主效应对试验结果有显著性影响；否则，接受 H_{A}，即认为因素 A 的主效应对试验结果无显著性影响。

如果 $F_{\mathrm{B}}>F_{\alpha}((b-1),\ ab(\gamma-1))$，则拒绝 H_{B}，即认为因素 B 的主效应对试验结果有显著性影响；否则，接受 H_{B}，即认为因素 B 的主效应对试验结果无显著性影响。

如果 $F_{\mathrm{A\times B}}>\mathrm{F}_{\alpha}((a-1)\ (b-1),\ ab(\gamma-1))$，则拒绝 $H_{\mathrm{A\times B}}$，即认为因素 A 与因素 B 的交互效应对试验结果有显著性影响；否则，接受 $H_{\mathrm{A\times B}}$，即认为因素 A 与因素 B 的交互效应对试验结果没有显著性影响。

最后我们将双因素方差分析过程及结果在表 10－3 中呈现。

表 10－3　双因素方差分析表

方差来源	平方和	自由度	均方差	F 统计量
因素 A	SS_{A}	$a-1$	$MS_{\mathrm{A}}=\frac{SS_{\mathrm{A}}}{a-1}$	$F_{\mathrm{A}}=\frac{MS_{\mathrm{A}}}{MS_{\mathrm{E}}}$
因素 B	SS_{B}	$b-1$	$MS_{\mathrm{B}}=\frac{SS_{\mathrm{B}}}{b-1}$	$F_{\mathrm{B}}=\frac{MS_{\mathrm{B}}}{MS_{\mathrm{E}}}$
因素 A 与因素 B 的交互作用	$SS_{\mathrm{A\times B}}$	$(a-1)\ (b-1)$	$MS_{\mathrm{A\times B}}=\frac{SS_{\mathrm{A\times B}}}{(a-1)\ (b-1)}$	$F_{\mathrm{A\times B}}=\frac{MS_{\mathrm{A\times B}}}{MS_{\mathrm{E}}}$
随机误差	SS_{E}	$ab(\gamma-1)$	$MS_{\mathrm{E}}=\frac{SS_{\mathrm{E}}}{ab(\gamma-1)}$	
总计	SS_{T}	$ab\gamma-1$		

二、多因素方差分析的 SPSS 实现

在 SPSS 中，除了上一节提到的均值比较（Compare Means）下的单因素方差分析（One-Way ANOVA），我们通常也利用一般线性模型（General Linear Model）模块下的功能进行方差分析。General Linear Model 模块下包含四个选项，Univariate 为单变量多因素方差分析，Multivariate 为多因变量方差分析，Repeated Measures 是对因变量重复测量的方差分析，而 Variance Components 为方差成分分析，主要用于估计主效应和交互效应的方差值以及渐近协方差矩阵。由此，我们利用 Univariate 功能完成多因素（单因变量）方差分析。下面我们举例来说明如何实现这一过程。

例 10－2 某校进行五年级语文课教学试验时确定了两个试验变量，因素 A 为教师教学策略，有 A_1，A_2，A_3，A_4 四个水平，它们分别表示因材施教、参与式教学、引导探究和教学调整与反馈；因素 B 为教材，取 B_1，B_2 两个水平，分别表示两种不同的语文教材。在该校五年级中随机抽取 40 名学生，并随机分成 8 个组，每组 5 名学生接受同一种试验处理。经过一段时间的教学后，对他们采用同一份试卷进行测试，得到如表 10－4 所示的成绩数据。

表 10－4　不同教学策略下学生语文成绩

教学策略	教　材	
	B_1	B_2
A_1（因材施教）	70，72，91，80，78	67，90，76，85，79
A_2（参与式教学）	83，85，94，79，88	68，68，71，66，85
A_3（引导探究）	84，98，86，80，95	73，72，80，74，65
A_4（教学调整与反馈）	85，88，97，76，85	88，78，81，76，75

问：教师教学策略和教材对教学效果有何影响？

解： 此例是完全随机化设计的双因素试验，即全部 40 名学生被随机地平分成 4×2＝8 组，每组 5 人接受同一种试验处理。若试验的目的不需要考察因素 A 和 B 的交互作用，或确有把握认为两个因素之间不存在交互作用，则每组只需安排一名学生，也就是说对每种试验处理不需要进行重复试验；若试验的目的是要考察交互作用或没有把握认为不存在交互作用，则必须对每种试验处理进行重复试验。本例就是一个需要考察交互作用的双因素试验，重复试验次数为 5。需要检验的假设如下：

H_A：教师教学策略对教学效果无显著性影响

H_B：教材对教学效果无显著性影响

$H_{A\times B}$：教师教学策略与教材的交互作用对教学效果无显著性影响

（一）基本步骤

一般来说，使用默认选项进行单因变量双因素方差分析时，我们需要在 SPSS 中依次进行如下操作：

（1）建立数据文件“10－2.sav”，成绩变量名为 score，变量 strategy 取值 1，2，3，4，分别代表 A_1，A_2，A_3，A_4 四种教学策略，变量 book 取值 1，2，分别代表两种不同的教材。

（2）单击 Analyze—General Linear Model—Univariate，展开 Univariate 对话框。将成绩变量 score 放入 Dependent Variable 因变量列表框中，将变量 strategy，book 放入 Fixed Factor（s）框中作为因素变量（自变量），如图 10－5 所示。

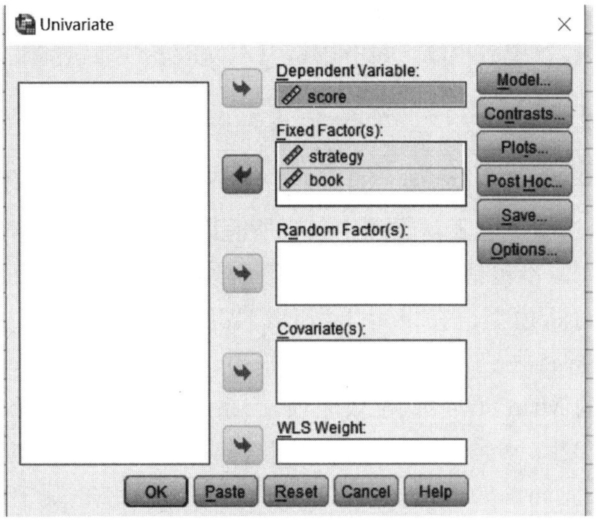

图 10－5　SPSS 多因素方差分析对话框

单击 OK 提交运行即可获得如下输出结果：

Dependent Variable: score

Source	Type III Sum of Squares	df	Mean Square	F	Sig.
Corrected Model	1357.975[a]	7	193.996	3.813	.004
Intercept	257763.025	1	257763.025	5066.595	.000
strategy	117.275	3	39.092	.768	.520
book	783.225	1	783.225	15.395	.000
strategy * book	457.475	3	152.492	2.997	.045
Error	1628.000	32	50.875		
Total	260749.000	40			
Corrected Total	2985.975	39			

a. R Squared = .455 (Adjusted R Squared = .336)

该表为单因变量双因素方差分析表。第一列为方差来源（Source），分别列出了校正模型（Corrected Model）、截距（Intercept）、因素 strategy、因素 book、strategy 与 book 的交互作用（strategy * book）、随机误差项（Error）、总和（Total）以及校正总和项（Corrected Total）。第二列为采用 Type III 方法计算出的离差平方和。第三列为自由度。第四列为均方差。第五列为 *F* 统计量。第六列为 *F* 统计量的相伴概率。修正模型平方和等于三个解释变量平方和之和。结果显示，教学策略（strategy）这一因素主效应检

验的 F 统计量的相伴概率 Sig. =0.520>0.05，因而接受 H_A，即教师不同的教学策略对教学效果无显著性影响。教材（book）这一因素主效应检验的 F 统计量的相伴概率 Sig. =0.000<0.05，因而拒绝 H_B，即学生使用的教材对教学效果存在显著性影响。而教学策略与教材这两个因素的交互效应检验的 F 统计量的相伴概率 Sig. =0.045<0.05，所以拒绝 $H_{A\times B}$，即教师的教学策略与教材的交互作用对教学效果存在显著性影响。如果需要选择最优的 A 与 B 水平的组合，则需要使用多重比较法（Post Hoc Multiple Comparisons）对所有处理的均值进行逐对均值差异的显著性检验。下面我们进一步介绍除默认设置外，如何在 SPSS 中对单因变量双因素方差分析进行选项设置。

（二）模型设定

打开图 10-5 中 Model（模型）对话框，在 Specify Model 栏下有两个选项。Full factorial 为系统默认选项。它表示模型中包含所有因素变量的主效应和所有因素的各种搭配下的交互效应，但不包括协变量之间的交互效应。而若选中 Custom 复选项，我们可以自行建立方差分析模型。在设定模型时，我们需要将拟分析的变量从 Factors & Covariates 框中选定并将之移入右边的 Model 框中，同时在 Build Term（s）栏内，我们需要选择参数框内的 Main effects（主效应项）、系统默认的 Interaction（交互效应）或者其他 All 2-way，All 3-way，All 4-way，All 5-way（所有二、三、四、五维交互效应）。对话框底部 Sum of squares 为选择平方和分解方法，Type III 为系统默认选项。若选中 Include intercept in model，则模型中包含截距项。在例 10-2 中，若我们只想分析教师教学策略与教材的主效应，我们可以将 strategy 和 book 两个变量选入 Model 框中，并将 Build Term（s）栏内的参数设定为 Main effects，如图 10-6 所示。

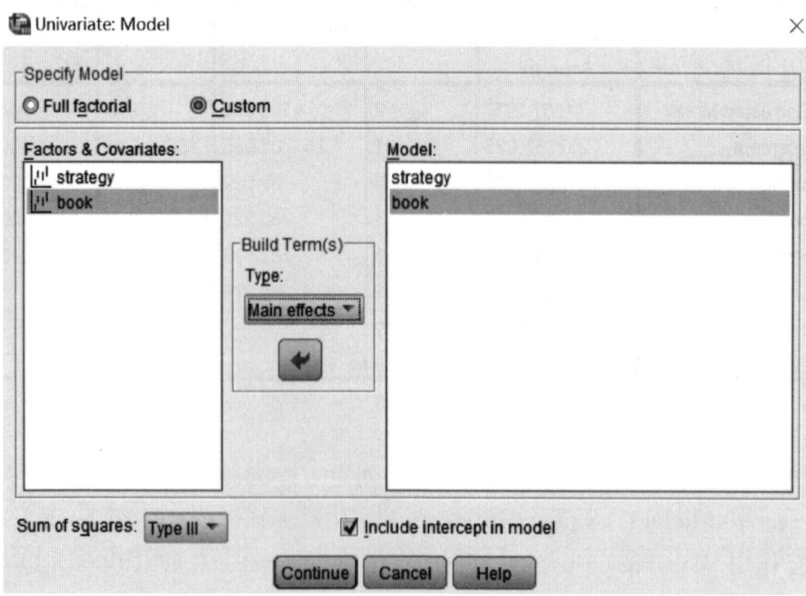

图 10-6 SPSS 多因素方差分析模型设定对话框 1

在例 10－5 中，若拟分析教学策略与教材的二维交互效应，我们需要同时将 Factors & Covariates 框中的 strategy 和 book 两个变量选入 Model 框中，并将 Build Term（s）栏内参数设定为 All 2-way（二维交互效应），如图 10－7 所示。

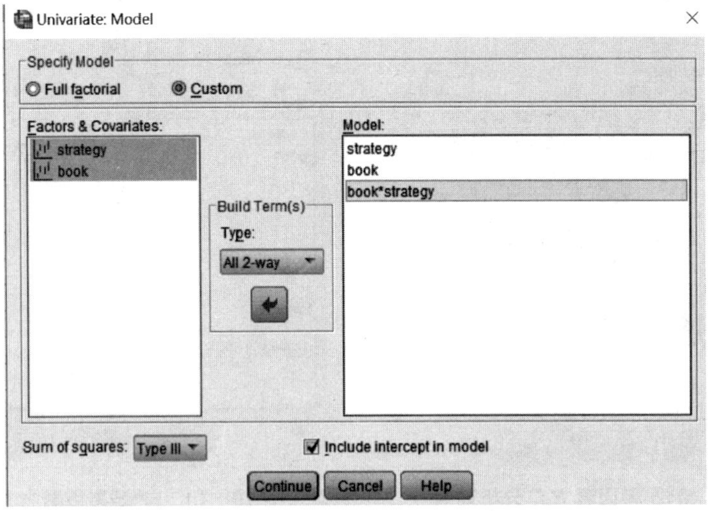

图 10－7 SPSS 多因素方差分析模型设定对话框 2

（三）比较对照

打开图 10－5 中 Contrasts（比较对照）对话框，系统默认的 None 表示不对该变量进行均值比较，我们也可以重新设定对变量进行均值比较。Change Contrast 下包含多种比较方法。例如，我们可以选择 Simple 并单击 Change，在 Reference Category 处选择 Last 作为参考水平，即可将因素变量 strategy 的每一水平都与参考水平进行比较，如图 10－8 所示。

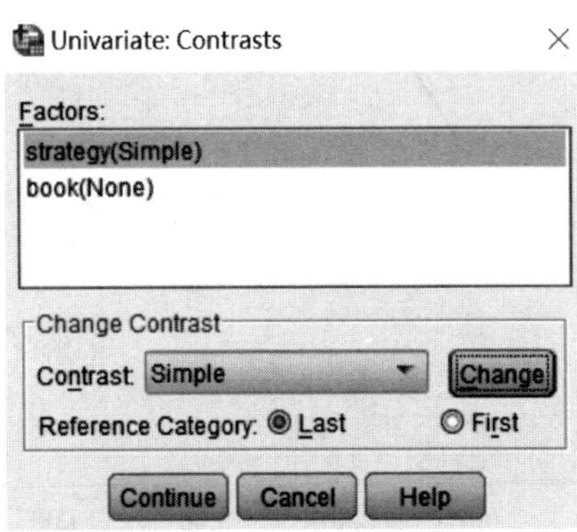

图 10－8 SPSS 多因素方差分析比较对照对话框

（四）均值分布图

打开图 10－5 中 Plots（均值分布图）对话框，Factors 框中为主对话框中所选的因素变量 strategy 和 book。右侧 Horizontal Axis 为横坐标变量，Separate Lines 为区分线变量，Separate Plots 为离散点变量。我们可以将 strategy 变量选入横坐标变量，将 book 变量选入区分线变量，如图 10－9 所示。

点击 Add，Plots 下方输入栏中将出现教师教学策略与教材的交互项 strategy * book，如图 10－10 所示。

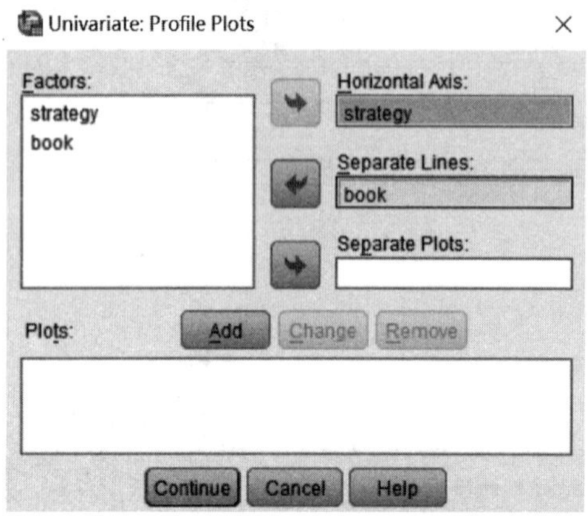

图 10－9　SPSS 多因素方差分析均值分布图对话框 1

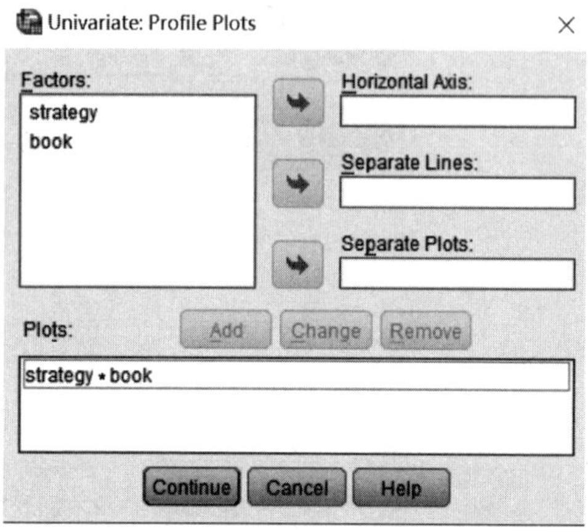

图 10－10　SPSS 多因素方差分析均值分布图对话框 2

最终可获得如图 10－11 所示的输出结果。结果表明第三种教学策略即引导探究与教材 1 的组合下学生语文成绩最好，第二种教学策略即参与式教学与教材 2 的组合下学生语文成绩最差。

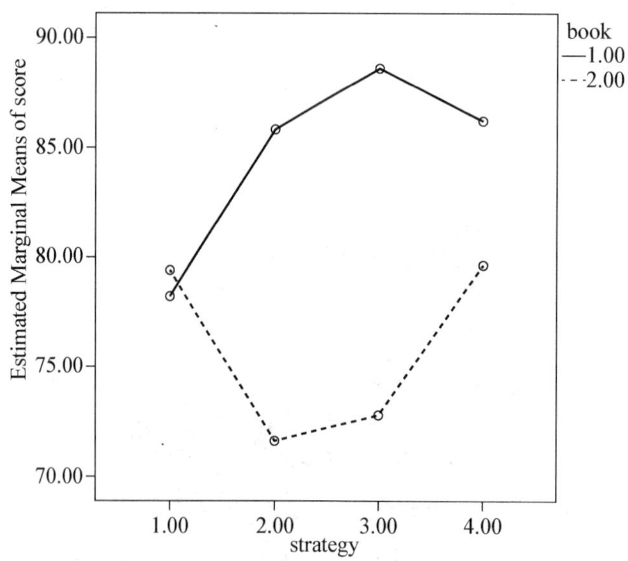

图 10－11　SPSS 多因素方差分析均值分布图输出结果

（五）多重比较

与单因素方差分析多重比较步骤类似，若要进行多因素方差分析的多重比较，仍以例 10－2 为例，我们可以先进行方差齐性检验。单击图 10－5 中 Options 选项，进入 Options 对话框。最上方 Estimated Marginal Means 为边际均值估计栏，我们可以将所有变量（OVERALL）中的 strategy，book，strategy * book 选入 Display Means for 下方空白栏。Display 栏用于设置输出显示选项，我们选中 Homogeneity tests 进行方差齐性检验，如图 10－12 所示。最下方 Significance level 框中输入的为显著性水平，此处默认设置为 0.05。

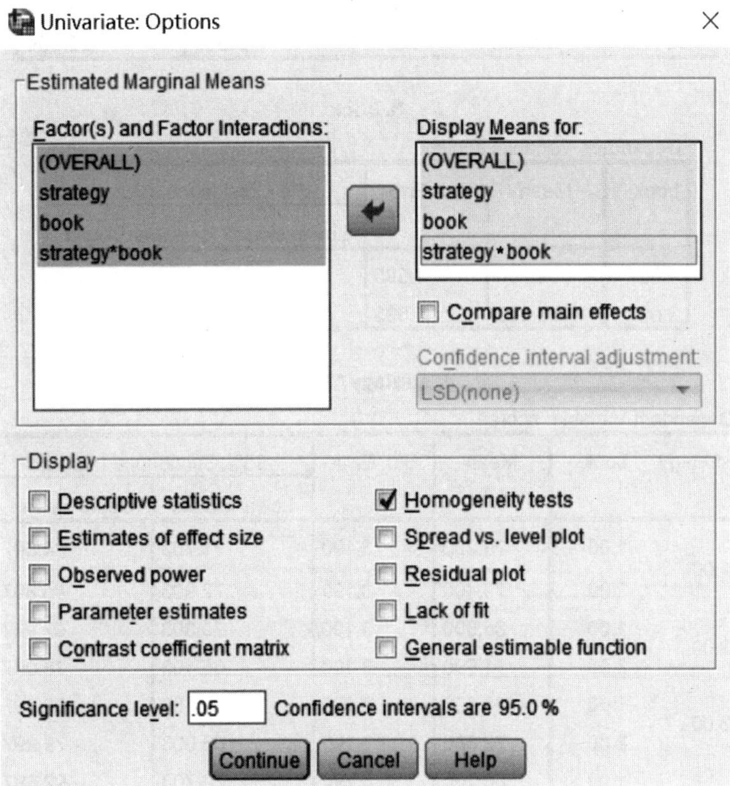

图 10－12　SPSS 多因素方差分析 Options 对话框

依次单击 Continue 及 OK，我们可以获得如下输出结果：

Levene's Test of Equality of Error Variances[a]

Dependent Variable: score

F	df1	df2	Sig.
.372	7	32	.912

1. Grand Mean

Dependent Variable: score

Mean	Std. Error	95% Confidence Interval	
		Lower Bound	Upper Bound
80.275	1.128	77.978	82.572

2. strategy

Dependent Variable: score

strategy	Mean	Std. Error	95% Confidence Interval	
			Lower Bound	Upper Bound
1.00	78.800	2.256	74.206	83.394
2.00	78.700	2.256	74.106	83.294
3.00	80.700	2.256	76.106	85.294
4.00	82.900	2.256	78.306	87.494

3. book

Dependent Variable: score

book	Mean	Std. Error	95% Confidence Interval	
			Lower Bound	Upper Bound
1.00	84.700	1.595	81.451	87.949
2.00	75.850	1.595	72.601	79.099

4. strategy * book

Dependent Variable: score

strategy	book	Mean	Std. Error	95% Confidence Interval	
				Lower Bound	Upper Bound
1.00	1.00	78.200	3.190	71.703	84.697
	2.00	79.400	3.190	72.903	85.897
2.00	1.00	85.800	3.190	79.303	92.297
	2.00	71.600	3.190	65.103	78.097
3.00	1.00	88.600	3.190	82.103	95.097
	2.00	72.800	3.190	66.303	79.297
4.00	1.00	86.200	3.190	79.703	92.697
	2.00	79.600	3.190	73.103	86.097

第一个表为方差齐性检验表。由于 Sig. =0.912>0.05，所以各组的方差齐性。

后面四个表为边际均值报表。Grand Mean 为因变量学生语文成绩的边际均值（总均值）。strategy 报表为不同教学策略下学生语文成绩的边际均值。book 报表为不同教材下学生语文成绩的边际均值。strategy * book 报表为不同教材和教师教学策略的组合下学生语文成绩的边际均值。

在获得各组方差齐性的结论后，我们可以打开图 10－5 中 Post Hoc（事后检验）对话框，与上一节单因素方差分析多重比较对话框选项大致相同，我们首先将 Factors 下方空白栏中的 strategy 和 book 两个变量选入 Post Hoc Tests for（多重比较）下方空白栏处，并选中 Equal Variances Assumed（方差齐性）下方 LSD 和 S-N-K 两种方法，如图 10－13 所示。

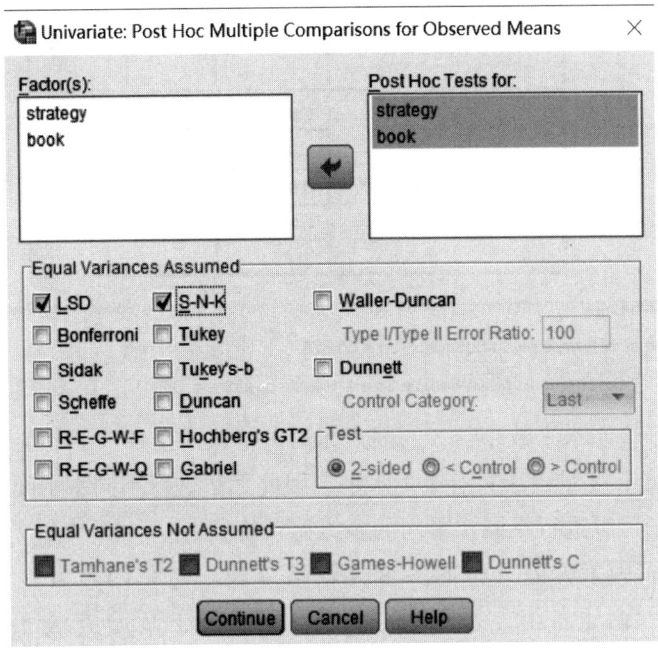

图 10－13　SPSS 多因素方差分析多重比较对话框

依次单击 Continue 及 OK，我们可以获得如下输出结果：

Warnings

Post hoc tests are not performed for book because there are fewer than three groups.

Multiple Comparisons

Dependent Variable: score

	(I) strategy	(J) strategy	Mean Difference (I-J)	Std. Error	Sig.	95% Confidence Interval	
						Lower Bound	Upper Bound
LSD	1.00	2.00	.1000	3.18983	.975	-6.3975	6.5975
		3.00	-1.9000	3.18983	.556	-8.3975	4.5975
		4.00	-4.1000	3.18983	.208	-10.5975	2.3975
	2.00	1.00	-.1000	3.18983	.975	-6.5975	6.3975
		3.00	-2.0000	3.18983	.535	-8.4975	4.4975
		4.00	-4.2000	3.18983	.197	-10.6975	2.2975
	3.00	1.00	1.9000	3.18983	.556	-4.5975	8.3975
		2.00	2.0000	3.18983	.535	-4.4975	8.4975
		4.00	-2.2000	3.18983	.495	-8.6975	4.2975
	4.00	1.00	4.1000	3.18983	.208	-2.3975	10.5975
		2.00	4.2000	3.18983	.197	-2.2975	10.6975
		3.00	2.2000	3.18983	.495	-4.2975	8.6975

Based on observed means.

The error term is Mean Square(Error) = 50.875.

Homogeneous Subsets
score

	strategy	N	Subset
			1
Student-Newman-Keuls[a,b]	2.00	10	78.7000
	1.00	10	78.8000
	3.00	10	80.7000
	4.00	10	82.9000
	Sig.		.559

Means for groups in homogeneous subsets are displayed. Based on observed means.

The error term is Mean Square(Error) = 50.875.

a. Uses Harmonic Mean Sample Size = 10.000. b. Alpha = .05.

上述警告命令说明水平数小于 3 的因素无法进行该因素各水平的均值多重比较检验。在例 10 - 2 中，book 变量由于只有 2 个水平，因此无法进行不同水平间的多重比较检验，而 strategy 变量则可以进行不同水平间的多重比较检验。

第一个表为多因素方差分析的多重比较结果表，与单因素方差分析的多重比较结果表基本一致。由于各组方差齐性，所以，我们关注 LSD 方法下的结论信息。由检验结果来看，教师使用每两种不同教学策略的学生成绩的均值之间不存在显著性差异。

第二个表为均值两两比较后的齐性子集（Homogeneous Subsets）。如果两均值之差小于最小显著性差数，则它们对应的组属于同一齐性子集。从第二个表来看，教师四种教学策略下的学生成绩属于一个齐性子集。这与 LSD 检验法得出的结果是一致的。由此，我们可以得出教师四种教学策略产生的效果没有显著性差异的结论。

（六）预测值保存

打开图 10 - 5 中 Save（预测值保存）对话框，此功能用于确定需要保存的预测值、残差以及相关测度值等。左侧 Predicted Values 用于设置因变量的预测值，且预测值将出现在原始数据文件中。Diagnostics 用于对模型中的自变量和有较大冲突的观测值的诊断检测。Residuals 用于设置残差，也将出现在原始数据文件中。下方 Create coefficient statistics 中可以设置将其保存为新文件，可以将因变量的预测值和残差均设置为非标准化的形式（见图 10 - 14）。

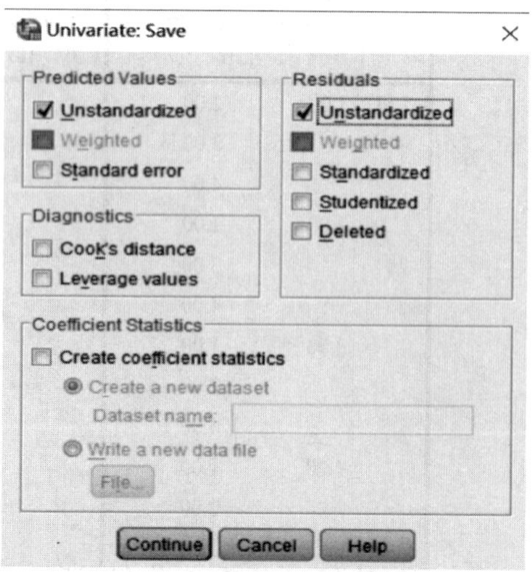

图 10 - 14　SPSS 多因素方差分析保存对话框

最终可以得到如下结果：

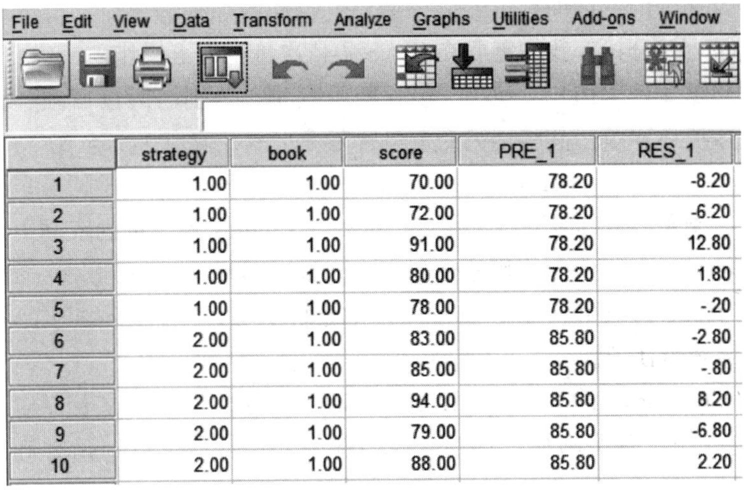

	strategy	book	score	PRE_1	RES_1
1	1.00	1.00	70.00	78.20	-8.20
2	1.00	1.00	72.00	78.20	-6.20
3	1.00	1.00	91.00	78.20	12.80
4	1.00	1.00	80.00	78.20	1.80
5	1.00	1.00	78.00	78.20	-.20
6	2.00	1.00	83.00	85.80	-2.80
7	2.00	1.00	85.00	85.80	-.80
8	2.00	1.00	94.00	85.80	8.20
9	2.00	1.00	79.00	85.80	-6.80
10	2.00	1.00	88.00	85.80	2.20

第四节　多因变量方差分析

多因变量方差分析与单因变量方差分析的基本原理及思路大致相同，本节我们主要以例 10－3 为例来说明如何在 SPSS 中利用 General Linear Model 模块下的 Multivariate 功能进行多因变量方差分析。

例 10－3　为考察某小学 4～6 年级学生在智力上的差异，从该小学 4～6 年级每个年级各抽取 5 名学生并让其进行智力测验，智力测验分阅读、反应、想象力三个部分，具体测验成绩如表 10－5 所示。

表 10－5　4～6 年级学生智力测验成绩　　单位：分

年级	阅读	反应	想象力
4	23	43	52
4	31	45	56
4	34	38	47
4	26	39	48
4	27	44	43
5	36	41	52
5	30	48	53
5	28	49	57
5	29	50	43
5	33	37	48
6	33	32	42
6	21	46	46
6	24	47	37
6	36	38	38
6	27	43	33

问：各年级小学生在智力测验的阅读、反应、想象力等方面是否存在显著性差异？

此例中涉及三个因变量即智力测验中阅读、反应与想象力三个部分的成绩，因此需要进行多因变量方差分析，我们需要在 SPSS 中依次进行如下操作：

（1）建立数据文件“10－3. sav”，包含四个变量，分别为阅读成绩、反应成绩、想象力成绩与学生所在年级。其中年级变量包含三个水平，取值 4，5，6。

（2）单击 Analyze—General Linear Model—Multivariate，展开 Multivariate 对话框。将阅读、反应、想象力成绩变量放入 Dependent Variables 因变量列表框中，将变量年级放入 Fixed Factor（s）框中作为因素变量（自变量），如图 10－15 所示。

（3）点击 Model，与单因变量多因素方差分析类似，此处 Specify Model 栏下选中 Full factorial 系统默认项。

（4）点击 Options，将（OVERALL）、年级变量选入 Display Means for 下方空白栏。Display 栏用于设置输出显示选项，我们选中 Descriptive statistics 和 Homogeneity tests 进行数据描述和方差齐性检验，如图 10－16 所示。最下方 Significance level 框中输入的为显著性水平，此处默认设置为 0.05。

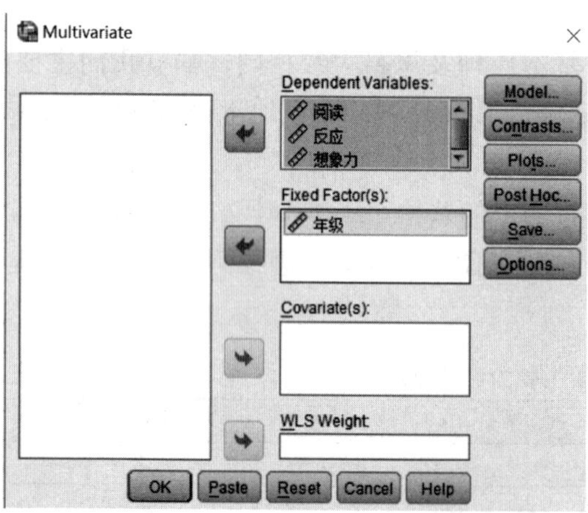

图 10－15　SPSS 多因变量方差分析主对话框

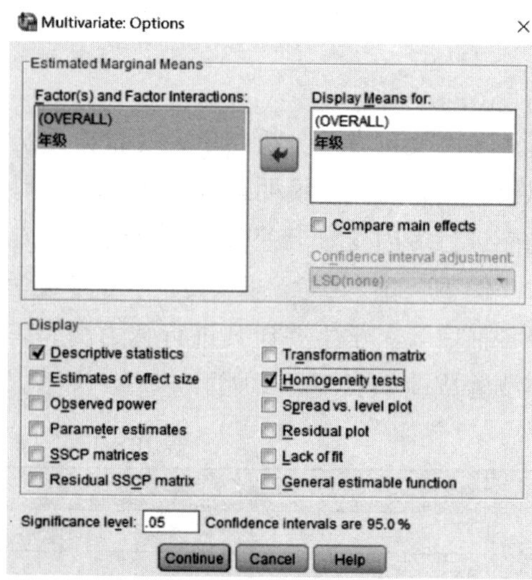

图 10－16　SPSS 多因变量方差分析 Options 对话框

最终我们可以获得如下主要的输出结果：

Box's Test of Equality of Covariance Matrices[a]

Box's M	7.625
F	.395
df1	12
df2	697.846
Sig.	.966

Tests the null hypothesis that the observedcovariance matrices of the dependent variables are equal across groups.

a. Design: Intercept + 年级

Multivariate Tests[a]

Effect		Value	F	Hypothesis df	Error df	Sig.
Intercept	Pillai's Trace	.998	1845.266[b]	3.000	10.000	.000
	Wilks' Lambda	.002	1845.266[b]	3.000	10.000	.000
	Hotelling's Trace	553.580	1845.266[b]	3.000	10.000	.000
	Roy's Largest Root	553.580	1845.266[b]	3.000	10.000	.000
年级	Pillai's Trace	.881	2.885	6.000	22.000	.031
	Wilks' Lambda	.272	3.056[b]	6.000	20.000	.027
	Hotelling's Trace	2.112	3.169	6.000	18.000	.027
	Roy's Largest Root	1.800	6.601[c]	3.000	11.000	.008

a. Design: Intercept + 年级

b. Exact statistic

c. The statistic is an upper bound on F that yields a lower bound on the significance level.

Levene's Test of Equality of Error Variances[a]

	F	df1	df2	Sig.
阅读	1.744	2	12	.216
反应	1.993	2	12	.179
想象力	.014	2	12	.986

Tests the null hypothesis that the error variance of the dependent variable is equal across groups.

a. Design: Intercept + 年级

Tests of Between -Subjects Effects

Source	Dependent Variable	Type III Sum of Squares	df	Mean Square	F	Sig.
Corrected Model	阅读	30.000[a]	2	15.000	.661	.534
	反应	41.733[b]	2	20.867	.774	.483
	想象力	386.533[c]	2	193.267	7.462	.008
Intercept	阅读	12789.600	1	12789.600	563.419	.000
	反应	27306.667	1	27306.667	1012.608	.000
	想象力	32201.667	1	32201.667	1243.308	.000
年级	阅读	30.000	2	15.000	.661	.534
	反应	41.733	2	20.867	.774	.483
	想象力	386.533	2	193.267	7.462	.008
Error	阅读	272.400	12	22.700		
	反应	323.600	12	26.967		
	想象力	310.800	12	25.900		
Total	阅读	13092.000	15			
	反应	27672.000	15			
	想象力	32899.000	15			
Corrected Total	阅读	302.400	14			
	反应	365.333	14			
	想象力	697.333	14			

a. R Squared = .099 (Adjusted R Squared = -.051)

b. R Squared = .114 (Adjusted R Squared = -.033)

c. R Squared = .554 (Adjusted R Squared = .480)

1. Grand Mean

Dependent Variable	Mean	Std. Error	95% Confidence Interval	
			Lower Bound	Upper Bound
阅读	29.200	1.230	26.520	31.880
反应	42.667	1.341	39.745	45.588
想象力	46.333	1.314	43.470	49.196

2. 年级

Dependent Variable	年级	Mean	Std. Error	95% Confidence Interval	
				Lower Bound	Upper Bound
阅读	4.00	28.200	2.131	23.558	32.842
	5.00	31.200	2.131	26.558	35.842
	6.00	28.200	2.131	23.558	32.842
反应	4.00	41.800	2.322	36.740	46.860
	5.00	45.000	2.322	39.940	50.060
	6.00	41.200	2.322	36.140	46.260
想象力	4.00	49.200	2.276	44.241	54.159
	5.00	50.600	2.276	45.641	55.559
	6.00	39.200	2.276	34.241	44.159

第一个表为关于各组协方差矩阵相等的检验。由于 Sig. =0.966>0.05，因此各组的协方差矩阵相等，可以进行多变量的方差分析，即第二个表 Multivariate Tests 有效。

由第二个表可知，无论采用何种统计量的显著性检验，Sig. <0.05，因此可以得出结论：不同年级的小学生智力测验成绩存在显著性差异。

第三个表为对每个因变量的随机误差的方差齐性的检验结果。由于各个因变量的 Sig. >0.05，因此方差都是齐性的，可以进行单变量的方差分析，即第四个表各因变量的方差分析有效。

第四个表为各因变量的方差分析表。我们关注表格中第三行的结果，针对阅读和反应成绩两个因变量，Sig. >0.05，因此不同年级的小学生的阅读、反应成绩均没有显著性差异。但针对想象力成绩，Sig. =0.008<0.05，因此不同年级的小学生想象力成绩存在显著性差异。

最后两个表分别为估计的边际均值的总均值及不同年级水平下的阅读、反应、想象力成绩的边际均值。

本章小结

方差分析是检验方差齐性的若干正态总体的均值是否相等的一种统计分析方法。通过方差分析，我们可以研究不同因素以及因素的不同水平对试验结果的影响程度，并找出对试验结果具有显著影响的因素。

方差分析的基本思想是通过分解总变异，将条件误差与随机误差区分开，然后比较两者的大小。如果条件误差比随机误差大得多，则说明条件误差不容忽视，试验条件的改变会对试验结果产生显著的影响；如果条件误差相对随机误差来说很小，则说明试验结果的差异主要来自各种随机因素的影响，而试验条件的改变对试验结果的影响是不显著的。

方差分析理论上的适用条件在实际应用时通常会有所减弱。比如对于存在交互效应的多因素方差分析，我们一般直接考察因变量的分布情况，如果数据分布不呈明显的偏态，不存在极端值，则一般而言方差齐性和正态性不会有太大问题，而且也可以基本保证单元格内无极端值。但对于较重要的研究，建模后的残差分析是非常重要的。

根据研究问题中所涉及的自变量和因变量个数，我们可以将方差分析分为单因素方差分析、单（因）变量多因素方差分析、多因变量方差分析。在 SPSS 中，我们使用 Compare Means 下的 One-Way ANOVA 选项完成单因素方差分析过程。利用一般线性模型模块下的 Univariate 和 Multivariate 功能分别进行单变量多因素方差分析以及多因变量方差分析。

思考题

1. 为研究不同年级小学生在视力上是否存在差异，从某校 4 年级、5 年级、6 年级分别随机抽取 15 名小学生对他们进行视力测试，获得如下数据：

年级	视力水平														
4	1.5	1.5	1.2	1.3	1.5	1.4	1.5	1.4	1.5	1.3	1.2	1.0	1.3	1.5	1.4
5	1.5	1.0	1.4	1.3	1.5	1.2	1.5	1.3	1.2	1.0	1.2	1.2	1.3	1.2	1.0
6	1.2	1.4	1.3	1.0	1.0	0.8	0.6	0.8	1.0	0.5	1.2	1.0	0.6	0.8	1.0

试利用数据文件“exe10－1.sav”求出三个年级的小学生视力水平是否存在显著性差异，并进行多重比较。

2. 为比较三种初中物理试验教材的教学效果，从重点中学和普通中学中分别随机抽取 12 所学校，每 4 所学校被随机地指派试验一种教材。经一年教学后，通过统考得到各校的平均成绩如下：

中学类型	教　材		
	教材一	教材二	教材三
重点中学	81，88，85，84	80，95，90，97	89，90，92，88
普通中学	78，77，70	62，67，70，71	65，70，68，72

试利用数据文件“exe10－2.sav”求出这三种教材的教学效果是否有显著性差异，不同类型中学的教学效果是否有显著性差异，教材与中学类型的交互作用对教学效果的影响是否显著。

3. 为研究大学教师职称对其工作满意度的影响，按职称为讲师、副教授、教授各随机选取 10 名大学教师，并通过问卷调查了解其薪酬满意度、学校管理满意度、发展环境满意度，数据如下：

教师编号	职称	薪酬满意度	学校管理满意度	发展环境满意度
1	教授	4	3	4
2		4	4	3
3		4	3	3

续表

教师编号	职称	薪酬满意度	学校管理满意度	发展环境满意度
4	教授	3	5	3
5		5	4	3
6		3	4	2
7		5	4	3
8		4	3	3
9		4	4	3
10		4	4	4
11	副教授	3	3	4
12		2	4	3
13		2	3	3
14		3	4	3
15		3	4	3
16		2	4	2
17		2	4	3
18		3	3	3
19		3	4	3
20		4	4	4
21	讲师	2	3	2
22		3	3	3
23		1	3	3
24		3	2	3
25		2	2	3
26		2	1	2
27		4	3	3
28		3	3	3
29		2	4	3
30		4	3	4

试利用数据“exe10－3.sav”求出不同职称的大学教师其薪酬满意度、学校管理满意度、发展环境满意度是否存在显著性差异。

第十一章

线性回归分析及其应用

本章提要

复杂教育现象的变化受到多个因素的影响，因此，通常进行多元线性回归分析，以探索多个自变量和一个因变量之间的线性关系。本章主要介绍线性回归分析的基本概念、基本步骤及其在 SPSS 中的具体操作和在教育研究中的应用案例。通过本章的学习，我们期望读者可以理解线性回归分析的思想和基本模型，以及回归分析在教育定量研究中的作用，同时能够熟练掌握 SPSS 软件中线性回归分析的操作，并能够正确解释系统输出结果。

第一节　回归分析概述

回归分析是研究变量与变量之间的关系，分析一些变量对某个变量的影响并进行预测或控制的一种数理统计方法。

变量之间的关系可分为函数关系和相关关系。函数关系可以用一个精确的定量关系式来描述，它刻画了变量间的一种确定性的关系。例如，电压 V、电阻 R 与电流强度 I 之间有如下关系式：$V=IR$；圆的面积 S 与半径 r 有如下关系：$S=\pi r^2$，其中 π 是圆周率。但是，在教育与心理现象中，这种严格的函数关系并不多见，变量间的关系通常是相关关系，这种关系不能用一个确定的函数关系式来精确描述，即不能由一些自变量去准确地测知某一因变量，因而它们之间存在的是一种不确定性的关系。例如，学生的学习成绩与智商的关系是非常密切的，但是，学习成绩与智商之间并不存在一一对应的函数关系，因为学生考试时的心理状态、教师对评分标准所掌握的分寸等也都是影响学生成绩的因素，这些因素是难以控制或预测的。因而即使两名学生的智商相同，其成绩也未必就相等。我们在相关分析中用相关系数来刻画两个随机变量之间的这种不确定性关系，给出变量间联系的密切程度的一种定量描述，但是对于不确定性关系的变量，如何通过自变量的值去估计和预测因变量的取值，是相关分析不能解决的问题，它必须由回归分析来完成。统计学中的回归分析是借助数学模型对变量间不确定性关系给出一种数量化的描述，即确定相关变量之间存在的数量关系的可能形式并进行统计推断的一种方法。其目的在于为不确定性现象的研究提供更为科学、精细的手段，以便对相关随机变量进行估计、预测和控制。

回归分析在自然科学和社会科学的众多领域有着广泛的应用。在教育研究中，常常把教育目标的某个定量指标作为因变量，用回归分析来研究该定量指标与相关因素（自变量）之间的关系。回归分析在教育研究中的作用主要有以下几个方面：

（1）研究教育目标的定量指标（作为回归分析中的因变量）与影响这一指标的有关因素之间相关的密切程度，并将它们之间的关系用某种意义上最优的定量关系式表述出来，使所研究的教育问题定量化。

（2）对教育目标的定量指标进行预测和对影响这一指标的因素进行控制，有助于加强教育过程的预见性、科学性和实现教育过程的最优化。

（3）找出对教育目标真正起作用的主要因素和它们之间的定量关系式（如采用逐步回归法等选择自变量的方法），排除无关及次要因素，从而揭示教育目标与有关因素之间的本质联系。

根据确定的数学模型的不同，回归分析方法可划分为多种类型，例如线性回归、曲线拟合、Logistic 回归、尺度回归等，本章将介绍其中常用的一元线性回归和多元线性回归分析方法。

第二节　一元线性回归分析

线性回归是假设因变量与自变量之间为线性关系，用线性回归模型来拟合因变量与自变量的数据，并通过确定模型参数来得到回归方程。根据自变量的个数，线性回归可分为一元线性回归（只有一个自变量）和多元线性回归（自变量的个数为两个或两个以上）。

一、一元线性回归方程

一元线性回归分析研究的是因变量与一个自变量之间的线性关系。其回归模型为：

$$y=b_0+b_1x+\varepsilon \qquad (11.1)$$

其中 y 为因变量；x 为自变量；b_0，b_1 为待定参数；ε 为不可观测的随机误差，并假设 $\varepsilon \sim N(0，\sigma^2)$。

为获得 b_0，b_1 的估值，我们就要进行若干次独立试验。设所得结果为（y_i，x_i），$i=1，2，\cdots，n$。则由式（11.1）知，

$$y_i=b_0+b_1x_i+\varepsilon_i，i=1，2，\cdots，n \qquad (11.2)$$

设 b_0，b_1 的估值分别记为 $\hat{b}_0$、$\hat{b}_1$，则我们可获得一个一元线性方程：

$$\hat{y}=\hat{b}_0+\hat{b}_1x \qquad (11.3)$$

我们称式（11.3）为一元线性回归方程。其中 $\hat{y}$ 是变量 y 的回归值（在某些情况下，亦称预测值、拟合值等）。我们总希望由式（11.3）所确定出的一切 $\hat{y}_i$ 与 y_i 之间的残差达到最小。根据最小二乘法的原理，即要求

$$\min_{b_0, b_1} \sum_{i=1}^{n} (y_i - b_0 - b_1 x_i)^2 = \sum_{i=1}^{n} (y_i - \hat{b}_0 - \hat{b}_1 x_i)^2$$

利用微积分学的知识可以求出

$$\hat{b}_1 = \frac{\sum_{i=1}^{n} (x_i - \overline{x})(y_i - \overline{y})}{\sum_{i=1}^{n} (x_i - \overline{x})^2} \tag{11.4}$$

$$\hat{b}_0 = \overline{y} - \hat{b}_1 \overline{x} \tag{11.5}$$

其中，$\overline{x} = \frac{1}{n}\sum_{i=1}^{n} x_i$，$\overline{y} = \frac{1}{n}\sum_{i=1}^{n} y_i$。将式（11.4）与式（11.5）代入式（11.3）中，即可得到一元线性回归方程。这里 $\hat{b}_1$ 称为回归系数。

二、对一元线性回归方程的检验

由于回归方程是根据样本数据确定的，当然具有一定的抽样误差，因而对变量 y 与 x 之间是否存在线性关系还需要做进一步的统计检验。检验的零假设是总体的回归系数为 0，即 H_0：$b_1=0$。回归系数的显著性检验方法有多种，如方差分析、t 检验法等。

（一）方差分析

为了对回归方程做显著性检验，首先将因变量观测值与均值之差的离差平方和（SS_T）分解为回归平方和（SS_R）和残差平方和［或称为剩余平方和，记作（SS_E）］，$SS_T=SS_R+SS_E$，其中回归平方和反映了自变量 x 对因变量 y 的重要程度，残差平方和则反映了实验误差以及其他意外因素对实验结果的影响程度。

$$SS_T = \sum_{i=1}^{n} (y_i - \overline{y})^2, \tag{11.6}$$

$$SS_R = \sum_{i=1}^{n} (\hat{y})^2 \tag{11.7}$$

$$SS_E = \sum_{i=1}^{n} (y_i - \hat{y}_i)^2 \tag{11.8}$$

然后构造 F 统计量如下：

$$F = \frac{SS_R}{SS_E/(n-2)} \tag{11.9}$$

当 H_0：$b_1=0$ 成立时，$F \sim F(1, n-2)$。对于给定的显著性水平 α，当 $F > F_\alpha(1, n-2)$ 时，拒绝 H_0，即认为变量 y 与 x 之间确有线性关系；否则，接受 H_0，即认为变量 y 与 x 之间不存在线性关系。

（二）t 检验法

当 H_0：$b_1=0$ 成立时，检验统计量

$$t=\frac{\hat{b}_1}{\sqrt{\frac{1}{n-2}SS_E}}\sqrt{\sum_{i=1}^{n}(x_i-\overline{x})^2} \tag{11.10}$$

服从自由度为 $n-2$ 的 t 分布。若 $|t|>t_\alpha(n-2)$，则拒绝 H_0，即自变量 x 与因变量 y 之间存在显著的线性关系；否则接受 H_0。

三、决定系数 R^2

决定系数（determination coefficient）R^2 是衡量回归方程有效性高低的指标。其值为

$$R^2=\frac{SS_R}{SS_T} \tag{11.11}$$

即 R^2 等于回归平方和在总离差平方和中所占的比率，R^2 体现了回归方程所能解释的因变量变异性的百分比。如果 $R^2=0.82$，说明因变量 y 的变异中有 82%是由自变量 x 的变异所引起的，或者说，有 82%的因变量的变异可以由自变量的变异推测出来。R^2 越接近 1，说明回归方程对观测值的拟合程度越高，即回归方程的有效性越高。当 $R^2=1$ 时，表示所有的观测点全部落在回归方程所决定的回归直线上；当 $R^2=0$ 时，表示自变量与因变量之间无线性关系。

四、一元线性回归分析中的估计和预测

对于给定的 $x=x_0$，我们可以根据回归方程求出因变量 y 的一个估计值 $\hat{y}_0=\hat{b}_0+\hat{b}_1x_0$。假如对于给定的 $x=x_0$，要求给出因变量 y 的一个估计范围并且置信度为 $1-\alpha$。这就是利用回归方程对因变量进行预报中的区间估计问题。此时 y 的置信度为 $1-\alpha$ 的置信区间由以下公式给出：

$$\left[\hat{y}_0-t_{\alpha/2}(n-2)S\sqrt{1+\frac{1}{n}+\frac{(x_0-\overline{x})^2}{\sum_{i=1}^{n}(x_i-\overline{x})^2}},\ \hat{y}_0+t_{\alpha/2}(n-2)S\sqrt{1+\frac{1}{n}+\frac{(x_0-\overline{x})^2}{\sum_{i=1}^{n}(x_i-\overline{x})^2}}\right] \tag{11.12}$$

其中 $\hat{y}_0=\hat{b}_0+\hat{b}_1x_0$，$S=\sqrt{\frac{SS_E}{n-2}}$，$t_{\alpha/2}(n-2)$ 是自由度为 $n-2$、显著性水平为 α 时的 t 分布的临界值。若 $\alpha=0.05$，上述置信区间的含义是：当 $x=x_0$ 时，我们有 95%的把握认为真正的 y 值在由式（11.12）所确定的区间内。

五、一元线性回归分析的 SPSS 实现

线性回归分析是由 SPSS 中的 Linear Regression 命令实现的。

例 11-1 某高中学校为研究学生的高考数学成绩与其中考数学成绩的关系，随机抽取了 30 名学生的高考数学成绩与中考数学成绩（见表 11-1），试建立学生的高考数学成

绩与中考成绩之间的线性回归方程。

表 11-1　30 名学生的高考数学成绩与中考数学成绩　　单位：分

中考数学成绩（x）	99	87	79	83	98	104	68	88	95	77	110	81	90	65	74
高考数学成绩（y）	93	91	75	74	101	95	60	86	89	70	97	79	76	58	63
中考数学成绩（x）	79	87	94	102	70	84	96	83	75	93	118	69	81	78	88
高考数学成绩（y）	70	83	88	91	61	80	87	81	67	83	96	60	79	75	92

解：由题意，需要建立学生的高考数学成绩与中考成绩之间的线性回归方程，为此首先录入上述 30 名学生的中考数学成绩和高考数学成绩，并建立数据文件“11-1.sav”。中考数学成绩用变量 x 表示，高考数学成绩用变量 y 表示。

SPSS 输出线性回归结果的基本操作步骤如下：

（1）打开数据文件“11-1.sav”。

（2）依次单击 Analyze—Regression—Linear Regression，打开 Linear Regression 对话框，如图 11-1 所示。

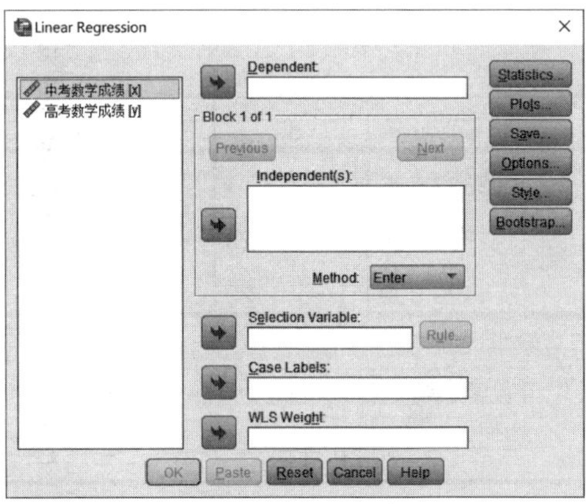

图 11-1　一元线性回归分析的 SPSS 操作步骤 1

（3）将变量 x 放入 Independent（s）列表框内，将变量 y 放入 Dependent 列表框内。在 Method 下拉列表框中选择 Enter（强行进入），即让所选择的自变量全部进入回归模型，该选项是默认方式（见图 11-2）。

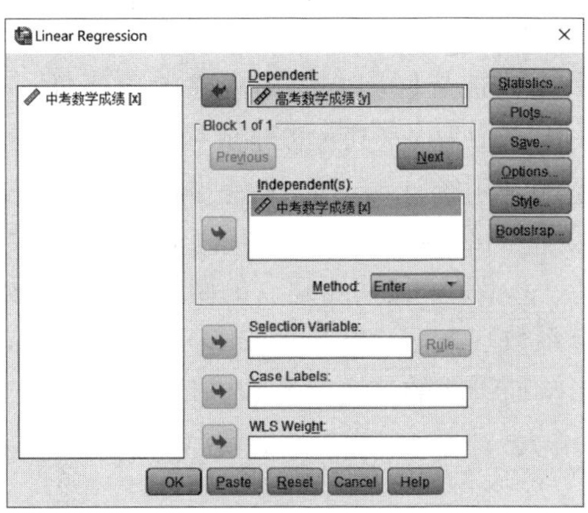

图 11-2　一元线性回归分析的 SPSS 操作步骤 2

单击 OK，可以得到如下输出结果：

Variables Entered/Removed[a]

Model	Variables Entered	Variables Removed	Method
1	中考数学成绩[b]	.	Enter

a. Dependent Variable: 高考数学成绩

b. All requested variables entered.

Model Summary

Model	R	R Square	Adjusted R Square	Std. Error of the Estimate
1	.906[a]	.821	.815	5.30968

a. Predictors: (Constant), 中考数学成绩

ANOVA[a]

Model		Sum of Squares	df	Mean Square	F	Sig.
1	Regression	3632.606	1	3632.606	128.849	.000[b]
	Residual	789.394	28	28.193		
	Total	4422.000	29			

a. Dependent Variable: 高考数学成绩

b. Predictors: (Constant), 中考数学成绩

Coefficients[a]

Model		Unstandardized Coefficients		Standardized Coefficients	t	Sig.
		B	Std. Error	Beta		
1	(Constant)	3.918	6.772		.578	.568
	中考数学成绩	.880	.077	.906	11.351	.000

a. Dependent Variable: 高考数学成绩

第一个表给出了被引入或被从回归方程中剔除的各变量，变量 x（中考数学成绩）为回归方程中的自变量，因变量为 y（高考数学成绩）。

第二个表给出了模型的常用统计量，如 R 是变量 y 与变量 x 之间的相关系数，$R=0.906$，因而这两个变量之间的线性相关程度是很高的；决定系数 R^2（R Square）是回归方程拟合程度的指标，$R^2=0.821$，说明所建立的回归方程对原始观测数据的拟合程度是较高的；经修正后的决定系数（Adjusted R Square）是为消除自变量的个数以及样本容量的大小对决定系数的影响而设置的（决定系数的值会随着进入回归方程的自变量个数或样本容量 n 的增加而增大）；因变量 y 的估值 $\hat{y}$ 的标准误（Std. Error of the Estimate），即 $\sqrt{\frac{SS_E}{n-2}}$。

第三个表是方差分析表，分别给出了回归平方和（Regression）、残差平方和（Residual）、总平方和（Total）、自由度（df）、F 统计量以及相伴概率（Sig.）。因为 Sig. ＝0.000＜0.01，所以，我们有 99％的把握拒绝回归系数为 0 的假设，可以得出因变量 y 与自变量 x 之间存在极为显著的线性相关关系的结论。

第四个表是回归系数分析表。Unstandardized Coefficients 为非标准化的系数，Standardized Coefficients 为标准化系数，即将所有的变量进行标准化变换后所得到的回归方程的系数，它具有可比性。由此，可得到回归方程为：$\hat{y}=3.918+0.88x$。对回归系数和常数项进行显著性检验的 t 统计量分别为 11.351 和 0.578，相伴概率分别为 0.000 和 0.568，因而拒绝回归系数为 0 的假设，接受常数项为 0 的假设。

由以上分析，我们得出用线性回归方程 $\hat{y}=3.918+0.88x$ 来刻画学生的高考数学成绩与中考数学成绩之间的关系是十分合理、有效的，这一方程对于某些高中理科班需要基于数学水平的高低来录取学生或是进行分层数学教学是很有价值的。

第三节　多元线性回归分析

根据多个自变量的最优组合建立线性回归方程来预测因变量的回归分析称为多元线性回归分析。

多元线性回归模型是：$y=b_0+b_1x_1+b_2x_2+\cdots+b_kx_k+\varepsilon$　　(11.13)

其中 y 是因变量，x_1，x_2，…，x_k 是自变量，随机误差 $\varepsilon\sim N(0,\sigma^2)$。

多元线性回归方程为：

$$\hat{y}=\hat{b}_0+\hat{b}_1x_1+\hat{b}_2x_2+\cdots+\hat{b}_kx_k \tag{11.14}$$

其中各系数仍然是根据最小二乘法求得，$\hat{b}_1$，$\hat{b}_2$，…，$\hat{b}_k$ 称为因变量 y 对应于自变量 x_1，x_2，…，x_k 的偏回归系数。偏回归系数表示在其他所有自变量保持不变的情况下，某一自变量的变化引起的因变量变化的比率。

与一元线性回归分析一样，多元线性回归分析也需要进行回归方程的显著性检验（采用方差分析法），检验总体的回归系数均为 0，即 H_0：$b_1=b_2=\cdots=b_k=0$。另外，还需要对各自变量的偏回归系数与常数项进行显著性检验（采用 t 检验法），即检验 H_0：$b_i=0$，$i=0$，1，2，…，k。

在一元回归分析中，自变量只有一个，因而没有涉及选择自变量的问题，而在多元回归分析中，由于涉及的变量个数较多，因此，需要对自变量进入回归方程进行选择。

一、多元线性回归方程中自变量的选择

对于多元线性回归方程 $\hat{y}=\hat{b}_0+\hat{b}_1x_1+\hat{b}_2x_2+\cdots+\hat{b}_kx_k$，我们不能只检验回归方程是否显著，因为即使回归方程是显著的，并不意味着每个自变量对因变量的影响都是显著的。我们希望从回归方程中剔除那些次要的、可有可无的变量，即剔除那些对因变量影响不大的变量，从而建立一个最优的线性回归方程，以便更好地对因变量进行预测

和估计。SPSS 系统为我们提供了以下三种自变量选择的方法。

（一）向前选择法

在向前选择法中，与因变量有最大的相关系数的绝对值的变量作为进入回归方程的第一个候选变量。然后，使用 F 检验对候选变量（不妨设为变量 x_i）做其回归系数的显著性检验，即检验 H_0：$b_i=0$。如果第一个候选变量满足进入回归方程的判据，即其 F 统计量的值大于或等于内定的标准（系统默认值是 3.84），或 F 统计量的相伴概率小于或等于内定的标准（系统默认值为 0.05），则此变量才可以进入回归方程。如果第一个候选变量不满足进入回归方程的判据，则选择变量的过程结束，回归方程中无任何自变量。一旦有一个自变量进入回归方程，接着考察因变量与不在回归方程中的每个变量的偏相关系数，具有最大的偏相关系数绝对值的变量是下一个候选变量。如果候选变量满足 F 检验条件，则该变量进入回归方程，且重复前述选择变量过程。当没有变量满足 F 检验条件时，选择变量的过程终止，此时，所得到的回归方程为最优回归方程。该法的缺点是，某变量被选入回归方程后，就一直留在方程中，不再被剔除。但是，在较早阶段进入回归方程的变量，在较晚阶段可能因为它与方程中其他变量的相互关系而显得不再重要，因而有剔除的必要，但向前选择法做不到这一点。

（二）向后剔除法

向前选择法是从回归方程中没有自变量开始的，并按与因变量关系密切的顺序（偏相关系数的大小）进行变量选取。而向后剔除法则是从所有变量一次加入回归方程开始，然后按顺序剔除对回归方程影响不显著的变量。这种筛选变量的方法，称为向后剔除法。剔除变量的判据为：当偏相关系数显著性检验的 F 统计量的值小于内定的标准（系统默认值是 2.71），或 F 统计量的相伴概率大于内定的标准（系统默认值是 0.10），则该变量从回归方程中剔除。向后剔除法是从全部变量均在回归方程中开始，然后，每次剔除一个 F 统计量的相伴概率最大且符合前述标准的变量，直至留在方程中的变量再也没有达到移出标准时为止，最后所得方程为最优回归方程。该法的缺点是，变量如果在向后消元过程中被剔除，它将永远不会在回归方程中重新出现，但是，该变量可能在其他变量被剔除以后又对因变量有显著影响。

（三）逐步回归法

逐步回归法是多元线性回归中最常使用的筛选自变量的方法。实际上，它是向前选择法与向后剔除法的结合，也是对这两种方法的改进。逐步回归法首先是对与因变量相关程度最高的变量进行回归系数的显著性检验，决定是否将之引入回归方程，引入方程的条件就是其偏回归系数的检验是显著的，同时，每引入一个新的自变量后，对已选入的自变量逐个进行显著性检验，考察其是否应被剔除。这一过程重复进行，直至没有变量满足进入和移出标准或达到最大的回归步数为止。

如果不希望对自变量进行选择，则可以采用强迫进入法，即所有变量全部进入回归模型，这也是 SPSS 中系统默认的回归分析方式。

二、多元线性回归分析的 SPSS 实现

下面我们以探究一所高校学生专业课成绩与高考成绩之间的线性相关关系举例说明在 SPSS 中是如何实现多元线性回归分析过程的。

例 11－2　某高校数学科学学院概率论与数理统计专业某年招收 35 名学生，他们高考的语文、数学、物理、化学成绩及大学三年级下学期“多元统计”“抽样方法”“概率论基础”三门专业课的平均成绩如表 11－2 所示。试建立三门专业课的平均成绩与其高考语文、数学、物理、化学成绩之间的最优线性回归方程并对方程进行显著性检验。

表 11－2　35 名学生的成绩　　单位：分

序号	语文	数学	物理	化学	三门专业课平均成绩
1	83.00	87.00	88.00	84.00	90.00
2	92.00	96.00	93.00	87.00	92.00
3	73.00	84.00	85.00	76.00	81.00
4	68.00	86.00	88.00	72.00	88.00
5	72.00	93.00	89.00	76.00	84.00
6	73.00	90.00	88.00	69.00	86.00
7	80.00	85.00	80.00	72.00	86.00
8	77.00	89.00	85.00	70.00	87.00
9	76.00	75.00	81.00	69.00	79.00
10	68.00	88.00	90.00	75.00	84.00
11	82.00	96.00	94.00	73.00	92.00
12	71.00	83.00	81.00	69.00	86.00
13	73.00	88.00	89.00	72.00	82.00
14	83.00	79.00	75.00	80.00	80.00
15	82.00	81.00	76.00	76.00	83.00
16	83.00	77.00	80.00	77.00	82.00
17	74.00	69.00	71.00	71.00	65.00
18	80.00	82.00	81.00	77.00	76.00
19	81.00	90.00	84.00	72.00	88.00
20	65.00	84.00	80.00	78.00	80.00
21	77.00	91.00	85.00	72.00	89.00
22	94.00	98.00	96.00	85.00	96.00
23	82.00	92.00	90.00	83.00	95.00
24	80.00	86.00	80.00	90.00	85.00
25	72.00	82.00	83.00	77.00	84.00
26	65.00	68.00	56.00	67.00	60.00
27	68.00	75.00	61.00	62.00	73.00
28	81.00	86.00	82.00	61.00	80.00
29	88.00	93.00	95.00	86.00	97.00
30	76.00	81.00	82.00	88.00	80.00
31	63.00	58.00	45.00	60.00	55.00
32	89.00	93.00	90.00	82.00	94.00
33	92.00	95.00	96.00	89.00	98.00
34	75.00	84.00	86.00	72.00	88.00
35	84.00	89.00	87.007	7.00	90.00

解：建立数据文件“11－2.sav”，学生高考的语文、数学、物理、化学成绩的变量名分别为 x_1，x_2，x_3，x_4，大学三门专业课的平均成绩的变量名为 y。

SPSS 输出多元线性回归结果的基本操作步骤如下：

（1）打开数据文件“11－2.sav”。

（2）单击 Analyze—Regression—Linear，打开 Linear Regression 对话框。

（3）将变量 x_1，x_2，x_3，x_4 放入 Independent（s）列表框内，将变量 y 放入 Dependent 列表框内。在 Method 下拉列表框中选择 Stepwise（逐步回归），如图 11－3 所示。

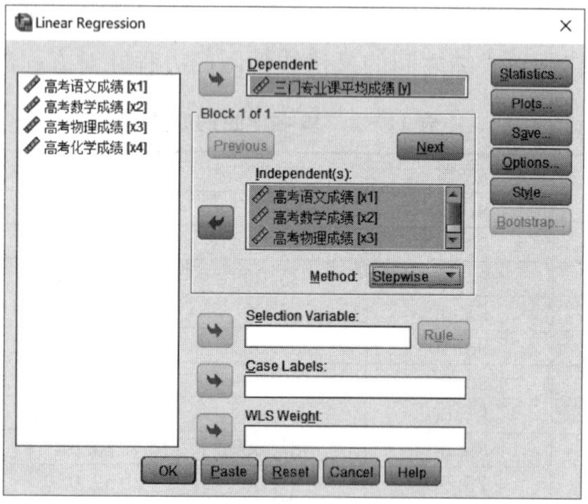

图 11－3　多元线性回归分析的 SPSS 操作步骤 1

（4）单击 Plots，打开 Linear Regression：Plots 对话框，将 ZPRED（标准化预测值）放入 Y 框中，作为散点图的 Y 轴变量，将 ZRESID（标准化残差值）放入 X 框中，作为散点图的 X 轴变量，并选中 Normal probability plot 正态概率图复选项，然后单击 Continue，返回主对话框（见图 11－4）。（绘制残差散点图是为了检验回归模型是否满足线性、方差齐性的假设，残差的正态概率图可以检验回归模型的残差项是否服从正态分布。）

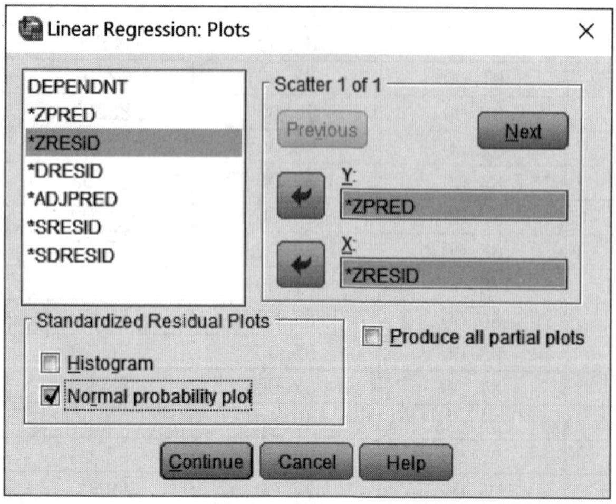

图 11－4　多元线性回归分析的 SPSS 操作步骤 2

单击 OK，可以得到如下输出结果：

Variables Entered/Removed[a]

Model	Variables Entered	Variables Removed	Method
1	高考数学成绩	.	Stepwise (Criteria: Probability-of-F-to-enter <= .050, Probability-of-F-to-remove >= .100).
2	高考物理成绩	.	Stepwise (Criteria: Probability-of-F-to-enter <= .050, Probability-of-F-to-remove >= .100).
3	高考语文成绩	.	Stepwise (Criteria: Probability-of-F-to-enter <= .050, Probability-of-F-to-remove >= .100).

a. Dependent Variable: 三门专业课平均成绩

第一个表给出了采用逐步回归法选择自变量的判别标准，依次进入回归方程的自变量有三个：x_2，高考数学成绩；x_3，高考物理成绩；x_1，高考语文成绩。因变量为 y（三门专业课平均成绩）。这里的 1，2，3 是三个回归模型的编号。

Model Summary[d]

Model	R	R Square	Adjusted R Square	Std. Error of the Estimate
1	.921[a]	.848	.843	3.78128
2	.935[b]	.874	.866	3.48805
3	.945[c]	.894	.883	3.25912

a. Predictors: (Constant)，高考数学成绩

b. Predictors: (Constant)，高考数学成绩，高考物理成绩

c. Predictors: (Constant)，高考数学成绩，高考物理成绩，高考语文成绩

d. Dependent Variable: 三门专业课平均成绩

第二个表给出了关于回归方程的一些常用统计量。R 是回归方程的复相关系数 $\left(\sqrt{\dfrac{SS_R}{\sum_{i=1}^{n}(y_i-\overline{y})^2}}\right)$，它是反映因变量与所有自变量之间线性相关程度的指标，其值越接

近于 1，表示因变量与自变量之间的线性相关程度越高；其值越接近于 0，表示因变量与自变量之间的线性相关程度越低。R Square 是决定系数 $\left(\frac{SS_R}{\sum_{i=1}^{n}(y_i-\overline{y})^2}\right)$，它是反映回归方程拟合程度的指标，其值越接近于 1，说明回归方程的拟合程度越高。三个回归方程的决定系数分别为 0.848，0.874，0.894，说明这三个回归方程对原始观测数据的拟合程度均较高，且回归方程 3 的拟合效果最佳。

ANOVA[a]

Model		Sum of Squares	df	Mean Square	F	Sig.
1	Regression	2622.449	1	2622.449	183.412	.000[b]
	Residual	471.837	33	14.298		
	Total	3094.286	34			
2	Regression	2704.957	2	1352.478	111.164	.000[c]
	Residual	389.329	32	12.167		
	Total	3094.286	34			
3	Regression	2765.007	3	921.669	86.771	.000[d]
	Residual	329.278	31	10.622		
	Total	3094.286	34			

a. Dependent Variable: 三门专业课平均成绩

b. Predictors: (Constant), 高考数学成绩

c. Predictors: (Constant), 高考数学成绩, 高考物理成绩

d. Predictors: (Constant), 高考数学成绩, 高考物理成绩, 高考语文成绩

方差分析是对回归方程进行显著性检验。由第三个表可知，三个模型的 F 检验的相伴概率 Sig. $=0.000<0.05$，所以，这三个回归方程都是显著的，因变量 y 与自变量之间具有显著的线性相关关系。

Coefficients[a]

Model		Unstandardized Coefficients		Standardized Coefficients	t	Sig.
		B	Std. Error	Beta		
1	(Constant)	-2.694	6.423		-.419	.678
	高考数学成绩	1.019	.075	.921	13.543	.000
2	(Constant)	3.067	6.324		.485	.631
	高考数学成绩	.594	.177	.536	3.346	.002
	高考物理成绩	.367	.141	.417	2.604	.014
3	(Constant)	-3.757	6.569		-.572	.572
	高考数学成绩	.512	.169	.462	3.021	.005
	高考物理成绩	.333	.133	.379	2.514	.017
	高考语文成绩	.213	.090	.178	2.378	.024

a. Dependent Variable: 三门专业课平均成绩

由第四个表回归方程的系数可知，三个回归方程分别为 $y=-2.694+1.019x_2$，$y=3.067+0.594x_2+0.367x_3$，$y=-3.757+0.512x_2+0.333x_3-0.213x_1$。以回归方程 1 为例，对回归系数进行显著性检验的 t 统计量的值$=13.543$，相伴概率 Sig. $=0.000<0.05$，拒绝 H_0：$b_1=0$，即可认为自变量 x_2 对因变量 y 的影响是显著性的。

Excluded Variables[a]

Model		Beta In	t	Sig.	Partial Correlation	Collinearity Statistics
						Tolerance
1	高考语文成绩	.198[b]	2.468	.019	.400	.620
	高考物理成绩	.417[b]	2.604	.014	.418	.153
	高考化学成绩	.155[b]	2.012	.053	.335	.716
2	高考语文成绩	.178[c]	2.378	.024	.393	.613
	高考化学成绩	.109[c]	1.441	.160	.251	.660
3	高考化学成绩	.039[d]	.472	.641	.086	.521

a. Dependent Variable：三门专业课平均成绩

b. Predictors in the Model: (Constant)，高考数学成绩

c. Predictors in the Model: (Constant)，高考数学成绩，高考物理成绩

d. Predictors in the Model: (Constant)，高考数学成绩，高考物理成绩，高考语文成绩

第五个表为在逐步回归过程中，所剔除掉的变量情况列表。分别列出了各方程中被剔除的变量与保留的变量同在回归方程时它们的标准化回归系数、偏回归系数的 t 检验的统计量的值及其相伴概率（均大于 0.05，因而将它们剔除）。另外，还列出了它们与因变量的偏相关系数（Partial Correlation）、容忍度（Tolerance）。容忍度是测量自变量之间的共线性程度的指标。在回归方程中，虽然各自变量对因变量都是有意义的，但是某些自变量可能彼此线性相关，即存在共线性（collinearity）问题。如果回归模型中有严重的共线性存在，则模型参数的最小二乘估计就不能被完全确定出来，所以必须删除引起共线性的自变量。容忍度等于 $1-R^2$，其中 R^2 是此自变量与其他自变量间的复相关系数的平方。容忍度的值介于 0 和 1 之间，如果一个自变量的容忍度太小，表示此变量与其他自变量间有共线性问题；其值若接近于 1，表示此变量与其他自变量间不存在共线性问题。例如对于回归方程 1 来说，被剔除的变量 x_1，x_3，x_4 的容忍度均较大（通常要求大于 0.1 即可），因而可以认为它们与自变量 x_2 之间不存在共线性问题。

Residuals Statistics[a]

	Minimum	Maximum	Mean	Std. Deviation	N
Predicted Value	54.3724	98.4607	83.8571	9.01797	35
Residual	-6.28418	5.12551	.00000	3.11202	35
Std. Predicted Value	-3.270	1.619	.000	1.000	35
Std. Residual	-1.928	1.573	.000	.955	35

a. Dependent Variable：三门专业课平均成绩

第六个表呈现了有关残差的统计量信息，分别给出了因变量的预测值（Predicted Value）、因变量的实测值与预测值之差，残差（Residual）、标准化预测值（Std. Predicted Value）、标准化残差（Std. Residual）的最小值、最大值、均值、标准差（Std. Deviation）以及样本容量。

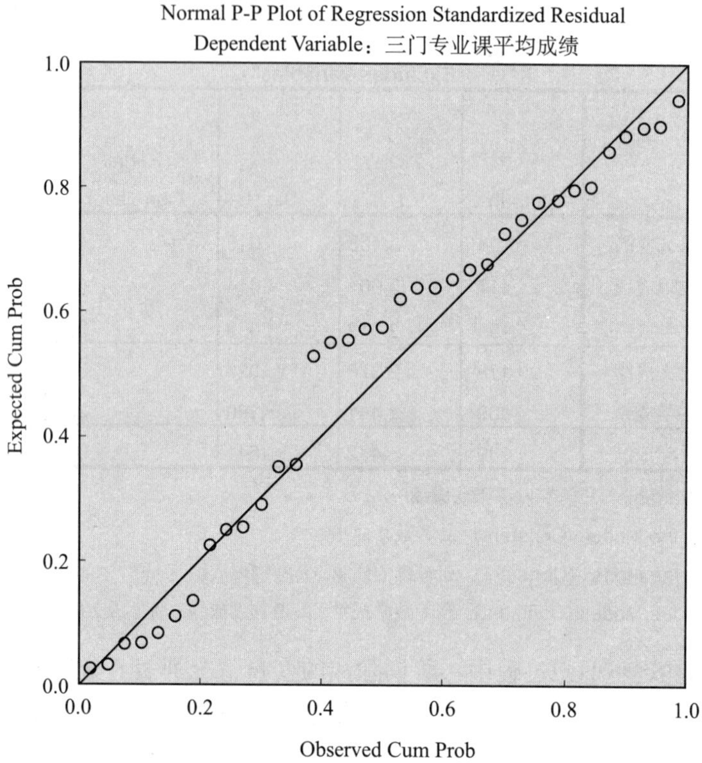

输出图一为残差的正态概率图（累积概率 P－P 图），它是用来判断回归模型的残差是否服从正态分布。如果散点是围绕在一条直线（正态分布）周围，则可以说明残差是近似服从正态分布的。此图表明，该模型的残差是近似服从正态分布的。

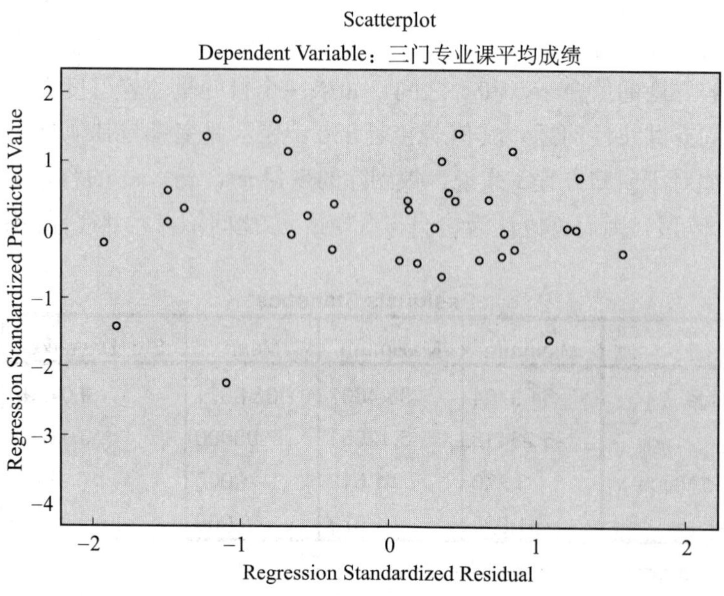

输出图二为因变量的标准化预测值与标准化残差值之间的散点图（Scatterplot），利用此图可以判断回归模型是否满足线性和方差齐性的假定。在残差图中，如果各点呈随机状，并且绝大多数点（96%的点）落在垂直的 x=−2 与 x=2 两条线之内，则说明回归模型满足线性与方差齐性的假设。由此图来看，此回归模型基本满足线性与方差齐性的假设。

本章小结

回归分析是研究变量与变量之间的关系，分析一些变量对某个变量的影响并进行预测或控制的一种数理统计方法。在教育研究中，常常把教育目标的某个定量指标作为因变量，用回归分析来研究该定量指标与相关因素（自变量）之间的关系。根据确定的数学模型的不同，回归分析方法可划分为多种类型，例如线性回归、曲线拟合、Logistic 回归、尺度回归等，本章主要介绍了其中常用的一元线性回归和多元线性回归分析方法。

利用最小二乘估计法可以获得回归方程中的系数估计值。回归系数的显著性检验方法有多种，如方差分析、t 检验法等。决定系数 R^2 是衡量回归方程有效性高低的指标。线性回归分析是由 SPSS 中的 Linear Regression 命令实现的。

思考题

1. 某初中二年级随机抽取的 30 名学生在某次综合测验中的总成绩为 y，学生的性别变量为 x_1（女生=1，男生=0），周一至周日平均每天校内作业时间变量为 x_2（单位：小时），父母参与子女学习时间变量为 x_3（单位：小时），原始数据资料如下：

序号	x_1	x_2	x_3	y
1	0	1.5	2.5	325.5
2	0	2.5	1.4	380.0
3	1	2.0	3.2	434.5
4	1	2.5	1.0	475.0
5	1	2.6	3.8	508.5
6	1	2.8	3.8	537.5
7	1	1.5	3.4	345.5
8	1	2.9	3.6	589.2
9	0	1.4	3.6	460.3
10	0	2.7	4.2	746.5
11	0	5.6	2.3	390.5
12	1	3.5	5.1	670.4
13	0	4.2	3.5	480.5

续表

序号	x_1	x_2	x_3	y
14	1	3.4	5.5	560.4
15	1	4.8	5.2	467.9
16	0	3.8	3.4	553.6
17	1	3.2	3.7	580.8
18	1	4.1	4.2	468.7
19	0	4.5	4.1	360.6
20	0	2.8	2.0	523.5
21	0	2.6	1.2	610.3
22	1	3.2	3.6	602.5
23	1	3.6	4.5	589.5
24	0	3.8	4.0	598.4
25	1	4.1	5.2	560.2
26	0	4.3	5.7	510.5
27	1	4.7	4.9	543.5
28	1	3.9	4.2	560.8
29	0	3.5	4.0	614.6
30	0	3.2	3.7	609.5

试建立 y 与 x_1、x_2、x_3 之间的最优线性回归方程，绘制残差散点图和正态概率图，对是否满足线性回归模型的假设进行分析，并对回归方程的显著性、拟合效果进行分析。

2. 某研究者意欲建立一个线性回归方程，帮助命题者估计试题的难度。他设想试题难度受到试题的能力层次、内容深度和试题类型三个因素的影响，因此把每个因素都按对难度影响程度大小分为 5 个层次并加以界定。然后对 30 道抽样试题的三个因素评分，并且计算了这 30 道试题的实测难度值（以标准分数表示），请帮助他建立一个估计试题难度的三元线性回归方程，并对方程的显著性和拟合效果进行分析。

序号	难度	能力层次	内容深度	题目类型
1	−1.4	1	1	3
2	−1.2	1	2	2
3	−1.0	2	1	1
4	−0.7	1	1	4
5	−0.7	2	1	3
6	−0.5	1	2	1
7	−0.5	2	2	5
8	−0.4	2	3	4
9	−0.3	3	2	2

续表

序号	难度	能力层次	内容深度	题目类型
10	−0.3	3	3	5
11	−0.2	2	4	4
12	0.0	3	3	5
13	0.1	4	3	3
14	0.1	3	4	1
15	0.2	4	5	2
16	0.3	4	4	2
17	0.3	4	3	1
18	0.5	5	4	4
19	0.8	4	5	3
20	1.0	5	5	2
21	1.0	4	4	2
22	1.1	4	5	3
23	1.1	5	5	2
24	1.2	4	4	4
25	1.2	5	4	5
26	1.3	4	5	3
27	1.3	5	4	3
28	1.4	5	5	2
29	1.4	4	5	4
30	1.5	5	5	3

第十二章

路径分析及其应用

本章提要

在教育现象中，多个因素之间的关系是错综复杂的，而线性回归分析仅关注自变量对因变量的直接作用，它很难清晰全面地描述出多个变量间的交错影响。路径分析（path analysis）是一种探讨多个观测变量之间因果结构模式的统计技术，是一种验证性的而非探索性的统计分析方法。路径分析将观测变量间的关系以模型化的方式进行分析，即假设观测变量之间符合因果关系模型，然后检验观测变量的关系符合最初假设的期望关系的程度。本章将阐释路径分析涉及的重要概念、适用条件和基本步骤，并通过其在教育研究中的应用案例介绍在 SPSS AMOS 中路径分析的具体操作。通过本章的学习，我们期望读者可以理解路径分析的基本原理，以及它在教育定量研究中的作用，同时能够熟练掌握 SPSS AMOS 软件中路径分析的基本操作，并能够正确理解系统输出结果。

第一节　路径分析的概念及原理

路径分析，亦称通径分析，是一种基于回归分析的技术，但它比其他方法更能对多个变量间的关系提供有用的图解。它不仅能反映出变量间的直接因果关系，而且能反映出间接因果关系和其他的非因果关系，因此其假设更符合事物间普遍存在相关作用的事实。

路径分析有时也称结构方程模型，一般情况下如果包括测量模型和结构模型，则称为结构方程模型；如果只包括结构模型，则称为路径分析。需要强调的是，路径分析在于探究多个观测变量之间的相互影响关系，用于对模型假设进行验证。它由一系列的回归分析组成，借用回归方程式的原理，根据变量间理论架构，建立联立方程组，以反映多个变量间的复杂关联方式。

若选择路径分析来进行多变量之间的相关分析，首先需要满足以下适用条件：

(1) 解释变量与结果变量之间存在时间的先后顺序，即解释变量在时间上先于结果变量。

（2）刻画多个变量间关系的模型中至少存在一个既可以被指定为自变量，也可以被指定为因变量的内生变量。

路径分析在自然科学和社会科学的众多领域有着广泛的应用。在教育定量研究中，常常用于检验某种教育现象或个体行为的形成机制。比如，检验工作条件、人际关系、职业发展机会经由工作满意度对农村中小学教师的离职倾向产生影响的机制时，可以采用路径分析方法（如图 12－1 所示）。

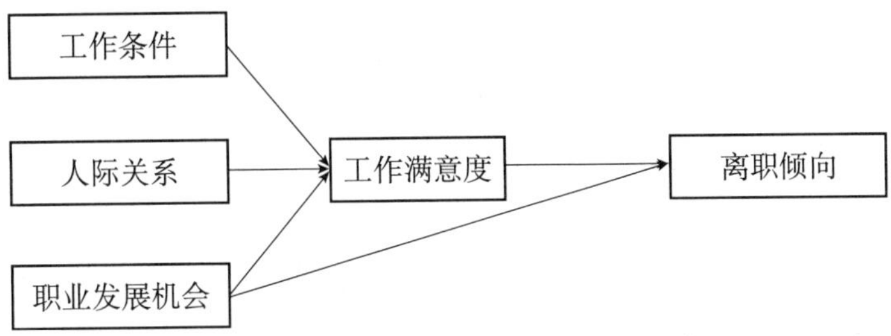

图 12－1　工作条件、人际关系、职业发展机会对中小学教师离职倾向影响的路径图

一、重要概念

（1）路径图。

路径图是联立方程的图形化展示，它可以标明所有变量之间关系的大小和方向。路径图主要包括观测变量、路径系数、残差项等元素。以研究学生自我教育期望、学习时间投入、学业成绩之间的关系为例，假设学生的自我教育期望不仅直接作用于学业成绩，还会通过学习时间投入间接地影响学业成绩，这些变量间的关系可以表达为如图 12－2 所示的路径图。

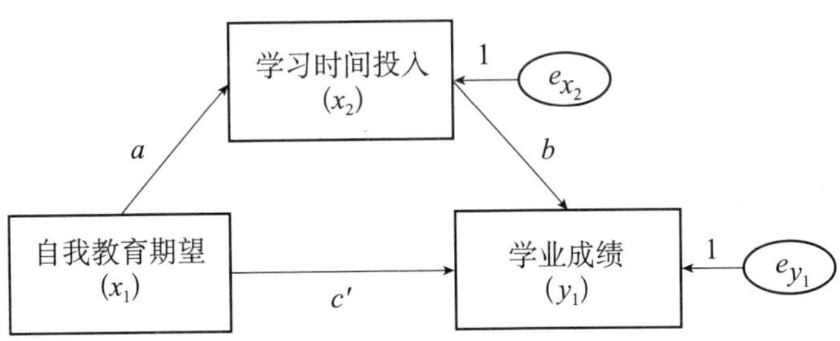

图 12－2　学业成绩路径图

（2）外源变量。

外源变量（exogenous variables），也称“外生变量”，是指模型中没有注明其变化是由什么因素造成，且在模型内也没有其他变量影响它的变量。外源变量一般被指定为解释变量。在图 12－2 中，自我教育期望就是外源变量。

（3）内源变量。

内源变量（endogenous variables），也称“内生变量”，是指受模型中另外一些变量所影响的变量。内源变量可以被指定为解释变量，也可以被指定为结果变量。在图 12－2

中，学习时间投入、学业成绩都是内源变量。

（4）中介变量。

中介变量（mediator variables）是指一种既是解释变量又是结果变量的变量。模型中指向中介变量的变量称为中介变量的前置变量，中介变量指向的变量被称为中介变量的后置变量。在图 12－2 中，学习时间投入就是中介变量，自我教育期望就是它的前置变量，学业成绩就是它的后置变量。

（5）直接效应。

路径图中每一个单向箭头直线代表一个变量到另一个变量的直接效应（direct effect）。在图 12－2 中，自我教育期望与学业成绩、自我教育期望与学习时间投入、学习时间投入与学业成绩之间的单向箭头直线所表示的都是两个变量间的直接效应。

（6）间接效应。

中介变量传递了一部分前置变量和后置变量之间的因果效应，被中介变量所传递的这部分效应就叫作间接效应（indirect effect）。间接效应涉及一个或者多个中介变量，通过两个或两个以上的直接效应箭头相连来表示。在图 12－2 中，学生的自我教育期望会通过学习时间投入间接地影响学业成绩，这属于间接效应。

（7）路径系数。

直接效应也被称为“路径”（path），对于直接效应的统计估计值就是路径系数（path coefficient）。路径系数可以解释为多元回归中的回归系数。在图 12－2 中，对各变量间直接效应的估计值 a，b，c' 就是路径系数。

（8）递归模型和非递归模型。

路径模型分为递归模型（recursive model）和非递归模型（nonrecursive model）两种基本类型。递归模型是指因果关系结构中所有路径全部都是单向的，无反馈作用的路径模型，如图 12－3（a）所示。非递归模型是指因果关系结构中的路径存在直接或间接的反馈或误差相关的路径模型，如图 12－3（b）所示。

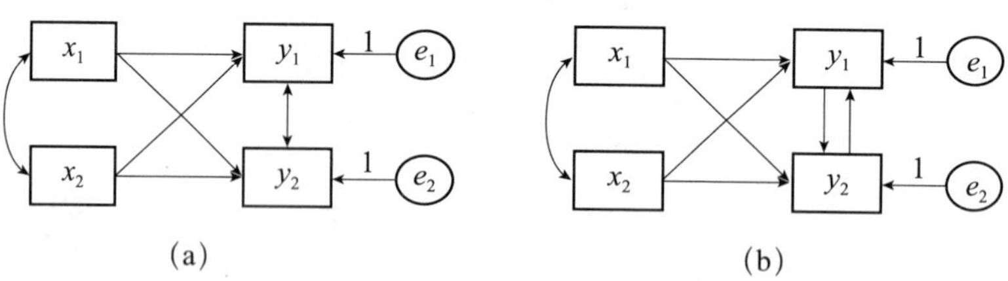

图 12－3 递归模型和非递归模型

二、基本原理

路径分析的假设模型可以使用联立回归方程表达，路径模型的矩阵表达式为：

$$Y=BY+\Gamma X+\xi \tag{12.1}$$

模型中内源变量的个数记为 p，外源变量的个数记为 q。式中，Y 为 $p\times 1$ 内源变量的向量；X 为 $q\times 1$ 外源变量的向量；B 和 Γ 分别为 $p\times p$ 和 $q\times q$ 的路径系数矩阵，B 表示内源变量之间的关系，Γ 表示外源变量和内源变量之间的关系；ξ 为 $p\times 1$ 残差向量。

在路径分析中，有几个内源变量就会有几个回归方程。图 12－2 中有 2 个内源变量，其对应的回归方程有两个，分别为：

$$y_1 = c'x_1 + bx_2 + e_{y_1} \tag{12.2}$$

$$x_2 = ax_1 + e_{x_2} \tag{12.3}$$

如果路径模型中仅有一个因变量，路径系数可以通过使用最小二乘法分别估计单独的回归方程；但如式（12.2）和式（12.3）组成的联立方程这样，因变量多于一个时，通常采用极大似然估计进行参数估计。

在参数估计完成后，需要对变量间的关系进行分解，即效应分解。效应分解也称作相关系数分解，即将变量间的相关系数分解成因果效应和非因果效应两个部分。通常，研究主要关心的效应为因果效应，它可以进一步分解为直接效应和间接效应。一个变量对另一个变量的直接效应和间接效应之和就是它的总效应。在操作层面上，可以使用路径回溯方法，即根据路径图直观地寻找相同方向一系列的两个或更多的单箭头来获得一个变量到另一个变量的间接效应。采用非标准化的方法，间接效应的大小是构成它的直接效应的乘积。在图 12－2 中，自我教育期望对学业成绩的直接效应大小为 c'，间接效应大小为 $a\times b$，总效应大小为 $c'+a\times b$。

三、基本步骤

一般而言，路径分析的基本过程可以分为以下六个步骤：

（1）模型设定，即根据充分的理论依据或实践证据，对变量之间的因果关系进行设定。

（2）模型识别，即判断能否对模型参数进行估计从而得到唯一的参数估计结果。

（3）模型估计，即进行参数估计和模型检验。对非递归模型，不能用最小二乘法求解，常用的是未加权最小二乘法、两阶段最小二乘法、广义最小二乘法和极大似然估计法来进行参数估计；对于递归模型，则可以使用极大似然估计法、线性代数求解方程、最小二乘法等方法来进行估计。

（4）模型评价，即评价样本方差-协方差矩阵与理论模型生成的方差-协方差矩阵之间的差距。一般情况下，对模型拟合优度的评估指数可分为绝对拟合指数和相对拟合指数。绝对拟合指数比较的是观测的与期望的方差和协方差，绝对拟合指数越高，观测的与期望的（协）方差之间的差异就越小。相对拟合指数比较的是一个模型与只含很少几个参数的基准模型的相对拟合情况。常用的模型拟合指数及其特征见表 12－1。评价一个模型时，需要检查多个拟合指数，而不能仅依赖其中的某一个指数。

（5）模型修正，如果模型拟合数据不理想，可能是数据的问题，也可能是模型的问题或理论本身的不足，因此处理模型拟合不理想可以有多种途径：一是对原模型重新定义形成新模型，二是收集新样本再对原模型进行验证，三是根据修正指数（modification indices，MI）修改原模型。相比较而言，前两种方法更严谨，但在实际研究中，研究者往往会根据修正指数的提示对模型进行修正，以达到合理可接受的拟合水平。

（6）结果解释与应用，即根据最终得到的估计结果对实际问题进行分析和解释。

表 12-1 常用的模型拟合指数及其特征

拟合指数		判别标准	指标性质	数据非正态时能否反映模型拟合	处理不同大小样本时指数是否稳定	评估模型是否简约
绝对拟合指数	卡方统计量（CMIN）	$P>0.05$，但对样本大小非常敏感	理论模型与观察模型的拟合程度	否	否	否
	卡方自由度比（CMIN/DF）	<1，模型过度拟合；1~3，模型拟合良好；3~5，模型拟合合理	考虑模型复杂度后的卡方值	否	否	是
	拟合优度指数（GFI）	>0.95，拟合良好；>0.90，拟合合理	模型解释样本方差-协方差的程度	不清楚	否	否
	调整的拟合优度指数（AGFI）	>0.95，拟合良好；>0.90，拟合合理	调整后模型解释样本方差-协方差的程度	不清楚	否	是
	渐进残差均方和平方根（RMSEA）	<0.05，拟合良好；<0.08，拟合合理	比较理论模型与饱和模型的差距	不清楚	否	是
	标准化残差均方和平方根（SRMR）	<0.05，拟合良好；<0.08，拟合合理	标准化假设模型整体残差	不清楚	否	是
比较拟合指数	标准拟合指数（NFI）	>0.95，拟合良好；>0.90，拟合合理	比较假设模型与独立模型的卡方差异	样本小时严重低估	否	否
	增值拟合指数（IFI）	>0.95，拟合良好；>0.90，拟合合理	考虑自由度的NFI	一般低估	是	否
	非标准拟合指数（TLI）	>0.95，拟合良好；>0.90，拟合合理	考虑自由度的NFI	一般低估	不清楚	否
	比较拟合指数（CFI）	>0.95，拟合良好；>0.90，拟合合理	假设模型与独立模型的非中央性差异	一般低估	是	否

第二节 路径分析的应用案例

例 12-1 在某项研究中，研究者根据理论文献与经验认为，对于小学生而言，一方面，父母学习参与行为，如父母询问子女学习、检查子女作业等，可能对小学生的学业成绩具有直接的正向影响；同时，父母的学习参与行为也可能通过强化小学生的学习自信心从而提高小学生的学业成绩。另一方面，亲子关系和谐、亲子相处愉快也可能对小学生的学业成绩具有直接的正向影响；同时，亲子关系和谐、亲子相处愉快也可能通过增强小学生的学习自信心从而提高小学生的学业成绩。理论上的路径模型如图 12-4 所示。

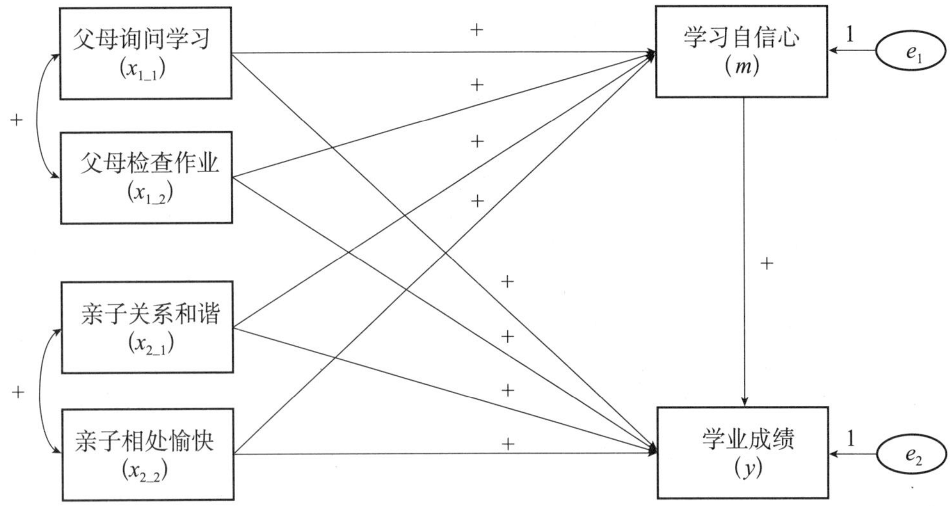

图 12-4　父母的学习参与行为、亲子关系对小学生的学业成绩影响的路径图

下面以“12-1.sav”为例，通过路径分析来检验样本数据是否符合理论模型假设。

使用 SPSS AMOS 进行路径分析的基本操作步骤如下：

(1) 进入 SPSS AMOS 操作环境。在安装 SPSS AMOS 后，有两种方式可以进入“SPSS AMOS”操作环境。一种是通过 SPSS 进入 AMOS，即依次单击 Analyze—IBM SPSS AMOS。另一种方式是直接启动 AMOS，无需通过 SPSS。尽管 AMOS 可以独立使用，但由于 AMOS 可以读取 SPSS *.sav 格式的数据，并且有时可能需要使用 SPSS 对数据进行预处理，因此第一种启动方式比较常见。

(2) 绘制路径模型。首先，进入 SPSS AMOS 操作环境，单击 Draw observed variables（绘制观测变量），在 Path diagram（绘图区）按住并拖拽鼠标，绘制 1 个观测变量；重复该操作 5 次，另绘制 5 个观测变量。观测变量绘制结果如图 12-5 (a) 所示。

然后，单击 Draw paths (single headed arrows) [绘制路径（单箭头）]，将鼠标光标移动到如图 12-5 (a) 所示的某一解释变量的图标上，按住并拖拽鼠标到另一个结果变量的图标上，再松开鼠标，在两个观测变量之间增加 1 条单箭头路径；重复该操作 8 次，另绘制 8 条路径。之后，单击 Draw Covariances (double headed arrows) [绘制协方差（双箭头）]，将鼠标光标移动到如图 12-5 (a) 所示的左侧表示“父母检查作业”(x_{1_2}) 的观测变量的图标上，按住并拖拽鼠标到表示“父母询问学习”(x_{1_1}) 的观测变量的图标上，再松开鼠标，在两个可能存在相关的变量之间增加 1 条双箭头曲线；重复该操作 1 次，绘制另 1 条路径。路径绘制结果如图 12-5 (b) 所示。

最后，单击 Add a unique variable to an existing variable（增列一个误差变量到已有变量中），在如图 12-5 (b) 所示的 2 个内源变量的图标上各点击 1 次，增列 2 个误差变量，如图 12-5 (c) 所示。在 AMOS 的模型分析中，作为内源变量的变量均要增列一个误差变量，此误差变量的参数设定起始值内定为 1。

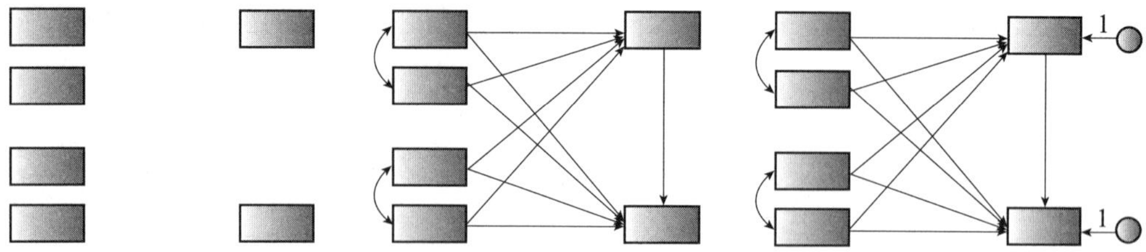

(a) (b) (c)

图 12 - 5 绘制路径模型

（3）导入数据文件。单击 Select data file (s)（选择数据文件），打开 Data Files（数据文件）对话框，在对话框中点击 File Name（文件名称），在保存数据文件的路径中选择“12 - 1. sav”，对话框中显示文件名、样本数等信息（如图 12 - 6所示），确认无误后点击 OK，关闭对话框。

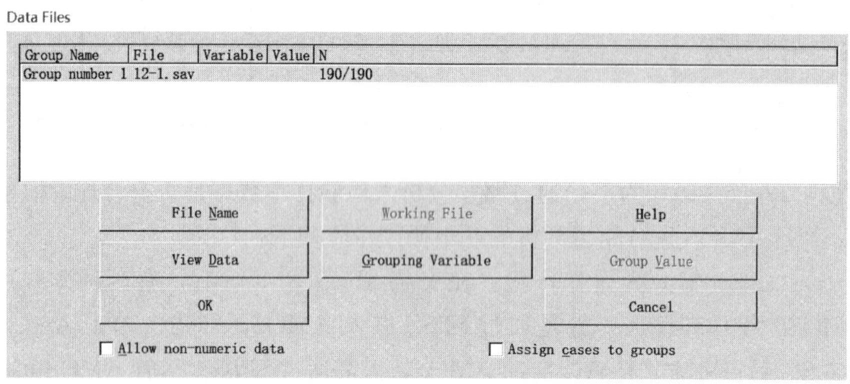

图 12 - 6 Data Files 数据文件对话框

（4）设定测量变量与误差项名称。首先，单击 List variables in data set（列出数据集中的变量），打开 Variables in Dataset（数据集中的变量）窗口，依次选取各个变量，按住鼠标并拖拽到如图 12 - 5（c）的各个观测变量中。出于对路径模型外观的考虑，删除所有测量变量的变量标签，操作结果如图 12 - 7（a）所示。

然后，依次单击 Plugins—Name Unobserved Variables，AMOS 自动完成对误差项名称的设定，如图 12 - 7（b）所示。

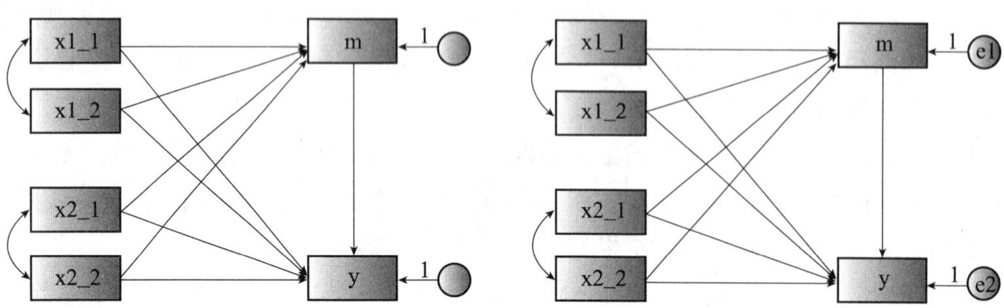

(a) (b)

图 12 - 7 设定测量变量与误差项名称

（5）设置路径分析的统计量。首先，单击 Analysis properties（分析属性），打开分析属性窗口，选择 Output（输出结果）标签页，勾选 Minimization history（最小化历史）；Indirect，direct & total effects（间接、直接和总效应）；Standardized estimates（标准化估计值）；Factor score weights（因子得分权重）；Squared multiple correlations（多元相关系数平方）；Correlations of estimates（估计值相关系数）；Critical ratios for differences（参数差异临界比率值）；Tests for normality and outliers（正态性与异常值检验）；Modification indices（修正指数）［如图 12－8（a）所示］。

然后，在分析属性窗口中，选择“Bootstrap”（自助抽样法）标签页，勾选 Perform bootstrap（执行自助抽样法），并在右侧的空白框中填写重复抽样的次数，此处设置为 2 000 次，即有放回地重复抽取 2 000 个样本［如图 12－8（b）所示］，之后关闭窗口。

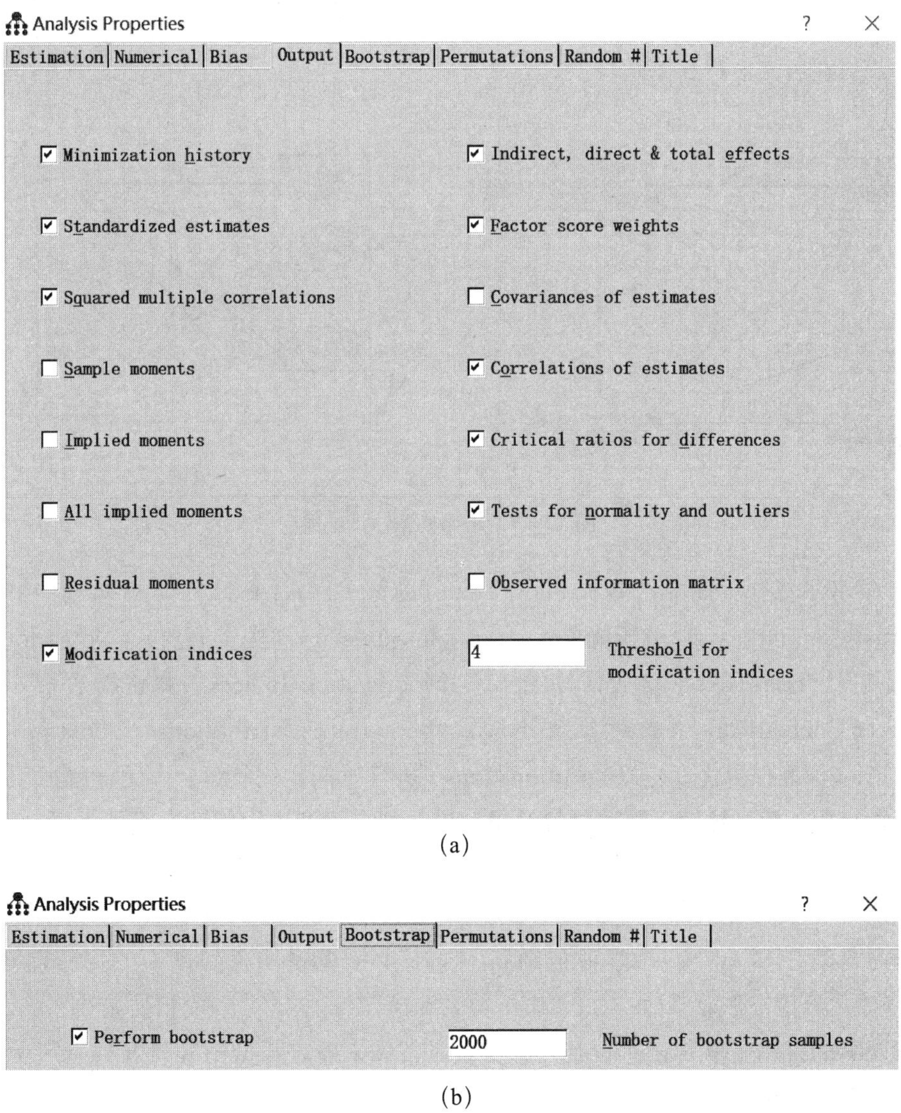

图 12－8　Analysis Properties 窗口

（6）保存与估计。首先，单击 Save the current path diagram（保存当前假设模型图），将模型路径图存盘，其保存文件类型为“Input file（*.amw）”，输入文件名后，单击 Save。

然后，单击 Calculate estimates（计算估计值），估计路径图的各统计量。所得的统计分析结果如图 12－9 至图 12－23 所示。

在模型估计结束后，View the output path diagram（浏览输出结果路径图）工具图标被激活，点击该图标可查看模型图中未标准化的估计值，如图 12－9（a）所示。点击操作界面中间位置的 Standardized estimates（标准化估计值），模型图中标准化的估计值如图 12－9（b）所示。在图 12－9（b）中，两个外源变量间双向箭头旁的数值为相关系数；单箭头方向路径系数为标准化回归系数，也就是直接效应值；两个内源变量旁的数值为多元相关系数的平方，为解释变量对结果变量的联合解释变异量。对于上述估计结果，本节将在后文进行具体阐释。

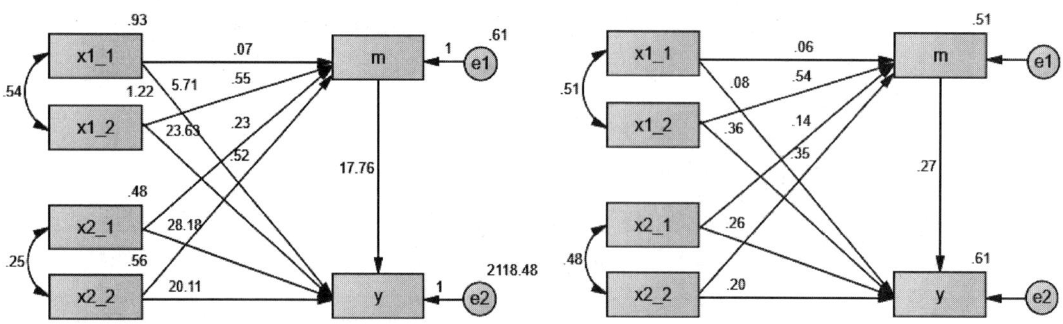

(a)　　(b)

图 12－9　路径模型估计结果

在 AMOS 操作界面中，单击 View Text（浏览文件），查看 AMOS 输出的报表，共包含 Analysis Summary（分析摘要）、Variable Summary（变量摘要）、Notes for Model（模型注解）、Estimates（参数估计结果）、Modification Indices（修正指数）、Pairwise Parameter Comparisons（成对参数比较）、Bootstrap Distributions（Boostrap 分布）、Model Fit（模型拟合优度）、Execution time（执行时间）9 个部分。受篇幅所限，此处仅对变量摘要、模型注解、参数估计结果、模型拟合优度进行解读，具体如图 12－10 至图 12－23 所示。

图 12－10 是理论模型图中的变量设定摘要表。该表显示，模型中 2 个观测内源变量为“学习自信心”（m）、“学业成绩”（y），4 个观测外源变量为“父母询问学习”（x_{1_1}）、“父母检查作业”（x_{1_2}）、“亲子关系和谐”（x_{2_1}）、“亲子相处愉快”（x_{2_2}），2 个无法观测的误差变量 e_1，e_2 也是外源变量。整体来看，模型中变量总共有 8 个，测量变量有 6 个，无法观察的变量有 2 个，外源变量有 6 个，内源变量有 2 个。

图 12－11 是模型注解，模型中独特样本矩个数为 $[6\times(6+1)]\div2=21$，模型中被估计的自由参数有 17 个，模型的自由度为 $21-17=4$。自由度为正数表示模型为过度识

Variable Summary (Group number 1)

Your model contains the following variables (Group number 1)

Observed, endogenous variables

y
m

Observed, exogenous variables

x1_1
x1_2
x2_1
x2_2

Unobserved, exogenous variables

e2
e1

Variable counts (Group number 1)

Number of variables in your model:	8
Number of observed variables:	6
Number of unobserved variables:	2
Number of exogenous variables:	6
Number of endogenous variables:	2

图 12-10 变量设定摘要表

别模型，只有这样才可以顺利估计出参数。模型拟合优度卡方值为 6.966，其相伴概率为 0.138>0.05，初步表明观察数据对理论模型的拟合程度较好。

Notes for Model (Default model)

Computation of degrees of freedom (Default model)

Number of distinct sample moments:	21
Number of distinct parameters to be estimated:	17
Degrees of freedom (21 - 17):	4

Result (Default model)

Minimum was achieved
Chi-square = 6.966
Degrees of freedom = 4
Probability level = .138

图 12-11 模型注解

图 12-12 至图 12-18 是采用极大似然估计法得到的参数估计结果（节选）。图 12-12 (a) 是未标准化的回归估计结果，在模型的 9 个直接效果中，有 6 个直接效果的路径系

数在 0.001 水平上显著，分别为“父母检查作业”（x_{1_2}）、“亲子相处愉快”（x_{2_2}）对“学习自信心”（m）的直接效果，“学习自信心”（m）对“学业成绩”（y）的直接效果，以及“父母检查作业”（x_{1_2}）、“亲子关系和谐”（x_{2_1}）、“亲子相处愉快”（x_{2_2}）对“学业成绩”（y）的直接效果。

图 12-12（b）是标准化的回归估计结果，即标准化回归系数，表示标准化的直接效应值。根据图 12-12（b），“父母检查作业”（x_{1_2}）、“亲子相处愉快”（x_{2_2}）对“学习自信心”（m）的直接效应值分别为 0.542，0.348，“学习自信心”（m）对“学业成绩”（y）的直接效应值为 0.271，以及“父母检查作业”（x_{1_2}）、“亲子关系和谐”（x_{2_1}）、“亲子相处愉快”（x_{2_2}）对“学业成绩”（y）的直接效应值分别为 0.355，0.264，0.205。结果表明，关于“父母学习参与→学习自信心→学业成绩”、“亲子关系→学习自信心→学业成绩”这两条路径的理论假设成立，标准化回归系数符号与理论假设一致。

Regression Weights: (Group number 1 - Default model)

			Estimate	S.E.	C.R.	P	Label
m	<---	x1_1	.066	.068	.973	.330	par_3
m	<---	x1_2	.550	.060	9.222	***	par_4
m	<---	x2_1	.225	.094	2.403	.016	par_5
m	<---	x2_2	.522	.086	6.043	***	par_6
y	<---	m	17.758	4.282	4.147	***	par_7
y	<---	x1_1	5.709	4.026	1.418	.156	par_8
y	<---	x1_2	23.626	4.227	5.590	***	par_9
y	<---	x2_1	28.184	5.603	5.030	***	par_10
y	<---	x2_2	20.106	5.557	3.618	***	par_11

(a)

Standardized Regression Weights: (Group number 1 - Default model)

			Estimate
m	<---	x1_1	.057
m	<---	x1_2	.542
m	<---	x2_1	.138
m	<---	x2_2	.348
y	<---	m	.271
y	<---	x1_1	.075
y	<---	x1_2	.355
y	<---	x2_1	.264
y	<---	x2_2	.205

(b)

图 12-12 回归估计结果

图 12-13（a）是外源变量的协方差估计结果，是非标准化的估计结果。由于理论模型假设误差变量彼此没有相关，与其他的外源变量之间也没有相关，因此此处仅显示测量变量的协方差估计结果。结果显示，外源变量“父母询问学习”（x_{1_1}）、“父母

检查作业”（x_{1_2}）之间的协方差为 0.541，其相伴概率 p<0.001，表明此两外源变量之间的协方差显著不等于 0；“亲子关系和谐”（x_{2_1}）、“亲子相处愉快”（x_{2_2}）之间的协方差为 0.245，其相伴概率 p<0.001，表明此两外源变量之间的协方差也显著不等于 0。

图 12－13（b）是外源变量的相关系数估计结果，是标准化的估计结果。结果显示，外源变量“父母询问学习”（x_{1_1}）、“父母检查作业”（x_{1_2}）之间的相关系数为 0.506，“亲子关系和谐”（x_{2_1}）、“亲子相处愉快”（x_{2_2}）之间的相关系数为 0.476。

Covariances: (Group number 1 - Default model)

	Estimate	S.E.	C.R.	P	Label
x1_1 <--> x1_2	.541	.087	6.208	***	par_1
x2_1 <--> x2_2	.245	.042	5.906	***	par_2

(a)

Correlations: (Group number 1 - Default model)

	Estimate
x1_1 <--> x1_2	.506
x2_1 <--> x2_2	.476

(b)

图 12－13　外源变量协方差和相关系数估计结果

图 12－14 是外源变量的方差估计结果。4 个观测变量及 2 个误差变量的方差参数估计均达 0.001 显著水平，表示这 6 个变量的方差在总体中均显著不等于 0，而 2 个误差项的方差均为正数，没有出现负的误差变异，表示模型界定没有问题。

Variances: (Group number 1 - Default model)

	Estimate	S.E.	C.R.	P	Label
x1_1	.934	.096	9.721	***	par_12
x1_2	1.223	.126	9.721	***	par_13
x2_1	.476	.049	9.721	***	par_14
x2_2	.560	.058	9.721	***	par_15
e1	.611	.063	9.721	***	par_16
e2	2118.483	217.926	9.721	***	par_17

图 12－14　外源变量方差估计结果

图 12－15 是内源变量的多元相关系数平方的估计结果。根据图 12－15，“父母询问学习”（x_{1_1}）、“父母检查作业”（x_{1_2}）、“亲子关系和谐”（x_{2_1}）、“亲子相处愉快”（x_{2_2}）4 个变量可以联合解释“学习自信心”（m）变量约 52%的变异量，“父母询问学习”（x_{1_1}）、“父母检查作业”（x_{1_2}）、“亲子关系和谐”（x_{2_1}）、“亲子相处愉快”（x_{2_2}）、“学习自信心”（m）5 个变量可以联合解释“学业成绩”（y）变量约 60.8%的变异量。

图 12－16（a）、（b）分别是各外源观测变量对各内源变量的非标准化、标准化的总效应值。标准化总效应值等于标准化直接效应值与标准化间接效应值之和。

Squared Multiple Correlations: (Group number 1 - Default model)

	Estimate
m	.515
y	.608

图 12－15　内源变量多元相关系数平方的估计结果

Total Effects (Group number 1 - Default model)

	x1_1	x1_2	x2_1	x2_2	m
m	.066	.550	.225	.522	.000
y	6.888	33.391	32.184	29.379	17.758

(a)

Standardized Total Effects (Group number 1 - Default model)

	x1_1	x1_2	x2_1	x2_2	m
m	.057	.542	.138	.348	.000
y	.091	.502	.302	.299	.271

(b)

图 12－16　各外源观测变量对各内源变量总效应的估计结果

图 12－17（a）、（b）分别是各条路径的非标准化、标准化的回归系数值，分别表示非标准化、标准化的直接效应值。此处只关注通过显著性检验的标准化回归系数，“父母检查作业”（x_{1_2}）、“亲子相处愉快”（x_{2_2}）对“学习自信心”（m）的标准化的直接效应值分别为 0.542、0.348，“学习自信心”（m）对“学业成绩”（y）的标准化的直接效应值为 0.271，“父母检查作业”（x_{1_2}）、“亲子关系和谐”（x_{2_1}）、“亲子相处愉快”（x_{2_2}）对“学业成绩”（y）的标准化的直接效应值分别为 0.355、0.264、0.205。

Direct Effects (Group number 1 - Default model)

	x1_1	x1_2	x2_1	x2_2	m
m	.066	.550	.225	.522	.000
y	5.709	23.626	28.184	20.106	17.758

(a)

Standardized Direct Effects (Group number 1 - Default model)

	x1_1	x1_2	x2_1	x2_2	m
m	.057	.542	.138	.348	.000
y	.075	.355	.264	.205	.271

(b)

图 12－17　直接效应的估计结果

图 12－18（a）、（b）分别是各外源变量对各内源变量的非标准化、标准化的间接效应值，标准化的间接效应值是构成它的路径系数的乘积。以“父母检查作业”（x_{1_2}）对“学业成绩”（y）的间接效应为例，“父母检查作业”（x_{1_2}）通过“学习自信心”（m）影响“学业成绩”（y），其间接效应值为 9.765（0.550×17.758），标准化的间接效应值为 0.147（0.542×0.271）。

Indirect Effects (Group number 1 - Default model)

	x1_1	x1_2	x2_1	x2_2	m
m	.000	.000	.000	.000	.000
y	1.179	9.765	4.000	9.273	.000

(a)

Standardized Indirect Effects (Group number 1 - Default model)

	x1_1	x1_2	x2_1	x2_2	m
m	.000	.000	.000	.000	.000
y	.016	.147	.038	.094	.000

(b)

图 12-18　各外源变量对各内源变量间接效应的估计结果

图 12-19 至图 12-23 是模型拟合优度的检验结果。图 12-19 是模型拟合优度卡方检验结果，结果显示，模型中共有 17 个自由参数，拟合优度卡方值为 6.966，自由度为 4，其相伴概率 $p=0.138>0.05$，达到显著性水平。卡方自由度之比为 1.741，在 1～3 之间，表明模型拟合程度良好。

CMIN

Model	NPAR	CMIN	DF	P	CMIN/DF
Default model	17	6.966	4	.138	1.741
Saturated model	21	.000	0		
Independence model	6	455.192	15	.000	30.346

图 12-19　模型拟合优度卡方检验结果

图 12-20 是残差均方和平方根与拟合优度指数检验结果。预设模型的残差均方和平方根（RMR）为 105.817。使用 Standardized RMR 对话框计算的标准化残差均方和平方根结果如图 12-21 所示，SRMR＝0.055 5＜0.08，表明模型拟合程度良好。图 12-20 结果显示，GFI 值为 0.988，AGFI 值为 0.937，均大于 0.90，表明整体模型的拟合程度良好；PGFI 为简约拟合指数，用以解释测量模型的复杂度，其值为 0.188，小于 0.5，表明模型可能不够简约。

RMR, GFI

Model	RMR	GFI	AGFI	PGFI
Default model	105.817	.988	.937	.188
Saturated model	.000	1.000		
Independence model	20.276	.513	.319	.367

图 12-20　残差均方和平方根与拟合优度指数检验结果

图 12-22 是基准线比较结果。结果显示，NFI 值为 0.985，RFI 值为 0.943，IFI 值为 0.993，TLI 值为 0.975，CFI 值为 0.993，所有指标均大于 0.90，表明整体模型的拟合程度良好。

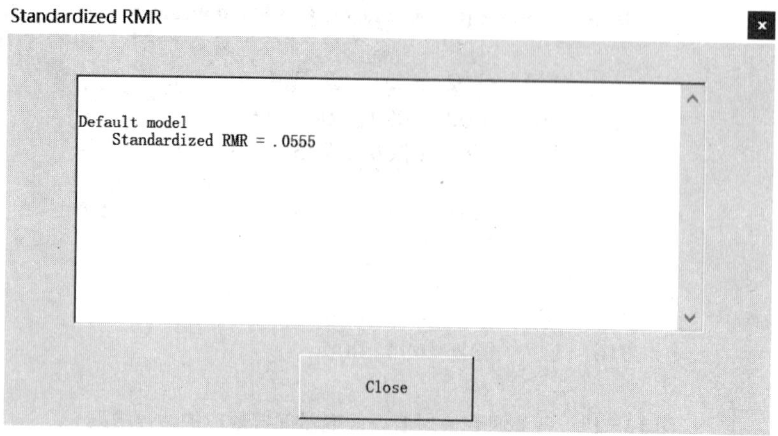

图 12 - 21　SRMR 计算结果

Baseline Comparisons

Model	NFI Delta1	RFI rho1	IFI Delta2	TLI rho2	CFI
Default model	.985	.943	.993	.975	.993
Saturated model	1.000		1.000		1.000
Independence model	.000	.000	.000	.000	.000

图 12 - 22　基准线比较结果

图 12 - 23 是渐进残差均方和平方根检验结果。结果显示，RMSEA 值为 0.063，小于 0.080，其置信区间为[0.000，0.138]，表明整体模型的拟合程度良好。

RMSEA

Model	RMSEA	LO 90	HI 90	PCLOSE
Default model	.063	.000	.138	.320
Independence model	.394	.363	.426	.000

图 12 - 23　模型拟合优度卡方检验结果

综合来看，绝对拟合指数、相对拟合指数所呈现的统计量均达到标准值或接受值，可见整体模型的拟合程度较好，即模型的路径图与实际观察数据的拟合程度良好。研究所构建的理论模型获得统计上的支持。

本章小结

路径分析，亦称通径分析，是一种基于回归分析的技术，其优势在于不仅能反映出变量间的直接因果关系，而且能反映出间接因果关系和其他的非因果关系，因此其假设更符合事物间普遍存在相关作用的事实。此外，它能对多个变量间的关系提供有用的图解。

路径分析有时也称结构方程模型，一般情况下如果包括测量模型和结构模型，则称为结构方程模型；如果只包括结构模型，则称为路径分析。路径分析在于探究多个观测变量之间的相互影响关系，用于对模型假设进行验证，由一系列的回归分析组成，借用回归方程式的原理，根据变量间理论架构，建立联立方程组，以反映多个变量间的复杂关联方式。

一般而言，路径分析的基本过程可以分为六个步骤：(1) 模型设定，(2) 模型识别，(3) 模型估计，(4) 模型评价，(5) 模型修正，(6) 结果解释与应用。

路径分析在自然科学和社会科学的众多领域有着广泛的应用。在教育定量研究中，常常在检验某种教育现象或个体行为的形成机制时采用路径分析方法。

思考题

1. 试述路径分析的基本步骤。

2. 某研究者希望了解父母婚姻关系对初中生网络游戏频率的影响，以及初中生沮丧情绪、网络游戏同伴交往在其中发挥的作用。根据理论分析与既有研究，该研究者认为：一方面，父母婚姻冲突可能对初中生的网络游戏频率具有直接的正向影响，或父母的婚姻冲突可能通过强化初中生的沮丧情绪从而提高初中生的网络游戏频率。此外，父母的婚姻冲突还可能通过强化初中生的沮丧情绪进而促进初中生与更多的网络游戏同伴交往，进而对初中生的网络游戏频率产生正向影响。另一方面，父母婚姻和谐可能对初中生的网络游戏频率具有直接的负向影响，或父母婚姻和谐可能通过减少初中生的沮丧情绪从而减少初中生的网络游戏频率。此外，父母婚姻和谐还可能通过减少初中生的沮丧情绪来降低初中生与更多网络游戏同伴交往的可能性，进而对初中生的网络游戏频率产生负向影响。理论上的路径模型如图 12-24 所示。

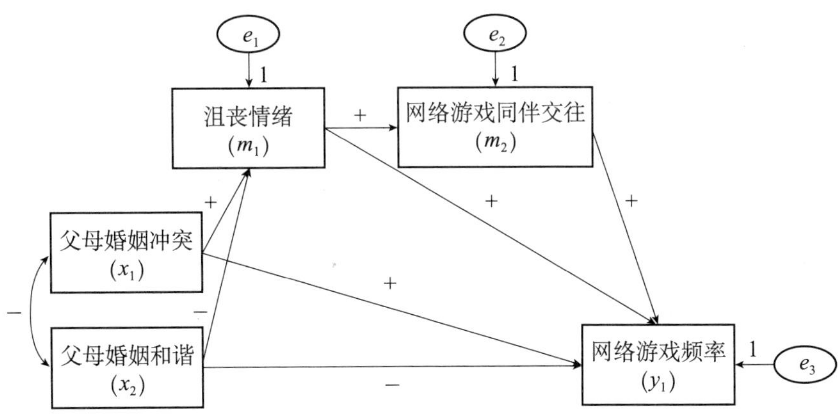

图 12-24 父母婚姻关系对初中生的网络游戏频率影响的理论假设图

请使用“exe12-1.sav”数据，试通过路径分析来检验样本数据是否符合理论模型假设。

第十三章

探索性因子分析及其应用

本章提要

因子分析是把一些具有错综复杂关系的多个变量归结为少数几个综合因子的一种多元统计方法。因子分析包括探索性因子分析和验证性因子分析两种类型。进行探索性因子分析时，通常变量之间没有预设的、明确的结构关系；而验证性因子分析一般是基于已有理论或经验研究，变量有预设的、明确的结构关系。本章主要介绍探索性因子分析的基本概念、基本步骤及其在 SPSS 中的具体操作。通过本章的学习，我们期望读者可以理解探索性因子分析的思想和基本模型，分辨因子分析与主成分分析的异同，同时能够熟练掌握 SPSS 软件中探索性因子分析的操作，并能够正确解释系统输出结果。

第一节　因子分析概述

英国心理学家斯皮尔曼的“二因子论”为因子分析方法奠定了理论基础。他在解决智力结构问题时认为，心理测量中的各测验变量之间的相关，是由各测验变量存在一个共同的一般因素（公共因子）造成的，而各测验变量之间之所以不完全相关，则是由于各项测验得分还与特殊因素（随机误差项）有关。因子分析是一种相对比较复杂的多元统计方法，但随着计算机技术的发展以及统计分析软件的开发和利用，它在心理学、医学、气象学、经济学、教育学等诸多学科领域得到了广泛的应用。

一、因子分析的概念

教育是一种复杂的社会活动过程，对其现象的研究往往同样需要对研究对象测量许多指标。例如考察中小学教师的工作满意度水平，我们可能需要测量教师对教学工作量、工作环境条件、工作中的人际关系、薪酬、专业发展前景等多方面的满意度指标。对大学教师绩效表现的评价，我们可能需要考察大学教师在科研、教学、社会服务等多方面工作上的表现。我们需要测定的评价指标很多，而且这些指标可能是相关的、不可比的，若要基于这些指标对大学教师绩效表现进行综合评价，是相当困难的。我们在教育研究中常常面临多指标问题，保留太多的指标信息会使得相关计算处理起来比较麻烦，而从众多的指标中剔除一些指标又可能会造成信息丢失。因此，从这些信息丰富且具有错综复杂关系的多指标中提取代表基本结构的公共信息以及特殊信息非常重要，这样可以使复杂问题得到简化。因子分析就是具有上述功能的一种多元统计分析手段，即把一些具有错综复杂关系的多个变量归结为少数几个综合因子的一种多元统计方法。

总体而言，因子分析（factor analysis）是一种数据简化（data reduction）技术。它通过研究众多变量之间的内部依赖关系探求观测数据中的基本结构，并用少数几个假想变量来表示其基本的数据结构。这几个假想变量能够反映原来众多变量的主要信息。原始的变量是可观测的外显变量，而假想变量是不可观测的潜在变量即因子。因子分析就是将描述事物性质或特征的一组较多变量用少数几个综合变量（因子）的线性组合来替代的多元统计分析方法。

二、因子分析的特点

与回归分析不同，因子分析中的因子是一个比较抽象的概念，不存在自变量与因变量；而回归分析有非常明确的实际意义，存在自变量与因变量，自变量用于预测因变量。因子分析的基本思想就是根据原始可测变量之间的相关系数矩阵，导出一个因子个数少于原始变量数、能够反映原始变量间的内在本质联系和事物特性的因子载荷矩阵，因子分析所获得的有关事物的全部信息就蕴藏在这一矩阵中。然后，从因子载荷矩阵元素体现的结构特点出发，取得对因子的解释。可见，因子分析的目的就是找出变量之间的内在本质联系，用反映这一本质联系的少数几个基本因子（公共因子）来描述较多变量需要说明的原因或特性。例如，科特尔（Cottle）和霍恩（Horn）应用因子分析方法把智力的全部因素归结为流畅性智力和结晶性智力两个公共因子。

我们总结因子分析方法最基本的特点是，在尽可能不损失信息或少损失信息的情况下，将多个变量减少为少数几个潜在的因子，这几个因子可以高度地概括数据中的信息。这样既减少了变量个数，又再现了变量之间的内在联系。具体来讲，因子变量有如下特点：

（1）因子变量是对原始变量的重造。它可以高度地概括多个原始变量数据中的信息。

（2）因子变量的个数远远少于原始变量个数，但可反映原始变量的绝大部分方差，由此达到简化原始数据结构但尽可能不损失信息的目的。

（3）因子变量具有可命名性及可解释性。我们可以对新生成的因子进行命名，并对因子进行统计意义上的解释与说明。

为进一步呈现因子分析的概念与特点，我们以例 13－1 来简单说明因子分析过程。

例 13－1 在某中学对学生放学后参与课外活动的满意度的一项调查中，学生可以通过一个有 36 个指标构成的评价体系来评价自己参与放学后课外活动的满意度。基于因子分析模型，研究者发现学生最关心的 4 个满意度为对课外活动的内容、课外活动的形式、课外活动的家庭负担以及课外活动的环境的满意度。也就是说，通过因子分析方法我们可以在 36 个评价学生参与放学后课外活动的满意度的指标中找出反映上述 4 个方面的潜在因子，对学生放学后课外活动满意度进行综合评价。原始变量可以用这 4 个公共因子的线性模型表示为：

$$x_i=\alpha_{i1}F_1+\alpha_{i2}F_2+\alpha_{i3}F_3+\alpha_{i4}F_4+\varepsilon_i，i=1，2，\cdots，36 \tag{13.1}$$

我们称 F_1，F_2，F_3，F_4 是不可观测的潜在因子或称公共因子。在例 13 - 1 中，F_1，F_2，F_3，F_4 分别代表学生对课外活动的内容、课外活动的形式、课外活动的家庭负担以及课外活动的环境的满意度。36 个原始满意度测评指标变量共享这 4 个因子，但是每个变量又有自己的特性即不被包含的部分 ε_i，称为特殊因子。系数 α_{i1}，α_{i2}，α_{i3}，α_{i4}，我们称为因子载荷。读者也许已经发现，这个模型与回归分析模型在形式上很相似，但是这里的 F_1，F_2，F_3，F_4 是未知的，有关参数的意义也不同。因子分析可以根据样本相关系数矩阵求出因子载荷矩阵 A＝（a_{ij}），并给公共因子一个合理的解释，即说明公共因子可以描述事物的何种属性，并且可以预测出公共因子 F_1，F_2，F_3，F_4。我们在下面的章节中会进行更为详细的介绍与说明。

三、因子分析的类型

一般来讲，因子分析可以分为探索性因子分析（exploratory factor analysis，EFA）和验证性因子分析（confirmatory factor analysis，CFA）两种。

探索性因子分析一般在变量之间没有预设的、明确的结构关系时使用。探索性因子分析的目的在于探查变量间的结构关系。

验证性因子分析一般在基于已有理论或者已有研究，变量有预设的、明确的结构关系时使用。验证性因子分析的目的常常在于利用样本数据验证理论结构模型，它属于结构方程模型的特例，我们常用 AMOS 软件或 Mplus 软件进行验证性因子分析。本章主要对探索性因子分析进行介绍，验证性因子分析将在下一章介绍。

第二节　因子分析的数学模型

因子分析的主要任务是通过构造因子分析模型，确定模型中的参数，然后根据分析结果对因子进行解释，包括对公共因子进行估计、计算因子得分等。下面我们给出因子分析的一般数学模型。

一、因子分析的一般数学模型

设有 m 个可测变量 x_1，x_2，…，x_m，它们线性地依赖于 k 个不可观测的变量 f_1，f_2，…，f_k，即它们可以表示为：

$$x_i=a_{i1}f_1+a_{i2}f_2+\cdots+a_{ik}f_k+\varepsilon_i，i=1，2，\cdots，m \tag{13.2}$$

即

$$x_1=a_{11}f_1+a_{12}f_2+\cdots+a_{1k}f_k+\varepsilon_1$$
$$x_2=a_{21}f_1+a_{22}f_2+\cdots+a_{2k}f_k+\varepsilon_2$$
$$\vdots$$
$$x_m=a_{m1}f_1+a_{m2}f_2+\cdots+a_{mk}f_k+\varepsilon_m$$

式中，f_1，f_2，…，f_k 为公共因子；a_{ik}（$i=1$，2，…，m）为因子载荷，它表示第 i 个变量 x_i 在第 k 个公共因子 f_k 上的载荷。当假定 x_1，x_2，…，x_m，ε_1，ε_2，…，ε_m，f_1，f_2，…，f_k 均为标准化变量时，a_{ik}恰好是 x_i 与 f_k 之间的相关系数。因此，通常在因子分析中，我们都会将 x_i 和 f_k 标准化，处理为均值为 0、方差为 1 的变量。因子载荷反映了变量 x_i 在公共因子 f_k 上的相对重要性，它是确定公共因子内涵的依据。而 ε_1，ε_2，…，ε_m为特殊因子，反映了每个可测变量不能被公共因子解释的特性。上述模型假定特殊因子 ε_1，ε_2，…，ε_m互不相关，且与公共因子 f_1，f_2，…，f_k 互不相关。

二、因子分析模型的矩阵形式

上述因子分析模型写成矩阵形式为：

$$\boldsymbol{x}=\boldsymbol{af}+\boldsymbol{\varepsilon}$$

$$\begin{bmatrix}x_1\\x_2\\\vdots\\x_m\end{bmatrix}=\begin{bmatrix}a_{11}&a_{12}&\cdots&a_{1k}\\a_{21}&a_{22}&\cdots&a_{2k}\\\vdots&\vdots&\vdots&\vdots\\a_{m1}&a_{m2}&\cdots&a_{mk}\end{bmatrix}\begin{bmatrix}f_1\\f_2\\\vdots\\f_k\end{bmatrix}+\begin{bmatrix}\varepsilon_1\\\varepsilon_2\\\vdots\\\varepsilon_m\end{bmatrix}\tag{13.3}$$

其中，$\boldsymbol{x}$ 为可实测 m 维随机向量，其每个分量代表一个指标或变量；$\boldsymbol{f}$ 为不可观测的 k 维随机向量，称为公共因子，其具体含义必须结合实际问题确定；变量 $\boldsymbol{\varepsilon}$ 称为特殊因子，包括各变量不能被公共因子解释的部分，如测量误差、随机误差等；矩阵 $\boldsymbol{a}=(a_{ik})$ 称为因子载荷矩阵，a_{ik}称为因子载荷，表示第 i 个变量在第 k 个公共因子上的载荷，它们需要由多次观测 $\boldsymbol{x}$ 所得到的样本来估计。a_{ik}的绝对值越大，表明 x_i 与 f_k 的相依程度越强。在公共因子不相关的条件下，a_{ik}就是第 i 个原始变量与第 k 个公共因子的相关系数，求出各个因子载荷的值是因子分析的关键。

前面提到过，通常在因子分析中，所有的 x_i 和 f_k 都是经过标准化处理的均值为 0、方差为 1 的变量。那么 x_i 的方差我们可以写作

$$Var(x_i)=1=Var\left(\sum_{k=1}^{K}a_{ik}f_k+\varepsilon_i\right)=\sum_{k=1}^{K}a_{ik}^2+Var(\varepsilon_i)\tag{13.4}$$

式中，$\sum_{k=1}^{K}a_{ik}^2$ 表示 K 个公共因子解释 x_i 方差的比例，也称公因子方差（common variance），即变量的共同度（communality），我们记作h_i^2。它反映了全部公共因子变量对 x_i 总方差的解释能力。而 $Var(\varepsilon_i)=\sigma_i^2$，我们称为剩余方差（residual variance）。共同度h_i^2 与剩余方差σ_i^2 之间存在互补的关系，前者越大，表明 x_i 对公共因子的依赖程度越大，公共因子能解释 x_i 的方差比例越高，因子分析的效果越好。

而每个公共因子 f_k 的方差贡献 $s_k^2=\sum_{i=1}^{m}a_{ik}^2$，$s_k^2$ 表示的是公共因子 f_k 对 $\boldsymbol{x}$ 的每一个分量 x_i 所提供的方差贡献和，称为公共因子 f_k 对原始变量向量 X 的方差贡献，它是衡量公共因子相对重要性的指标。s_k^2 越大，说明公共因子 f_k 对原始变量向量 $\boldsymbol{x}$ 的方差贡献越大，或者说对原始变量向量 $\boldsymbol{x}$ 的影响或作用越大。

第三节　探索性因子分析的基本步骤

一般来讲，探索性因子分析包含六个步骤，即确定研究问题与目标、研究设计、检验假设、提取公共因子、解释公共因子、对因子分析结果的使用。其中，前三个步骤为准备阶段，后三个步骤为实施阶段。

一、确定研究问题与目标

首先，我们要清楚地了解因子分析的目的以确定具体的研究问题。因子分析通常可用于如下研究准备工作：数据描述、变量筛选、数据简化。

（一）数据描述

为了揭示数据结构，找出数据或指标内部的结构关系，我们可以利用探索性因子分析这一方法。例如，我们拟揭示某量表的结构，可以通过探索性因子分析得出量表各维度的均值、标准差，各维度间的相关系数等，以便对原始数据的结构进行更好的描述与分析。

（二）变量筛选

在变量筛选方面，如果初始量表结构不明确，为了修订量表，我们可以通过探索性因子分析方法删除对整个量表结构无贡献或贡献较小的变量，如删除共同度小于 0.4 的变量，或者在各公共因子上的因子载荷的绝对值均低于 0.4 的变量。

（三）数据简化

探索性因子分析最重要的功能在于简化数据，它可以从数目众多的变量中挑选出对变量集各结构具有代表性的变量，也可以用个数较少的公共因子替代原始变量集，即利用公共因子得分构建全新的变量集，以用于接下来的其他统计分析。

二、研究设计

因子分析的可靠性和规范严密的研究设计不无关系。在探索性因子分析的研究设计中，我们通常要关注变量的选择及样本量的确定问题。

（一）变量的选择

我们要选择何种变量参与因子分析？首先需要明确的是，如果变量之间两两独立，那么进行探索性因子分析是没有意义的。对各变量开展因子分析的前提是各变量之间存在较强的相关关系，这样因子分析才能够比较容易地构建出有意义的公共因子。如果变量间相关程度过低或彼此独立，那么在题项间提取的公共因子与研究者起初构想的结构层面可能差距很大。因此，在开展因子分析之前，研究者需要从题项间的相关系数矩阵看出哪些题项间存在较密切的关系，从而找到一些研究需要的关键性变量。如果一个变量与其他变量间的相关性很低，我们就要考虑剔除此变量，当然实际剔除与否，我们还要考虑到变量的共同度与因子载荷量（factor loadings）。

（二）样本量的确定

因子分析的可靠性除与样本的抽样方法有关外，还与样本量的大小有关。在进行探索性因子分析时，关于样本量应该取多大才能使结果最为可靠，学者间尚未达成一致的结论。然而，多数学者赞同"因子分析要有可靠的结果，样本数要比量表或问卷的题项数多"。例如，一个量表有 25 个题项，那么在进行因子分析时，样本量不得少于 25 人。此外，戈萨奇（Gorsuch）1983 年的观点可作为参考，他认为题项与受试者的比例最好为 1∶5，且被试样本量最好不少于 100。如果研究的主要目的在于找出变量群中涵括何种因素，那么样本量要尽可能地大，才能确保因子分析结果的可靠性。我们总结得出以下标准供读者参考：在进行探索性因子分析时，样本量最好不低于 50，且样本量必须大于变量数。按照最低标准，样本数∶变量数≥5；按照更高的标准，样本数∶变量数≥10；按照最佳标准，样本数∶变量数≥20。

三、检验假设

探索性因子分析中的假设包含概念上的假设与统计上的假设两部分。下面我们分别介绍两种假设的检验过程。

（一）概念上的假设

所谓概念上的假设，是指所选择的变量之间应当存在潜在的结构关系。但事实上，即使我们所选择的变量在统计意义上有显著的相关关系，也不能保证变量内部必然存在结构关系，或者说这种结构关系是合理的。因此，我们需要明确，数据分析方法要为研究假设服务，缺乏概念的统计分析是没有意义的。

（二）统计上的假设

我们通常利用 KMO（Kaiser-Meyer-Olkin）指数来测量取样适当性（measure of sampling adequacy，MSA），即检验变量间的偏相关是否很弱。其值愈逼近 1，表明利用此样本对这些变量进行因子分析的效果愈好。对于探索性因子分析而言，我们最好保证整体的KMO值大于0.5。此外，在进行统计意义上的假设检验的过程中，样本的同质性程度也会影响估算的协方差矩阵以及因子载荷。例如，若我们所选择的指标在性别上有明显的差异，如果样本同时有男性和女性样本，那么估计结果也会受到影响。

四、提取公共因子

在公共因子的提取过程中，涉及两部分重要的内容：一是公共因子提取方法的选择，二是如何确定公共因子提取数量。

（一）公共因子提取方法的选择

因子提取（factor extraction）过程即估计因子载荷量，确定因子载荷矩阵。提取因子的方法有多种，如主成分分析法（principal components analysis，PCF）、极大似然法（maximum likelihood，ML）、主轴法（principal-axis factoring）、未加权的最小二乘法（unweighted least squares）等。但主成分分析法和极大似然法是因子分析中最为常见和最为通用的因子提取方法。其中，主成分分析方法是绝大多数软件默认的探索性因子分析公共因子提取手段，它采用样本相关系数矩阵的标准化正交特征向量来得到因子载荷矩阵。

我们需要注意的是，主成分分析法和极大似然法的适用情形是有差异的。主成分分析法更适用于以数据的简化为主要研究目标的情形，如用尽可能少的主成分 F_1，F_2，…，$F_k(k\leqslant p)$ 代替原来的 p 个指标。此外，主成分分析法对变量间的共同度要求较高，即若使用主成分分析法，通过前期对相关系数矩阵的分析，我们要发现变量之间的相关程度高。而采用极大似然法估计对于变量内部的结构性要求较高。因而极大似然法更适用于以数据内部潜在的结构维度或者构建新的公共因子变量替代原始变量作为研究目标的探索性因子分析的情形，也适用于研究者忽略变量之间共同度或者变量的误差方差可能较高的情形。

（二）确定公共因子提取数量

探索性因子分析中较为重要的一环是确定公共因子的提取数量。公共因子数的确定通常有两个准则：其一是学者凯泽（Kaiser）所提出的准则，即选取特征值（eigenvalue）大于1的公共因子。我们可以将变量样本协方差或相关矩阵的特征值从高到低进行排列，以1为分界点，小于1的公共因子不选取。应用凯泽准则时，进行因子分析的题项数最好介于20～50之间。其二为卡特尔（Cattell）1966年所倡导的特征值图形的陡坡检验（scree test），此图根据最初提取的因子所能解释的方差的高低绘制而成。在多数情况下，根据凯泽的选取准则，通常会提取过多的公共因子，因而陡坡图是一个重要的选取途径。在公共因子数的确定上，我们还要考虑到题项数、变量共同度的大小以及公共因子的累积百分比。我们通常要求累积变量方差的解释百分比大于60%。当然，如果样本存在较大的异质性，我们也可以适当地放宽条件，选择较多的公共因子进入分析模型。当然，如果我们是基于已有研究所得到的结论或者基于相关理论提出的假设变量存在的相关结构进行检验，那么在开展因子分析前我们就已经比较清楚应该提取的公共因子的数量了。

五、解释公共因子

建立因子分析模型的目的不仅仅是要找出公共因子对变量进行分组，更重要的是要明晰每个公共因子的含义，以便进行进一步的统计分析。如果每个公共因子的含义不清，则不便于进行实际背景的解释。对公共因子的解释包括因子旋转、评价因子载荷、解释因子三部分。

（一）因子旋转

如果我们的目的仅仅是简化数据，则无须进行因子旋转。但通常经过最初的因子提取后，我们很难对公共因子做出有效的解释，而旋转恰恰可以使得因子载荷量易于解释。因为旋转以后，我们可以使得变量在每个公共因子上的载荷量不是变得更大就是变得更小，而不像旋转之前在每个公共因子上的载荷量都相差不多。常用的旋转方法有方差最大正交旋转法（varimax）、等方差最大正交旋转法（equamax）、方差四次幂最大正交旋转法（quartimax）、直接斜交旋转法（direct oblimin）、最优斜交旋转法（promax）等。正交旋转法适用于正交因子模型，即公共因子相互独立的情况。如果客观情况是公共因子彼此相关，就应考虑采用斜交旋转法。

正交旋转是最常用的旋转方式，它更适用于以简化数据为研究目标的探索性因子分析。绝大多数软件默认的旋转方式为方差最大正交旋转，即尽可能地使得旋转后变量在某一个公共因子上的载荷接近 1 或者 −1，而在其他公共因子上的载荷接近 0，使得对公共因子的解释更加容易。而斜交旋转更适用于得到一些具有理论意义的因子结构，事实上，在实际中不同的维度完全正交（不相关）的情形几乎不存在。

（二）评价因子载荷

在评价因子载荷的过程中，若要将某原始变量 x_1 归入某公共因子 F_1，其在 F_1 上的因子载荷的绝对值不得小于 0.3。通常情形下，需要大于 0.5，而最可靠的要求是大于 0.7。如果某公共因子没有包含载荷绝对值较大的原始变量，该因子则不能很好地解释实测变量。

在大样本或者多变量的分析中，我们可以接受的因子载荷容忍度较大，即因子载荷普遍不高，这样我们可以选择较小的因子载荷标准；反之，在小样本或者变量数较少的分析中，我们可以接受的因子载荷的容忍度较小，我们需要选择较大的因子载荷标准。

（三）解释因子

在解释因子的过程中，我们最关注的是旋转后的因子载荷矩阵。根据前面所述的判别准则，我们可以判断各个原始变量归属于哪个公共因子。需要注意的是，如果某变量在两个公共因子上的载荷相同，那么此时除非我们有非常明确的理论或经验判断，否则需要重新进行探索性因子分析。我们总结有必要重新进行探索性因子分析的几种情形如下：

（1）存在在任意一个维度上均没有显著因子载荷的变量；

（2）KMO 值小于 0.5；

（3）存在变量共同度小于 0.5 情形；

（4）某变量在两个因子上的载荷完全相同。

如果出现上述情况，我们需要采取删除变量、重新选择旋转方法、增加或者减少公共因子数等方法重新进行探索性因子分析。

最终，我们根据公共因子所涵括的原始变量对所提取的各公共因子进行命名，以待进一步的分析与解释。

六、对因子分析结果的使用

对因子分析结果的使用包括选择单一代表性变量（single surrogate variable）、对代表性变量求和（summate scales）以及估算因子得分（factor scores）三个部分。

（一）选择单一代表性变量

选择单一代表性变量即在所确定的各个公共因子维度上，每项公共因子挑选在其上因子载荷最高的变量为该公共因子的代表性变量。这种方式最简单、最直观、最易于操作，但如果对于某一个因子，存在两个或者两个以上的变量同时拥有并列最高的因子载荷，则难以判断该选择哪一个作为代表性变量。且仅用一个代表性变量来代表某维度量表信息，可能并不能够完全代表该维度。如果该变量测量误差大，则对后续统计分析结果影响较大。例如，将变量放入回归模型中，若其测量误差较大则会影响其回归系数的估计精度。

（二）对代表性变量求和

对代表性变量求和即在所确定的各个公共因子维度上，选择因子载荷较高的代表性变量组，并用加总获取平均值的手段计算该公共因子的加总得分。这种方式在一定程度上可以降低单一变量测量误差可能产生的影响，能够较为全面地反映该维度的信息。但不同维度之间可能相关或存在信息重叠，因而在探索性因子分析中，各维度下的不同题项的内在一致性水平克隆巴赫系数可以放宽到 0.6。

（三）估算因子得分

估算因子得分即利用因子载荷将公共因子表示为原始可测变量的线性组合，即用

$$f_j = a_{j1}x_1 + a_{j2}x_2 + \cdots + a_{jm}x_m,\ j=1,\ 2,\ \cdots,\ n \tag{13.5}$$

来计算各个样本的公共因子的得分。通常用回归分析和巴特利特球形检验两种方法来获得因子得分：前者误差小，但它是有偏估计；后者误差大，但它是无偏估计。基于因子

载荷的估算获得的因子得分能够提取所有变量在该维度上的信息，相对信息更为完全。此外，利用正交旋转后的载荷估算因子得分能够保证各个维度信息不具有重叠性。

第四节　主成分分析模型

在前面的章节中我们提到，主成分分析法是绝大多数软件默认的探索性因子分析的公共因子提取手段。其实，主成分分析也可以看作一种特殊的因子分析。下面我们具体来介绍主成分分析模型。

（一）主成分分析的基本概念

主成分分析的基本数学模型如下：

$$y_1=u_{11}x_1+u_{12}x_2+\cdots+u_{1p}x_p$$
$$y_2=u_{21}x_1+u_{22}x_2+\cdots+u_{2p}x_p$$
$$\vdots$$
$$y_p=u_{p1}x_1+u_{p2}x_2+\cdots+u_{pp}x_p$$

将原有的 p 个相关变量 x_1，x_2，…，x_p 做线性变换后转成另一组不相关的变量 y_1，y_2，…，y_p，并且要求

$$u_{i1}^2+u_{i2}^2+\cdots+u_{ip}^2=1，i=1，2，\cdots，p \tag{13.6}$$

与一般因子分析相比，从线性组合方式来看，一般因子分析的原始变量是潜变量（因子）的线性组合，而主成分分析中主成分是原始变量的线性组合。从因子个数来看，有多少个自变量就可以有多少个主成分，当然也可以仅提取对解释原始变量方差贡献度较大的几个主成分。而一般因子分析可以指定提取的因子数量。主成分分析在大多数情况下可以作为多元统计分析的中间步骤，即达到降维或获得综合评价指标的目的。

（二）主成分分析的基本步骤

在进行主成分分析时，我们基本遵循如下步骤：

（1）将原始变量数据标准化。

（2）计算变量间简单相关系数矩阵 $\boldsymbol{R}$，剔除与所有变量相关系数很小的变量，一般小于 0.3 就不适合进行主成分分析了。

（3）求 $\boldsymbol{R}$ 的特征值 λ_1，λ_2，…，λ_p（$\lambda_1\geqslant\lambda_2\geqslant\lambda_3\geqslant\cdots\geqslant\lambda_p\geqslant 0$）及对应的单位特征向量 $\boldsymbol{u}_1$，$\boldsymbol{u}_2$，…，$\boldsymbol{u}_p$。可以得到

$$y_i=u_{1i}x_1+u_{2i}x_2+\cdots+u_{pi}x_p \tag{13.7}$$

由于特征向量之间是彼此正交的（各主成分是互不相关的），从 X 到 Y 的关系是可逆的，很容易得到由 Y 到 X 的转换关系。

$$x_1=u_{11}y_1+u_{12}y_2+\cdots+u_{1p}y_p$$
$$x_2=u_{21}y_1+u_{22}y_2+\cdots+u_{2p}y_p$$
$$\vdots$$

$$x_p = u_{p1}y_1 + u_{p2}y_2 + \cdots + u_{pp}y_p$$

把该式主成分变量 y_i 变成方差为 1 的公共因子 F_i，即 y_i 除以其标准差，由主成分分析的知识可知其标准差即特征根的平方值$\sqrt{\lambda_i}$，可以得到

$$x_1 = a_{11}F_1 + a_{12}F_2 + \cdots + a_{1p}F_p$$
$$x_2 = a_{21}F_1 + a_{22}F_2 + \cdots + a_{2p}F_p$$
$$\vdots$$
$$x_p = a_{p1}F_1 + a_{p2}F_2 + \cdots + a_{pp}F_p$$

（4）按照下式计算因子载荷。

$$a_{ij} = \sqrt{\lambda_i}u_{ij} \tag{13.8}$$

（5）确定主成分个数。

在主成分分析中，一方面可以根据特征值 λ_i 确定主成分数量，一般取特征值大于 1 的主成分作为初始因子。另一方面，一般要求各公共因子的累积贡献率应在 60%以上。此外，还可以通过观察碎石图的方式确定提取的主成分的个数。通常，主成分个数以能够反映原始变量 85%以上的信息为依据，即取使累积贡献率≥85%的主成分的个数即可，最常见的主成分个数为 2～3 个。

（6）选择因子旋转的方法。

做主成分分析时的因子旋转法主要包括正交旋转法和斜交旋转法。正交旋转的方差最大法从简化因子载荷矩阵的每一列出发，使和每个因子有关的载荷平方的方差最大。当只有少数几个变量在某个因子上有较高的载荷时，对因子的解释是最简单的。即使正交旋转也不一定使因子含义清晰。而斜交旋转可能会使各因子含义清楚，但允许因子之间的相关性存在。从理论上讲，斜交旋转优于正交旋转，但由于斜交参数不易合理设置，因此正交旋转应用得更广泛。

（7）计算主成分得分。

主成分得分是主成分变量构造的最终体现，其基本思想是将主成分表示为原始变量的线性组合，即通过主成分得分函数计算主成分得分。某样本的主成分得分可看作各观测变量值的加权平均，权数的大小表示了观测变量对主成分的重要程度。

$$F_{ji} = \omega_{j1}x_{1i} + \omega_{j2}x_{2i} + \cdots + \omega_{jp}x_{pi}, \ j=1, 2, \cdots, k \tag{13.9}$$

而主成分综合得分通常用各主成分得分乘以该主成分对应的方差贡献率来获得。

第五节　探索性因子分析的 SPSS 基本步骤

在这一节，我们主要介绍如何在 SPSS 中进行探索性因子分析，我们以中学教师工作满意度量表为例来说明此过程。

例 13－2　某研究小组参考冯伯麟、陈云英、张忠山等人的研究成果，自编了中学教师工作满意度量表。量表内容主要涉及教师工作强度、自我实现、领导与管理、人际关系、工资收入、发展环境等方面，共 17 个题项。量表题项均采用李克特五分量表形式，即很满意、满意、无所谓、不满意、很不满意。现拟用探索性因子分析的方法分析中学

教师工作满意度量表的结构效度。

解：在数据文件“13－1. sav”中，中学教师工作满意度的 17 个题项分别用“满意度 1”“满意度 2”……“满意度 17”作为变量名。若进行探索性因子分析我们需要进行如下操作：

（1）打开数据文件“13－1. sav”。

（2）单击 Analyze—Dimension Reduction—Factor，展开 Factor Analysis 对话框。

（3）将这 17 个工作满意度题项相关变量移入 Variables 列表框内作为分析变量，如图 13－1 所示。

（4）单击 Descriptives，展开其对话框，选中 Statistics 下方的 Univariate descriptives 和 Initial solution，则在输出结果中会给出因子提取前的分析变量的公共因子方差。对主成分分析来说，这些值是拟分析变量的相关或协方差矩阵的对角线元素。对因子分析来说，是每个变量用其他变量做预测因子的载荷平方和。同时，选中 Correlation Matrix 相关系数矩阵下方的 Coefficients（相关系数矩阵）、Significance levels（显著性水平）和 KMO and Bartlett's test of sphericity（KMO 与巴特利特球形检验）复选项，如图 13－2 所示。单击 Continue，返回主对话框。

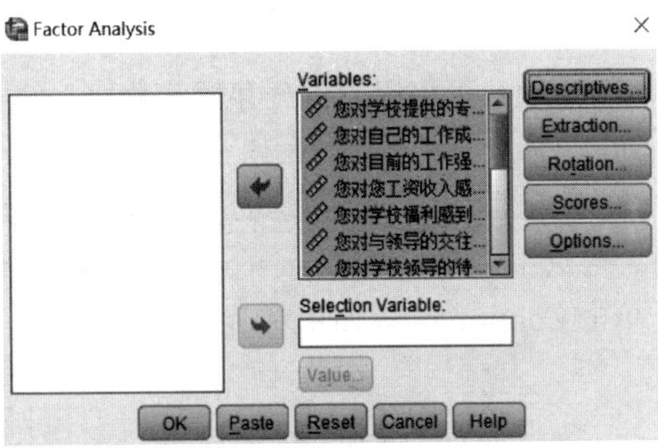

图 13－1　因子分析主对话框

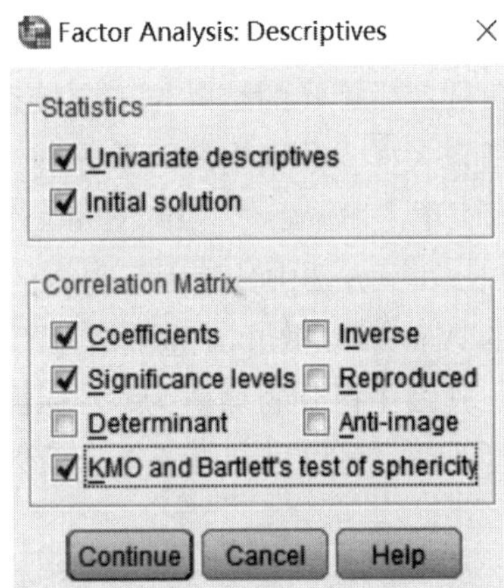

图 13－2　因子分析 Descriptives 对话框

（5）单击 Extraction，展开 Factor Analysis：Extraction 因子提取对话框，在 Method 下方选中 Principal components（主成分分析）来提取因子（此为系统默认方式）；在 Analyze 下方选中 Correlation matrix，即利用相关系数矩阵来提取因子（系统默认方式），如果参与分析的原始变量的测量单位不同，则应当选择相关矩阵作为提取因子的依据；在 Display 下方选中 Unrotated factor solution（未旋转因子解），显示未旋转时的因子载荷量、特征值以及共同度，并选中 Scree plot 复选项，以输出因子特征值的碎石图；在 Extract 下方的 Eigenvalues greater than 右侧的空白框内输入 1，表示进行因子提取时，只提取特征值大于 1 的公共因子（系统默认方式），如图 13－3 所示。单击 Continue，返回主对话框。

（6）单击 Rotation，展开 Factor Analysis：Rotation 因子提取对话框，在 Method 下方选中 Varimax（方差最大正交旋转法），如图 13－4 所示。单击 Continue，返回主对话

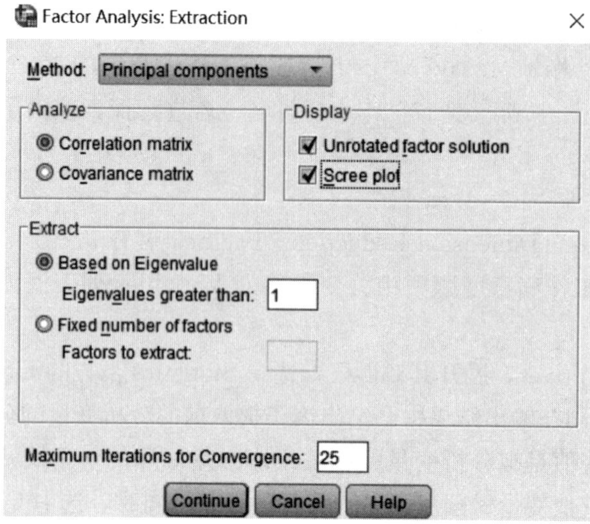

图 13－3　因子分析 Extraction 对话框

框。其他选项 Quartimax 为方差四次幂最大正交旋转法，可以使每个变量中需要解释的因子数最少；Equamax 为等方差最大正交旋转法是 Varimax 与 Quartimax 方法的结合；Direct Oblimin 为直接斜交旋转法，可以输入－1～0 区间的数值，0 产生最高相关因子，较大负数产生旋转的结果与正交接近；Promax 为最优斜交旋转，比直接斜交旋转更快，因此适合大样本数据集的因子分析。

(7) 单击 Scores，选中 Save as variables 复选项，可将因子得分存储至数据文件中；在 Method 下方选中计算因子得分的 Regression（回归分析），如图 13－5 所示。Method 下方的 Anderson-Rubin 选项是为了保证因子的正交性而对巴特利特球形检验因子得分的调整。其因子得分的均值为 0，标准差为 1。若选中 Display factor score coefficient matrix 复选项，可以显示因子得分系数矩阵。单击 Continue，返回主对话框。

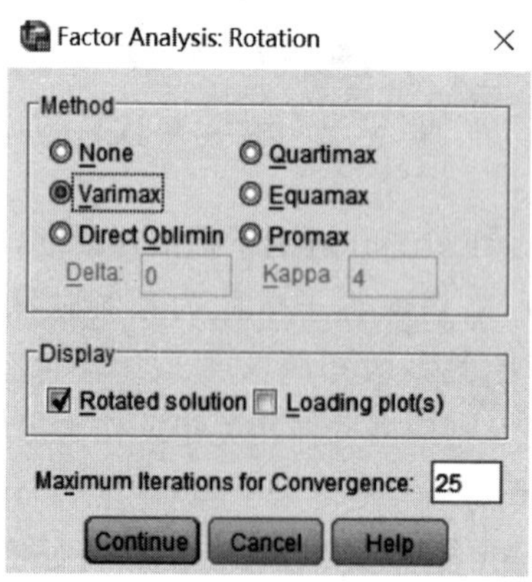

图 13－4　因子分析 Rotation 对话框

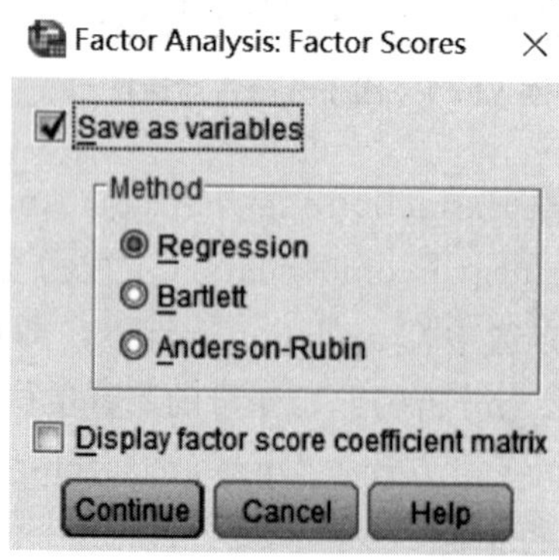

图 13－5　因子分析 Scores 对话框

(8) 单击 Options，展开选项对话框，在 Coefficient Display Format 系数显示格式下方选中 Sorted by size 依据每一因子载荷量大小排序的方式，如图 13－6 所示。单击 Continue，返回主对话框。

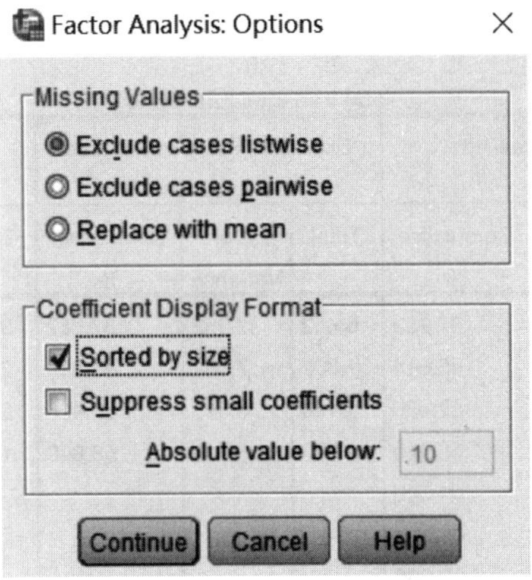

图 13-6　因子分析 Options 对话框

单击 OK，可得到如下主要的输出结果：

KMO and Bartlett's Test

Kaiser-Meyer-Olkin Measure of Sampling Adequacy.		.917
Bartlett's Test of Sphericity	Approx. Chi-Square	8531.681
	df	136
	Sig.	.000

Communalities

	Initial	Extraction
您对学校提供的专业发展机会感到	1.000	.410
您对自己的工作成就感到	1.000	.627
您对目前的工作强度感到	1.000	.614
您对您工资收入感到	1.000	.686
您对学校福利感到	1.000	.619
您对与领导的交往相处感到	1.000	.696
您对学校领导的待人公平度感到	1.000	.744
您对领导的亲和力和人格魅力感到	1.000	.759
您对与学校教师的相处感到	1.000	.468
您对学校后勤人员的工作态度感到	1.000	.297
您认为家长对学校	1.000	.445
您对自己与学生的关系感到	1.000	.689
您对学校教学设施的配置感到	1.000	.609
您对学校的校园文化氛围感到	1.000	.685
您对学校现有的规章制度感到	1.000	.549
学校的教师评价使您感到	1.000	.546
您对学校的发展前景感到	1.000	.559

Extraction Method: Principal Component Analysis.

Total Variance Explained

Component	Initial Eigenvalues			Extraction Sums of Squared Loadings			Rotation Sums of Squared Loadings		
	Total	% of Variance	Cumulative %	Total	% of Variance	Cumulative %	Total	% of Variance	Cumulative %
1	6.452	37.952	37.952	6.452	37.952	37.952	3.571	21.007	21.007
2	1.302	7.661	45.614	1.302	7.661	45.614	2.672	15.717	36.725
3	1.158	6.813	52.426	1.158	6.813	52.426	2.219	13.054	49.779
4	1.090	6.413	58.840	1.090	6.413	58.840	1.540	9.061	58.840
5	.885	5.206	64.046						
6	.788	4.635	68.681						
7	.732	4.305	72.986						
8	.670	3.943	76.929						
9	.630	3.706	80.636						
10	.562	3.308	83.944						
11	.537	3.156	87.101						
12	.517	3.041	90.141						
13	.447	2.632	92.773						
14	.374	2.203	94.976						
15	.345	2.032	97.007						
16	.284	1.671	98.678						
17	.225	1.322	100.000						

Extraction Method: Principal Component Analysis.

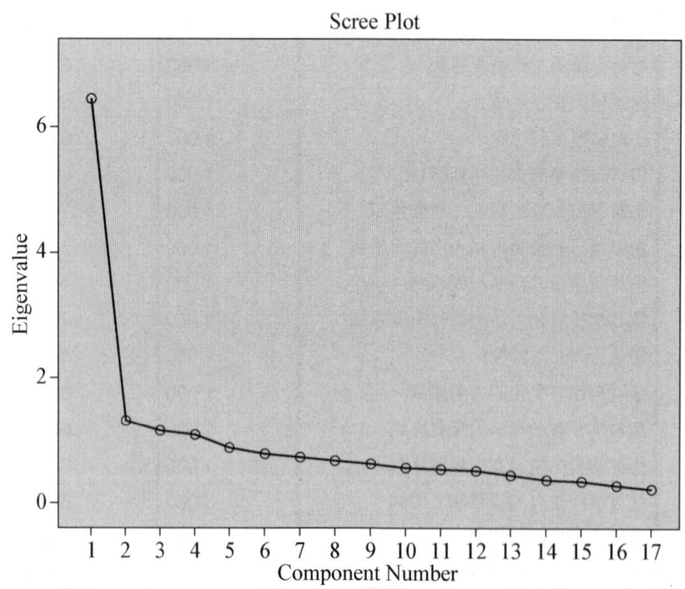

Rotated Component Matrix[a]

	Component			
	1	2	3	4
您对领导的亲和力和人格魅力感到	.814	.284	.112	.052
您对学校领导的待人公平度感到	.796	.306	.127	.012
您对与领导的交往相处感到	.773	.238	.158	.133
您对与学校教师的相处感到	.606	-.104	.201	.223
您对学校后勤人员的工作态度感到	.491	.073	.209	.083
学校的教师评价使您感到	.468	.454	.322	.133
您对学校的校园文化氛围感到	.202	.773	.149	.156
您对学校教学设施的配置感到	-.009	.763	.147	.074
您对学校的发展前景感到	.386	.612	.136	.131
您对学校现有的规章制度感到	.428	.495	.344	.046
您对您工资收入感到	.215	.243	.762	.022
您对目前的工作强度感到	.167	.086	.746	.152
您对学校福利感到	.419	.337	.570	-.070
您对学校提供的专业发展机会感到	.287	.351	.389	.229
您对自己与学生的关系感到	.148	.125	-.051	.806
您对自己的工作成就感到	-.022	.056	.426	.665
您认为家长对学校	.349	.314	.026	.474

Extraction Method: Principal Component Analysis.
Rotation Method: Varimax with Kaiser Normalization.
a. Rotation converged in 6 iterations.

在第一个表中，KMO是用来测量取样适当性指数，当KMO值愈大时，表示变量间共同因素愈多，愈适合进行因子分析。此例中的KMO的值为0.917，表明是适合进行因子分析的。此外，巴特利特球形检验的卡方统计量为8 531.681，自由度为136，其显著性水平值小于0.01，因而零假设“相关系数矩阵是一个单位矩阵”应当被拒绝，说明原始变量间有共同因素存在，所以适合使用因子分析方法。

在第二个表中，Communalities为变量的共同度。Initial一栏为17个主成分都被纳入模型时的变量共同度，而且模型中无特殊因子项，模型解释每一变量的全部方差，因而各变量的共同度均为1。最右边一栏为提取希望的公共因子数之后各变量的共同度（注意，变量的共同度在旋转之后仍然保持不变）。它反映了各变量与提取后的这些公共因子之间的关系密切程度。此例中除“您对学校后勤人员的工作态度感到”变量的共同度为0.297，其他变量的共同度均在0.4以上，可见所提取的这些公共因子对各变量的描述程度较高。

在第三个表中，Total Variance Explained是被解释的总方差。被提取的每一公共因子解释的总方差列在“Extraction Sums of Squared Loadings”因子载荷量的平方和“Total”之下，此栏的值实际为各个公共因子的特征值，表示各个公共因子对于所有原始可测变量的总的影响程度，即它是衡量公共因子对于原始变量来说相对重要性的指标。“% of Variance”为可归因于每一公共因子的总方差的百分比，例如，第一个公共因子解释的方差占总方差（由于原始变量均已进行标准化变换，因此所有变量的总方差为17）的百分比为 6.452/17=37.952%。此值反映了该因子所涵括的某些方面的教师工作满意程度在教师整体工作满意度上的重要程度。“Cumulative %”为累积解释方差的百分比。所提取的 4 个公共因子累积解释方差为 58.840%。

在输出图中，Scree Plot 是碎石图，或称为陡坡图。通常是从图中陡坡与缓坡之间明显的折点确定出应当提取的因子个数。但如果按照折点所确定的公共因子个数过少，累积方差百分比太低，则需考虑增加提取个数。如此图中折点在“2”处，但因累积方差百分比不足 40%，故考虑提取 4 个公共因子，此时累积方差百分比接近 60%。

最后一个表为采用主成分分析法得出的因子载荷矩阵。我们提取的公共因子数为 4，变量在其所属因子层面的顺序是按照因子载荷量的高低排列的。由此我们可以看出，第一个公共因子含“领导的亲和力和人格魅力”“学校领导的待人公平度”“与领导的交往相处”“与学校教师的相处”“学校后勤人员的工作态度”“学校的教师评价”共 6 个变量，大体与对领导与同事的满意度相关。第二个公共因子含“校园文化氛围”“学校教学设施的配置”“学校的发展前景”“学校现有的规章制度”共 4 个变量，大体与对学校环境与制度的满意度相关。第三个公共因子含“工资收入”“工作强度”“学校福利”“专业发展机会”共 4 个变量，大体与对教师薪酬与发展机会的满意度相关。第四个公共因子含“与学生的关系”“工作成就”“家长对学校”共 3 个变量，大体与对师生关系、工作成就的满意度相关。

由以上结果较难对公共因子进行解释，若我们对以上因子分析的结果不太满意，可以自行限定提取因子的个数，例如我们可以限定提取因子的个数为 7。在图 13-3 所示的 Factor Analysis：Extraction 因子提取对话框中，依然选中 Method 下方的主成分分析法来提取因子，但在 Extract 下方的固定因子数量（Fixed number of factors）中将 Factors to extract 提取的因子数量设定为 7，如图 13-7 所示。

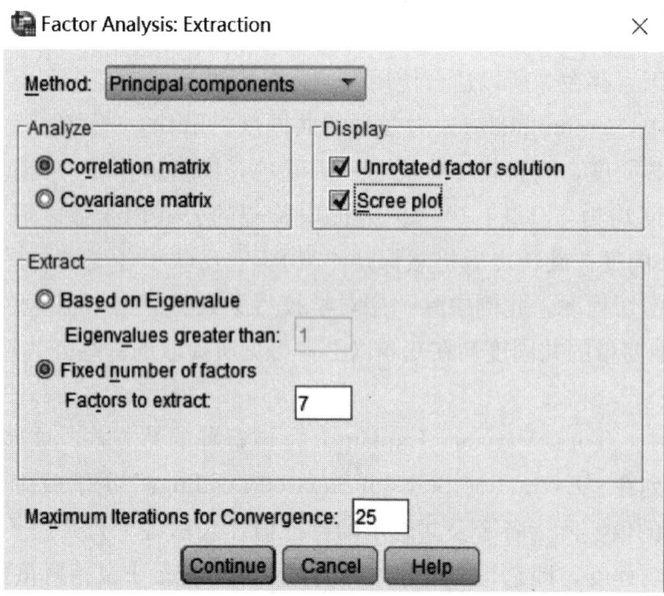

图 13-7 固定提取因子数量

可以得到如下输出结果：

Communalities

	Initial	Extraction
您对学校提供的专业发展机会感到	1.000	.690
您对自己的工作成就感到	1.000	.799
您对目前的工作强度感到	1.000	.675
您对您工资收入感到	1.000	.794
您对学校福利感到	1.000	.732
您对与领导的交往相处感到	1.000	.760
您对学校领导的待人公平度感到	1.000	.793
您对领导的亲和力和人格魅力感到	1.000	.802
您对与学校教师的相处感到	1.000	.715
您对学校后勤人员的工作态度感到	1.000	.815
您认为家长对学校	1.000	.784
您对自己与学生的关系感到	1.000	.782
您对学校教学设施的配置感到	1.000	.701
您对学校的校园文化氛围感到	1.000	.703
您对学校现有的规章制度感到	1.000	.654
学校的教师评价使您感到	1.000	.649
您对学校的发展前景感到	1.000	.560

Extraction Method: Principal Component Analysis.

Total Variance Explained

Component	Initial Eigenvalues			Extraction Sums of Squared Loadings			Rotation Sums of Squared Loadings		
	Total	% of Variance	Cumulative %	Total	% of Variance	Cumulative %	Total	% of Variance	Cumulative %
1	6.452	37.952	37.952	6.452	37.952	37.952	3.360	19.762	19.762
2	1.302	7.661	45.614	1.302	7.661	45.614	2.234	13.142	32.905
3	1.158	6.813	52.426	1.158	6.813	52.426	2.097	12.335	45.240
4	1.090	6.413	58.840	1.090	6.413	58.840	1.290	7.590	52.829
5	.885	5.206	64.046	.885	5.206	64.046	1.290	7.586	60.415
6	.788	4.635	68.681	.788	4.635	68.681	1.200	7.056	67.472
7	.732	4.305	72.986	.732	4.305	72.986	.937	5.515	72.986
8	.670	3.943	76.929						
9	.630	3.706	80.636						
10	.562	3.308	83.944						
11	.537	3.156	87.101						
12	.517	3.041	90.141						
13	.447	2.632	92.773						
14	.374	2.203	94.976						
15	.345	2.032	97.007						
16	.284	1.671	98.678						
17	.225	1.322	100.000						

action Method: Principal Component Analysis.

Rotated Component Matrix[a]

	Component						
	1	2	3	4	5	6	7
您对学校领导的待人公平度感到	.835	.164	.143	.080	.156	-.016	.134
您对领导的亲和力和人格魅力感到	.828	.142	.129	.088	.192	.008	.184
您对与领导的交往相处感到	.816	.106	.171	.131	.124	.127	.074
学校的教师评价使您感到	.523	.404	.373	.034	.045	.248	-.091
您对学校现有的规章制度感到	.511	.457	.357	.070	.042	.139	-.175
您对学校教学设施的配置感到	-.005	.807	.123	.062	.133	.003	.113
您对学校的校园文化氛围感到	.289	.754	.136	.123	.024	.116	.058
您对学校的发展前景感到	.439	.554	.139	.104	.083	.086	.130
您对您工资收入感到	.156	.179	.811	.124	.086	-.041	.234
您对目前的工作强度感到	.161	.090	.709	.261	.067	.167	-.194
您对学校福利感到	.336	.259	.642	.003	.200	-.111	.296
您对自己的工作成就感到	.034	.048	.178	.820	.011	.302	.013
您对学校提供的专业发展机会感到	.353	.284	.168	.631	.146	-.148	.126
您对学校后勤人员的工作态度感到	.169	.188	.074	.144	.843	-.063	.096
您对与学校教师的相处感到	.325	-.015	.230	-.091	.628	.383	-.085
您对自己与学生的关系感到	.071	.138	-.001	.179	.057	.823	.215
您认为家长对学校	.270	.180	.139	.092	.047	.315	.741

Extraction Method: Principal Component Analysis.

Rotation Method: Varimax with Kaiser Normalization.

a. Rotation converged in 8 iterations.

在第一个表中，当提取的因子个数为7时，所有变量共同度均在0.56以上，可见相比提取的因子个数为4，提取的因子个数为7时所提取的这些公共因子对各变量的描述程度更高。

在第二个表中，所提取的7个公共因子累积解释方差为72.986%，大于提取4个公共因子时的累积解释方差58.84%。

在第三个表中，当提取的公共因子数为7时，第一个公共因子含“学校领导的待人公平度”“领导的亲和力和人格魅力”“与领导的交往相处”“学校的教师评价”“学校现有的规章制度”共5个变量，我们可以将其命名为“教师对领导与管理的满意度”；第二个公共因子含“学校教学设施的配置”“校园文化氛围”“学校的发展前景”共3个变量，我们将其命名为“教师对发展环境的满意度”；第三个公共因子含“工资收入”“工作强度”“学校福利”共3个变量，我们将其命名为“教师对付出-回报合理性的满意度”；第四个公共因子含“专业发展机会”“工作成就”共2个变量，我们将其命名为“教师对自我实现的满意度”；第五个公共因子含“对后勤人员的工作态度”“与学校教师的相处”共2个变量，我们将其命名为“教师对同事关系的满意度”；第六个公共因子含“与学生的关系”1个变量，我们将其命名为“教师对师生关系的满意度”；第七个公共因子含“家长对学校”1个变量，我们将其命名为“教师对学校声誉的满意度”。至此，整体上中学教师工作满意度的7个维度较为合理，易于解释。

如图13-5所示，通过设置因子分析Scores对话框，选中Save as variables复选项，可将因子得分存储至数据文件中，如图13-8所示。

FAC1_1	FAC2_1	FAC3_1	FAC4_1	FAC5_1	FAC6_1	FAC7_1
-.54627	1.16327	-.25258	1.17781	-.70805	.52853	-.78378
.11172	.55664	1.02911	.92598	.06461	-.48603	.41372
-.01439	.16150	-.22230	-.88562	-1.97133	-.56973	1.75342
.	.	.	.	.	.	.
-.03273	.71448	-.80547	-1.29355	.33621	.28896	-2.21449
-.83103	.58024	-1.00333	-.04783	1.01398	-3.52738	-.88359
.07524	-.13019	-2.01100	.49509	-.01818	-3.93910	2.08305
.	.	.	.	.	.	.
.79603	.62882	-.07767	-1.92854	.17645	-.56647	.94035
-.86072	1.20651	-.17333	.53412	.18909	.44910	-.26769
.	.	.	.	.	.	.
.58289	.15199	-.18186	-2.36254	.04159	.57067	.41624
.42355	.07369	-1.46026	-.25545	1.35727	.31451	.39520

图 13-8　生成因子得分

生成的 7 个因子得分的变量名分别为 FAC1 _1，FAC2 _1，FAC3 _1，FAC4 _1，FAC5 _1，FAC6 _1，FAC7 _1，分别代表我们命名后的 7 个公共因子：教师对领导与管理的满意度、教师对发展环境的满意度、教师对付出-回报合理性的满意度、教师对自我实现的满意度、教师对同事关系的满意度、教师对师生关系的满意度、教师对学校声誉的满意度。通过 7 个公共因子解释方差的能力我们可以合成教师工作满意度得分。7 个公共因子分别可解释方差的 37.952%，7.661%，6.813%，6.413%，5.206%，4.635%，4.305%。因此，我们可以在 SPSS 中单击 Transform—Compute Variable，打开 Compute Variable 对话框，如图 13-9 所示。

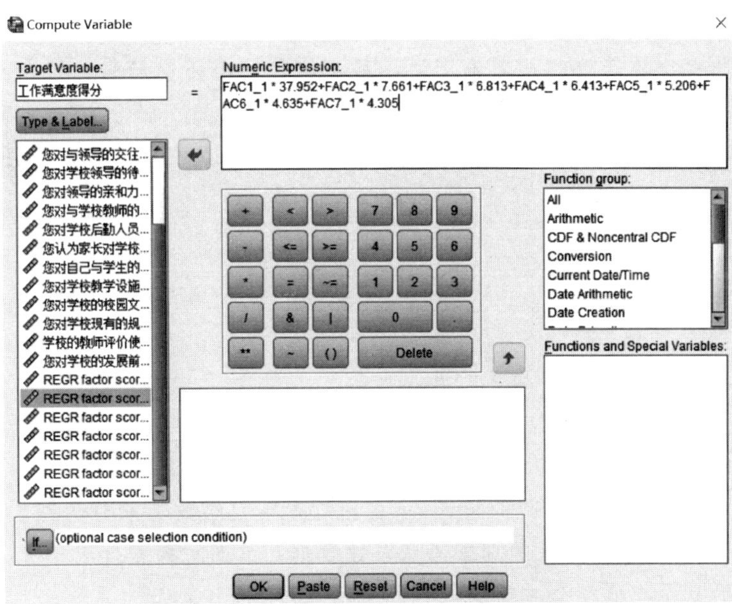

图 13-9　生成工作满意度变量操作界面

在 Target Variable（目标变量）中输入“工作满意度得分”，在公式栏中输入如图 13-9 所示的表达式，单击 OK，即可获得工作满意度得分变量，如图 13-10 所示。

FAC1_1	FAC2_1	FAC3_1	FAC4_1	FAC5_1	FAC6_1	FAC7_1	工作满意度得分
-.54627	1.16327	-.25258	1.17781	-.70805	.52853	-.78378	-10.60
.11172	.55664	1.02911	.92598	.06461	-.48603	.41372	21.32
-.01439	.16150	-.22230	-.88562	-1.97133	-.56973	1.75342	-11.86
.	.	.	.	.	.	.	.
-.03273	.71448	-.80547	-1.29355	.33621	.28896	-2.21449	-16.00
-.83103	.58024	-1.00333	-.04783	1.01398	-3.52738	-.88359	-49.11
.07524	-.13019	-2.01100	.49509	-.01818	-3.93910	2.08305	-18.05
.	.	.	.	.	.	.	.
.79603	.62882	-.07767	-1.92854	.17645	-.56647	.94035	24.47
-.86072	1.20651	-.17333	.53412	.18909	.44910	-.26769	-19.26
.	.	.	.	.	.	.	.
.58289	.15199	-.18186	-2.36254	.04159	.57067	.41624	11.55
.42355	.07369	-1.46026	-.25545	1.35727	.31451	.39520	15.28

图 13-10　生成工作满意度变量结果界面

本章小结

因子分析是一种数据简化技术。它是将描述事物性质或特征的一组较多变量用少数几个综合变量（因子）的线性组合来替代的多元统计分析方法。

一般来讲，探索性因子分析包含六个步骤，即确定研究问题与目标、研究设计、检验假设、提取公共因子、解释公共因子、对因子分析结果的使用。

公共因子提取数量的确定，既要选取特征值大于 1 的公共因子，也要考虑到题项数、变量共同度的大小以及公共因子的累积百分比。也可以依据陡坡图辅助判断。

主成分分析可以看作一种特殊的因子分析。做主成分分析时的因子旋转方法主要包括正交旋转法和斜交旋转法。从理论上讲，斜交旋转优于正交旋转，但由于斜交参数不易合理设置，所以正交旋转应用得更广泛。

若在 SPSS 中进行探索性因子分析，主要利用 Analyze—Dimension Reduction—Factor 模块。

思考题

1. 试述探索性因子分析的基本步骤。

2. 本科生课程设置与其能力培养有着密切的联系。以数学系为例，“数学分析”“高等代数”“解析几何”等课程的设置可能在于培养学生有关思维、推理、计算、表达等各方面的能力。数据文件“exe13-1. sav”中存储的是某大学数学系 100 名本科生在校期间所共同选修的 12 门数学专业课的期末考试分数数据。请通过探索性因子分析来揭示这 12 门课分别考察的是学生哪几个方面的能力。

3. 某研究小组根据小学生的实际生活和身心特点，对学生在学校、家庭和社会上的日常行为进行归类、筛选后，设计了一份小学生品德自我评价量表。研究者拟定该量表含 38 个题项，并利用该量表对北京市部分小学生展开测试，测试结果见数据文件“exe13-2. sav”。请利用探索性因子分析揭示该量表的结构维度。

第十四章
验证性因子分析及其应用

本章提要

在做教育研究或心理调查时，我们往往需要借助结构化的量表测评个体的某种潜在特质，而验证性因子分析就是检验因子（潜在特质）与相对应的测量项之间的关系是否符合研究者所设计的理论关系的一种统计分析方法。验证性因子分析通过结构方程建模来评价样本观测数据对理论模型的拟合度。本章将阐释验证性因子分析涉及的重要概念和基本原理，并通过其在教育研究中的应用案例介绍在 SPSS AMOS 中验证性因子分析的具体操作。通过本章的学习，我们期望读者可以理解验证性因子分析的基本原理，同时能够熟练掌握 SPSS AMOS 软件中验证性因子分析的基本操作，并能够解释系统输出结果。

第一节　验证性因子分析的概念及原理

验证性因子分析（CFA）是在探索性因子分析（EFA）的基础上发展起来的统计方法，这两种因子分析方法均可以达到寻找变量结构、评价量表效度、避免多重共线性问题等目的，二者的区别主要在于测量的理论架构（因子结构）在分析过程中所扮演的角色与检验时机不同。当研究者对观测变量和潜在因子之间的关系并没有明确的设定时，探索性因子分析会更有用，它能寻找数据背后的潜在结构，因此也被称为数据驱动型分析。但是，如果研究者已经有了一个关于模型结构的研究假设，那么就可以采用验证性因子分析来回答研究者所获得的观测数据是否能够真正表征希望测量的因子，从而验证数据的结构是否与研究者的假设相一致。由于验证性因子分析具有理论检验与确认的功能，因而它也被称为理论驱动型分析。

若选择验证性因子分析来进行相关分析，首先需要满足以下两个适用条件：（1）原始变量是等距或等比数据，且服从正态分布；（2）原始变量之间具有一定的相关性，且存在潜在结构。

一、重要概念

（1）测量变量。

测量变量，也称外显变量或观测变量，是指可以直接观测的变量，例如个体在量表或问卷具体题项上的得分等。

（2）潜变量。

潜变量通常是指不能直接观测需要借助外显的测量指标来估计的变量。与潜变量类似的概念有很多，如因子、特质等。

二、基本原理

在验证性因子分析中，我们可以使用路径图、一般模型等多种形式来表达同一验证性因子分析模型。接下来我们将以路径图、一般模型为例，介绍验证性因子分析的基本原理。

（1）路径图。

在使用路径图进行验证性因子分析时，一般涉及五个元素，即潜变量（因子）、观测变量、因子载荷、因子之间的关系和误差项。此处以一个包含 2 个潜变量（ξ_1、ξ_2）、6 个观测变量（$X_1 \sim X_6$）的典型的验证性因子分析模型为例对路径图的设定进行说明（见图 14-1）。

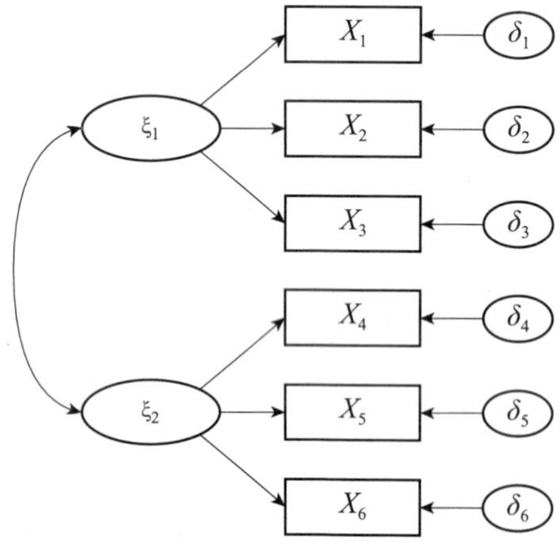

图 14-1　验证性因子分析模型图解

在本例的路径图中，椭圆形表示潜变量，分别为ξ_1，ξ_2；方形表示观测变量，即 $X_1 \sim X_6$；潜变量与观测变量之间的单向箭头表示潜变量及测量该因子的观测变量之间的关系，即观测变量 $X_1 \sim X_3$，$X_4 \sim X_6$ 分别测量了潜变量ξ_1，ξ_2；经由统计过程对观测变量与潜变量关系的估计值为因子载荷，有标准化与未标准化两种形式；双向箭头表示潜变量之间的相关，即两个潜变量ξ_1，ξ_2 之间存在相关；每个观测变量都含有一个用椭圆形表示的误差项，即$\delta_1 \sim \delta_6$，误差项使用单向箭头指向观测变量，用以表示潜变量中不能表示的变异，误差项之间不相关。路径图清晰地表明，在验证性因子分析中，潜变量的个数是在数据分析之前就确定的，观测变量与潜变量之间的关系也是事先假定的。

（2）一般模型。

验证性因子分析模型的一般形式为：

$$\boldsymbol{X}=\boldsymbol{\Lambda}_X\xi+\boldsymbol{\delta} \tag{14.1}$$

式中，$\boldsymbol{X}$ 为 $p\times1$ 的观测变量向量，ξ 为 $n\times1$ 的潜变量向量，$\boldsymbol{\Lambda}_X$ 为 $p\times n$ 的潜变量向量 ξ 的因子载荷矩阵，$\boldsymbol{\delta}$ 为 $p\times1$ 的测量误差项向量。与探索性因子分析相比，验证性因子分析放松了模型的假设。在验证性因子分析中，观测变量可以受一个或多个潜变量的影响，而不必受所有潜变量的影响；潜变量与测量误差之间不相关；测量误差之间可以相关，还可以出现不存在测量误差的观测变量。

在形如下式的验证性因子分析模型中，由于自变量（潜变量）是不可观测的，因此不能直接对该方程进行估计，需要导出它的观测变量向量的协方差矩阵之间的关系：

$$\boldsymbol{\Sigma}=\boldsymbol{\Lambda}_X\boldsymbol{\Phi}\boldsymbol{\Lambda}_X'+\boldsymbol{\Theta}_\delta \tag{14.2}$$

式中，$\boldsymbol{\Sigma}$ 是观测变量向量之间的方差-协方差的总体矩阵，$\boldsymbol{\Lambda}_X$ 是观测变量向量 $\boldsymbol{X}$ 的因子载荷矩阵，$\boldsymbol{\Phi}$ 是潜变量向量的协方差矩阵，$\boldsymbol{\Theta}_\delta$ 是误差项向量之间的协方差矩阵。该方程将观测变量向量 $\boldsymbol{X}$ 的方差和协方差分解成因为载荷矩阵 $\boldsymbol{\Lambda}_X$、ξ 的方差和协方差以及 $\boldsymbol{\delta}$ 的方差和协方差。模型的估计就是求解上面协方差方程中的各个参数的估计值，以便使模型更好地重新产生观测变量向量的方差-协方差矩阵。

三、基本步骤

一般而言，验证性因子分析的基本过程可以分为以下五个步骤：

（1）模型设定，即针对测量变量的潜在结构关系，基于特定的理论基础或先期假设，提出一个有待检验的测量模型。

（2）模型识别，即检验理论模型是否存在合适的解。验证性因子分析模型的形式多样，且其中的待估参数不同，所以决定一个模型是否可识别的条件也不同①。

（3）模型估计，即进行参数估计和模型检验。极大似然估计法是验证性因子分析中最常用的参数估计方法，在小样本时，或是变量有不太理想的峰度时，仍然可以通过极大似然估计法获得理想的参数估计结果，但要求观测变量的总体服从多元正态分布。

（4）模型评价，即评价样本方差-协方差矩阵与理论模型生成的方差-协方差矩阵之间的差距。与路径分析中的模型评价类似，对模型拟合优度的评估指数分为绝对拟合指数和相对拟合指数。常用的这两类拟合指数及其特征参见表 12-1。需要强调的是，评价一个模型时，需要检查多个拟合指数，而不能仅依赖其中的某一个指数。

（5）模型修正，该步骤与路径分析类似，在此不再赘述。

---

① 受篇幅所限，本书不对此进行详细介绍，感兴趣的读者可参考刘红云老师的《高级心理统计》、吴明隆老师的《结构方程模型：Amos 实务进阶》等相关书籍。

第二节 验证性因子分析的应用案例

例 14-1 某项研究基于经济合作与发展组织（OECD）于 2019 年开展的"社会和情感能力调查"（Survey on Social and Emotional Skills）编制"初中学生开放性思维量表"，量表共包括两个维度 10 个测量题项，具体题目如下：

初中学生开放性思维量表

维度一：创造性

1. 我能找到做事情的新方法。【CRE_1】
2. 我是有创意的且能提出新想法。【CRE_2】
3. 我有时能找到别人找不到的解决办法。【CRE_3】
4. 我喜欢创造新东西。【CRE_4】
5. 我想象力丰富。【CRE_5】

维度二：好奇心

6. 我有强烈的学习欲望。【CUR_1】
7. 我喜欢了解事物的原理。【CUR_2】
8. 我喜欢学习新东西。【CUR_3】
9. 我喜欢在学校学习新东西。【CUR_4】
10. 我觉得科学这门学科有趣。【CUR_5】

根据理论模型，$CRE_1 \sim CRE_5$，这 5 个变量测量第一个潜变量创造性（Creativity），$CUR_1 \sim CUR_5$，这 5 个变量测量第二个潜变量好奇心（Curiosity）。初步假设在该测量模型中，两个潜变量存在相关，每个观测变量都有误差项，误差项之间不相关，则理论上的测量模型如图 14-2 所示。

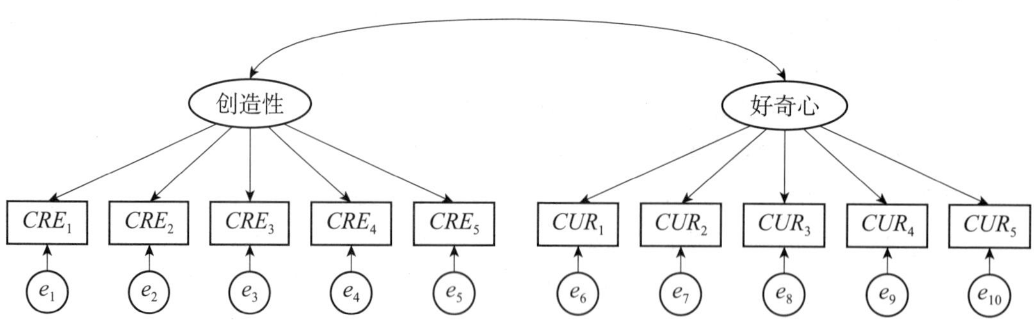

图 14-2 初中生开放性思维的测量模型

以"14-1.sav"为例，试通过验证性因子分析来检验测量数据是否符合理论模型假设的结构。使用 SPSS AMOS 进行验证性因子分析的基本操作步骤如下：

（1）进入 SPSS AMOS 操作环境。在安装 SPSS AMOS 后，依次单击 Analyze—IBM SPSS AMOS。

（2）绘制潜变量及测量指标。首先，单击 Draw unobserved variables（绘制潜变量），在 Path diagram（绘图区）按住并拖拽鼠标，绘制 1 个潜变量，如图 14－3（a）所示。

然后，单击 Draw a latent variable or add an indicator to a latent variable（绘制一个潜变量或向潜变量上增加一个测量指标），在如图 14－3（a）所示的潜变量的图标上连续点击 5 次，增列 5 个指标变量，如图 14－3（b）所示。

最后，单击 Rotate the indicators of a latent variable（旋转潜变量的测量指标），将鼠标光标移动到如图 14－3（b）所示的潜变量的图标上，单击 1 次，将所有指标变量按顺时针方向旋转 90 度，如图 14－3（c）所示。

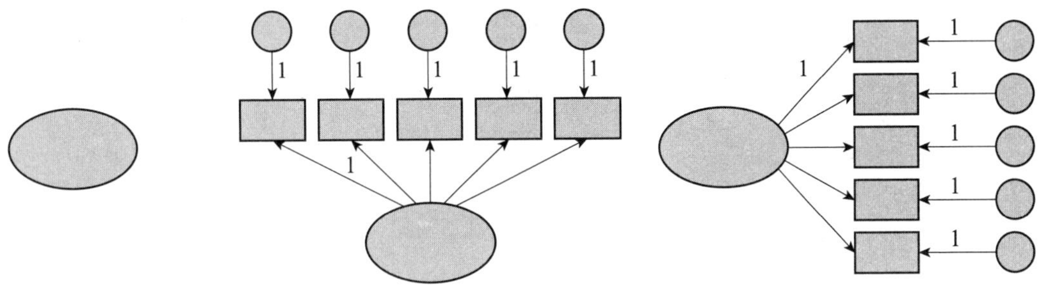

(a) (b) (c)

图 14－3 绘制潜变量及测量指标

（3）复制潜变量与测量指标，并绘制测量模型。首先，单击 Preserve symmetries（保持对称），再单击 Copy（复制），将鼠标光标移动到如图 14－3（c）所示的潜变量的图标上，按住并拖拽鼠标，复制 1 个潜变量与 5 个测量指标，操作结果如图 14－4（a）所示。

然后，单击 Draw covariances（double headed arrows）［绘制协方差（双箭头）］，将鼠标光标移动到如图 14－4（a）所示的第二个潜变量的图标上，按住并拖拽鼠标光标到第一个潜变量的图标上，再松开鼠标，在两个潜变量之间增加一条双箭头曲线，如图 14－4（b）所示。

最后，单击 Touch up a variable（模型图最适接触），依次点击潜变量，优化潜变量与潜变量之间、潜变量与测量变量之间的连接外观，如图 14－4（c）所示。

（4）设定潜变量与误差项名称。首先，在绘图区，双击第一个潜变量图标，打开 Object Properties（对象属性）对话框，选择 Text（文字）标签页，在 Variable name（变量名称）下的空格中输入潜变量的名称“Creativity”，在 Variable label（变量标签）下的空格中输入潜变量的标签“创造性”（如图 14－5 所示），之后关闭对话框。

然后，通过类似的操作步骤设定第二个潜变量的名称，对两个潜变量命名的操作结果如图 14－6（a）所示。

最后，依次单击 Plugins—Name Unobserved Variables，AMOS 自动完成对误差项名称的设定，如图 14－6（b）所示。

（5）导入数据文件。单击 Select data file（s）（选择数据文件），打开 Data Files（数据文件）对话框，在对话框中点击 File name（文件名称），在保存数据文件的路径中选择“14－1. sav”，对话框中显示文件名、样本数等信息（如图 14－7 所示），确认无误后

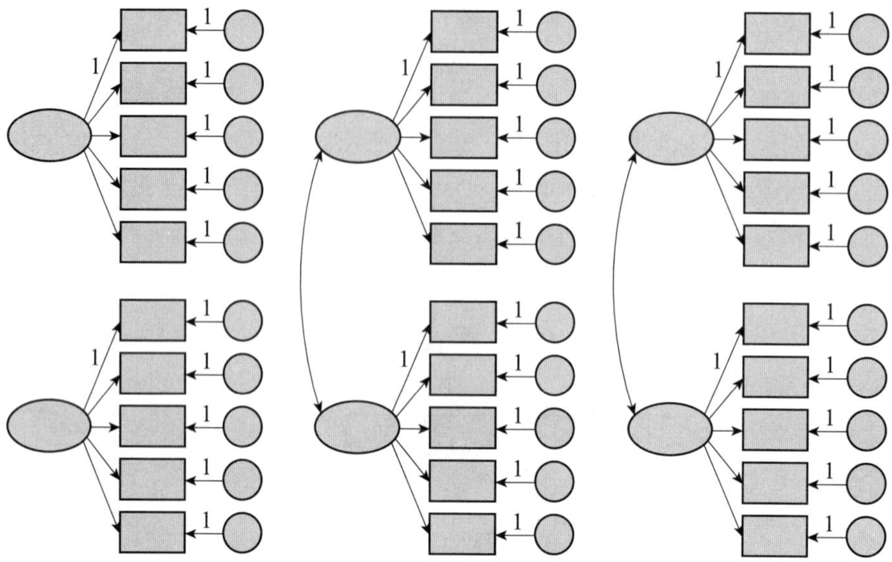

(a)　　(b)　　(c)

图 14－4　绘制测量模型

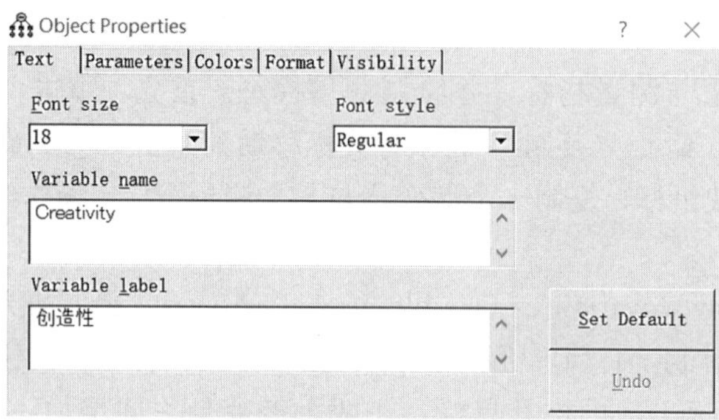

图 14－5　Object Properties 对话框

点击 OK，关闭对话框。

（6）设定测量变量名称。首先，单击 List variables in data set（列出数据集中的变量），打开 Variables in Dataset（数据集中的变量）窗口，依次选取各个变量，按住鼠标并拖拽到如图 14－6（b）的各个观测变量中，操作结果如图 14－8（a）所示。

由于各观测变量的标签内容过长，可能会遮挡后续因子载荷等模型估计结果，因此可以删除变量标签①。为此，双击第一个测量变量图标，打开 Object Properties（对象属性）对话框，选择 Text（文字）标签页，在 Variable label（变量标签）下的空格中删除所有内容，之后关闭对话框。然后，通过类似的操作步骤删除所有测量变量的变量标签，操作结果如图 14－8（b）所示。

---

① 还可以隐藏测量变量变量名的操作步骤为：双击第一个测量变量图标，打开 Object Properties（对象属性）对话框，选择 Visibility（可见性）标签页，取消勾选 Show name，之后关闭对话框。然后，通过类似的操作步骤隐藏所有测量变量的名称。

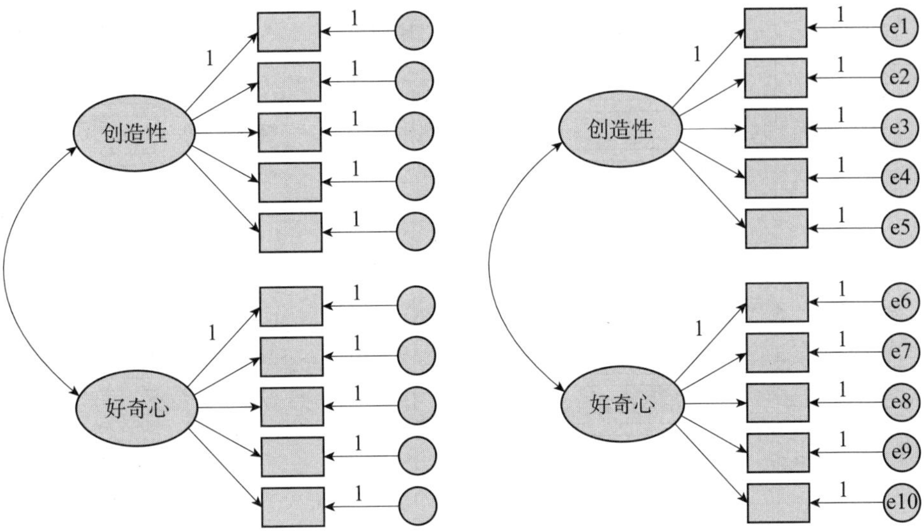

(a)　　　　　　　　　　　　(b)

图 14-6　设定潜变量与误差项名称

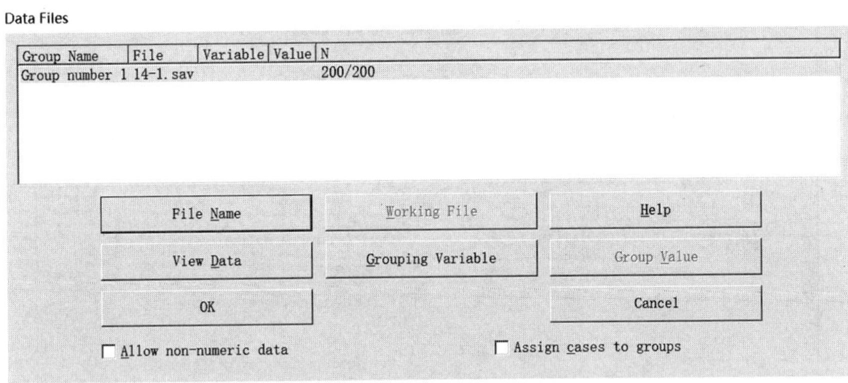

图 14-7　Data Files 对话框

(7) 设置验证性因子分析的统计量。首先，单击 Analysis Properties（分析属性），打开分析属性窗口，选择 Output（输出结果）标签页，勾选 Minimization history（最小化历史）；Indirect，direct & total effects（间接、直接和总效应）；Standardized estimates（标准化估计值）；Factor score weights（因子得分权重）；Squared multiple correlations（多元相关系数平方）；Correlations of estimates（估计值相关系数）；Critical ratios for differences（参数差异临界比率值）；Tests for normality and outliers（正态性与异常值检验）；Modification indices（修正指数）[如图 14-9 (a) 所示]。

然后，在 Analysis Properties 窗口中，选择 Bootstrap（自助抽样法）标签页，勾选 Perform bootstrap（执行自助抽样法），并在右侧的空白框中填写重复抽样的次数，此处设置为 2 000 次，即有放回地重复抽取 2 000 个样本，如图 14-9 (b) 所示，之后关闭窗口。

(8) 保存与估计。首先，单击 Save the current path diagram（保存当前假设模型图），将模型路径图存盘，其保存文件类型为“Input file (*.amw)”，输入文件名后，单击 Save。

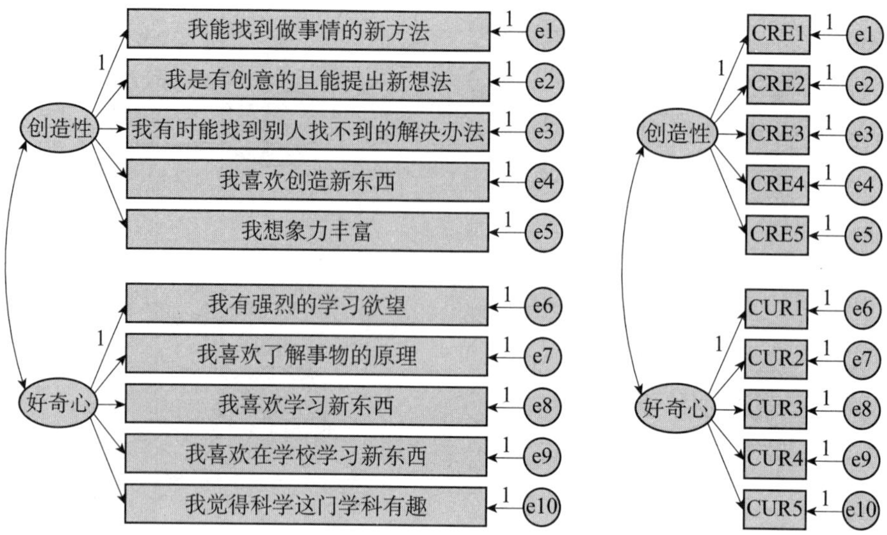

(a) (b)

图 14-8　设定观测变量名称

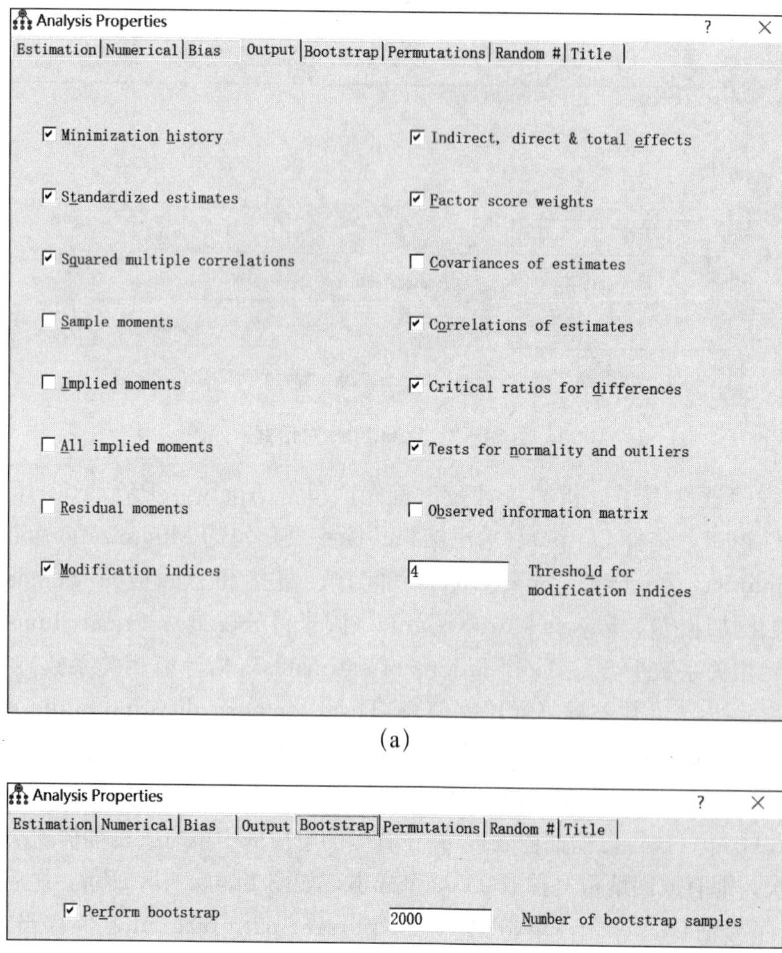

(a)

(b)

图 14-9　Analysis Properties 窗口

然后，单击 Calculate estimates（计算估计值），估计路径图的各统计量。

所得的统计分析结果如图 14-10 至图 14-20 所示。

在模型估计结束后，View the output path diagram（浏览输出结果路径图）被激活，点击该图标可查看模型图中未标准化的估计值，如图 14-10（a）所示。点击操作界面中间位置的 Standardized estimates（标准化估计值），模型图中标准化的估计值如图 14-10（b）所示。

根据标准化估计值模型图，所有标准化路径系数绝对值没有出现绝对值大于 1 的情形，表示没有违反模型识别规则。创造性维度的 5 个测量指标的因子载荷值分别为 0.58，0.75，0.62，0.67，0.57，好奇心维度的 5 个测量指标的因子载荷值分别为 0.63，0.72，0.76，0.74，0.48。除CUR_5外，其余所有测量变量的因子载荷值均大于 0.5。创造性和好奇心两个潜变量之间的相关系数为 0.84。

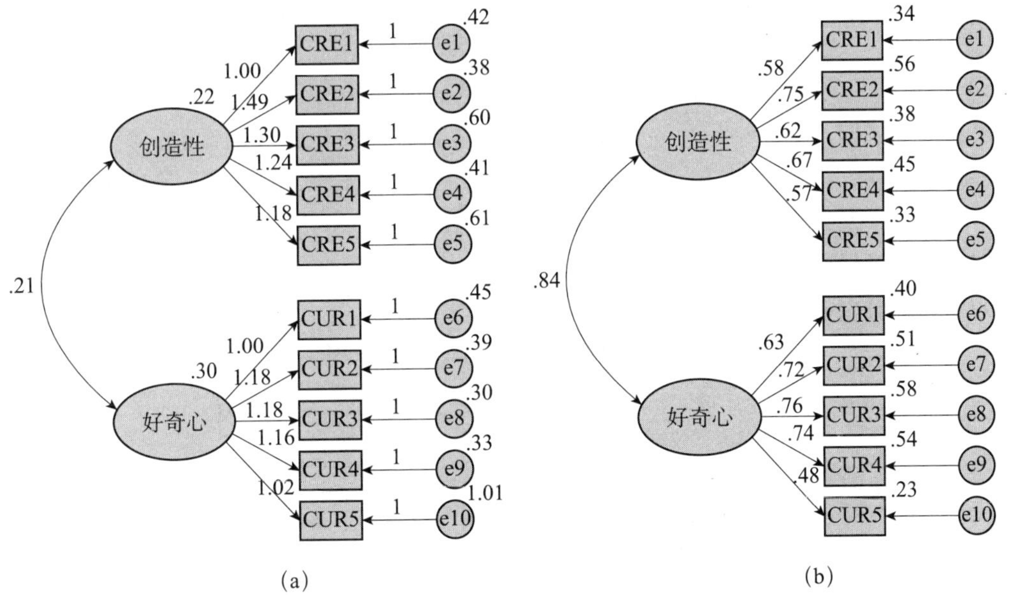

图 14-10　测量模型估计结果

在 AMOS 操作界面中，单击 View Text（浏览文件），查看 AMOS 输出的报表，共包含 Analysis Summary（分析摘要）、Variable Summary（变量摘要）、Notes for Model（模型注解）、Estimates（参数估计结果）、Modification Indices（修正指数）、Pairwise Parameter Comparisons（成对参数比较）、Bootstrap Distributions（Boostrap 分布）、Model Fit（模型拟合优度）、Execution time（执行时间）9 个部分。受篇幅所限，此处仅对变量摘要、模型注解、参数估计结果、模型拟合优度进行解读，具体如图 14-11 至图 14-20 所示。

图 14-11 是理论模型图中的变量设定摘要表（节选）。该表显示，模型中变量的总个数有 22 个，测量变量即内生变量有 10 个，无法观察的变量即外源变量有 12 个（创造性、e_1、e_2、e_3、e_4、e_5、好奇心、e_6、e_7、e_8、e_9、e_{10}）。

图 14-12 是模型注解，模型中有 10 个测量变量，独特样本矩个数为 $[10\times(10+1)]\div 2=55$，模型中被估计的自由参数有 21 个，模型的自由度为 $55-21=34$。自由度为正数表示模型为过度识别模型，只有这样才可以顺利估计出参数。模型拟合优度卡方值

为 57.978，其相伴概率为 0.006<0.05。由于研究样本有 200 个，卡方值比较容易达到显著性水平，因而在整体模型拟合优度的检验上，最好再参考其他拟合优度评价指数。

Variable counts (Group number 1)

Number of variables in your model:	22
Number of observed variables:	10
Number of unobserved variables:	12
Number of exogenous variables:	12
Number of endogenous variables:	10

图 14-11 变量设定摘要表

Computation of degrees of freedom (Default model)

Number of distinct sample moments:	55
Number of distinct parameters to be estimated:	21
Degrees of freedom (55 - 21):	34

Result (Default model)

Minimum was achieved
Chi-square = 57.978
Degrees of freedom = 34
Probability level = .006

图 14-12 模型注解

图 14-13 至图 14-15 是采用极大似然法估计得到的参数估计结果。图 14-13（a）是未标准化的回归估计结果，右边第一列估计值为非标准化的回归系数；第二列为估计参数的标准误；第三列 C. R. 为检验统计量（临界比，critical ratio）；第四列 P 为显著性，如果 $P<0.001$，会以符号“***”表示，若是 $P>0.001$，会直接呈现 P 值的大小。模型中 8 个测量变量的路径系数临界比值介于 5.882～8.408 之间，相伴概率 P 值均小于 0.001，表明这些路径系数参数均显著不等于 0。

Regression Weights: (Group number 1 - Default model)

			Estimate	S.E.	C.R.	P	Label
CRE1	<---	Creativity	1.000				
CRE2	<---	Creativity	1.491	.199	7.500	***	par_1
CRE3	<---	Creativity	1.302	.196	6.654	***	par_2
CRE4	<---	Creativity	1.240	.177	7.014	***	par_3
CRE5	<---	Creativity	1.178	.186	6.321	***	par_4
CUR1	<---	Curiosity	1.000				
CUR2	<---	Curiosity	1.184	.147	8.077	***	par_5
CUR3	<---	Curiosity	1.182	.141	8.408	***	par_6
CUR4	<---	Curiosity	1.162	.141	8.243	***	par_7
CUR5	<---	Curiosity	1.018	.173	5.882	***	par_8

(a)

Standardized Regression Weights: (Group number 1 - Default model)

			Estimate
CRE1	<---	Creativity	.581
CRE2	<---	Creativity	.748
CRE3	<---	Creativity	.617
CRE4	<---	Creativity	.668
CRE5	<---	Creativity	.574
CUR1	<---	Curiosity	.630
CUR2	<---	Curiosity	.717
CUR3	<---	Curiosity	.760
CUR4	<---	Curiosity	.738
CUR5	<---	Curiosity	.484

(b)

图 14-13 回归估计结果

图 14－13（b）是标准化的回归估计结果，即因子载荷。以图中 *CRE*1 <--- Creativity 为例，其标准化回归系数值为 0.581，表示潜变量 Creativity 对测量变量 *CRE*1 的直接效应值为 0.581，其解释变异量为 0.581×0.581×100%≈33.8%。

图 14－14（a）是外源变量的协方差估计结果，是非标准化的估计结果。结果显示，潜变量 Creativity 和 Curiosity 之间的协方差为 0.213，其相伴概率 $P<0.001$，这表明潜变量之间的协方差显著不等于 0。图 14－14（b）是外源变量的相关系数估计结果，是标准化的估计结果。结果显示，潜变量 Creativity 和 Curiosity 之间的相关系数为 0.843，其相伴概率 $P<0.001$，这表明潜变量之间的相关系数显著不等于 0。

Covariances: (Group number 1 - Default model)

	Estimate	S.E.	C.R.	P	Label
Creativity <--> Curiosity	.213	.040	5.369	***	par_9

（a）

Correlations: (Group number 1 - Default model)

	Estimate
Creativity <--> Curiosity	.843

（b）

图 14－14　外源变量协方差和相关系数估计结果

图 14－15 是外源变量的方差估计结果。12 个外源变量的方差估计值都达到显著水平。整体来看，模型的参数估计结果表明，在该研究构建的初中生开放性思维的测量模型中，主要的参数均达到显著性水平。

Variances: (Group number 1 - Default model)

	Estimate	S.E.	C.R.	P	Label
Creativity	.216	.052	4.122	***	par_10
Curiosity	.296	.064	4.618	***	par_11
e1	.425	.047	8.965	***	par_12
e2	.378	.051	7.405	***	par_13
e3	.595	.068	8.748	***	par_14
e4	.412	.049	8.357	***	par_15
e5	.610	.068	8.999	***	par_16
e6	.450	.051	8.834	***	par_17
e7	.393	.048	8.130	***	par_18
e8	.303	.040	7.581	***	par_19
e9	.335	.042	7.885	***	par_20
e10	1.007	.107	9.451	***	par_21

图 14－15　外源变量方差估计结果

图 14－16 至图 14－20 是模型拟合优度的检验结果。图 14－16 是模型拟合优度卡方检验结果，分别呈现了 Default model（预设模型）、Saturated model（饱和模型）与 Independence model（独立模型）的参数个数（NPAR）及卡方检验结果，数据资料以预设模型对应数据为判别依据。结果显示，模型中共有 21 个自由参数，拟合优度卡方值为 57.798，自由度为 34，其相伴概率 $P=0.006<0.05$，达到显著性水平。卡方自由度之比

为 1.705，在 1～3 之间，表明模型拟合程度良好。

CMIN

Model	NPAR	CMIN	DF	P	CMIN/DF
Default model	21	57.978	34	.006	1.705
Saturated model	55	.000	0		
Independence model	10	693.170	45	.000	15.404

图 14－16　模型拟合优度卡方检验结果

图 14－17 是残差均方和平方根与拟合优度指数检验结果。预设模型的残差均方和平方根（RMR）为 0.039，小于 0.05 拟合指标值，达到模型拟合标准，但也有学者认为，与 RMR 相比，标准化的 RMR 即 SRMR 的数值较具客观性。由于 AMOS 不能直接输出标准化残差均方和平方根，所以还需要进行再次计算，其计算步骤如下：首先，在 AMOS的操作界面中，依次单击 Plugins—Standardized RMR，打开 Standardized RMR 对话框不要关闭，然后，单击 Calculate estimates（计算估计值）。在模型估计结束后，Standardized RMR 对话框中出现“Default model Standardized RMR＝0.0442”（预设模型标准化残差均方和平方根＝0.042），即 SRMR＝0.044<0.05，如图 14－18 所示，表明模型拟合程度良好。图 14－17 结果显示，GFI 值为 0.942，AGFI 值为 0.906，均大于 0.9，这表明整体模型的拟合程度良好；PGFI 为简约拟合指数，用以解释测量模型的复杂度，其值为 0.582，大于 0.5，表明整体模型的拟合程度良好。

RMR, GFI

Model	RMR	GFI	AGFI	PGFI
Default model	.039	.942	.906	.582
Saturated model	.000	1.000		
Independence model	.295	.412	.282	.337

图 14－17　残差均方和平方根与拟合优度指数检验结果

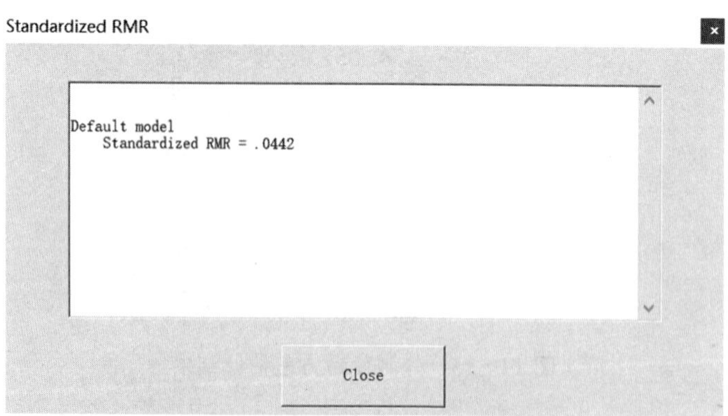

图 14－18　SRMR 计算结果

图 14－19 是基准线比较结果。结果显示，NFI 值为 0.916，RFI 值为 0.889，IFI 值为 0.964，TLI 值为 0.951，CFI 值为 0.963，则除 RFI 值外，其他指标均大于 0.9，表明整体模型的拟合程度良好。

Baseline Comparisons

Model	NFI Delta1	RFI rho1	IFI Delta2	TLI rho2	CFI
Default model	.916	.889	.964	.951	.963
Saturated model	1.000		1.000		1.000
Independence model	.000	.000	.000	.000	.000

图 14－19 基准线比较结果

图 14－20 是渐进残差均方和平方根检验结果。结果显示，RMSEA 值为 0.060，小于 0.080，其置信区间为［0.032，0.085］，表明整体模型的拟合程度良好。

RMSEA

Model	RMSEA	LO 90	HI 90	PCLOSE
Default model	.060	.032	.085	.257
Independence model	.269	.252	.287	.000

图 14－20 模型拟合优度卡方检验结果

整体而言，在整体模型拟合优度的各项评价指标中，卡方值达到显著性水平（$P<0.05$），但卡方值易受样本数大小影响，因而需要综合参考其他指标来判断。综合来看，绝对拟合指数、相对拟合指数与简约拟合指数所呈现的统计量基本上都达到标准值或接受值，可见整体模型的拟合程度较好，即模型的路径图与实际观察数据的拟合程度良好。研究所构建的开放性思维的测量模型图假设获得统计上的支持，即两个潜变量“创造性”“好奇心”所建构的“开放性思维”的测量模型与实际数据之间能相互拟合。

本章小结

验证性因子分析就是检验因子（潜在特质）与相对应的测量项之间的关系是否符合研究者所设计的理论关系的一种统计分析方法。验证性因子分析通过结构方程建模来评价样本观测数据对理论模型的拟合度。验证性因子分析是在探索性因子分析的基础上发展起来的统计方法，这两种因子分析方法均可以达到寻找变量结构、评价量表效度、避免多重共线性问题等目的。但需要注意的是，探索性因子分析是一种数据驱动型分析，而验证性因子分析是理论驱动型分析。

一般而言，验证性因子分析的基本过程可以分为五个步骤：模型设定、模型识别、模型估计、模型评价、模型修正。

验证性因子分析在社会科学的众多领域有着广泛的应用。验证性因子分析可以由 SPSS 中的 AMOS 模块来完成。

思考题

1. 试述探索性因子分析和验证性因子分析的联系与区别。
2. 试述验证性因子分析的步骤。

3. 某项研究基于成熟量表改编形成适用于我国的“中小学校长领导力量表”，共包括 3 个维度 9 个测量题项。量表具体题目如下：

中小学校长领导力量表

维度一：

1. 在涉及教师教学评价的问题上公平地对待每一位教师。【$PLEADD_1$】
2. 给教师提供参与深化教学改革的机会。【$PLEADD_2$】
3. 就学校的教育教学管理等问题向教师征询意见。【$PLEADD_3$】

维度二：

4. 鼓励教师尝试新的教学方法与接受新的教学理念。【$PLEATI_1$】
5. 尊重与支持教师在教学上的创新。【$PLEATI_2$】
6. 鼓励教师重视新知识的学习与交流。【$PLEATI_3$】

维度三：

7. 鼓励教师参与教学培训活动。【$PLEATD_1$】
8. 为教师教育教学工作提供丰富的社会资源。【$PLEATD_2$】
9. 主动询问教师进修的需求并提供信息、资料及渠道。【$PLEATD_3$】

根据理论模型，$PLEADD_1 \sim PLEADD_3$，这 3 个变量测量第一个潜变量民主决策，$PLEATI_1 \sim PLEATI_3$，这 3 个变量测量第二个潜变量教学创新，$PLEATD_1 \sim PLEATD_3$，这 3 个变量测量第三个潜变量支持教师。初步假设在该测量模型中，三个潜变量存在相关，每个观测变量都有误差项，误差项之间不相关。

请使用“exe14 - 1. sav”数据，试通过验证性因子分析来检验测量数据是否符合理论模型假设的结构。

第十五章

聚类分析及其应用

本章提要

聚类分析是一种依据事物外显特征将个体或变量分类的多元统计分析方法。本章首先介绍聚类分析的基本概念、准则及原理，接下来重点介绍两类聚类方法即系统聚类法与快速聚类法的基本原理及程序等，最后分两种方法给出聚类分析在 SPSS 中的具体操作步骤，并对一项聚类研究的质量评价问题做简要说明。通过本章的学习，我们希望读者可以理解聚类分析的基本思路，厘清系统聚类法和快速聚类法两种方法的适用条件，同时，掌握 SPSS 中相应模块的操作步骤。

第一节　聚类分析概述

人类认识世界往往要将被认识的对象分类。因此，分类学便成了人类认识世界的基础科学。在古老的分类学中，人们主要靠经验和专业知识实现分类。随着人类对自然的认识不断加深，分类越来越细，要求也越来越高，导致只凭经验和专业知识可能无法进行准确的分类。因此，数学作为一个有用的工具逐渐被引入分类学，形成了数值分类学。后来，随着多元统计分析的引入，从数值分类学中逐渐分离出聚类分析这个分支。目前，聚类分析已经广泛应用于教育学、心理学、经济学、管理学、气象学等研究领域中来解决数值分类问题。本节将主要介绍聚类分析的概念、准则及原理。

一、聚类分析的概念

聚类分析是统计学中研究“物以类聚”的一种方法，即根据事物外显特征研究个体或变量分类的多元统计分析方法。按分类的对象不同，聚类分析可以分为样本聚类（或称个案聚类）和变量聚类两种类型。

样本聚类是根据被观测对象的各种特征，即反映被观测对象特征的各变量值对样本进行分类。在教育研究中，样本聚类通常用于对学生或学校按某些指标进行类别划分。例如，按照办学质量对大学进行分类，按照兴趣爱好对中学生进行分类，按领导风格对校长进行分类等。

变量聚类是一种降维的方法。它一般用于变量众多的场合，通过寻找有代表性的变量，用少数、有代表性的变量代替原始较多变量，并且尽可能地保证损失的信息很少。这种方法在高校各院系课程变量的类别划分以及心理结构变量的探查等方面有着重要的用途。在进行数据分析时，变量聚类常和回归分析方法一起使用。在回归分析中，当自变量的个数较多而且变量间的相关程度又较高时，自变量的共线性会导致偏回归系数不能真正反映自变量对因变量的影响程度。因此，往往要先对自变量进行变量聚类，然后从每一类中挑选最有代表性的自变量进行回归，这样既能够减少进入回归方程的自变量个数，同时又能保证自变量彼此独立且有代表性，而且也不会丢失大部分信息。

二、聚类分析的准则

聚类分析的职能是建立一种分类方法，将一批样本或变量按照它们在性质上的亲疏程度在没有先验知识的情况下自动进行分类。分类的结果在于使得类内个体具有较高的相似性，类间的差异性较大。也就是说，通过聚类分析，要使得同一类别中的事物有较高的相似性，而不同类别之间的事物很不相似。我们以例 15－1 简单说明聚类分析的过程。

例 15－1 假设现在对 A、B、C、D、E 五所高校教学、科研、社会服务三大职能进行评价，评分情况如表 15－1 所示。

表 15－1 五所高校三大职能评分

单位：分

高校编号	教学	科研	社会服务
A	60	62	63
B	61	64	63
C	75	79	76
D	91	90	89
E	92	91	90

若对以上五所高校进行分类，依据平均得分将差距较小的分为一类，我们可以将 A、B 高校分为一类，将 C 高校归为一类，将 D、E 高校分为一类。

三、聚类分析的原理

聚类分析最基本的原理是确定怎样测量变量或样本间的相似性。衡量亲疏程度的指标有两种，即距离和相似系数。针对不同的聚类类型，其相似性的测量也存在差异。在测量相似性时，针对样本聚类，我们通常选择距离来测量，但也要注意区分不同的数据类型。而针对变量聚类，我们通常选择相似系数来测量，比如夹角余弦值或相关系数。

（一）相似系数

相似系数可以用来度量变量之间的亲疏程度。若相似系数接近于 1 或 −1，则我们认为变量之间的相似性高；若相似系数接近于 0，则我们认为变量之间是无关的。下面是一些常用的相似系数。

（1）夹角余弦。

$$\cos\alpha_{ij}=\frac{\sum_{k=1}^{n}x_{ki}x_{kj}}{\sqrt{\left(\sum_{k=1}^{n}x_{ki}^{2}\right)\left(\sum_{k=1}^{n}x_{kj}^{2}\right)}},\ i,j=1,2,\cdots,m \tag{15.1}$$

（2）相关系数。

$$r_{ij}=\frac{\sum_{k=1}^{n}(x_{ki}-\bar{x}_i)(x_{kj}-\bar{x}_j)}{\sqrt{\left[\sum_{k=1}^{n}(x_{ki}-\bar{x}_i)^2\right]\left[\sum_{k=1}^{n}(x_{kj}-\bar{x}_j)^2\right]}},\ i,j=1,2,\cdots,m \tag{15.2}$$

相关系数在前面的章节介绍过，不再赘述。若夹角余弦值为 0，说明两个向量完全正交，彼此不相关；若夹角余弦值为 1，说明两个向量完全重合，彼此完全正相关。

（二）距离

距离是将每个样品看成 m 个数据对应的 m 维空间中的一个点，然后在该空间中所定义的距离越近，则相似性越高。那么如何定义数据间的距离呢？不同测度水平的数据间的距离定义存在差异，下面我们分定距型和类属型两种类别来说明如何定义个体间的距离。

1. 定距型个体间的距离

若是定距型个体间的距离，我们把每个个案数据看成 m 维空间上的点，在点之间定义某种距离，包含如下计算方法。

（1）欧氏距离。

$$d_{ij}=\sqrt{\sum_{k=1}^{m}(x_{ik}-x_{jk})^2},\ i,j=1,2,\cdots,n \tag{15.3}$$

（2）切比雪夫距离。

$$d_{ij}(\infty)=\max_{1\leqslant k\leqslant m}|x_{ik}-x_{jk}|,\ i,j=1,2,\cdots,n \tag{15.4}$$

（3）闵可夫斯基距离。

$$d_{ij}(q)=\left[\sum_{k=1}^{m}|x_{ik}-x_{jk}|^{q}\right]^{1/q},\ i,j=1,2,\cdots,n \tag{15.5}$$

需要说明的是，欧氏距离是闵可夫斯基距离的特例。闵可夫斯基距离的缺点在于其要求各指标计量单位相同，而且同等看待各指标的重要性。

如果研究中涉及的为连续型变量，我们可以获得个体欧氏距离矩阵，如表 15－2 所示。

表 15-2 五所高校欧氏距离矩阵

个案	A高校	B高校	C高校	D高校	E高校
A高校	0				
B高校	8.062	0			
C高校	17.804	25.456	0		
D高校	26.907	34.655	9.220	0	
E高校	30.414	38.210	12.806	3.606	0

根据高校间的距离，距离较近的高校包括A高校与B高校（距离 $d=8.062$）、C高校与D高校（距离 $d=9.220$）、D高校与E高校（距离 $d=3.606$），因此可以将这5所高校分成两类：A，B一类；C，D，E一类。或者是分为三类：A，B一类；C一类；D，E一类。

若研究中涉及的为计数变量，我们以例15-2为例说明如何计算定距型个体间的距离。

例 15-2 小张和小李两个选修课门数、专业课门数及得优门数情况如表15-3所示。

表 15-3 小张和小李的选课情况

姓名	选修课门数（期望频数）	专业课门数（期望频数）	得优门数（期望频数）	合计
小张	9 (8.5)	6 (6)	4 (4.5)	19
小李	8 (8.5)	6 (6)	5 (4.5)	19
合计	17	12	9	38

衡量二人在选课方面的相似性。

我们在计算小张、小李两个学生之间的距离时，需要先计算其选修课门数、专业课门数、得优门数的期望频数。然后用每个单元格内实际频数与期望频数之差的平方除以期望频数，再进行加总就可以得到最后的距离，具体如下：

$$d=\frac{(9-8.5)^2}{8.5}+\frac{(6-6)^2}{6}+\frac{(4-4.5)^2}{4.5}+\frac{(8-8.5)^2}{8.5}+\frac{(6-6)^2}{6}+\frac{(5-4.5)^2}{4.5}$$
$$=0.17$$

2. 类属型个体间的距离

若计算类属型个体间的距离，需要采用其他的计算方法，下面以例15-3来说明此过程。

例 15-3 三个学生小张、小李、小王在选课偏好——是否喜欢讨论式教学、是否选择方法类课程、是否喜欢年轻教师授课上的情况如表15-4所示，其中“1”代表“是”，“0”代表“否”。

表 15-4 三个学生的选课偏好

姓名	选课偏好		
	是否喜欢讨论式教学	是否选择方法类课程	是否喜欢年轻教师授课
小张	1	1	1
小李	1	1	0
小王	0	0	1

试评价三个学生在选课偏好上的相似性。

评价三个学生在选课偏好上的相似性，我们可以计算三个类属型个体间的距离，具体可采用如下方法。

(1) 简单匹配 (simple matching) 系数。

简单匹配系数将同时拥有或同时不拥有某特征的情况看作匹配。应用简单匹配系数时，取 0 和 1 的地位等价，编码方案的变化不会引起系数的变化。其基本思想如下：

		个体 j	
		1	0
个体 i	1	a	b
	0	c	d

其中，a 为个体 i 与个体 j 在相同变量上同时取 1 的个数，d 为同时取 0 的个数。个体 i 与个体 j 之间的距离为：

$$D(i,j)=\frac{b+c}{a+b+c+d} \tag{15.6}$$

在例 15-3 中，小张与小李之间，$a=2$，$b=1$，$c=0$，$d=0$，因此距离

$$D_1=\frac{1+0}{2+1+0+0}=\frac{1}{3}$$

小张与小王之间，$a=1$，$b=2$，$c=0$，$d=0$，因此距离

$$D_2=\frac{2+0}{1+2+0+0}=\frac{2}{3}$$

因此，小张距小李近一些，也就是说小张和小李的选课偏好更相似。

(2) 杰卡德 (Jaccard) 系数。

杰卡德系数排除同时不拥有某特征的情况。应用杰卡德系数时，取 1 的状态比取 0 更有意义。同时，编码方案会引起系数的变化。其基本思想如下：

		个体 j	
		1	0
个体 i	1	a	b
	0	c	d

其中，a 为个体 i 与个体 j 在相同变量上同时取 1 的个数，d 为同时取 0 的个数。个体 i

与个体 j 之间的距离为：

$$D(i,j)=\frac{b+c}{a+b+c} \tag{15.7}$$

我们以例 15－4 来说明杰卡德系数的应用。

例 15－4 三个学生小张、小李、小王的平时表现如表 15－5 所示，“1”代表“是”，“0”代表“否”。

表 15－5 三个学生的平时表现

单位：分

姓名	平时表现					
	失眠	无精打采	经常自责或内疚	反复想到死	情绪莫名急躁	注意力下降
小张	1	0	1	0	0	0
小李	1	0	1	0	1	0
小王	1	1	0	0	0	0

试评价三个学生是否有类似的抑郁疾病。

按照杰卡德系数计算公式可得

$$D(\text{小张},\text{小李})=\frac{0+1}{2+0+1}=\frac{1}{3}$$

$$D(\text{小张},\text{小王})=\frac{1+1}{1+1+1}=\frac{2}{3}$$

$$D(\text{小李},\text{小王})=\frac{2+1}{1+2+1}=\frac{3}{4}$$

因此，小张和小李之间的距离比较近，他们最有可能得类似的抑郁疾病。而小李和小王的距离较远，不太可能得类似的抑郁疾病。

第二节 聚类分析方法

常用的聚类方法有系统聚类法（或称分层聚类法）和快速聚类法（或称动态聚类法）两种。下面我们分别予以介绍。

一、系统聚类法

系统聚类法（hierarchical cluster）是使用最为广泛的一种聚类方法。凡是具有数值特征的变量和样本都可以采用系统聚类法进行分类。

（一）基本原理

聚类方式通常有两种，一种以合并或凝聚的方式聚类。首先，每个个体自成一类。其次，将最“亲密”的个体聚成一小类。然后，将最“亲密”的小类或个体再聚成一类。重复上述过程，即把所有的个体和小类聚集成越来越大的类，直到所有的个体都聚到一起（一大类）为止。可见，随着聚类的进行，类内的“亲密”性在逐渐减低。

另一种聚类方式是以分解的方式聚类。首先，所有个体都属于一类。其次，将大类中最“疏远”的小类或个体分离出去。再次，分别将小类中最“疏远”的小类或个体再分离出去。重复上述过程，即把类分解成越来越小的小类，直到所有的个体自成一类为止。可见，随着聚类的进行，类内的“亲密”性在逐渐增强。

系统聚类法的基本原理是：首先将所有的个体（样品或变量）各自看成一类，然后根据个体之间的“亲密”程度，将“亲密”程度最高的两类进行合并，再计算合并后的新类与其他类之间的“亲密”程度，并将“亲密”程度最高的两类进行合并。重复这一过程，直至所有个体都合并为一类。

（二）基本程序

进行系统聚类的具体程序如下：

（1）对原始数据进行变换，即将原始观测数据矩阵中的每个元素按照某种特定的运算变为一个新值，使变换后的数据具有可比性。如将“优”“良”“中”“及格”化为 90 分、80 分、70 分、60 分，再进行标准分转换。通过变换处理后，每列数据的均值为 0，标准差为 1，具有了可比性。

（2）计算 n 个个体两两之间的距离 $\{d_{ij}\}$，记作 $D=(d_{ij})$。

（3）构造 n 个类，每个类只包含一个个体。

（4）合并距离最近的两类为一新类。

（5）计算新类与当前各类的距离。若类的个数等于 1，转到（6），否则回到（4）。

（6）画出系统聚类谱系图。该谱系图是反映聚类过程和聚类结果的图形，它可以帮助我们确定类的个数和类的划分。

（三）类间距离的计算方法

亲疏程度的衡量对象有两种。一种是个体间的距离，另一种是个体和小类间、小类和小类间的距离。在系统聚类法中，选择不同的类与类之间的距离公式，会得到不同的系统聚类结果。常用的系统聚类方法有 8 种。威沙特（Wishart）在 1969 年给出了 8 种聚类方法中类与类之间距离计算的统一公式。

设类 G_p 与类 G_q 合并为类 $G_r=\{G_p, G_q\}$，则类 G_r 与任一类 G_k 的距离为：

$$D_{kr}^2=\alpha_p D_{kp}^2+\alpha_q D_{kq}^2+\beta D_{pq}^2+\gamma \mid D_{kp}^2-D_{kq}^2 \mid \tag{15.8}$$

式中，α_p，α_q，β，γ 对于不同的聚类方法取不同的值。表 15 - 6 给出了 8 种聚类方法的参数值。

表 15 - 6　系统聚类法统一公式中的参数值

聚类方法	α_p	α_q	β	γ
最短距离法	$\frac{1}{2}$	$\frac{1}{2}$	0	$-\frac{1}{2}$
最长距离法	$\frac{1}{2}$	$\frac{1}{2}$	0	$\frac{1}{2}$

续表

聚类方法	α_p	α_q	β	γ
中间距离法	$\frac{1}{2}$	$\frac{1}{2}$	$-\frac{1}{4}$	0
重心法	$\frac{n_p}{n_r}$	$\frac{n_q}{n_r}$	$-\frac{n_p n_q}{n_r^2}$	0
类平均法	$\frac{n_p}{n_r}$	$\frac{n_q}{n_r}$	0	0
可变类平均法	$\frac{(1-\beta)\ n_p}{n_r}$	$\frac{(1-\beta)\ n_q}{n_r}$	β（<1）	0
可变法	$\frac{1-\beta}{2}$	$\frac{1-\beta}{2}$	β（<1）	0
离差平方和法	$\frac{n_k+n_p}{n_k+n_r}$	$\frac{n_k+n_q}{n_k+n_r}$	$\frac{-n_k}{n_k+n_r}$	0

常用的最短距离法（nearest neighbor）表示将两类间的距离定义为两类中距离最近的两个个案之间的距离。最长距离法（furthest neighbor）表示将两类间的距离定义为两类中距离最远的两个个案之间的距离。类平均法（average linkage）表示将两类之间的距离定义为两类个案之间距离的平均值，包括组间平均法（between-groups linkage）和组内平均法（within-groups linkage）两种。组间平均法只考虑两类间的距离，组内平均法考虑所有个案间的距离。离差平方和法即 SPSS 中的 Ward's Method（沃德法）。在实际应用中，离差平方和法与类平均法使用比较广泛，分类效果较好，但离差平方和法要求个案之间的距离必须是欧氏距离。

二、快速聚类法

快速聚类法也是目前得到较广泛使用的样本聚类方法。系统聚类法在并类过程中，需要将每一个样品和其他所有样品逐一加以比较，以决定其所属类别，另外还需要存储距离矩阵。所以，当样本量很大时，该方法要占据较大的计算机内存空间并需要较长的计算时间。而快速聚类法具有计算工作量较小、占用计算机内存单元较少、处理速度快、方法简单等优点，尤其适合于样本量在 10 000 以上的大样本的聚类分析处理。

（一）基本原理

快速聚类法的基本思想是，首先确定要聚成的类数，然后按照一定的方法选取一批凝聚点，并让参与聚类的样品向最近的凝聚点凝聚，这样由点凝聚成类，得到初始分类。但是，初始分类不一定合理，需要按距离最小原则修改不合理的分类，直到分类比较合理为止，这样就形成一个最终的分类结果。

（二）基本要求

快速聚类法使用欧氏距离平方作为距离测度，如果需要使用其他的距离测度，则必须使用系统聚类法进行。

此外，快速聚类法要求变量必须是连续型变量，如果各变量的单位不同，应该对聚类变量进行标准化后再进行聚类分析，否则会得出错误的结论。如果参与聚类的变量是计数变量或二分变量，则只能考虑使用系统聚类法进行聚类分析。

(三) 基本程序

快速聚类法遵循如下程序：

(1) 指定最后要聚成 k 类。

(2) 用户指定 k 个样本作为初始类中心或系统自动确定 k 个样本作为初始类中心。

(3) 系统按照距 k 个中心距离最近的原则把每个样本分派到各中心所在的类中去，形成一个新的 k 类，完成一次迭代。

(4) 重新计算 k 个类的类中心（计算每类各变量的均值，以均值点作为类中心）。

(5) 重复 (3) 和 (4)，直至达到指定的迭代次数或满足终止迭代的条件。

SPSS 中有两个判断聚类是否结束的条件，满足其中一个即可结束聚类过程。一是达到指定迭代次数。SPSS 默认为 10 次。二是达到收敛标准（convergence）。SPSS 默认为 0.02，即本次迭代产生的任意新类，各中心位置变化较小，其中最大的变化率小于 2%。

需要指明的是，系统聚类法只能单方向进行聚类，聚类结果受数据中离群值（outlier，或称奇异值）影响很大。快速聚类法对初始分类非常敏感，通常也只能得到局部最优解。大体上，系统聚类法比较适用于以下情况：(1) 一些广泛的可供选择的聚类方法有待尝试。(2) 样本规模适中。一般样本个数在 300～400 之间，至多不超过 1 000。而快速聚类法比较适用于以下情况：(1) 聚类数目或者初始类中心比较明确。(2) 离群值必须进入分析（因为快速聚类法对离群值不太敏感，即聚类结果受离群值的影响不大）。

目前聚类分析的趋势是将系统聚类法和快速聚类法结合使用。通过系统聚类法可以获得初始聚类数目以及各聚类中心；在系统聚类后再进行快速聚类可以提供更加准确的聚类关系。

第三节　聚类分析的 SPSS 实现过程

本节我们针对系统聚类法和快速聚类法分别给出聚类分析的 SPSS 实现过程。

一、系统聚类法

在 SPSS 中，系统聚类法是由主菜单 Analyze—Classify 下的 Hierarchical Cluster 功能模块来完成的。

(一) 样本聚类

针对样本聚类，下面以例 15－5 来说明如何在 SPSS 中进行系统聚类的操作。

例 15－5 假设有学者认为，可以从受教育权和入学机会公平 X_1、公共教育资源配置公平 X_2、教育质量公平 X_3、群体间教育公平 X_4 四个方面设计正规三级教育的教育公平具体评价指标，据此对全国 31 个省份（不含港澳台）展开调查，获得 31 个省份的教育公平指标数据，如表 15－7 所示。

表 15－7 31 个省份的教育公平指标数据

省份	X_1	X_2	X_3	X_4
北京	93.20	100.00	94.70	108.40
上海	92.30	95.10	92.70	112.00
天津	87.90	93.40	88.70	98.00
浙江	80.90	89.40	85.10	78.50
广东	79.20	90.40	86.90	65.90
江苏	77.80	82.10	74.80	81.20
辽宁	76.30	85.80	65.70	93.10
福建	72.40	83.40	71.70	67.70
山东	71.70	70.80	67.00	75.70
黑龙江	70.10	78.10	55.70	82.10
吉林	67.90	81.10	51.80	85.80
湖北	65.90	73.50	48.70	79.90
陕西	65.90	71.50	48.20	81.90
河北	65.00	60.10	52.40	75.60
山西	64.10	73.20	41.00	73.00
海南	64.10	71.60	46.20	61.80
重庆	64.00	69.70	41.90	76.20
内蒙古	63.20	73.50	42.20	78.20
湖南	60.90	60.50	40.30	73.90
青海	59.90	73.80	43.70	63.90
四川	59.30	60.70	43.50	71.90
宁夏	58.20	73.50	45.90	67.10
新疆	64.70	71.20	57.20	75.10
安徽	56.70	61.30	41.20	63.50
云南	56.70	59.40	49.80	59.80
甘肃	56.60	66.00	36.60	66.20
广西	56.10	63.80	37.10	64.40
江西	54.70	66.40	33.30	61.60
河南	54.50	51.60	42.10	63.30
贵州	51.10	61.90	31.50	56.00
西藏	50.90	59.70	50.10	56.70

试将上述 31 个省份按照教育公平状况进行分类。

解：建立数据文件“15 - 1. sav”，入学机会公平、公共教育资源配置公平、教育质量公平、群体间教育公平 4 个指标的变量名分别为 X_1，X_2，X_3，X_4。进行系统聚类的操作步骤如下：

（1）打开数据文件“15 - 1. sav”。

（2）单击 Analyze—Classify—Hierarchical Cluster，展开 Hierarchical Cluster Analysis 系统聚类分析的对话框。

（3）将参与聚类分析的变量 X_1，X_2，X_3，X_4 移入 Variables（s）列表框内，作为待分析变量。选择一个字符型变量“省份”作为个案的标记变量（label cases）。在 Cluster 聚类类型的下方选择 Cases 默认选项，即对样本进行聚类，若选择 Variables 选项，则为对变量进行聚类。Display（呈现）部分勾选 Statistics 和 Plots，如图 15 - 1 所示。

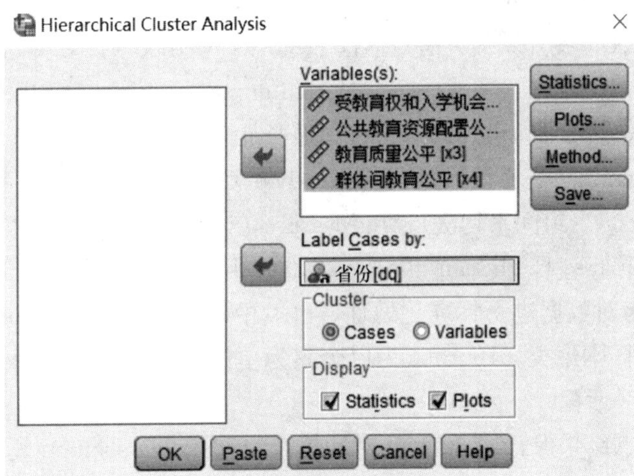

图 15 - 1　系统聚类的主对话框

（4）单击 Statistics（统计运算），展开其对话框。选择 Agglomeration schedule（凝聚状态表）和 Proximity matrix（样本的距离矩阵）选项，输出结果将生成样本的距离矩阵和凝聚状态表，显示每一步合并的类以及类与类之间的距离等信息。在 Cluster Membership（类成员）栏下方选中 Single solution（聚成固定类数时各样本的归属）复选项，并在其右侧的空白框内输入 3，如图 15 - 2 所示。输出结果中将会显示聚为 3 类时各个样品所对应的类别。类成员栏其他选项 None 表示不输出类成员，Range of solutions 表示聚成 m～n 类时各样本的归属（$m<n<$总样本数）。单击 Continue，返回主对话框。

（5）单击 Plots 展开其对话框。选择 Dendrogram（树形图）复选项。树形图显示系统聚类步骤，包括各步的成员合并情况和距离系数值，图中用相连的垂线表示相联系的样品，它将实际距离缩放到 0～25 之间，保留聚类步骤之间距离的比例。同时，在 Icicle（冰柱图）下单栏中勾选默认选项 All clusters 选项，表示聚类的每一步均在冰柱图中体现。Specified range of clusters 表示在冰柱图中呈现聚类时从第 m 类开始到第 n 类结束，间隔 p 类的过程。Orientation 表示冰柱图的方向，我们选择默认选项 Vertical（纵向），Horizontal 表示横向，如图 15 - 3 所示。单击 Continue，返回主对话框。

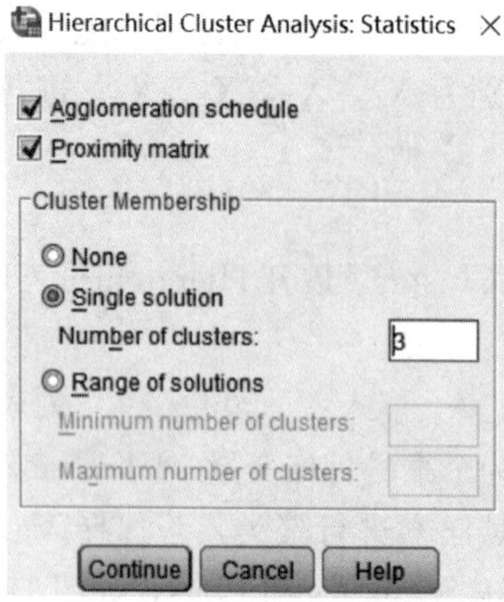

图 15-2　系统聚类的 Statistics 对话框

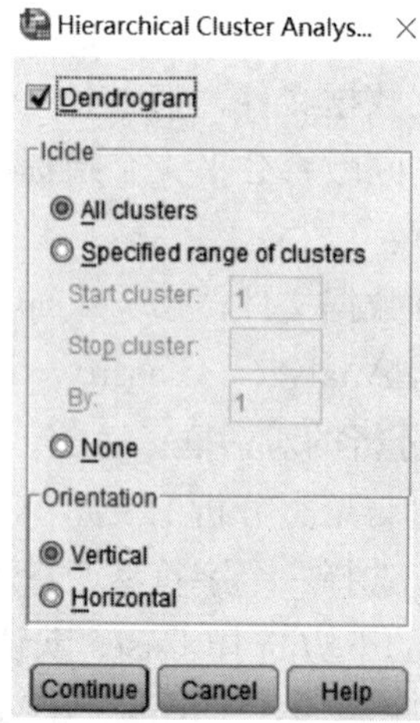

图 15-3　系统聚类的 Plots 对话框

（6）单击 Method，展开聚类方法对话框。Cluster Method（计算类间距离的方法）包括 Between-groups linkage（组间平均法）、Within-groups linkage（组内平均法）、Nearest neighbor（最短距离法）、Furthest neighbor（最长距离法）、Median clustering（中间距离法）、Centroid clustering（重心法）、Ward's method（离差平方和法）。我们选择默认选项 Between-groups linkage（组间平均法）。在 Measure（计算样本距离的方法）的下拉式列表框中选择默认项 Squared Euclidean distance（欧氏距离平方），如图 15-4 所示。Transform Values 部分为对数据进行标准化处理，本例中未勾选。By variable 为以变量为单位的标准化，适用于样本聚类；By case 为以个案为单位的标准化，适用于变量聚类。单击 Continue，返回主对话框。

（7）单击 Save（结果保存），展开其对话框。勾选 Single solution 复选项，并在其右侧的空白框内输入 3，如图 15-5 所示。在变量界面会生成新的聚类变量 CLUN _ M，其中 N 为聚类数，M 表示第 M 次做的聚类结果。而 Range of solutions 表示生成若干个变量分别存放聚成 $m \sim n$ 类时各样本的归属情况。单击 Continue，返回主对话框。

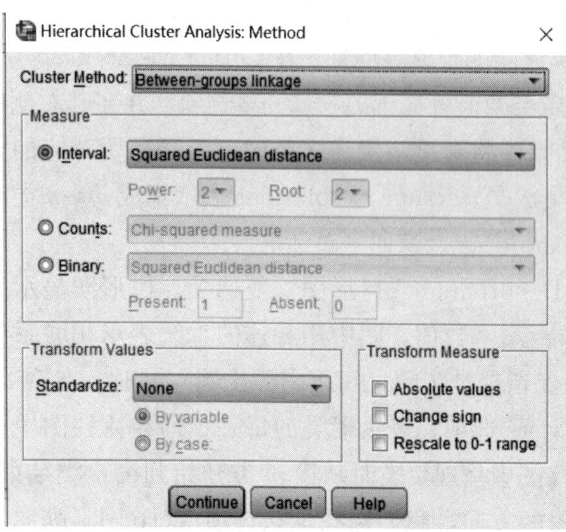

图 15-4　系统聚类的 Method 对话框

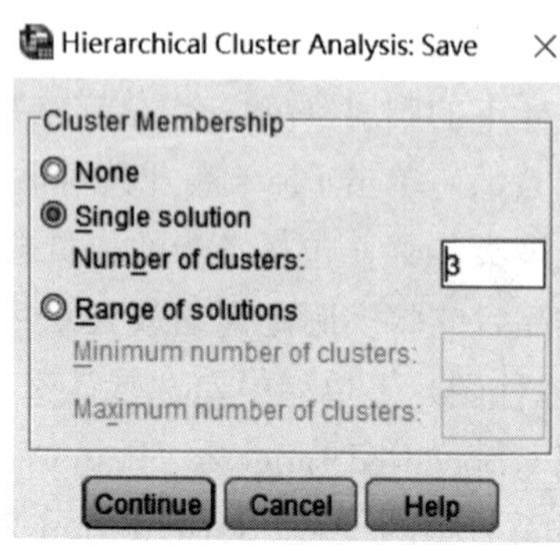

图 15-5　系统聚类的 Save 对话框

单击 OK，可获得如下主要的输出结果：

Case Processing Summary[a]

Cases					
Valid		Missing		Total	
N	Percent	N	Percent	N	Percent
31	100.0	0	.0	31	100.0

a. Average Linkage (Between Groups)

Agglomeration Schedule

Stage	Cluster Combined		Coefficients	Stage Cluster First Appears		Next Stage
	Cluster 1	Cluster 2		Cluster 1	Cluster 2	
1	12	13	8.250	0	0	13
2	26	27	8.580	0	0	7
3	19	21	16.840	0	0	16
4	20	22	18.060	0	0	11
5	17	18	19.170	0	0	6
6	15	17	26.345	0	5	13
7	26	28	33.410	2	0	12
8	1	2	41.780	0	0	21
9	10	11	42.740	0	0	23
10	25	31	43.430	0	0	17
11	16	20	49.870	0	4	22
12	24	26	56.937	0	7	14
13	12	15	86.305	1	6	20
14	24	30	139.378	12	0	22
15	9	23	145.560	0	0	23
16	14	19	146.010	0	3	20
17	25	29	161.675	10	0	24
18	4	5	165.890	0	0	25
19	6	8	222.710	0	0	25
20	12	14	224.233	13	16	26
21	1	3	225.030	8	0	29
22	16	24	250.918	11	14	24
23	9	10	264.500	15	9	26
24	16	25	303.867	22	17	27
25	4	6	340.400	18	19	28
26	9	12	410.080	23	20	27
27	9	16	634.553	26	24	30
28	4	7	696.245	25	0	29
29	1	4	1589.153	21	28	30
30	1	9	3325.731	29	27	0

Cluster Membership

Case	3 Clusters
1:北京	1
2:上海	1
3:天津	1
4:浙江	2
5:广东	2
6:江苏	2
7:辽宁	2
8:福建	2
9:山东	3
10:黑龙江	3
11:吉林	3
12:湖北	3
13:陕西	3
14:河北	3
15:山西	3
16:海南	3
17:重庆	3
18:内蒙古	3
19:湖南	3
20:青海	3
21:四川	3
22:宁夏	3
23:新疆	3
24:安徽	3
25:云南	3
26:甘肃	3
27:广西	3
28:江西	3
29:河南	3
30:贵州	3
31:西藏	3

第一个表为样本信息表，第二个表为采用 between-groups linkage（组间平均法）获得的聚类分析结果图表，也是聚类分析的凝聚过程表。Stage 列代表聚类的步骤顺序。Cluster Combined（Cluster1，Cluster2）是该步被合并的两类中的观测量号，合并生成的新类序号以类中最小序号代之，如第一步 12、13 类被合并成一新类，新类的序号为 12。Coefficients 列代表合并类之间的距离。随着类数减少，类间距离逐渐增大。Stage

Cluster First Appears 两列代表对应的被合并的类上一次是在哪一步形成的。Cluster1 和 Cluster2 值均为 0 的表示是两个观测量合并，其中有一个为 0 的表示是观测量与类合并，两个值均非 0 的表示是两个类合并。如第 7 步为第 26 个观测量与第 28 个观测量合并，而第 26 个观测量已经在第 2 步与第 27 个观测量合并为一类了，因此此项值 2 表示与第 2 步形成的类归并为一类。Next Stage 列则表示该步被合并的类又被合并成新类时的步骤序号。如第 7 步合并的类将在第 12 步被合并成新类。

第三个表为聚类结果成员表，它表明各观测量分别隶属哪一类别。由该表可知，北京、上海、天津为一类，浙江、广东、江苏、辽宁、福建为一类，其他省份为一类。

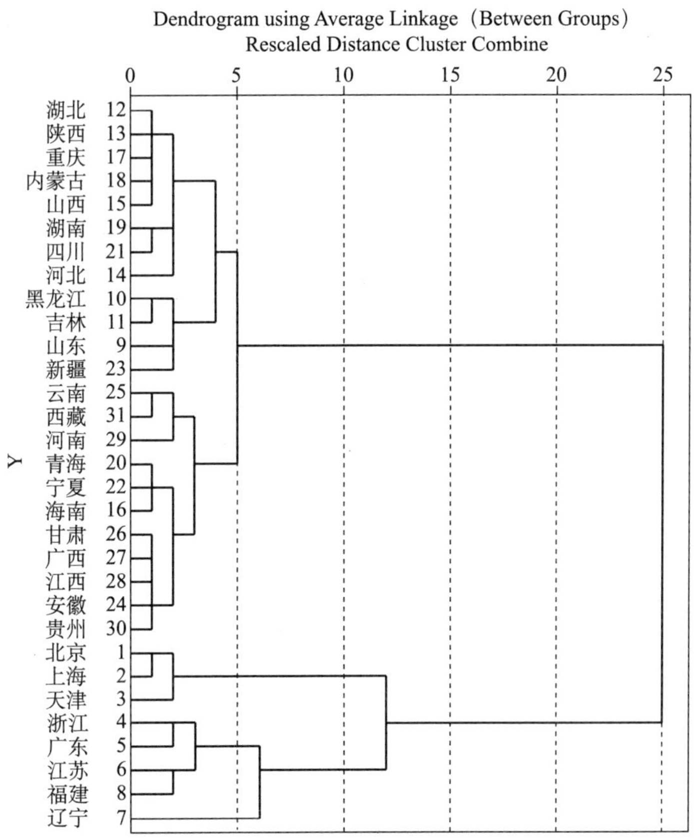

输出的图为树形图，显示系统聚类的具体步骤，包括各步的成员合并情况和距离系数值。生成的新的聚类类别变量 CLU3 _ 1（见图 15－6）。

	dq	x1	x2	x3	x4	CLU3_1
1	北京	93.20	100.00	94.70	108.40	1
2	上海	92.30	95.10	92.70	112.00	1
3	天津	87.90	93.40	88.70	98.00	1
4	浙江	80.90	89.40	85.10	78.50	2
5	广东	79.20	90.40	86.90	65.90	2
6	江苏	77.80	82.10	74.80	81.20	2
7	辽宁	76.30	85.80	65.70	93.10	2
8	福建	72.40	83.40	71.70	67.70	2
9	山东	71.70	70.80	67.00	75.70	3
10	黑龙江	70.10	78.10	55.70	82.10	3

图 15－6　生成的新的聚类类别变量 CLU3 _ 1

（二）变量聚类

系统聚类法除了用于样本聚类，也可以用于变量聚类。以下以例 15－6 来说明如何在 SPSS 中采用系统聚类法进行变量聚类。

例 15－6 本科生课程设置与其能力培养有着密切的联系。某高校教育学部为本科生开设“教育学原理”“教育史”“量化研究”“质性研究”等 10 门课程，现在需要对这 10 门课程进行分类，以便了解其对学生能力培养的模式。数据文件“15－2. sav”为该教育学部 30 名本科生在校期间上述 10 门课程的成绩数据。

解： 数据文件“15－2. sav”中变量 x_1，x_2，…，x_9，x_{10}表示“教育史”“量化研究”“教育学原理”“质性研究”“教育管理学基础”“教育经济学基础”“教育技术学基础”“特殊教育学基础”“学前教育学基础”“比较教育学基础”10 门课程成绩得分。进行系统聚类的操作步骤如下：

（1）打开数据文件“15－2. sav”。

（2）单击 Analyze—Classify—Hierarchical Cluster，展开 Hierarchical Cluster Analysis 系统聚类分析的对话框。

（3）将参与聚类分析的变量 x_1，x_2，…，x_9，x_{10}移入 Variables（s）列表框内，作为待分析变量。在 Cluster 聚类类型的下方选择 Variables 选项，对变量进行聚类。Display 部分勾选 Statistics 和 Plots，如图 15－7 所示。

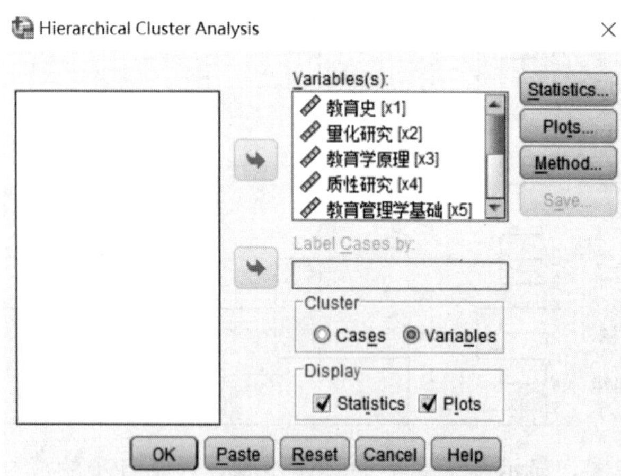

图 15－7 系统聚类法进行变量聚类的主对话框

（4）单击 Statistics（统计运算）展开其对话框。选择 Agglomeration schedule（凝聚状态表）和 Proximity matrix（样本的距离矩阵）选项。在 Cluster Membership（类成员）栏下方选中 Single solution（聚成固定类数时各样本的归属）复选项，并在其右侧的空白框内输入 3，如图 15－2 所示。单击 Continue，返回主对话框。

（5）单击 Plots 展开其对话框。选择 Dendrogram（树形图）复选项。同时，在 Icicle（冰柱图）下单栏中勾选默认选项 All clusters 选项。Orientation 下方我们选择默认选项 Vertical（纵向），如图 15－3 所示。单击 Continue，返回主对话框。

（6）单击 Method 展开聚类方法对话框。在 Cluster Method（计算类间距离的方法）

下选择 Ward's method。在 Measure（计算样本距离的方法）的下拉式列表框中选择默认项 Squared Euclidean distance（欧氏距离平方），如图 15－8 所示。单击 Continue，返回主对话框。

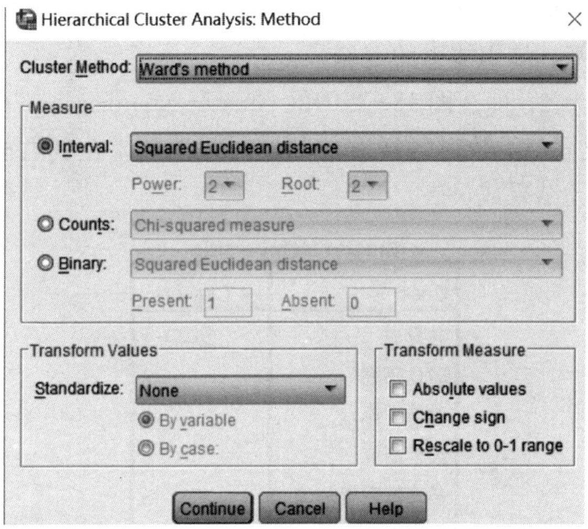

图 15－8　系统聚类法进行变量聚类的 Method 对话框

单击 OK，可获得如下主要的输出结果：

Agglomeration Schedule

Stage	Cluster Combined		Coefficients	Stage Cluster First Appears		Next Stage
	Cluster 1	Cluster 2		Cluster 1	Cluster 2	
1	6	10	1044.500	0	0	2
2	6	9	3167.333	1	0	4
3	3	5	6160.333	0	0	6
4	6	8	9875.500	2	0	5
5	6	7	14675.000	4	0	6
6	3	6	22596.000	3	5	8
7	2	4	31249.500	0	0	8
8	2	3	353271.556	7	6	9
9	1	2	1538533.200	0	8	0

Cluster Membership

Case	3 Clusters
教育史	1
量化研究	2
教育学原理	3
质性研究	2
教育管理学基础	3
教育经济学基础	3
教育技术学基础	3
特殊教育学基础	3
学前教育学基础	3
比较教育学基础	3

第一个表为聚类分析的凝聚过程表。

第二个表为聚类结果成员表，它表明各变量分别隶属哪一类别。教育史为一类，主要侧重学生分析比较、发现规律的能力的培养；量化研究和质性研究为一类，主要侧重学生研究能力的培养；教育学原理、教育管理学基础、学前教育学基础等课程为一类，主要侧重学生各方向基础知识能力的培养。

若修改聚类个数为 4，即在图 15 - 2 中的 Cluster Membership（类成员）栏下方选中 Single solution（聚成固定类数时各样本的归属）复选项，在其右侧的空白框内输入 4。我们可以获得如下聚类结果成员表：

Cluster Membership

Case	4 Clusters
教育史	1
量化研究	2
教育学原理	3
质性研究	4
教育管理学基础	3
教育经济学基础	3
教育技术学基础	3
特殊教育学基础	3
学前教育学基础	3
比较教育学基础	3

由此可见，聚类个数为 3 和 4，所得聚类结果不同。那么到底形成多少类别最合适呢？其实，关于聚类数目的确定尚无统一标准，这也是聚类分析迄今尚未解决的问题之一，主要障碍是对待分类的群体的类的真实结构不清楚，从理论和实践中都无法得到关于类结构的假设。因此，往往根据研究目的，从实用的角度出发，选择合适的分类数。戴米尔曼（Demirmen）1972 年曾提出根据树形图来分类的准则：(1) 任何类都必须在邻近各类中是突出的，即各类重心之间的距离必须够大。(2) 各类所包含的元素都不要过多。(3) 分类数目应该符合使用的目的。(4) 若采用几种不同的聚类方法处理，则在各自的聚类图上应发现相同的类。在系统聚类中，我们可以将类间距离作为确定分类数目的辅助工具。在 SPSS 聚类过程中，类间距离随着类数减少而呈增加趋势。类间距离小，则类的相似性强；类间距离大，则相似性弱。此外，我们也可以绘制碎石图（X 轴为类距离，Y 轴为类数），如果发现类间距离随着类数减少而突然增大，可以终止凝聚，此时的类数为最终分类个数。

这里需要指出的是，选择不同的聚类方法与不同的距离测度方法，聚类过程是不同的，因而聚类结果也会有所不同。如采用中间距离法与欧氏距离平方所获得的聚类分析结果可能不同。

聚类分析的理论基础目前还不是很成熟，选择不同的距离或选择不同的聚类方法得到的聚类结果不同，带有一定的主观性。因此，在实际研究过程中，可以选择多种聚类方法，通过对各种分类结果的对比、分析，可以得到对所研究对象的分类结构更为全面和更为深入的认识，从而得到更准确的结论。而且我们不能盲目地肯定聚类分析所得的结果就是确定无疑的客观规律。聚类分析只是一种提出假设的方法和手段，样本或变量的分类以及由此提出的假设的合理性只有通过实践的检验才能得到证实。

二、快速聚类法

快速聚类法在 SPSS 中主要是由 Analyze—Classify—K-Means Cluster 功能模块来完成，使用 K-均值分类法对样品进行聚类。下面以例 15－7 来介绍快速聚类法的 SPSS 实现过程。

例 15－7　某中学希望对某实验班 320 名学生按照他们的语文、数学、英语、文科综合和理科综合成绩进行分类，将学生分成优秀、良好、中等、及格 4 类，以便提供有针对性的辅导，数据文件“15－3. sav”包含这 320 名学生的期末考试成绩，试采用快速聚类法进行聚类分析。

解：在进行快速聚类分析之前，首先要生成各成绩变量的标准化变量，并计算各标准化成绩变量之和，其操作步骤如下：

（1）打开数据文件“15－3. sav”。

（2）单击 Analyze—Descriptive Statistics—Descriptives，展开 Descriptives 对话框。将 5 个成绩变量移入 Variable（s）列表框内，并选中 Save standardized values as variables 复选项，如图 15－9 所示。

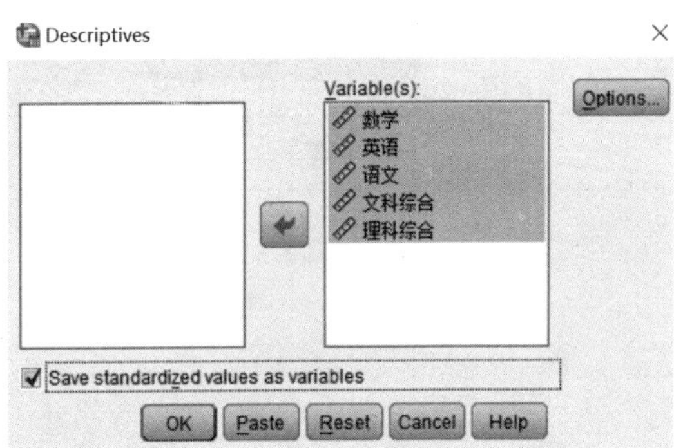

图 15－9　生成各科成绩标准化变量

（3）单击 OK，即可生成各成绩变量的标准化变量，它们的变量名分别为 Z 语文、Z 数学……Z 理科综合，如图 15－10 所示。

	数学	英语	语文	文科综合	理科综合	Z数学	Z英语	Z语文	Z文科综合	Z理科综合
1	94.00	70.00	50.00	83.00	78.00	1.81091	-.12529	-1.24560	.96192	.74102
2	73.00	70.00	60.00	75.00	80.00	.36580	-.12529	-.41433	.38630	1.01453
3	52.00	80.00	40.00	55.00	65.00	-1.07932	1.07149	-2.07686	-1.05276	-1.03675
4	50.00	61.00	60.00	45.00	68.00	-1.21695	-1.20239	-.41433	-1.77228	-.62649
5	68.00	60.00	72.00	85.00	75.00	.02172	-1.32206	.58318	1.10582	.33077
6	67.00	65.00	62.00	67.00	72.00	-.04710	-.72368	-.24808	-.18933	-.07949
7	55.00	80.00	60.00	56.00	70.00	-.87288	1.07149	-.41433	-.98080	-.35299
8	70.00	60.00	62.00	84.00	65.00	.15935	-1.32206	-.24808	1.03387	-1.03675
9	88.00	65.00	80.00	82.00	78.00	1.39802	-.72368	1.24820	.88996	.74102
10	40.00	70.00	75.00	60.00	75.00	-1.90511	-.12529	.83256	-.69299	.33077

图 15－10　生成各科成绩标准化变量后的变量界面

（4）单击 Transform—Compute Variable，展开其对话框。在 Target Variable 目标变量框内输入将要生成的目标变量名：综合评分。在 Numeric Expression 数值表达式空白框内输入：Z 语文＋Z 数学＋Z 英语＋Z 文科综合＋Z 理科综合。单击 OK，则在原数据文件中出现一个新的变量——综合评分，表示每个学生的综合评分为其各科标准化成绩之和。

下面对学生按照 5 门课程的标准化分数进行快速聚类，其操作步骤如下：

（1）单击 Analyze—Classify—K-Means Cluster，展开 K-Means Cluster Analysis 快速聚类分析的对话框。将 5 个标准化成绩变量移入 Variables 列表框内，作为待分析变量。在 Number of Clusters（快速聚类的类数）右侧的空白框内输入 4，即要求分成 4 类（类数应小于个案总数）。在 Method（聚类方法）栏下选择默认的 Iterate and classify，如图 15－11 所示，即选择初始聚类中心，在迭代过程中使用 K-Means 算法不断更换类中心，在聚类的每一步都重新计算新的类中心，把样品分派到与之最近的以类中心为标志的类中去。另一选项 Classify only 则只使用初始类中心对样品进行聚类。图 15－11 下方 Cluster Centers（用户指定类中心）中 Read initial 表示若不指定则系统自动确定初始类中心，若指定则从某 SAV 文件中读入初始类中心数据（应设一个名为 Cluster _ 的变量名）；Write final 表示在分析的最后将各类中心写入某 SAV 文件。

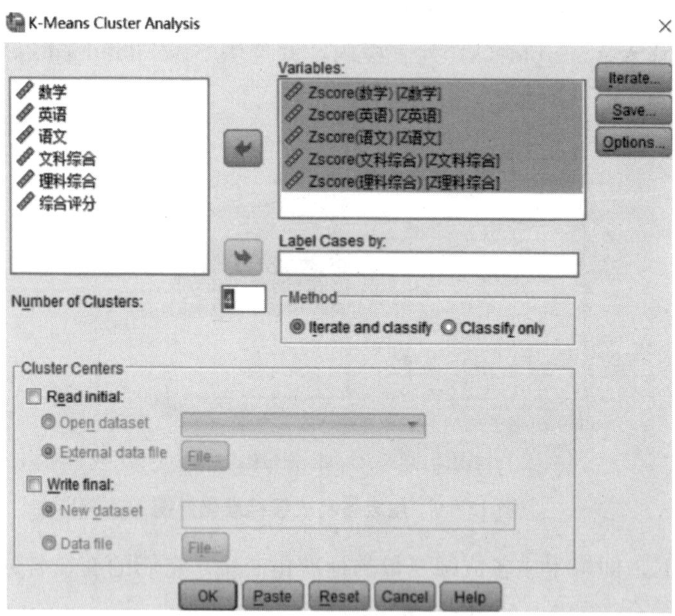

图 15－11　快速聚类主对话框

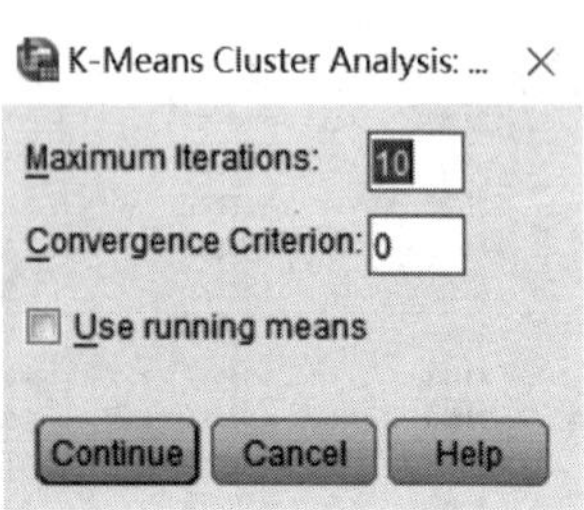

图 15－12　快速聚类 Iterate 对话框

（2）单击 Iterate，进入确定聚类终止条件对话框，如图 15－12 所示，可以设置迭代次数，此处保持默认状态。Use running means 项若选中，表示每个样本被分配到一类后立即计算新的类中心。聚类结果与个案的先后次序有关。若不选中，表示完成了所有个案的依次分配后再计算类中心，这种方式比较省时。单击 Continue，返回主对话框。

（3）单击 Save，展开 Save New Variable 保存新变量对话

框，选中 Cluster membership 复选项，如图 15 - 13 所示，以建立一个新变量，系统默认该变量名为 QCL _ 1，其值表示聚类结果，即各样品被分配到哪一类中，该变量将在原数据文件中出现。另一选项 Distance from cluster center 表示将各样本距所属类中心的距离保存到 QCL _ 2 变量中。单击 Continue，返回主对话框。

（4）单击 Options（输出选项），保持默认状态。选中 Initial cluster centers 表示输出初始类中心点，如图 15 - 14 所示。ANOVA table 表示输出各类的方差分析表。Cluster information for each case 表示输出每个样本的分类结果和距离。单击 Continue，返回主对话框。

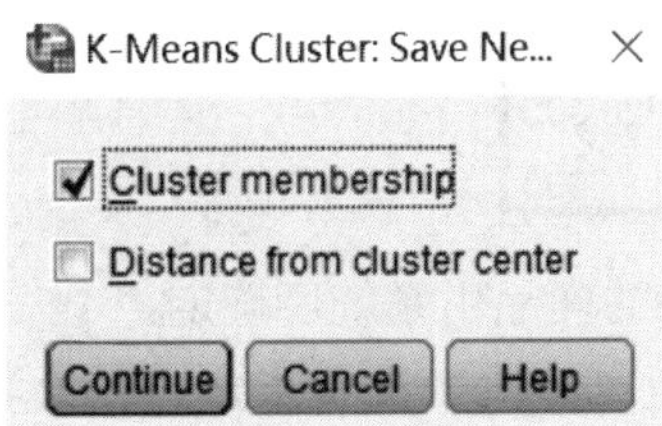

图 15 - 13　快速聚类 Save 对话框

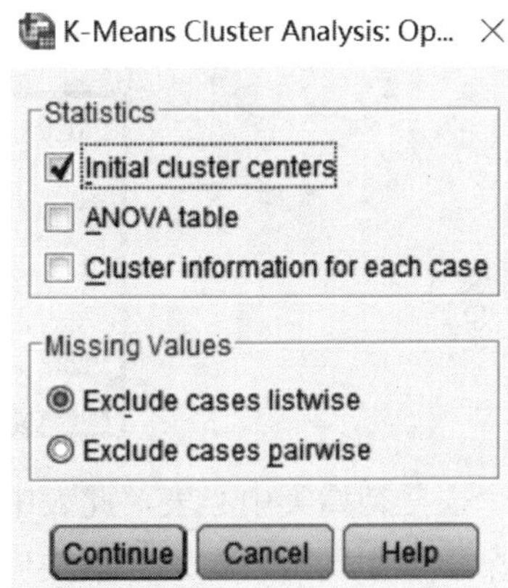

图 15 - 14　快速聚类 Options 对话框

单击 OK，我们可以获得如下输出结果：

Initial Cluster Centers

	Cluster			
	1	2	3	4
Zscore(数学)	1.39802	.15935	-1.07932	-1.90511
Zscore(英语)	1.31084	-1.32206	1.07149	-.12529
Zscore(语文)	1.41445	-.24808	-2.07686	.83256
Zscore(文科综合)	1.17778	1.03387	-1.05276	-.69299
Zscore(理科综合)	2.38204	-1.03675	-1.03675	.33077

Iteration History[a]

Iteration	Change in Cluster Centers			
	1	2	3	4
1	1.423	1.298	.964	1.550
2	.443	.311	.000	.000
3	.030	.019	.000	.000
4	.000	.000	.000	.000

a. Convergence achieved due to no or small change in cluster centers. The maximum absolute coordinate change for any center is .000. The current iteration is 4. The minimum distance between initial centers is 3.423.

Final Cluster Centers

	Cluster			
	1	2	3	4
Zscore(数学)	1.21373	.09264	-.96944	-1.44060
Zscore(英语)	.80737	-.78306	1.07149	-.85233
Zscore(语文)	1.09723	-.16178	-1.19197	-.00909
Zscore(文科综合)	.90899	.31050	-1.01446	-1.42151
Zscore(理科综合)	.88721	-.17448	-.67281	-.31538

Number of Cases in each Cluster

Cluster	1	87.000
	2	131.000
	3	62.000
	4	40.000
Valid		320.000
Missing		.000

第一个表是初始类中心表，此表中作为类中心的样品由系统所确定。

第二个表显示的是各次迭代后类中心的变化距离。由于没有指定迭代次数或收敛判据，因此使用系统默认值：最大迭代次数为 10，收敛参数为 0，即当迭代到 10 次时停止迭代或迭代使类中心变化的距离近似为 0 时停止迭代。此例快速聚类过程执行 4 次迭代后，各类中心的变化距离均为 0，因此，迭代就停止了。第一次迭代 1～4 类的类中心与初始类中心之间的距离分别为 1.423，1.298，0.964，1.550。第二次迭代 1～4 类的类中心与第一次迭代后类中心之间的距离分别为 0.443，0.311，0，0。第三次迭代 1～4 类的类中心与第二次迭代后类中心之间的距离分别为 0.030，0.019，0，0。

第三个表为最终的类中心的各变量值。

第四个表是聚类总结表，显示的是各类别中样品的个数以及参与聚类分析的有效样品数、缺失样品数。

依据每个学生 5 门成绩的综合评分以及该学生归于哪一类的列表（见图 15－15），我们可以发现，归为第 1 类的学生的综合评分应为优秀，归为第 2 类的学生的综合评分应为良好，归为第 3 类的学生的综合评分应为中等，归为第 4 类的学生的综合评分应为及格。

总之，聚类分析研究的关键问题包括怎样测量变量或样本间的相似性，如何进行聚类，形成多少类别最合适。在聚类时，首先我们要确定聚类类型是属于样本聚类还是变量聚类。其次选择聚类方法，确定是选择系统聚类法还是快速聚类法。然后选择类间距离测度、样本距离测度方法。在聚类分析中还应注意，如果数据在数量级上存在差异或单位不同，应进行标准化处理，且聚类分析中选择的变量应和聚类分析的目标密切相关。如对高校科研能力的评价，可选变量包括科研经费、项目数、获奖等级及频次、重点学科数、重点实验室或基地数等。变量之间不应具有高度相关性，否则相当于对这些变量进行了加权。

Z数学	Z英语	Z语文	Z文科综合	Z理科综合	综合得分	QCL_1
1.81091	-.12529	-1.24560	.96192	.74102	2.14	2
.36580	-.12529	-.41433	.38630	1.01453	1.23	2
-1.07932	1.07149	-2.07686	-1.05276	-1.03675	-4.17	3
-1.21695	-1.20239	-.41433	-1.77228	-.62649	-5.23	4
.02172	-1.32206	.58318	1.10582	.33077	.72	2
-.04710	-.72368	-.24808	-.18933	-.07949	-1.29	2
-.87288	1.07149	-.41433	-.98080	-.35299	-1.55	3
.15935	-1.32206	-.24808	1.03387	-1.03675	-1.41	2
1.39802	-.72368	1.24820	.88996	.74102	3.55	1
-1.90511	-.12529	.83256	-.69299	.33077	-1.56	4
.50343	1.07149	1.41445	-.33323	1.69829	4.35	1

图 15-15　生成新变量 QCL_1

此外，聚类结果仅是所选变量数据相似性的反映，未必符合事物真实的类别属性。没有任何一个公认的客观标准能够完全判断聚类的好坏，但研究者可以参考下述标准进行判断：（1）单一样本或数量很少的样本成为一组往往不能被接受，这一组往往需要考虑删除。当然，如果确实存在非常突出或糟糕表现的样本也需要保留，给予重视并进行单独分析。（2）各个类别的样本规模。最好每个类别应包含 10%的样本。以样本规模为 1 000 的样本为例，每一个类别最好应包含 100 个样本。这意味着我们最后得到的类别不宜超过 10 类。（3）对于系统聚类，停止准则主要依赖于随着聚类类别数量的递减，类间距离是否不再有较大幅度的增加。（4）聚类结果不是显著地依赖于聚类变量的选择。（5）对于聚类结果可以进行有实际意义的解释。

因此，在检验聚类结果的效度（validity）时，一方面我们可以检验交互分类的有效性（cross-validation）。将样本随机分成两组或者多组，分组分别使用同样的聚类方法进行分析，看看聚类结果是否具有稳定性。例如，同时使用系统聚类法对两组样本（每组 100 个样品）进行聚类，看看聚成 2～10 类时，两组样本中各类的样品数是否基本相同，类中心是否接近。另一方面，我们可以建立有效性标准。通常的做法是计算各类在各聚类变量上的均值，对均值进行比较，看看分组的意义是否合适，各类的均值差异是否较大，也可以利用多因变量方差分析考察各组在聚类变量上的均值是否存在显著性差异。

本章小结

聚类分析是统计学中研究“物以类聚”的一种方法，即根据事物外显特征研究个体或变量分类的多元统计分析方法。按分类的对象不同，聚类分析可以分为样本聚类（或称个案聚类）和变量聚类两种类型。聚类分析的结果在于使得类内个体具有较高的相似性，类间的差异性较大。在测量相似性时，针对样本聚类，我们通常选择距离来测量，但也要注意区分不同的数据类型；而针对变量聚类，我们通常选择相似系数来测量。

常用的聚类方法有系统聚类法（或称分层聚类法）和快速聚类法（或称动态聚类法）两种。在 SPSS 中，系统聚类法由主菜单 Analyze—Classify 下的 Hierarchical Cluster 功能模块来完成。而快速聚类法主要由 Analyze— Classify—K-Means Cluster 功能模块来完成。目前聚类分析的趋势是将系统聚类法和快速聚类法结合使用。通过系统聚类法可以获得初始聚类数目以及各聚类中心；在系统聚类后再进行快速聚类可以提供更加准确的聚类关系。

在聚类时，首先我们要确定聚类类型是属于样本聚类还是变量聚类。其次选择聚类方法，即选择系统聚类法或快速聚类法。然后选择类间距离测度、样本距离测度方法。在聚类分析中还应注意，如果数据在数量级上存在差异或单位不同，应进行标准化处理，且聚类分析中选择的变量应和聚类分析的目标密切相关，变量之间不应具有高度相关性。

在检验聚类结果的效度时，一方面我们可以检验交互分类的有效性。将样本随机分成两组或者多组，分组分别使用同样的聚类方法进行分析，看看聚类结果是否具有稳定性。另一方面，我们可以建立有效性标准。通常的做法是计算各类在各聚类变量上的均值，对均值进行比较，也可以利用多因变量方差分析考察各组在聚类变量上的均值是否存在显著性差异。

思考题

1. 试比较系统聚类法和快速聚类法的优缺点。
2. 随机从某大学经济与工商管理学院抽取 30 名学生，他们的 4 科成绩如下：

学生序号	微观经济学（X_1）	经济学前沿文献阅读（X_2）	宏观经济学（X_3）	经济学思想史（X_4）
1	127	优秀	140	81
2	133	及格	127	67
3	159	优秀	155	86
4	151	良好	135	72
5	131	中等	126	61
6	164	优秀	137	73
7	139	良好	158	82
8	133	优秀	144	74
9	159	良好	133	70
10	137	中等	124	63
11	133	优秀	155	67
12	159	良好	135	86
13	151	中等	126	72
14	131	优秀	124	61
15	133	优秀	155	74
16	159	良好	135	70
17	151	中等	144	63
18	131	优秀	133	67
19	159	良好	124	70

续表

学生序号	微观经济学（X_1）	经济学前沿文献阅读（X_2）	宏观经济学（X_3）	经济学思想史（X_4）
20	151	中等	155	63
21	131	优秀	155	67
22	159	良好	134	86
23	135	中等	125	86
24	133	良好	137	77
25	158	中等	159	63
26	153	优秀	137	74
27	133	优秀	126	67
28	134	优秀	125	72
29	131	良好	154	60
30	150	中等	135	67

试利用数据文件“exe15－1. sav”将这 30 名学生按其综合成绩的优劣进行分类。

3. 试利用数据文件“15－1. sav”，采用快速聚类法对例 15－1 进行聚类分析，并将之与系统聚类法的聚类结果进行对比。

第十六章

判别分析及其应用

本章提要

判别分析是研究判别个体所属类型的一种统计分析方法。本章将首先介绍判别分析的基本概念、原理及其背后的前提条件与基本模型。然后，我们对判别分析研究的一般步骤进行总结。最后，我们简要介绍几种常用的判别分析方法如距离判别法、费希尔判别法、Logistic 判别法等，并对判别分析在 SPSS 中的具体应用进行举例说明。通过本章的学习，我们希望读者可以明确判别分析方法的基本原理及其与其他统计分析方法如回归分析、聚类分析的异同，同时，掌握判别分析研究的一般步骤及其在 SPSS 相应模块的操作步骤。

第一节　判别分析的基本概念及原理

判别分析（discriminant analysis，DA）是由英国统计学家和遗传学家费希尔于 1936 年提出来的一种统计分析方法。近年来，它在医学、管理学、心理学、教育学中都有广泛的应用。

一、判别分析的基本概念

判别分析是研究判别个体所属类型的一种统计分析方法。在各学科领域的研究中经常会涉及需要判别的问题。例如，在经济研究中，根据人均国民收入、人均农业产值、人均消费水平等多种指标来判定一个国家的经济发展程度所属类型；在医疗诊断中，根据患者的各种化验结果、疾病症状、生命体征等判断其疾病类型；在选拔体育人才时，根据运动员的体形、运动成绩、生理指标、心理素质、遗传因素等指标判断是否将其选入国家队继续培养；气象工作者需要根据采集到的一些信息判断近日内的天气是晴、阴还是有雨；在生物学中也常根据动物、植物的某些特征对它们进行分类等。纵观这些问题，其共性在于人们需要依据从个体上测得的一些指标来判断个体属于哪种类型。

判别分析在教育研究中也有较为广泛的应用，常常用于判别学校的等级、预测人才的类型等，例如，预测某个学生能否考上某高校的研究生，识别某所高校能否成为世界一流大学等。

判别分析和回归分析、聚类分析的概念有相似性，但也存在差异性，下面我们分别来阐明判别分析与二者的异同。

（一）判别分析与一般回归分析

判别分析的应用和解释与一般回归分析比较类似，它们均是利用一个或者多个自变量的线性或非线性组合来预测因变量的取值。但特别需要注意的是，一般回归分析的因变量为数值型变量，而判别分析要预判的是分类变量。当然，在估计判别函数时也可以采用 Logistic 回归模型。

（二）判别分析与聚类分析

聚类分析是在事先不清楚观测对象的分类的情况下对样本数据进行分类，而在进行判别分析前，我们已知观测对象的分类和若干描述观测对象特征的变量值。判别分析就是要从中筛选出能提供较多信息的变量并建立判别函数或判别准则，并利用推导出的判别函数对观测对象判别其所属类别，并尽可能保证错判率或错判损失最小。

当已有样本并未给出明确的分组信息时，往往需要先利用聚类分析给出样本的分组信息，例如分组数、分组类别、各组具体特征等，在此基础上，我们再利用判别分析进行新增样本的分组预测。

二、判别分析的基本原理

判别分析的一般思路如下：假设我们有 k 个总体，希望建立一个准则，对给定的任意一个样品，依据这个准则就能判断它来自哪个总体。当然，我们应当尽可能保证这种准则在某种意义下是最优的，例如，错判概率最小或错判损失最小等。

因此，判别分析是利用已知类别的样本模拟模型，为未知样品判类的一种统计方法。即根据已掌握的每个类别的若干样本的数据信息，建立判别公式和判别准则，这样对于新样本来说，只要根据判别公式和判别准则，我们就可以判别该样本所属的类别。

总之，判别分析应包含两个阶段的工作，一是根据判别变量建立判别函数，二是明确要处理的是未知分组属性的个案，我们需要以由第一阶段的分析结果所建立的判别函数为依据，对这些未知组别的个案进行判别分组。例如，我们拟将中国各个省份按教育发展状况划分为教育发达地区和教育欠发达地区两种。用来分组的指标包括人均受教育年限、生均经费、各级教育的入学率、财政性教育经费占国民总收入的比重等。假定已经有 28 个省份被归类，但是中部地区的河南省、湖南省以及西部地区的陕西省还未归类。若要用判别分析的方法将未归类的省份进行归类，首先，我们要根据已知的判别变量，如人均受教育年限、生均经费、各级教育的入学率、财政性教育经费占国民总收入的比重等信息建立判别函数，然后依据判别标准，对河南省、湖南省、陕西省进行判别，看其属于教育发达地区还是属于教育欠发达地区。

第二节　判别分析的前提假设及基本模型

第一节我们提到，判别分析的统计分析模型不同于一般回归分析，判别分析模型要求因变量为分类变量，自变量为定距或定比变量。分组变量为因变量，用以分组的其他特征变量为判别变量或自变量。例如，某高校学生管理部门希望对现在就读的本科生进行分类，以便对肄业风险高的学生进行提前干预。在设置判别分析模型时，分组变量即因变量为是否肄业，为二分变量；判别变量即自变量可以包括专业课平均学分绩点、学位基础课与学位专业课挂科门数、每周网络聊天或游戏时长、实习或兼职周工作天数等。判别分析应满足一定的前提假设，我们总结如下。

一、判别分析的前提假设

在进行判别分析时，我们要求分组类型（group，用 g 表示）在两组以上。在第一阶段根据判别变量建立判别函数时，每组样本数必须在一个以上，且各个判别变量要为定距变量或定比变量，这样才方便计算均值和方差。而已知类别的样本数至少要比判别变量的个数多两个。以上条件较容易满足，除此之外，判别分析模型还需满足如下假设：

（1）各个判别变量的联合分布为多元正态分布，以便精确计算统计量的显著性水平和样本分组归属的概率。

（2）不同组别的变量需要具有相同的协方差矩阵，以便计算判别函数和进行显著性检验。

（3）模型不存在多重共线性，即每一个判别变量不能是其他判别变量的线性组合，否则无法估计判别函数。

以上假设在进行判别分析时要尽可能地进行相应的检验，以保证判别分析过程的正常进行以及判别分析结果的有效性和准确性。

二、判别分析的基本思想和基本模型

若想恰当应用判别分析方法，我们需要对其基本思想和基本模型进行深入的理解。

（一）基本思想

我们以线性判别函数为例，阐述判别分析的基本思想：

$$Z_{jk}=a+W_1X_{1k}+W_2X_{2k}+\cdots+W_nX_{nk} \tag{16.1}$$

式中，Z_{jk}是第k个样本在第j个判别函数中的得分，a是常数项，W_i是自变量X_i的判定权重，X_{ik}是第k个样本在自变量X_i上的取值。

每个样本的判别函数得分Z实质上是每个自变量通过判定权重W加权后的得分之和。我们就是通过判别函数得分对每个样本进行分类。对于每个特定的群组，分别计算

Z 分数平均值，这一平均数又称为各组的重心（centroid）；如果有 2 个群组，则会得到 2 个重心，如果有 3 个群组，则有 3 个重心，依此类推。重心意味着该群组内绝大多数的样本都会分布在该点周围。

判别分析的判别效果依赖于判别函数对不同组别重心之间距离的测量。如果样本分布的重叠部分很小，那么说明判别函数能够将两组样本较好地区分开。反之，如果分布的重叠部分很大，那么说明判别函数不能将两组样本较好地区分开。

（二）基本模型

为了与回归模型进行比较，我们将判别函数写成如下形式：

$$y = b_0 + b_1 X_1 + b_2 X_2 + \cdots + b_i X_i \tag{16.2}$$

式中，y 是判别函数值，简称判别值；X_i 为判别变量；b_i 为相应的判别系数，表示各个判别变量对判别值的影响；b_0 是常数值。判别函数与回归函数的区别在于，判别函数中的 y 不是代表实测的因变量的估计，因为实测的因变量是定类变量，而由该函数预测的因变量是定距变量。此外，在回归分析中，回归方程只有一个，而在判别分析中的判别函数方程往往不止一个。

第三节　判别分析的研究步骤

判别分析一般经历如下研究步骤：判别分析的研究设计、判别分析的研究假设、估计判别函数以及评估整体拟合度、判别结果的解释、判别结果的验证等。下面我们具体来说明判别分析的每一个研究步骤。

（一）判别分析的研究设计

在判别分析的研究设计阶段，通常涉及变量的选择、样本规模或样本量的确定以及保留样本的选择等问题。

在选择变量时，针对因变量，要满足其为分类变量，且每个变量水平要相互独立、排斥的要求，即每个样本只能归为其中的一类。如果因变量为顺序型数值变量，我们可以将其转化成分类变量。例如，若因变量为学生成绩排名这一顺序型数值变量，我们可以按照学生成绩排名，将样本分为高、中、低三类，从而将因变量转化为分类变量。关于分类结果，我们可以从现有信息中直接获得，也可以通过聚类分析等手段生成。此外，我们要尽可能地控制因变量的类型数量。因为随着组别的增加，不同组别之间在自变量特征上的重合性会加大，这样会增加判定的难度、降低判定的准确性。而对自变量的选择，我们既要借鉴已有研究及理论模型，也要充分利用研究者的既有知识及研究直觉。

在样本量方面，进行判别分析时，我们期望的最佳情况是样本数/自变量数≥20，且样本数/组别数量≥20。如果无法满足，我们最低的要求是样本数/自变量数≥5，且样本数/组别数量≥5。

我们知道，分析组样本信息可以用来估计判别函数，而保留组样本是用来检验判别函数样本外的预测正确率的。选择分析组和保留组的个体时，通常遵循等比例分层抽样原则，即两组样本中，各具体组别大小比例应与整个样本基本保持一致。

（二）判别分析的研究假设

在第二节我们已经提到，判别分析需满足三大研究前提假设，在实际判别分析的过程中我们需要对以上研究假设进行检验。

针对模型的多重共线性问题，我们可以进行判别变量间的相关系数检验。若共线性问题较为严重，一方面我们可以进一步选择更具有代表性的变量；另一方面，我们也可以运用因子分析的方法提取公共因子，用正交后的各个公共因子代替原始变量，就不会出现共线性问题了。

针对不同组别的样本的协方差矩阵是否相同的问题，我们可以进行博克斯 M 检验，随着样本量以及组别数量的增加，协方差矩阵的要求可以放宽，例如，$p>0.01$ 即可。如果“不同组别的样本具有相同的协方差矩阵”这一假设无法满足，我们可以通过增加样本量或使用二次判别函数的方法加以解决。

针对“各个判别变量的联合分布为多元正态分布”这一假设，我们对于显著性检验可以适当放宽标准，即将显著性水平限制在 0.01 及以下。其实，除了满足“各个判别变量的联合分布为多元正态分布”这一假设，我们可以尽可能地保证单变量服从一元正态分布，可以通过取对数等手段对判别变量进行数据转换。如果确实拒绝多元正态分布的假设，我们也可以采用 Logistic 回归估计判别函数，或者采用非参数的判定方法。

（三）估计判别函数以及评估整体拟合度

在进行此步骤时，我们需要先估计判别函数，然后评估判别函数的显著性，最后，评估整体拟合度。通常，我们通过联立模型或逐步模型来估计判别函数。若采用联立模型，自变量会同时全部进入判别函数模型，且判别函数可能不止一个。而若采用逐步模型，自变量会逐步进入判别函数模型。在我们估计完判别函数后，首先需要做的是判断估计所得到的判别函数的解释效力，我们可以利用 Wilk's lambda，Hotelling，Pillai 等方法进行整体显著性判断，本质上为对多因变量方差分析整体显著性的判断。

而在进行整体拟合度评估（assessing overall model fit）时，我们需要计算判别函数得分 Z 并检验组间差异，评价各组预测的精度。具体来说，首先对每个观测样本估算 Z 分数；然后通过计算组间 Z 分数重心的差异性从而评价组间差异性；最后通过设定分类函数或分类准则，估算临界得分（cutting score），再将每个样本 Z 分数与临界得分进行对比，将各个样本归入相应的组别中，从而评价各组预测的精度。

（四）判别结果的解释

对判别结果的解释包含两个部分，一是对标准化判别权重的解释，二是对判别载荷的解释。观察并分析判别函数赋予每个变量的标准化判别权重时，符号的正负代表判别变量对判别函数带来的贡献是正向的还是负向的。而标准化判别权重的大小则代表判别变量对判别函数的判断力贡献的大小：数值较大说明该判别变量对判别函数的判断力贡献较大；反之，则说明对判别函数的判断力贡献较小。需要注意的是，若判别分析模型存在较为严重的多重共线性问题，则对判别权重的估计会产生严重偏差。

判别载荷又称结构相关系数，它是各个变量与判别函数得分之间的简单相关系数，反映了每个变量对判别函数的相对贡献。

（五）判别结果的验证

任何判别准则都可能产生错判现象，总的平均错判概率越小，则判别准则越好。有些时候为了检验判别准则的优劣，需要将各母体中的对象按判别准则进行回判，观察回判中的错判比例。母体中的样品，有时称为“训练样本”。我们可以采用如下两种方法进行判别结果的验证：

（1）貌似误判率方法。

在建立了判别准则后，计算误判的比例：

$$\hat{\alpha}=\frac{n_{12}+n_{21}}{n_1+n_2} \tag{16.3}$$

式中，n_{12}，n_{21}分别为应当是第一类错判为第二类的样品数、应当是第二类而错判为第一类的样品数。该比例一般情况下比实际的误判概率要小，因为使用的是部分样本。但在样本足够大的情况下，可以近似地反映整体误判情况，可以证明该结果是实际误判概率的渐近无偏估计。

（2）刀切法。

刀切法，也称 Lachenbruch 删除法或者交叉确认法。其基本思想是每次剔除训练样本中的一个样品，利用其余的样品建立判别准则，然后对所剔除的样品进行判别，记录判别的效果。

第四节　几种判别分析方法

常用的判别分析方法有距离判别法、费希尔判别法和 Logistic 判别法等。无论是哪种判别分析方法，判别分析的基本原理都是相同的。下面简单介绍一下这三种常用的判别分析方法。

（一）距离判别法

距离判别法最基本的思想是计算每个样本到第 i 类总体的平均距离，选择距离最小的组作为归类组别。距离判别法通过构建一个适当的距离函数计算样本与某类别之间距离的大小，判别其所属类别。因此，运用距离判别法进行判别分析时，首先我们要对总体分布已知的样本与各类重心间的马氏距离进行计算，然后针对两个总体或是多个总体进行距离判别。

1. 总体分布已知的马氏距离计算

样品 $\boldsymbol{x}$ 和 G_i 类之间的马氏（Mahalanobis）距离定义为 $\boldsymbol{x}$ 与 G_i 类重心间的距离：

$$d^2(\boldsymbol{x},G_i) = (\boldsymbol{x}-\boldsymbol{\mu}^{(i)})'\boldsymbol{S}_i^{-1}(\boldsymbol{x}-\boldsymbol{\mu}^{(i)}) \tag{16.4}$$

式中，$\boldsymbol{S}_i^{-1}$ 是总体 G_i 中 p 维向量间的协方差矩阵的逆矩阵，$\boldsymbol{\mu}^{(i)}$ 是总体 G_i 的均值向量。当协方差矩阵非对角线元素都为 0 时，马氏距离就成了欧氏距离。也就是说，当 p 维变量两两独立时，可以用欧氏距离直接建立判别准则。

马氏距离有两个特点，一是不受计量单位的影响，二是马氏距离是标准化后的变量的欧氏距离。

2. 距离判别

（1）两个总体。

设有两个 p 维正态总体，对给定的样品 $\boldsymbol{y}$，判别其到底是来自哪一个总体，一个最直观的想法是计算 $\boldsymbol{y}$ 到两个总体的距离。故我们用马氏距离来给定判别准则，即如果 $d^2(\boldsymbol{y}, G_1)<d^2(\boldsymbol{y}, G_2)$，则 $\boldsymbol{y}$ 应归属于 G_1 类。如果 $d^2(\boldsymbol{y}, G_1)>d^2(\boldsymbol{y}, G_2)$，则 $\boldsymbol{y}$ 应归属于 G_2 类。如果 $d^2(\boldsymbol{y}, G_1)=d^2(\boldsymbol{y}, G_2)$，则需要进一步判别。

（2）多个总体。

设有 k 个总体，分别有均值向量 $\boldsymbol{\mu}_i$（$i=1, 2, \cdots, k$）和协方差矩阵，各总体出现的先验概率相等。又设 $\boldsymbol{y}$ 是一个待判样品，则 $\boldsymbol{y}$ 与第 i 个总体的距离为：

$$\begin{aligned} d^2(\boldsymbol{y},G_i) &= (\boldsymbol{y}-\boldsymbol{\mu}_i)'\boldsymbol{\Sigma}^{-1}(\boldsymbol{y}-\boldsymbol{\mu}_i) \\ &= \boldsymbol{y}'\boldsymbol{\Sigma}^{-1}\boldsymbol{y}-2\boldsymbol{y}'\boldsymbol{\Sigma}^{-1}\boldsymbol{\mu}_i+\boldsymbol{\mu}_i'\boldsymbol{\Sigma}^{-1}\boldsymbol{\mu}_i \end{aligned} \tag{16.5}$$

上式中的第一项 $\boldsymbol{y}'\boldsymbol{\Sigma}^{-1}\boldsymbol{y}$ 与 i 无关，可忽略，舍去后得到一个等价函数：

$$\begin{aligned} g_i(\boldsymbol{y}) &= -2\boldsymbol{y}'\boldsymbol{\Sigma}^{-1}\boldsymbol{\mu}_i+\boldsymbol{\mu}_i'\boldsymbol{\Sigma}^{-1}\boldsymbol{\mu}_i \\ &= -2(\boldsymbol{y}'\boldsymbol{\Sigma}^{-1}\boldsymbol{\mu}_i-0.5\boldsymbol{\mu}_i'\boldsymbol{\Sigma}^{-1}\boldsymbol{\mu}_i) \end{aligned} \tag{16.6}$$

因此，距离判别法的判别函数为：

$$f_i(\boldsymbol{y}) = \boldsymbol{y}'\boldsymbol{\Sigma}^{-1}\boldsymbol{\mu}_i-0.5\boldsymbol{\mu}_i'\boldsymbol{\Sigma}^{-1}\boldsymbol{\mu}_i \tag{16.7}$$

如果 $f_l(\boldsymbol{y})=\max_{1\leqslant i\leqslant k}f_i(\boldsymbol{y})$，则 $\boldsymbol{y}$ 应归属于 G_l 类。

（二）费希尔判别法

费希尔判别法借助方差分析的思想建立判别函数和判别准则，使得判别结果尽可能满足组间差异最大，组内差异最小，也就是根据组间均方差与组内均方差之比最大的原则进行判别。在实践中，我们通常使用线性判别函数，因此也称费希尔线性判别法。费希尔判别法对于总体的分布不需要提出特定的假设，因此适用性更广。

1. 基本思想

费希尔判别法的基本思想是首先构造一个判别函数，我们假定其为线性函数：

$$y = C_1X_1+C_2X_2+\cdots+C_nX_n \tag{16.8}$$

其中各系数的选择，应满足使得类间的区别最大类内的差异最小。对于一个新的样品，将其代入判别函数，然后与判别临界点进行比较，从而判断其应归属于哪一类。

2. 求判别函数

以下为两组判别函数的平均值：

$$\bar{y}^{(1)} = C_1 \bar{x}_1^{(1)} + C_2 \bar{x}_2^{(1)} + \cdots + C_k \bar{x}_k^{(1)} \tag{16.9}$$

$$\bar{y}^{(2)} = C_1 \bar{x}_1^{(2)} + C_2 \bar{x}_2^{(2)} + \cdots + C_k \bar{x}_k^{(2)} \tag{16.10}$$

最优的判别函数应当满足$\bar{y}^{(1)} - \bar{y}^{(2)}$最大，而组内的离差平方和 $\sum_{i=1}^{n_1}(y_i^{(1)} - \bar{y}^{(1)})^2$ 和 $\sum_{i=1}^{n_2}(y_i^{(2)} - \bar{y}^{(2)})^2$ 最小。我们可以构造如下统计量：

$$I = \frac{(\bar{y}^{(1)} - \bar{y}^{(2)})^2}{\sum_{i=1}^{n_1}(y_i^{(1)} - \bar{y}^{(1)})^2 + \sum_{i=1}^{n_2}(y_i^{(2)} - \bar{y}^{(2)})^2} \tag{16.11}$$

最佳的线性判别函数应该使两个重心的距离尽可能地大，两个组内的离差平方和尽可能地小。因此，该统计量越大，说明判别效果越好。根据统计量 I 求极值，可以获得判别函数的系数估计值。

3. 判别准则

在两个总体先验概率相等的情况下，通常以两个均值的加权平均数作为临界点，即

$$y_0 = \frac{n_1 \bar{y}^{(1)} + n_2 \bar{y}^{(2)}}{n_1 + n_2} \tag{16.12}$$

如果由原始数据 **y** 求得的判别函数的得分为 y^*，对于一个样品，将其代入判别函数中，若 $y^* > y_0$，则判给 G_1，否则判给 G_2。

（三）Logistic 判别法

如果有一个回归模型能直接预测因变量 Y，那么我们利用这个回归模型就可以对新增样本加以判断。但事实上，我们不能直接构建线性模型，必须考虑概率 p 建立模型，即构建 Logistic 回归模型。因此，两个总体的 Logistic 判别法即建立二分变量的 Logit 模型。

1. 基本思想

针对因变量是分类变量的回归模型，例如，因变量 Y 只取两个值，“录取”或“不录取”。在这样的情况下，我们可以令 1=“录取”，0=“不录取”，则变量取 1 的概率是我们感兴趣的参数，该概率表示总体中标识为 1 的人所占的比例。那么该变量的均值为 $0\times(1-p)+1\times p=p$，该变量的方差为 $E(y-p)^2=(0-p)^2\times(1-p)+(1-p)^2\times p=p(1-p)$。

机会比（odds ratio）即取值为 1 的概率与取值为 0 的概率之比为：

$$\text{odds} = \frac{p}{1-p} \tag{16.13}$$

对机会比的自然对数（称为 p 的 logit）建模如下：

$$\text{Logit}(p) = \ln(\text{odds}) = \ln\frac{p}{1-p} = \beta_0 + \sum_{j=1}^{k}\beta_j z_j \tag{16.14}$$

那么，Logit 模型可以简写为：

$$\ln\frac{p}{1-p}=\beta_0+\sum_{j=1}^{k}\beta_j z_j \tag{16.15}$$

上式两边取指数函数，可得

$$\theta(z)=\frac{p(z)}{1-p(z)}=\exp\left(\beta_0+\sum_{j=1}^{k}\beta_j z_j\right) \tag{16.16}$$

2. 判别准则

若 $\theta(z)>1$，则样本归入总体 1；若 $\theta(z)<1$，则样本归入总体 0。若 p 为被录取的概率，$1-p$ 是不被录取的概率即归入总体 0 的概率，那么 $p/(1-p)>1$ 说明样本归入被录取的总体的概率更大；反之，$p/(1-p)<1$，说明样本归入不被录取的总体的概率更大。

第五节 判别分析的 SPSS 实现过程

在 SPSS 中，判别分析是由 Analyze—Classify—Discriminant 功能模块来完成的。下面以一个实例来介绍 SPSS 中的判别分析过程是如何实现的。

例 16-1 某大学教育学部招收硕士研究生，依据学生本科期间的平均学分绩点（GPA）和学生综合测评成绩（ZHCP）来确定学生是否被录取为该专业研究生。表 16-1 给出了该大学教育学部研究生录取候选人的 GPA 和 ZHCP 数据，并分为录取、不录取、未定三类。现采用判别分析方法来判定这 80 名候选人的所属类别。

表 16-1 80 名候选人的 GPA 和 ZHCP 数据

录取			不录取			未定		
序号	GPA	ZHCP	序号	GPA	ZHCP	序号	GPA	ZHCP
1	2.96	596	15	3.44	692	29	3.80	521
2	3.14	473	16	3.48	528	30	3.76	646
3	3.22	482	17	3.47	552	31	2.54	446
4	3.29	527	18	3.35	520	32	2.43	425
5	3.69	505	19	3.39	543	33	2.2	474
6	3.46	693	20	3.28	523	34	2.36	531
7	3.03	626	21	3.21	530	35	2.57	542
8	3.19	663	22	3.58	564	36	2.35	406
9	3.63	447	23	3.33	565	37	2.51	412
10	3.59	588	24	3.40	431	38	2.51	458
11	3.30	563	25	3.38	605	39	2.36	399
12	3.40	553	26	3.26	664	40	2.36	482
13	3.50	572	27	3.60	609	41	2.66	420
14	3.78	591	28	3.37	559	42	2.68	414

续表

录取			不录取			未定		
序号	GPA	ZHCP	序号	GPA	ZHCP	序号	GPA	ZHCP
43	2.48	533	56	2.72	399	69	3.01	471
44	2.46	509	57	2.85	381	70	2.79	490
45	2.63	504	58	2.90	384	71	2.89	431
46	2.44	336	59	2.86	380	72	2.91	446
47	2.13	408	60	2.89	382	73	2.75	546
48	2.41	469	61	3.14	419	74	2.73	467
49	2.55	538	62	3.28	371	75	3.12	463
50	2.31	505	63	2.89	447	76	3.08	440
51	2.41	489	64	3.15	313	77	3.03	419
52	2.19	411	65	3.50	402	78	3.00	509
53	2.35	321	66	2.89	485	79	3.03	438
54	2.60	394	67	2.80	444	80	3.05	399
55	2.55	528	68	3.13	416			

解：我们建立数据文件“16－1.sav”。变量名分别是 xh（序号）、group（类别）、gpa（本科平均学分绩点）、zhcp（本科综合测评成绩）。进行判别分析的操作步骤如下：

（1）打开数据文件“16－1.sav”。单击 Analyze—Classify—Discriminant，展开 Discriminant Analysis 对话框。将变量 group 放入 Grouping Variable 框内，将变量 gpa，zhcp 放入 Independents 列表框内，默认勾选 Enter independents together 选项，即判别函数中包含 Independents 列表框中列出的所有变量。这种将所有待分析的变量都纳入判别函数中的判别方法，称为典型判别法。另一可选项是 Use stepwise method，即使用逐步回归的方法对进入判别函数的自变量进行选择的判别方法，称为逐步判别法，如图 16－1 所示。

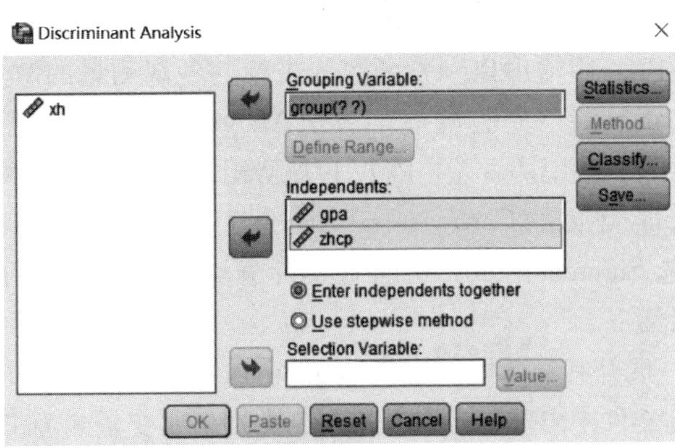

图 16－1　判别分析的主对话框

（2）选中图 16－1 中的 Grouping Variable 下方变量，单击 Define Range，在其展开

的对话框中的 Minimum 和 Maximum 后面的空白框内输入 1 和 3。其中，1 表示录取，2 表示不录取，3 表示未定，如图 16－2 所示。单击 Continue，返回主对话框。

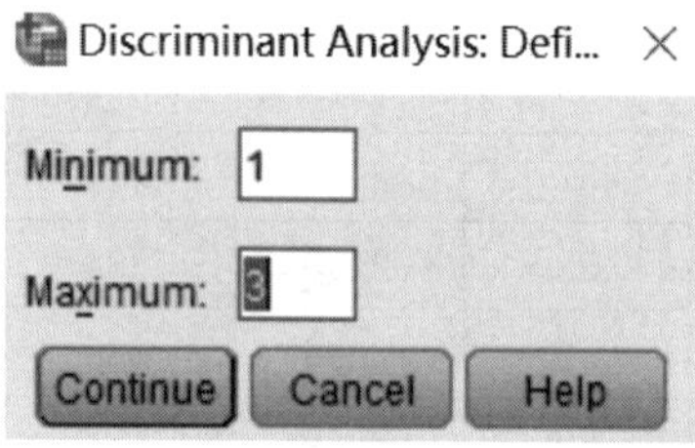

图 16－2　判别分析定义组别变量的对话框

（3）单击 Statistics 展开其对话框。在 Function Coefficients 栏下，选中 Fisher's 和 Unstandardized 选项，如图 16－3 所示，以输出标准化典型判别函数即费希尔判别函数的系数表以及非标准化典型判别函数的系数表。若勾选 Descriptives 下方的 Means 以及 Univariate ANOVAs，会输出变量均值以及自变量平均数差异的方差分析表。若勾选 Box's M，会输出各类的协方差矩阵相等的博克斯 M 检验。单击 Continue，返回主对话框。

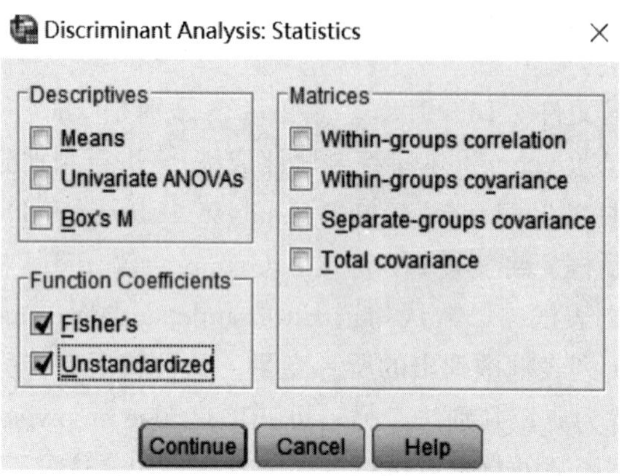

图 16－3　判别分析的 Statistics 对话框

（4）单击 Classify，展开 Classification 对话框。在 Plots 栏下选中 Combined-groups 和 Territorial map 选项，将输出以判别函数为坐标的各观测量的散点图和各类区域图。默认勾选 Prior Probabilities（先验概率）下方 All groups equal（各组相等）选项以及 Use Covariance Matrix（使用协方差矩阵）下方 Within-groups（组内）选项，如图 16－4 所示。若勾选 Display 下方的 Casewise results 会显示每一个观测量的实际分类与预测分类的情况，若勾选 Summary table 会呈现实际分类与预测分类的结果摘要表。点击 Continue，返回主对话框。

（5）单击 Save，展开其对话框。选中 Predicted group membership 选项，如图 16－5 所示，将会在原数据文件中出现各观测量的预测类别值，变量名为 Dis _ 1。若勾选 Discriminant scores 选项，在原始数据文件中将出现各观测量的非标准化典型判别函数值。点击 Continue，返回主对话框。

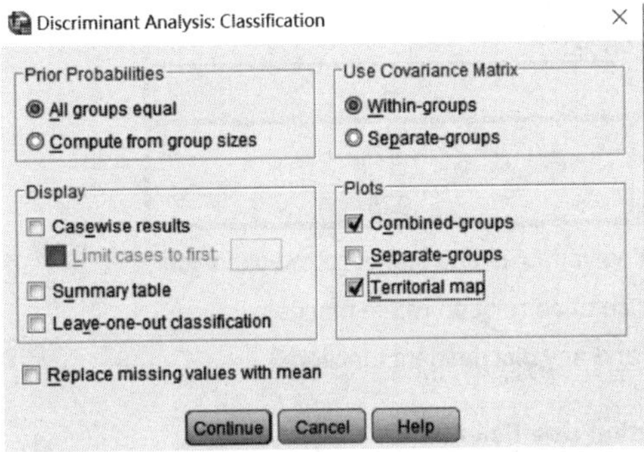

图 16－4　判别分析的 Classification 对话框

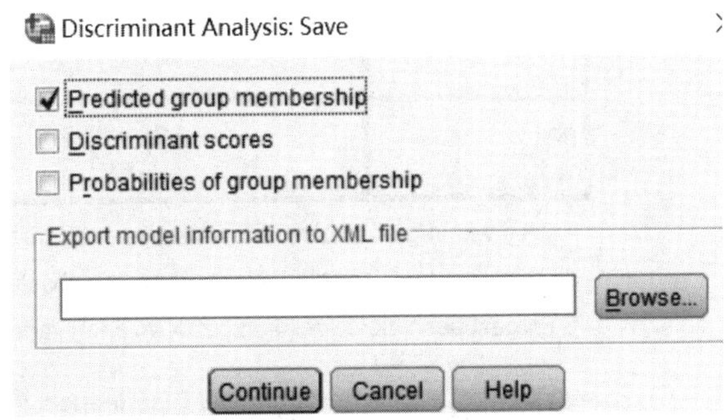

图 16－5　判别分析 Save 对话框

单击 OK，我们将得到如下主要输出结果：

Group Statistics

group		Valid N (listwise)	
		Unweighted	Weighted
1.00	zhcp	30	30.000
	gpa	30	30.000
2.00	zhcp	30	30.000
	gpa	30	30.000
3.00	zhcp	20	20.000
	gpa	20	20.000
Total	zhcp	80	80.000
	gpa	80	80.000

Eigenvalues

Function	Eigenvalue	% of Variance	Cumulative %	Canonical Correlation
1	5.665[a]	97.0	97.0	.922
2	.178[a]	3.0	100.0	.388

a. First 2 canonical discriminant functions were used in the analysis.

Wilks' Lambda

Test of Function(s)	Wilks' Lambda	Chi-square	df	Sig.
1 through 2	.127	157.628	4	.000
2	.849	12.513	1	.000

Standardized Canonical Discriminant Function Coefficients

	Function	
	1	2
zhcp	.585	.841
gpa	.948	-.388

Structure Matrix

	Function	
	1	2
gpa	.821*	-.571
zhcp	.379	.925*

Pooled within-groups correlations between discriminating variables and standardized canonical discriminant functions Variables ordered by absolute size of correlation within function.

*. Largest absolute correlation between each variable and any discriminant function

Canonical Discriminant Function Coefficients

	Function	
	1	2
zhcp	.010	.014
gpa	4.687	-1.920
(Constant)	-18.573	-.968

Unstandardized coefficients

Functions at Group Centroids

group	Function	
	1	2
1.00	2.782	.206
2.00	-2.599	.271
3.00	-.274	-.715

Unstandardized canonical discriminant functions evaluated at group means

Classification Processing Summary

Excluded	Processed	80
	Missing or out-of-range group codes	0
	At least one missing discriminating variable	0
	Used in Output	80

Prior Probabilities for Groups

group	Prior	Cases Used in Analysis	
		Unweighted	Weighted
1.00	.333	30	30.000
2.00	.333	30	30.000
3.00	.333	20	20.000
Total	1.000	80	80.000

Classification Function Coefficients

	group		
	1.00	2.00	3.00
zhcp	.219	.169	.178
gpa	97.835	72.492	85.281
(Constant)	-229.788	-129.446	-168.552

Fisher's linear discriminant functions

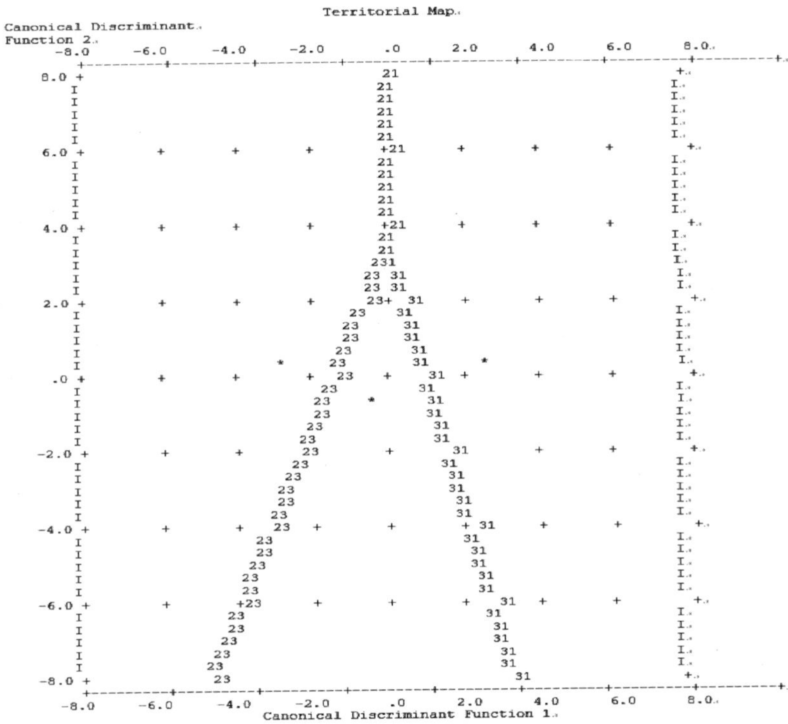

Symbols used in territorial map

Symbol	Group	Label
1	1	
2	2	
3	3	
*		Indicates a group centroid

第一个表给出的是按变量 group 确定的分类统计量表。表中包括各个类别以及总和的未加权（Unweighted）和加权（Weighted）的有效观测量个数。

第二个表为特征值表。其中，Eigenvalue 表示前两个判别函数的特征值，其值愈大，表示该判别函数的判别力愈强。% of Variance 为占总方差的百分比。Cumulative %为方差累积百分比。Canonical Correlation 为典型相关系数，它表示判别函数与组别间关联的程度，它是对应判别函数轴上组间方差与总方差的比例的平方根，其值越大，说明在这一判别轴上分组差异越明显。因此，它也是反映判别函数判别力的指标。

第三个表是 Wilks' Lambda 统计量表，它是用于对两个典型判别函数值按方差分析的方式进行各组别平均数的显著性检验。表中 Wilks' Lambda 值表示组内离差平方和与总离差平方和之比，其值介于 0～1 之间。该值越小，表示各组平均数间的差异越大；该值越大，则表示各组平均数间的差异越小。表中依次列出了 Chi-square 统计量值、自由度以及统计量的相伴概率。用该统计量进行的检验的零假设是各组判别函数的均值相等。第一栏中的“1 through 2”表示进行的是两个判别函数的平均数在三个组别的差异性检验，“2”表示进行的是在排除第一个判别函数后，第二个判别函数在三个组别间均值的差异性检验。表中两个 Sig. 均小于 0.05，因而拒绝零假设，认为各组间均值不等，从而判断出这两个判别函数能够将各类很好地区分开。

第四个表为标准化典型判别函数系数表。可得出如下典型判别函数：

$$y_1=0.585\times zhcp+0.948\times gpa$$

$$y_2=0.841\times zhcp-0.388\times gpa$$

第五个表为结构矩阵表。表内系数称为结构系数或判别负荷，它是判别变量 gpa 和 $zhcp$ 与标准化典型判别函数之间的相关系数。由此矩阵可看出，gpa 对第一个判别函数的影响力较大，而 $zhcp$ 对第二个判别函数的影响力较大。

第六个表为非标准化典型判别函数系数表。由该表可给出如下两个判别函数：

$$y_1=-18.573+0.01\times zhcp+4.687\times gpa$$

$$y_2=-0.968+0.014\times zhcp-1.920\times gpa$$

根据这两个判别函数可以计算出各观测量的判别分数，由每个观测量的两个判别分数可以绘制出区域图（territorial map）和散点图。

第七个表为类重心函数值表。第一类的重心为（2.782，0.206），第二类的重心为（−2.599，0.271），第三类的重心为（−0.274，−0.715）。这三类的重心在区域图中以“*”的方式标示。

第八个表为分类过程的总结表。参与分类的观测量共有 80 个。

第九个表给出的是每一类的先验概率值、参与分析的未加权的和加权了的观测量数目。由于在 Discriminant Analysis：Classification 对话框中选择了系统默认项 All groups equal，因而各类别的先验概率均等于 0.333。

第十个表是费希尔线性判别函数的系数表。根据该系数表，我们可以得出各类别的判别函数如下：

录取类：$F_1=-229.788+0.219\times zhcp+97.835\times gpa$

不录取类：$F_2=-129.446+0.169\times zhcp+72.492\times gpa$

未定类：$F_3=-168.552+0.178\times zhcp+85.281\times gpa$

F_1，F_2，F_3 实际是观测量属于三个类别的概率。使用费希尔线性判别函数对候选人进行类别判断，只需将候选人的 gpa，$zhcp$ 成绩分别代入上述三个判别函数，以其函数值大小来比较。根据贝叶斯判别分析的思想，函数值最大的类别就是该候选人所属的类。如果在图 16－5 中我们选择 Probabilities of group membership，那么可以在原始数据文件中出现 Dis1_2，Dis2_2，Dis3_2 变量，分别代表 F_1，F_2，F_3。

最后输出的图为观测量所属类别的区域图。横坐标表示第一个非标准化的典型判别函数值（Canonical Discriminant Function 1），纵坐标表示第二个非标准化的典型判别函数值（Canonical Discriminant Function 2）。三类候选人的判别分数把坐标平面划分成三个区域。如图中所示，数字“1”“2”“3”与边界所围成的区域分别对应三种分类，当候选人的第一个判别分数（横坐标）和第二个判别分数（纵坐标）所确定的点在其中某个区域时，该点所对应的候选人就属于某类。

图 16－6 所示的是三个类别的观测量根据对应典型判别函数值得到的散点图。图的

横坐标是 Canonical Discriminant Function 1，图的纵坐标是 Canonical Discriminant Function 2。图中三个类别的观测量分别用三种不同的颜色①表示，较大的方框表示各类别的重心。

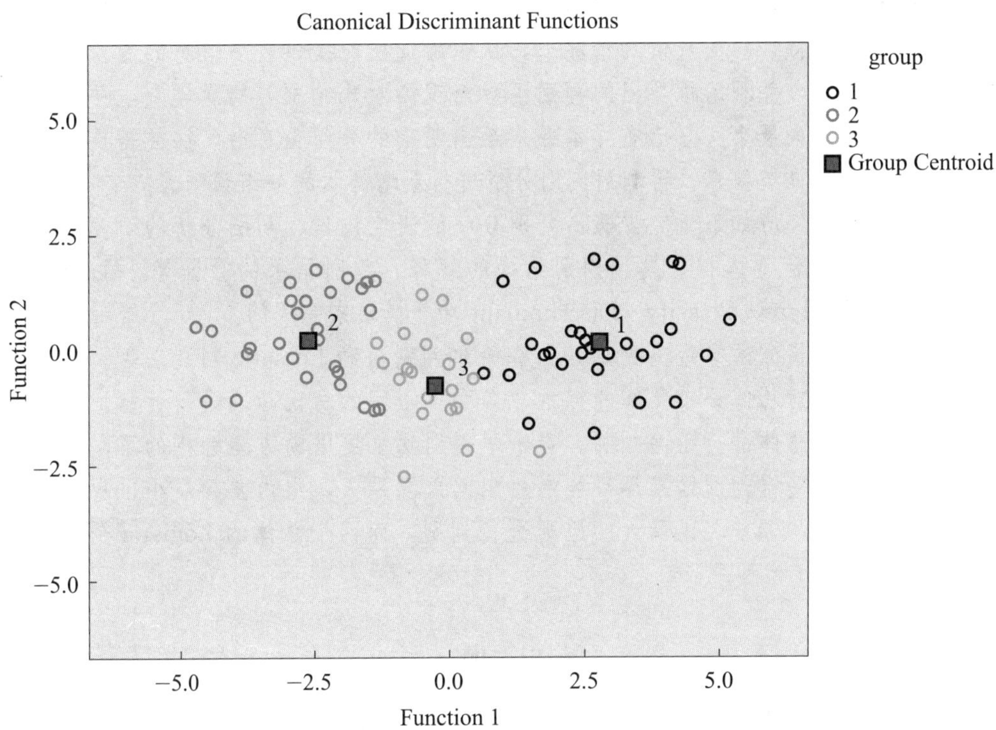

图 16-6 三个类别的观测量的散点图

图 16-7 中的变量 Dis_1 是由 Save 命令产生的在数据文件中出现的各观测量的预测类别变量。可以发现只有 8 个观测量的预测分类与实际分类不符，总预测正确率为 90%，这一比率是较高的，说明费希尔线性判别函数的判别性能较好，因而我们可以考虑采用这种判别函数对新的候选人进行类别判断。

	xh	group	gpa	zhcp	Dis_1
1	1.00	1.00	2.96	596.00	1.00
2	2.00	1.00	3.14	473.00	3.00
3	3.00	1.00	3.22	482.00	3.00
4	4.00	1.00	3.29	527.00	1.00
5	5.00	1.00	3.69	505.00	1.00
6	6.00	1.00	3.46	693.00	1.00
7	7.00	1.00	3.03	626.00	1.00
8	8.00	1.00	3.19	663.00	1.00
9	9.00	1.00	3.63	447.00	1.00
10	10.00	1.00	3.59	588.00	1.00

图 16-7 生成新变量 Dis_1

① 本书黑白印刷，颜色不显示。

本章小结

判别分析是研究判别个体所属类型的一种统计分析方法。在已知观测对象的分类和若干描述观测对象特征的变量值的情况下，从中筛选出能提供较多信息的变量并建立判别函数或判别准则，并利用推导出的判别函数对观测对象判别其所属类别，并尽可能保证错判率或错判损失最小。当已有样本并未给出明确的分组信息时，往往需要先利用聚类分析给出样本的分组信息，再利用判别分析进行新增样本的分组预测。

判别分析一般经历如下研究步骤：判别分析的研究设计、判别分析的研究假设、估计判别函数以及评估整体拟合度、判别结果的解释、判别结果的验证等。在 SPSS 中，判别分析是由 Analyze—Classify—Discriminant 功能模块来完成的。

常用的判别分析方法有距离判别法、费希尔判别法和 Logistic 判别法等。运用距离判别法时，首先要对总体分布已知的样本与各类重心间的马氏距离进行计算，然后针对两个总体或是多个总体进行距离判别。费希尔判别法主要借助方差分析的思想建立判别函数和判别准则，使得判别结果尽可能满足组间差异最大，组内差异最小，也就是根据组间均方差与组内均方差之比最大的原则进行判别。而两个总体的 Logistic 判别法即建立二分变量的 Logit 模型。

思考题

1. 请简述判别分析的一般研究步骤。

2. 为评价大学教师的产出情况，我们对教师教授的课程课时量、近三年发表的论文数、培养的硕博士学生数进行调查，然后根据教师在教学、科研、人才培养三个方面的表现情况对其进行打分，采用聚类分析法对教师的产出进行划分：1 表示高产出教师，2 表示中等产出教师，3 表示低产出教师。60 名教师的三项产出得分以及分类数据见下表。

教师编号	教学	科研	人才培养	类别
1	90	88	80	1
2	89	85	90	1
3	81	90	81	1
4	90	82	92	1
5	91	91	88	1
6	85	90	91	1
7	82	85	81	1
8	92	87	91	1
9	85	97	89	1
10	88	81	90	1
11	90	85	81	1

续表

教师编号	教学	科研	人才培养	类别
12	81	80	82	1
13	82	87	91	1
14	92	80	87	1
15	89	91	80	1
16	82	91	91	1
17	92	90	91	1
18	85	85	89	1
19	88	87	90	1
20	90	97	81	1
21	82	78	70	2
22	81	75	80	2
23	71	80	81	2
24	90	72	92	2
25	81	71	78	2
26	85	80	81	2
27	72	85	81	2
28	82	77	83	2
29	75	87	79	2
30	78	81	80	2
31	80	75	71	2
32	81	80	82	2
33	72	77	91	2
34	82	80	77	2
35	79	81	80	2
36	72	72	81	2
37	82	71	83	2
38	75	80	78	2
39	78	85	81	2
40	80	77	81	2
41	66	62	60	3
42	60	64	64	3
43	63	72	71	3
44	70	66	56	3
45	76	68	58	3
46	68	68	69	3

续表

教师编号	教学	科研	人才培养	类别
47	69	73	72	3
48	72	56	66	3
49	66	51	61	3
50	61	63	63	3
51	73	52	72	3
52	72	66	66	3
53	66	60	64	3
54	60	63	72	3
55	63	70	72	3
56	70	76	65	3
57	56	68	69	3
58	61	69	71	3
59	53	72	72	3
60	75	66	67	3

利用数据文件“exe16－1.sav”，根据教师教学、科研、人才培养表现得分三个变量，建立费希尔线性判别函数，并对这60名教师的产出类别进行回判，给出其判断的正确率。

参考文献

[1] 胡咏梅．教育统计学与 SPSS 软件应用．北京：北京师范大学出版社，2002.

[2] 辛涛，等．心理与教育统计学．北京：中国人民大学出版社，2010.

[3] 程书肖，李仲来．教育统计方法．沈阳：辽宁大学出版社，1988.

[4] 郭志刚．社会统计分析方法：SPSS 软件应用．北京：中国人民大学出版社，1999.

[5] 何晓群．多元统计分析．4 版．北京：中国人民大学出版社，2015.

[6] 张敏强．教育与心理统计学．3 版．北京：人民教育出版社，2010.

[7] 王孝玲．教育统计学．上海：华东师范大学出版社，2001.

[8] 温忠麟，邢最智．现代教育与心理统计技术．2 版．南京：江苏教育出版社，2004.

[9] 柯惠新，刘红鹰．民意调查实务．北京：中国经济出版社，1996.

[10] 冯士雍，倪加勋，邹国华．抽样调查理论与方法．北京：中国统计出版社，2012.

[11] 陈向明．教育研究方法．北京：教育科学出版社，2013.

[12] 高尔，等．教育研究方法导论：第 6 版．南京：江苏教育出版社，2002.

[13] 德沃斯．社会研究中的研究设计．北京：中国人民大学出版社，2008.

[14] 麦克米伦，舒马赫．教育研究：基于实证的探究：第 7 版. 北京：教育科学出版社，2013.

[15] 张文彤．SPSS 统计分析高级教程．北京：高等教育出版社，2004.

[16] 刘红云．高级心理统计．北京：中国人民大学出版社，2019.

[17] 邱皓政．量化研究与统计分析：SPSS 中文视窗版数据分析范例解析．重庆：重庆大学出版社，2009.

[18] 王孟成．潜变量建模与 Mplus 应用·基础篇．重庆：重庆大学出版社，2014.

[19] 吴明隆，涂金堂．SPSS 与统计应用分析．大连：东北财经大学出版社，2012.

[20] 吴明隆．结构方程模型：Amos 实务进阶．重庆：重庆大学出版社，2013.

图书在版编目（CIP）数据

教育统计学/胡咏梅编著．-- 2 版．-- 北京：中国人民大学出版社，2024.1

新编21 世纪教育学系列教材

ISBN 978-7-300-31795-3

Ⅰ．①教… Ⅱ．①胡… Ⅲ．①教育统计—统计学—教材 Ⅳ．①G40-051

中国国家版本馆 CIP 数据核字（2023）第 099175 号

新编 21 世纪教育学系列教材

教育统计学（第二版）

胡咏梅　编著

Jiaoyu Tongjixue

出版发行	中国人民大学出版社		
社　　址	北京中关村大街 31 号	**邮政编码**	100080
电　　话	010－62511242（总编室）		010－62511770（质管部）
	010－82501766（邮购部）		010－62514148（门市部）
	010－62515195（发行公司）		010－62515275（盗版举报）
网　　址	http://www.crup.com.cn		
经　　销	新华书店		
印　　刷	北京七色印务有限公司	**版　　次**	2020 年 4 月第 1 版
开　　本	787 mm×1092 mm　1/16		2024 年 1 月第 2 版
印　　张	21 插页 1	**印　　次**	2024 年 1 月第 1 次印刷
字　　数	479 000	**定　　价**	58.00 元

教学支持说明

（教学课件）

中国人民大学出版社教育学科秉承“出教材学术精品，育人文社科英才”的出版宗旨，多年来，出版了大批高质量的教育学、小学教育、学前教育专业教材和学术著作。

我们为本教材制作了相应的PPT教学课件，任何一位采用本书作为授课教材的教师均可免费获得该课件。为了确保该课件仅为授课教师获得，烦请您填写如下材料，并将相关信息通过E-mail发送给我们，我们将在收到相关信息后通过E-mail给您发送该课件。欢迎您加入我们的QQ群（教育新视野交流群，群号为159813080），或登录我社官方网站（www.crup.com.cn），注册并认证成为教师会员，以获得更好的服务。

我们的联系方式：

地址：（100872）北京市中关村大街甲59号文化大厦1202室

中国人民大学出版社

电话：（010）62515955　62515383

E-mail：ggglcbfs@vip.163.com

QQ群：159813080

兹证明__________大学/学院__________院/系__________专业__________学年第__________学期开设的__________课程，采用中国人民大学出版社出版的____________________（书名、作者）作为本课程教材。授课教师为__________，授课班级共______个、学生______人。授课教师需要与本书配套的教学课件。

联 系 人：____________________

通信地址：____________________

邮　　编：____________________

电　　话：____________________

E-mail：____________________

系/院主任：__________（签字）

（系/院办公室章）

______年____月____日